U0499392

习近平总书记在参加十三届全国人大一次会议山东代表团审议时，就实施乡村振兴战略作了深刻阐述，要求山东充分发挥农业大省优势，推动产业振兴、人才振兴、文化振兴、生态振兴、组织振兴，打造乡村振兴的齐鲁样板。

（引自《求是》2018年第11期“推动‘五个振兴’全力打造乡村振兴齐鲁样板”）

RURAL REVITALIZATION

The Shandong Model and Its Upgrading

乡村振兴齐鲁样板及其提档升级

山东大学国家治理研究院课题组 ◎著

中国财经出版传媒集团
经济科学出版社
Economic Science Press
·北京·

图书在版编目（CIP）数据

乡村振兴齐鲁样板及其提档升级／山东大学国家治理研究院课题组著. -- 北京：经济科学出版社，2024. 10. -- ISBN 978-7-5218-6418-2

Ⅰ. F327.52

中国国家版本馆CIP数据核字第2024WS0796号

责任编辑：卢玥丞　赵　岩
责任校对：郑淑艳
责任印制：范　艳

乡村振兴齐鲁样板及其提档升级
XIANGCUN ZHENXING QILU YANGBAN JIQI TIDANG SHENGJI
山东大学国家治理研究院课题组　著
经济科学出版社出版、发行　新华书店经销
社址：北京市海淀区阜成路甲28号　邮编：100142
总编部电话：010-88191217　发行部电话：010-88191522
网址：www.esp.com.cn
电子邮箱：esp@esp.com.cn
天猫网店：经济科学出版社旗舰店
网址：http：//jjkxcbs.tmall.com
北京季蜂印刷有限公司印装
710×1000　16开　24.5印张　380000字
2024年10月第1版　2024年10月第1次印刷
ISBN 978-7-5218-6418-2　定价：93.00元

前言

PREFACE

一、研究背景

实施乡村振兴战略是党的十九大作出的重大决策部署，是决胜全面建成小康社会、全面建设社会主义现代化国家的重大历史任务，是新时代“三农”工作的总抓手。党的二十大擘画了全面建成社会主义现代化强国宏伟蓝图，对农业农村工作进行了总体规划，强调推进乡村全面振兴。党的二十届三中全会将乡村全面振兴纳入城乡融合发展的整体框架，指出“城乡融合发展是中国式现代化的必然要求。必须统筹新型工业化、新型城镇化和乡村全面振兴，全面提高城乡规划、建设、治理融合水平，促进城乡要素平等交换、双向流动，缩小城乡差别，促进城乡共同繁荣发展”。这为推进乡村全面振兴明确了前进方向、提供了根本遵循。2018 年 3 月，习近平总书记参加十三届全国人大一次会议山东代表团审议时，就实施乡村振兴战略特别是系统推动产业振兴、人才振兴、文化振兴、生态振兴和组织振兴作出重要指示，要求山东充分发挥农业大省优势，打造乡村振兴齐鲁样板。2024 年 5 月，习近平总书记在山东考察时再次强调，要深化城乡融合发展，全面推进乡村振兴。

齐鲁大地，作为中华文明重要发祥地之一，历史悠久，文化底蕴深厚，一直是中国农村改革发展的重要阵地。纵观乡村改革发展 40 多年历程，山东始终既坚决贯彻中央决策要求，又奋楫争先、创新突破，走出了一条具有山东特色的乡村发展之路，创造和积累了农村改革发展经验。强化党组织领导、贸工农一体化、农业产业化经营、城乡融合发展等经验和模式就出自山东，形成了著名的“莱西经验”“诸城模式”“潍坊模式”“寿光模式”等。党的十八大以来，山东深入贯彻落实习近平新时代中国特色社会主义思想，积极响应国家乡村振兴战略号召，以党的建设为引领，以创新驱动为动力，以产业融合为核心，以生态宜居为底色，以乡风文明为灵魂，以治理有效为保障，探索出了一条特色鲜明的乡村振兴之路。山东农业农村发展硕果累累，成就斐然，农业农村“稳定器”“压舱石”作用更加凸显，为新时代中国特色社会主义现代化强省建设奠定了坚实基础。

当今之世界，百年未有之大变局加速演进，新一轮科技革命和产业变革深入发展，国际力量对比深刻调整，全球产业链供应链发生深刻变化；今日之中国，深入推进改革创新，坚定不移扩大开放，加快构建新发展格局，着力推动高质量发展，全面建设社会主义现代化强国。站在新的历史起点上，山东开启新时代中国特色社会主义现代化强省建设新征程，进入全面求强、大踏步向现代化迈进新阶段。在此背景下，总结乡村振兴齐鲁样板建设的实践经验，分析其内在的理论机制，并提出未来齐鲁样板提档升级的路径建议，具有重要的理论与现实意义。一方面，山东农业农村基础好，很多指标都走在全国前列，素有全国农业看山东的说法，乡村振兴齐鲁样板的实践经验无疑对建设农业强国具有极其重要的示范引领意义。另一方面，山东平原、丘陵、山地等地貌类型齐全，陆海资源和各类业态丰富，同时东中西发展不太均衡，像是全国的缩影。因此，乡村振兴“齐鲁样板”所积累的实践经验，不仅具有鲜明的地域特色，更因其普遍性而具备重要的可复制和推广价值。

二、研究特点与本书结构

本书研究的主题是乡村振兴齐鲁样板打造的经验及其提档升级的路径。在 2018 年习近平总书记要求打造乡村振兴齐鲁样板之后，山东持续推进乡村全面振兴，取得了显著成就，也积累了宝贵经验。基于此，课题组研究乡村振兴齐鲁样板经验，并分析提档升级路径，为进一步推动山东乃至全国乡村全面振兴提供经验借鉴和政策建议。

2024 年初春，山东大学国家治理研究院接受山东省委决策委员会委托，组织完成“促进城乡融合推进乡村振兴齐鲁样板提档升级”课题研究。以此为契机，研究院成立了“乡村振兴齐鲁样板”研究课题组，组织公共管理学、经济学、新闻传播学、社会学、工商管理学、民俗学等多学科领域专家学者，组建了11个研究团队，全面推进相关研究。课题组在临沂、济宁组织了所有团队参与的集中调研，在济南、青岛、潍坊等山东各地市组织了专题调研，组织调研地各级政府主管人员和专家学者共同参与的多次研讨会，以及课题组内部研究团队之间的交流会。在政府及社会各界的大力支持下，课题组经过深入研究，最终形成本书。

本课题组推进乡村振兴齐鲁样板及其提档升级的研究，具有以下三个具有创新性的鲜明特点：

一是就研究对象而言，剖析乡村振兴齐鲁样板典型对象，探寻乡村振兴一般规律。课题组着眼于对齐鲁样板这一典型对象的深入剖析，以此作为探寻乡村振兴一般规律的切入点。通过对典型案例的挖掘和分析，课题组提炼出乡村振兴的一般规律。党建引领、组织牵引、资源整合、产业融合、片区开发、数字赋能是推进乡村振兴齐鲁样板建设的关键举措，具有一般性意义。根据各部分的机理、关键举措和经验分析，凝练总结了乡村振兴齐鲁样板打造的四项宝贵经验，并探索性地将其作为乡村振兴推进的一般性规律：其一是增强“政府主导，创新驱动”核心动力；其二是开辟“组织牵引，片区开发”关键路径；其三是筑实“科技赋能，产业振兴”根本基础；其四是依托“党建引领，文明治理”坚强保障。如此，将典型对象研究上升到一般问题研究，形成了一系列具有创新性的观点和理论成果。

二是就研究内容而言，总结乡村振兴齐鲁样板打造经验，探寻提档升级未来路径。在总结乡村振兴齐鲁样板打造经验的同时，课题组更注重乡村振兴提档升级未来的展望与路径设计。课题组分别从“五大振兴”的各个侧面，对乡村振兴齐鲁样板的建设经验进行了全面而系统地总结，不仅详细阐述了具体做法和典型案例，还深入解读了其背后蕴藏的机制和一般性经验。在新形势下，乡村振兴齐鲁样板提档升级还面临着诸多挑战，既是城乡生产力发展的新要求，也是中国式现代化建设的新要求。基于经验和挑战，课题组在城乡融合的整体框架下，以县域统筹发展为依托，从整体推进和重点突破两个方面，在各个议题中论述了乡村振兴齐鲁样板升级的建议，为乡村振兴明确了未来提档升级的路径。

三是就研究方式方法而言，组织多学科交叉整体协同研究，形成多视角系统性成果。在推进乡村振兴齐鲁样板的研究过程中，课题组充分运用了多学科交叉研究方法，由11个研究团队整体协同推进，形成了多视角的系统性研究成果。课题组在经过广泛讨论和严谨论证之后，提出研究议题，精心组建了包括经济学、公共管理学、新闻传播学、工商管理学、社会学、民俗学等多领域的跨学科研究队伍，围绕“乡村振兴齐鲁样板的经验总结及其提档升级”开展集中和专题调查研究。组织多场研究团队间的集中研讨，相互借鉴，协同推进。这种多学科交叉的研究方法，使得课题组能够更全面地把握乡村振兴所涉及的诸多方面，更好理解和利用调查过程中获取的第一手数据资料，从整体上系统性地推进研究，最终形成了本研究成果。

本书共11个章节。第一章为总起，构建城乡融合发展推动乡村振兴的理论分析框架，挖掘城乡融合发展与齐鲁样本打造典型案例，凝练总结乡村振兴齐鲁样板的经验，分析新形势下城乡融合推动乡村振兴齐鲁样板面临的挑战，并提出促进城乡融合发展推动齐鲁样板提档升级政策建议。第二章到第十章，则分别从产业振兴、文旅发展、数字乡村、土地制度、人才振兴、新农人、文化振兴、乡村治理与共同富裕等多侧面剖析乡村振兴齐鲁样板的建设经验，深入解读典型经验背后蕴藏的理论机制，并针对存在的问题提出相应的政策建议。第十一章在上述分析的基础上，探求党组织总揽协调引领乡村振兴的机理，总结分析乡村振兴齐鲁样板打造的党建经验和成功密码，并提出党建引领乡村振兴进一步提升的政策建议。

三、致谢

本书的展开与产出，不仅是山东大学国家治理研究院课题组辛勤付出的结晶，更有赖于山东各级政府部门，以及社会组织与专家学者的鼎力支持。衷心感谢山东省农业农村厅、山东省发展和改革委员会等部门的领导和同志们，在他们的具体指导和协调下，课题组才能在各地市顺利开展调研。诚挚感谢临沂市政府和济宁市政府的领导和同志们，他们为课题组深入到县（区）、乡镇（街道）和村（社区），开展座谈、访谈等实地调研工作提供了便利条件。同时，真诚感谢济南、青岛、潍坊、淄博、枣庄、德州、日照等地政府的领导和同志们为各小组调研提供的帮助。由衷感谢经济科学出版社的编辑同志，正是您的专业与高效工作，才使得本书得以在成稿之后迅速与读者见面。

课题组将继续秉承科学严谨的态度，积极参与乡村振兴齐鲁样板建设的伟大实践，深入探索乡村振兴齐鲁样板建设的规律和路径，为乡村全面振兴和中国式现代化建设贡献自己的力量。

樊丽明　刘国亮*

2024 年 10 月

* 樊丽明，山东大学原校长、党委副书记，经济学博士，教授，博士生导师，现任山东大学国家治理研究院院长；刘国亮，山东大学国家治理研究院副院长，经济学博士，教授，博士生导师。

目录

CONTENTS

第一章 促进城乡融合发展推动乡村振兴齐鲁样板提档升级 001

李 齐 陈 阳 石 峰

一、引言 - 001

二、城乡融合发展推动乡村振兴的分析框架 - 003

三、乡村振兴的政策演进 - 009

四、乡村振兴齐鲁样板建设经验 - 015

五、城乡融合推动乡村振兴齐鲁样板提档升级的挑战 - 024

六、促进城乡融合发展推动齐鲁样板提档升级的路径 - 029

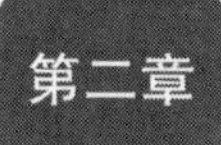

第二章 扛牢责任 高质量发展：乡村产业振兴齐鲁样板及提档升级 043

梁 栋 祁 珊 石 峰 李傲雪

一、引言 - 043

二、山东乡村产业振兴的经验 - 044

三、山东乡村产业振兴面临的挑战 - 064

四、山东乡村产业振兴提档升级路径 - 067

第三章 串珠成链 织链成网：山东民宿业高质量发展的“集聚”实践路径 079
许 峰 白玉利 李 洁 杨一诺 杨保贺

一、引言 - 079
二、民宿集聚区提出的理论基础 - 080
三、山东省民宿业集聚区创新发展的经验总结 - 087
四、山东省民宿集聚区高质量发展的现实挑战 - 094
五、山东省高质量建设民宿旅游集聚区发展建议 - 099

第四章 转型与创新：山东省数字乡村的产业化之路 107
尹 莉

一、引言 - 107
二、山东省数字乡村产业化现状 - 109
三、山东省数字乡村产业化的经验总结 - 119
四、山东省数字乡村产业化面临的挑战 - 124
五、山东省数字乡村产业化提档升级的路径 - 132

第五章 扩权赋能：乡村振兴齐鲁样板中的土地制度改革 140
陈 阳 石 峰 李 齐

一、引言 - 140
二、土地制度与乡村发展 - 141
三、扩权赋能：齐鲁样板建设中的土地制度创新 - 146
四、土地制度推动乡村全面振兴面临的挑战 - 158
五、进一步优化路径 - 161

第六章 绿色发展：农村闲置宅基地生态产品价值实现路径 169
李进涛　杨景昊　王若烜　张芊芊

一、引言 - 169
二、闲置宅基地生态价值实现的理论逻辑与制度支撑 - 171
三、山东闲置宅基地盘活实践探索 - 175
四、农村闲置宅基地生态价值实现路径 - 183
五、农村闲置宅基地生态价值实现面临的挑战 - 191
六、闲置宅基地生态产品价值实现的对策建议 - 193

第七章 加速打造人才“引擎”：乡村振兴人才队伍建设案例分析 199
唐贵瑶　林丛丛　屠　羽　胡冬青

一、引言 - 199
二、乡村振兴人才工作总体现状 - 200
三、乡村振兴人才工作的挑战与机遇 - 202
四、乡村振兴人才队伍建设的典型案例分析 - 205
五、新时代乡村振兴人才工作的优化路径 - 238

第八章 希望劳动：新农人网红促进乡村振兴的实践路径 240
周　敏　李文慧　孙华敏

一、引言 - 240
二、理论分析 - 242
三、新农人网红促进乡村振兴的经验总结 - 248
四、新农人引领乡村振兴实践中面临的困境 - 260
五、促进新农人网红引领乡村振兴提档升级的对策建议 - 265

第九章

“凝心”与“聚力”：乡村文化振兴的山东路径 269

王加华　张清美

一、引言 - 269

二、凝心：乡村文化振兴的“山东精神” - 271

三、聚力：乡村文化振兴的“山东经验” - 278

四、存在的问题与发展建议 - 287

第十章

走向共同富裕：乡村治理的典型经验与提升路径 298

徐凤增　冯立莉　朱利敏

一、引言 - 298

二、乡村治理与共同富裕的内在联系 - 300

三、乡村治理齐鲁样板经验总结 - 309

四、共同富裕视域下山东乡村治理面临的问题与挑战 - 318

五、打造乡村治理齐鲁样板的对策建议 - 320

第十一章

总揽全局 协调各方：党建引领乡村振兴齐鲁样板经验与提升路径 328

李　齐　石　峰　陈　阳

一、引言 - 328

二、党建引领乡村全面振兴的必要性与实现机制 - 330

三、山东党建引领乡村全面振兴的典型案例与经验 - 336

四、山东党建引领乡村全面振兴存在的困难 - 347

五、山东党建引领乡村全面振兴的提升路径 - 350

参考文献 - 359

第一章

促进城乡融合发展推动乡村振兴齐鲁样板提档升级

李 齐 陈 阳 石 峰*

一、引言

全面建设社会主义现代化国家，最艰巨最繁重的任务仍然在农村。推进城乡融合发展，实现乡村全面振兴，是全面建成社会主义现代化强国语境下，解决“三农”问题的重大战略部署。党的二十届三中全会《中共中央关于进一步全面深化改革推进中国式现代化的决定》（以下简称《决定》）指出，“城乡融合发展是中国式现代化的必然要求。必须统筹新型工业化、新型城镇化和乡村全面振兴，全面提高城乡规划、建设、治理融合水平，促进城乡要素平等交换、双向流动，缩小城乡差别，促进城乡共同繁荣发展”。2018 年 3 月 8 日，习近平总书记在参加十三届全国人大一次会议山东代表团审议时强调，“要充分发挥农业大省优势，打造乡村振兴的齐鲁

* 李齐，山东大学国家治理研究院教授，研究方向为乡村振兴与数字治理；陈阳，山东大学国家治理研究院博士后，研究方向为土地资源管理、国家治理与自然资源资产监管；石峰，山东大学国家治理研究院博士研究生，研究方向为乡村治理与数字政府。

样板”。2024 年 5 月习近平总书记在山东考察时再次强调，“要深化城乡融合发展，全面推进乡村振兴”。山东牢记习近平总书记嘱托，落实党中央决策部署，坚定不移地推进城乡融合发展，打造乡村振兴齐鲁样板，取得了显著的成绩。

改革开放以来，山东作为农业大省，始终“定好位”“挑大梁”，扛起农业发展的重任，走在农业和乡村发展的前列，取得的主要经验有：一是增强“政府主导，创新驱动”核心动力，各级政府始终明确自身定位，通过统筹规划、搭建平台、提供服务等方式，鼓励和支持企业、社会组织、农民等各方力量积极参与乡村振兴工作，形成在政府主导下各方力量协同推进和市场化运作机制；二是开辟“组织牵引，片区开发”关键路径，强化以集体经济组织、新型农业组织建设为牵引，以片区化推进为抓手，整合土地、人才、资金、技术等资源，强强联合、以强带弱，有组织地融入统一大市场，推进乡村民众走向共同富裕；三是筑实“科技赋能，产业振兴”根本基础，科技成为驱动乡村产业振兴的核心引擎，在农业、农产品加工制造及文化旅游产业发展中展现出的强大动力，并由此形成多种产业协同的农业现代化新局面；四是依托“党建引领，文明治理”坚强保障，通过加强党组织建设，提升基层治理效能，确保党的部署和决策在乡村振兴实施中得到有效执行。同时，强化党建引领下的乡村治理，推进乡村精神文明建设，传承中华优秀传统文化，弘扬红色文化，打造乡村多彩文化，将文化优势转化为治理资源，发挥文化的润育功能，实现乡村的文明治理。

为充分总结乡村振兴齐鲁样板，分析目前城乡融合推动乡村振兴齐鲁样板存在的挑战，提出提档升级的建议，课题组与山东省农业农村厅、发展和改革委员会等部门对接，召开多场座谈会和研讨会，了解山东城乡融合发展推动乡村振兴的整体概貌、取得成效及持续推进计划；在山东省农业农村厅具体指导和协调下，课题组深入临沂市和济宁市的县（区）、乡镇（街道）和村（社区）开展集中调研，挖掘城乡融合发展与打造齐鲁样本典型案例；还分赴济南、青岛、潍坊、淄博、枣庄、德州、日照等地开展专题调研。在此基础上，课题组形成本报告，建构城乡融合发展推动乡村振兴的理论分析框架，总结提炼齐鲁样板打造的宝贵经验，剖析现实挑战，提出促进城乡融合发展推动齐鲁样板提档升级的政策建议。

二、城乡融合发展推动乡村振兴的分析框架

中国式现代化是城乡一体的现代化，其内在要求是推动城乡深度融合发展。故此，将新型工业化、新型城镇化与乡村全面振兴三者统筹并进，是促使乡村振兴齐鲁样板实现升级的关键路径。步入新时代，面对城乡发展矛盾，关键在于既要充分利用乡村与城市的独特优势，又要促进两者间的融合发展，以此探索乡村全面振兴的有效路径。乡村振兴战略为新型工业化和新型城镇化带来了要素红利，通过促进要素的自由流动、优化产业结构及实现城乡统筹规划来驱动发展。同时，新型工业化和新型城镇化也为乡村振兴提供了强大的支撑，包括发展资金、技术支持以及人才资源。然而，当前城乡要素流动机制的障碍以及城乡二元结构的惯性作用，成为阻碍乡村全面振兴的因素。因此，需以解决城乡要素平等交换与双向流动为核心导向，以促进城乡共同繁荣为根本目标，立足于城乡融合发展的战略高度，全面推进乡村振兴齐鲁样板的提档升级。

（一）城乡融合发展推动乡村振兴的内在机理

城乡融合发展构成了乡村振兴的基石与必由之路，新型工业化、新型城镇化与乡村振兴三者间形成了和谐共生、互惠互利的有机统一体。在目标愿景与价值实现层面，它们展现出高度的一致性；在地域布局与要素流通方面，则呈现出显著的互补特征；在发展驱动力与实施策略上，又显现出良好的融合与协同。这三者相辅相成，共同为中国式现代化的推进提供强大动力。

1. 实现“以人为本”的价值目标

在城乡融合发展的进程中，新型工业化、新型城镇化与乡村振兴均秉持“以人民为中心”的核心理念，将实现人民群众对美好生活的向往视为其出发点与归宿，致力于促进全民共同富裕，共同追寻“以人为本”的价

值导向。① 习近平总书记曾强调，在现代化进程中，城的比重上升，乡的比重下降，是客观规律，但不管工业化、城镇化进展到哪一步，农业都要发展，乡村都不会消亡，城乡将长期共生并存，这也是客观规律。鉴于此，从我国实际出发，新型工业化、新型城镇化与乡村振兴在价值取向上具有一致性，均以人为本。三者的核心关注点均为“人”，均凸显人民至上的原则，发展目标均在于增进民生福祉，确保全体人民追求和实现美好生活。同时，它们都注重要素的协同作用，体现在乡村的全面振兴需借助新型工业化、新型城镇化所带来的优质要素，以解决乡村劳动力素质不高、土地利用效率低下及资金匮乏等问题。在相互支撑与共同追求的背景下，城乡融合发展需结合各地实际，因地制宜、分类施策，采取差异化的发展战略，推动城乡优势互补，有效促进乡村的全面振兴。

2. 合理布局空间形成整体有机联动

城乡融合发展着眼于促进乡村振兴，强调城乡间的协调与互动，旨在打破行政和空间界限，构建一个整体协同、功能互补的城乡空间布局，推动城乡共同繁荣发展。尽管城镇与乡村作为不同的聚落形态存在，但它们并非孤立分隔，而是持续进行着物质与能量的有机交换，共同构成一个有机的整体。从空间布局的角度来看，新型工业化与新型城镇化致力于打造一个协调发展的大中小城市体系，以及县城、乡镇与农村新型社区合理分布的新型城镇等级结构，这一过程中，农村被纳入城镇化的空间规划之中，更加注重以城市的带动作用促进乡村发展②。乡村振兴标志着发展理念的重大飞跃，它强调要“超越乡村视角看乡村”，将乡村的发展置于更广阔的区域空间进行规划，更加注重城乡间的互动与融合。城乡融合发展的核心，在于将城镇与乡村的地域空间更加紧密联结起来，进行统筹规划与整体设计，以确保空间的开发与利用更为合理、高效。从治理体系的角度来看，城乡融合发展推动城乡治理的一体化进程，强调在治理体系与治

① 郭冬梅，吴雨恒．新型城镇化与乡村全面振兴有机结合：内在机理与政策展望［J］．中州学刊，2024（2）：30－38.

② 袁红英．论统筹新型城镇化和乡村全面振兴［J］．中共中央党校（国家行政学院）学报，2024，28（1）：33－40.

理能力现代化的背景下，实现城市与乡村治理资源、治理主体、治理机制的整体协同，促进乡村自治、法治与德治的有机结合。而从生态系统的角度来看，城乡融合发展则推动新型工业化、新型城镇化与乡村振兴沿着绿色发展的道路前行，倡导城镇低碳生活方式、农业绿色发展以及农村生态环境的保护，推动城乡一体化的生态文明建设进程。

3. 优化要素配置提升整体效率

推动城乡融合发展，旨在打破空间与制度的壁垒，促进要素在城乡间合理且双向地自由流动。从区域要素流动的视角观察，城市的兴起是要素集聚的过程，其中乡村的多种生产要素持续向城市工业转移，实现了非农化，这在我国城市化进程中起到了加速作用。然而，农村农业与城市工业间要素的单向流动伴随着不平等交换，进一步加剧了城乡差距。城乡二元结构下的城乡要素配置模式，导致城乡成为两个异质的经济社会空间。如此，要素回报率的显著差异又强化了城市化和非农化的偏好，使得城乡要素流动面临互动不畅、配置效率低下等问题。从城乡命运共同体和功能互补的角度出发，可以看出城市的持续繁荣离不开乡村各类要素的支撑，而乡村的振兴也依赖于城市的辐射与带动。基于结构功能主义的视角分析当前我国的城乡关系，可以发现，城乡间要素流动的阻滞是影响我国经济社会结构的重要因素。城乡要素的城市偏好和单向配置，根源在于城乡二元分化的社会结构。实际上，城乡是功能互补、共生互融的有机整体，国民经济的协调发展要求城乡之间实现要素的平等、双向自由流动。

4. 同向发力推动城乡产业融通

城乡融合发展驱动城乡产业融合互通。城镇中的第二、第三产业是引领区域发展的核心动力，而农业则构成了区域发展的基石。城乡产业的融合互通与协同发力，是推动城乡协调发展的关键。新型工业化与新型城镇化的主要驱动力源自城镇产业的蓬勃发展和城镇规模的持续扩张，其根本在于各类要素在城镇的汇聚与高效配置。然而，长期存在的城乡二元结构削弱了乡村发展的内在活力。要全面推进乡村振兴，既需激活乡村自身的发展潜力，也需引入外部动力。从产业发展视角来看，城镇的第二、第三产业是引领区域发展的主导力量，对区域发展水平和竞争力具有决定性影响，也是实现工业引领农业、城市带动乡村的重要推动力。农业作为区域发展的基础产业，不仅为城乡居民提供了基本生活保障，还为工业生产供应了大量原材料，其作用不可或缺。此外，随着乡村多元功能价值的挖掘，乡村产业在区域发展中的地位和作用日益凸显。随着数字化与智能化的推进，城乡产业发展将展现出更强的互补性与融合性。

（二）城乡融合发展推进乡村全面振兴的一个分析框架

根据城乡融合发展推动乡村振兴的内在机理分析，建构分析框架，明确城乡融合发展的着力点、互动要素、乡村全面振兴的内容，以及推进路径（见图 1－1）。

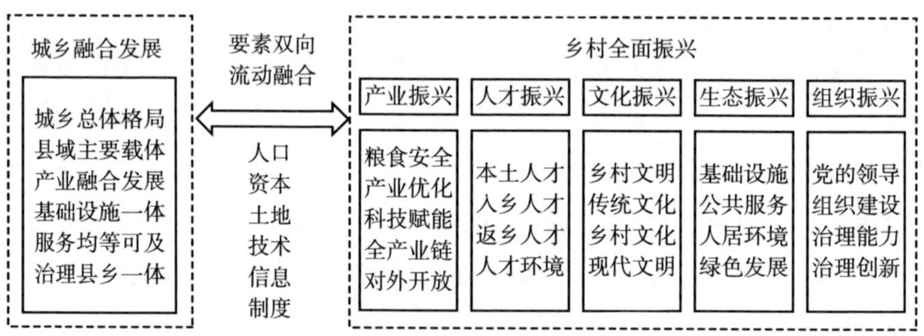

图 1－1　城乡融合发展推进乡村全面振兴的一个分析框架

1. 城乡融合发展的着力点

城乡融合发展是推动城乡经济社会全面一体进步的根本路径，其核心在于打破城乡二元结构，实现城乡资源、产业、人口等要素的合理配置与优势互补。为了有效推进城乡融合发展，需明确几个关键着力点。一是要打造城乡协调发展的总体格局。通过科学规划，引导城乡空间布局、产业发展、人口分布等方面的协调与衔接，形成城乡一体化发展的新格局。二是以县域作为城乡融合发展的主要载体。应充分发挥其连接城市与乡村的统筹作用，通过优化县域经济结构，提升县域综合实力，带动乡村地区经济社会发展，缩小城乡差距。三是推进城乡产业融合发展。实现城乡经济一体化推进，鼓励城乡产业间的互动与合作，促进产业链、价值链的延伸与对接，形成城乡产业优势互补、协同发展的新局面。四是推进城乡基础设施一体化建设，提升乡村地区基础设施水平，改善乡村居民生产生活条件，为城乡融合发展提供有力支撑。五是强化城乡公共服务均等化和可及性。通过可及性的实现，确保城乡居民在教育、医疗、文化、社会保障等方面享有均等化的基本公共服务，提升乡村居民的幸福感和获得感。六是推进县乡一体化治理。建立健全城乡一体化治理的体制机制，提升乡村基础环境和治理能力，为城乡融合发展提供坚实的制度保障。通过这些着力点的共同推进，可以有效促进城乡融合发展，实现城乡共同繁荣。

2. 城乡要素合理双向流动

实现城乡要素的合理双向流动，是促进城乡融合、推动乡村全面振兴的关键。一是人口要素的合理流动。通过推进农民市民化，打破城乡人口流动的壁垒，让农民能够自由迁徙，同时吸引各类人才到乡村，为乡村振兴注入新鲜血液和活力。二是资本要素的合理配置。发展惠农金融和普惠金融，推进农民财产的金融化，引导社会资本投向乡村，支持乡村产业发展和基础设施建设，为乡村振兴提供坚实的资金保障。三是土地要素的合理规划。在合理划定“三区三线”的基础上，优化城乡建设用地规划布局，推进乡村建设用地的高效利用，既保障粮食安全，又支持乡村建设和产业发展。四是技术要素的合理应用。技术要素对于提升农业生产技术水平、推动农业现代化至关重要。通过推进技术创新和产业升级，提高农业生产效率和质量，为乡村经济持续发展提供内生动力。五是信息要素的合理流动。推进新型工业化和信息化，通过互联网等现代信息技术，将农业资源进行重新配置，实现资源共享，以提高资源利用率和经济效益，同时缩小城乡数字鸿沟，让乡村居民也能享受到便捷的信息服务。六是以制度建设为主线。通过破除城乡二元化制度，建立更加公平、合理的城乡发展机制，促进城乡融合发展，为乡村全面振兴提供坚实的制度保障。综上所述，只有实现城乡要素的合理双向流动，才能有效促进城乡融合，推动乡村全面振兴。

3. 城乡融合推进乡村全面振兴路径

城乡融合发展推动乡村全面振兴的路径在于，统筹城乡发展，在规划、建设和发展中推进城乡一体化。一是统筹新型工业化、新型城镇化和乡村全面振兴。实施新型工业化、新型城镇化和乡村全面振兴统筹规划，确保三者之间相互促进、协调发展，实现城乡一体化融合发展。二是全面提高城乡规划、建设、治理的融合水平。打破城乡分割的制度壁垒，推动城乡规划一体化，确保城乡在基础设施建设、公共服务提供等方面能够均衡发展。同时，加强城乡治理体系建设，提升乡村治理能力，使乡村能够更好地融入城乡发展大局。三是促进城乡要素平等交换、双向流动。推进要素合理流动是实现城乡融合的必要条件。通过建立健全的市场机制和政策体系，推动土地、资本、劳动力等生产要素在城乡之间的自由流动和优化配置，实现城乡要素的合理配置和高效利用，为乡村振兴提供有力支撑。四是缩小城乡差别、促进城乡共同繁荣发展。通过一系列的政策措施，吸引社会力量，加大农村基础设施建设投入，提高农村公共服务水平，推动农村产业升级，逐步缩小城乡在经济发展水平、居民生活质量等方面的差距，实现城乡共同繁荣发展的美好愿景。

4. 乡村全面振兴的主要内容

乡村全面振兴是一个系统工程，需要通过推进城乡融合发展，全面提升乡村规划建设和发展水平，实现乡村产业、人才、文化、生态和组织五大振兴。一是推进乡村产业振兴。坚决保障粮食安全，确保国家粮食安全底线不动摇，引入现代农业技术和管理模式，加强科技赋能，提升农业生产的智能化、数字化水平，加强农业的高水平对外开放，健全农业产业链，推进乡村三产融合发展，增强乡村发展动能。二是推进乡村人才振兴。高度重视乡村本土人才的培养，提升他们的专业技能和综合素质，使他们成为乡村振兴的中坚力量，积极吸引社会人才入乡，为乡村带来新的活力和机遇，鼓励人才返乡，提供优惠政策和创业环境。三是推进乡村文化振兴。弘扬传统文化和红色文化，保护乡村文化的独特性和多样性，提升乡村居民的文化素养，建设乡村现代文明。四是推进乡村生态振兴。加强乡村基础设施建设，改善乡村人居环境，提升公共服务可及性，推动乡村绿色发展，打造宜居宜业的美丽乡村。五是推进乡村组织振兴。加强基层党建，提升乡村组织建设水平，创新乡村治理方式，推动基层数字化治理，提高乡村治理的效能和水平。

三、乡村振兴的政策演进

根据乡村振兴战略提出前后，党中央聚焦“三农”工作和实现农业现代化的重大决策节点，可以将乡村振兴的政策演进划分为三个阶段。一是持续探索阶段。党的十九大之前，乡村发展政策聚焦于农业发展、农民增收等关键议题和社会主义新农村建设，为乡村发展提供了坚实的支撑，成为探索和酝酿乡村振兴战略的基础和前提。二是战略部署阶段。党的十九大提出实施乡村振兴战略，明确了乡村振兴在现代化建设中的战略地位，按照产业兴旺、生态宜居、乡风文明、治理有效、生活富裕的总要求，系统推进乡村五大振兴，并在党的二十大提出，实现乡村全面振兴。三是统筹发展阶段。党的二十届三中全会《决定》将全面推进乡村振兴纳入城乡融合发展的框架，统筹新型工业化、新型城镇化和乡村全面振兴，全面提高城乡规划、建设、治理融合水平，促进城乡要素平等交换、双向流动，缩小城乡差别，促进城乡共同繁荣发展。

（一）持续探索阶段

进入新世纪，中国农业与农村发展问题更加复杂化，在继续推动农业发展的过程中，面临着农民收入增长不平衡、农村资源环境压力大等问题，由此“三农”问题被提出，并成为党和政府工作中的头号问题。2002年，党中央召开了农村工作会议，将农村问题摆在了全党工作重中之重的位置，惠农政策也随之进行调整。同年，第九届全国人大常委会第二十九次会议审议通过《中华人民共和国农村土地承包法》[①]，以法律的形式赋予农民长期而有保障的土地使用权，这不仅是农民政治经济生活中的一件大事，而且标志着农村土地承包走上了法治化轨道。该法的实施，为农村土地承包经营提供了法律保障，确保了农村土地承包关系的稳定和长久不变，从而维护了农村土地承包经营当事人的合法权益。2004 年，中共中央、国务院出台《关于促进农业发展农民增收的若干意见》[②]，提出加强农业基础设施建设，推进农村税费改革，增加农业补贴，改善农村教育和卫生条件。2006 年，国务院颁布《关于推进社会主义新农村建设的若干意见》[③]，按照"生产发展、生活宽裕、乡风文明、村容整洁、管理民主"的要求全面推进社会主义新农村建设。2013 年，党的十八届三中全会《关于全面深化改革若干重大问题的决定》[④]，明确提出深化农村综合改革，围绕加快构建新型农业经营体系、赋予农民更多财产权利、推进城乡要素平等交换和公共资源均衡配置提出一系列重大改革任务。2015 年，《深化农业农村改革综合性实施方案》印发，明确了深化农业农村改革的顶层设计。2016 年，中共中央、国务院颁布《关于稳步推进农村集体产权制度改革的意见》[⑤]，推进农村集体产权制度改革，赋予农民更多财产权利，推动农村产权流转交易市场发展。2017 年，中共中央、国务院发布《关于推进农业供给侧结构性改革的若干意见》[⑥]，明确了农业供给侧结构性改革的内涵要义、总体框架和主要举措，以及对农村创业和返乡创业的政策支持，加快推进农业转型升级，加快农业现代化建设。

在此阶段，山东省委、省政府根据中央的指示要求，制定和发布了多项政策，持续深化农业农村改革，深入推进农业供给侧结构性改革，推进

① 中华人民共和国农村土地承包法［EB/OL］. 中国人大网，2019 - 01 - 07.

② 中共中央 国务院关于2009 年促进农业稳定发展农民持续增收的若干意见［EB/OL］. 新华网，2009 - 02 - 15.

③ 中共中央 国务院关于推进社会主义新农村建设的若干意见（2005 年 12 月 31 日）［EB/OL］. 中华人民共和国中央人民政府网，2016.

④ 中共中央关于全面深化改革若干重大问题的决定［EB/OL］. 新华社，2013 - 11 - 15.

⑤ 中共中央 国务院关于稳步推进农村集体产权制度改革的意见［EB/OL］. 新华社，2016 - 12 - 29.

⑥ 中共中央 国务院关于深入推进农业供给侧结构性改革 加快培育农业农村发展新动能的若干意见（2016 年 12 月 31 日）［EB/OL］. 中华人民共和国中央人民政府网，2017.

农业现代化和产业化，促进农业增效、农民增收和农村繁荣。山东始终把“三农”问题作为工作的重中之重，实施一系列行之有效的农业农村经济政策，极大调动了农民生产积极性，农业经济实力显著增强，内部结构明显优化，呈现健康快速发展态势。全面落实强农惠农政策，深入实施家庭联产承包，加快土地流转，提高农业生产规模化程度，农林牧渔业生产水平全面提高，农业强省建设走在全国前列。加快农业基础设施建设，高度重视农业科技创新和标准化生产，农业生产由单纯依靠人力畜力向机械化、智能化发展，生产效率明显提高。充分发挥农业产业化基础优势，坚持“基在农业、惠在农村、利在农民”，建设多业态打造、多主体参与、多机制联结、多要素发力、多模式推进的农村三次产业融合发展体系，推动农业增效、农民增收、农村繁荣。坚持把农民的钱袋鼓不鼓、吃得好不好、住得暖不暖、生活美不美作为检验农村工作实效的重要尺度，聚焦产能提升、产业带动、产品升级，聚力城乡互联互通、共建共享，全方位多渠道推动人居环境优化，提升农村公共服务水平。

（二）战略部署阶段

党中央深刻把握现代化建设规律和城乡关系变化特征，党的十九大提出实施乡村振兴战略，按照产业兴旺、生态宜居、乡风文明、治理有效、生活富裕的总要求，统筹推进农村经济建设、政治建设、文化建设、社会建设、生态文明建设和党的建设。2018 年初，中央一号文件《中共中央国务院关于实施乡村振兴战略的意见》按照党的十九大提出的战略部署，对实施乡村振兴战略的三个阶段目标任务作了重要布局。同年 3 月，习近平总书记在参加十三届全国人大一次会议山东代表团审议时，系统提出了乡村产业振兴、乡村人才振兴、乡村文化振兴、乡村生态振兴和乡村组织振兴，并要求山东打造乡村振兴齐鲁样板。同年 9 月，中央农村工作领导小组办公室发布《国家乡村振兴战略规划（2018－2022 年）》①，系统规划了

① 中共中央 国务院印发《乡村振兴战略规划（2018－2022 年）》[EB/OL]. 新华社，2018－09－26.

未来五年推进乡村振兴的目标、任务和路径，提出要建立农村现代经济体系、完善农村基础设施、提升农村公共服务和治理水平。2019 年初，中共中央、国务院发布《关于坚持农业农村优先发展做好“三农”工作的若干意见》①，明确将农业农村优先发展作为基本原则，提出要加大财政投入，深化农村改革。在“十四五”开局之年，2021 年中央一号文件《中共中央 国务院关于全面推进乡村振兴加快农业农村现代化的意见》再次强调全面实施乡村振兴战略，提出要巩固拓展脱贫攻坚成果，接续推进乡村振兴，加快农业农村现代化。同年，十三届全国人大常委会第二十八次会议审议通过《中华人民共和国乡村振兴促进法》，标志着我国“三农”工作在规范化、法治化方面向前迈进了一大步，为有效实施乡村振兴战略提供了基础性、综合性的法律支持。从产业发展、人才支撑、文化繁荣、生态保护、组织建设、城乡融合、扶持措施等方面，为乡村全面振兴提供了有力的法治保障，对促进农业全面升级、农村全面进步、农民全面发展具有重要意义。2022 年 10 月，党的二十大报告强调全面推进乡村振兴，坚持农业农村优先发展，坚持城乡融合发展，畅通城乡要素流动。加快建设农业强国，扎实推动乡村产业、人才、文化、生态、组织振兴。

遵循习近平总书记指示与要求，山东于2018 年5 月率先发布《乡村振兴战略规划（2018 -2022 年）》，明确了乡村振兴的总体目标、重点任务、时间表和路线图。该规划强调，要围绕产业兴旺、生态宜居、乡风文明、治理有效、生活富裕的总要求，系统推进乡村五大振兴。在中央政策的指引下，山东先后发布《关于扶持发展村级集体经济的意见》《关于做好 2023 年全面推进乡村振兴重点工作的实施意见》等重要文件，并提出要践行大农业观和大食物观，扛牢粮食安全责任，鼓励和支持村级集体经济发展壮大，支持推进乡村产业融合发展，实现农民增收和共同富裕。为积极响应国家关于农业绿色发展的号召，在推进乡村振兴的过程中，山东始终注重绿色发展的理念，制定农业绿色发展行动计划，通过推广绿色生产方式、加强农业面源污染治理、保护农业生态环境等措施，推

① 中共中央 国务院关于坚持农业农村优先发展做好“三农”工作的若干意见［EB/OL］. 新华社，2019 -02 -19.

动农业绿色发展。通过利用信息化手段提升乡村治理能力和农民福祉，建设数字农业平台、推广智慧农业技术、完善农村信息服务体系等措施，山东有效提升了农业生产效率和管理水平，促进了农村经济社会全面发展。通过加强基层党组织建设、完善村民自治制度、推广法治乡村建设等措施，提升乡村治理能力和水平，引领乡村全面振兴。为确保乡村振兴战略的顺利实施，山东省政府设立了乡村振兴专项资金，并逐年加大投入力度，主要用于支持农村基础设施建设、农村人居环境整治、农业产业转型升级、农村公共服务提升等方面，以有力建设乡村振兴项目，推进乡村振兴。

（三）统筹发展阶段

习近平总书记指出："在现代化进程中，如何处理好工农关系、城乡关系，在一定程度上决定着现代化的成败。"① 2024 年 7 月，党的二十届三中全会《决定》，提出要统筹推进新型工业化、新型城镇化与乡村全面振兴，全面提高城乡规划、建设、治理融合水平，促进城乡要素平等交换、双向流动，缩小城乡差别，促进城乡共同繁荣发展。《决定》指出，在城乡融合的框架下，要推进农业转移人口社会保险、住房保障、随迁子女义务教育等享有同迁入地户籍人口同等权利，加快农业转移人口市民化，保障进城落户农民合法土地权益；发展新型农村集体经济，构建产权明晰、分配合理的运行机制，赋予农民更加充分的财产权益；壮大县域富民产业，构建多元化食物供给体系，培育乡村新产业新业态；深化土地制度改革，完善耕地占补平衡制度，各类耕地占用纳入统一管理，完善补充耕地质量验收机制，确保达到平衡标准，优化土地管理，健全同宏观政策和区域发展高效衔接的土地管理制度，优先保障主导产业、重大项目合理用地，使优势地区有更大发展空间，建立新增城镇建设用地指标配置同常住人口增加协调机制。

2024 年 9 月，为深入学习贯彻党的二十届三中全会精神，全面落实

① 张明海．推进城乡精神文明建设融合发展开［N］．光明日报，2023－02－08．

习近平总书记视察山东重要讲话精神，锚定“走在前、挑大梁”，山东省委、省政府召开推动城乡融合促进县域经济高质量发展会议，研究部署山东推动城乡融合、促进县域经济高质量发展工作，为谱写中国式现代化山东篇章注入强大动能。会议强调城乡融合是促进县域经济高质量发展的关键，而乡村振兴则是城乡融合的重要组成部分，要顺应城乡融合发展趋势，以县域为重要切入点，以片区为主要着力点，加快推进乡村全面振兴，推动农业增效益、农民增收入、农村增活力，全面拓展县域经济高质量发展空间。会议指出新型城镇化和乡村全面振兴是新时代城乡融合发展的“一体两翼”。县域是城乡联系最紧密的地区，最有条件率先实现城乡融合发展；顺应城乡融合发展趋势，也才能更好拓展县域经济高质量发展空间。下一步，山东在推动城乡融合、促进县域经济高质量发展的过程中，以进一步全面深化改革为动力，在新形势下推动乡村全面振兴，大力发展县域富民新产业，促进农业集约化发展，抓好特色产业培育，多渠道增加城乡居民财产性收入。同时，加快促进教育、医疗、养老等基本公共服务向农村延伸，不断改善人民生活、促进共同富裕①。

综上所述，乡村发展政策与实践的着力点随历史情势发生动态变化。持续探索阶段主要关注农村经济的发展和农民的生计。通过加强农业基础设施建设、推进农业科技进步、改革农村税费、保障农民土地权利等措施，为农村经济发展奠定了基础。战略部署阶段通过一系列创新实践和试点探索，为政策的进一步优化积累了宝贵经验。深化农村综合改革的政策，加快了农村土地承包经营权流转，推动了农业现代化进程，集体产权制度改革，赋予农民更多财产权利，促进了农村产权流转，增加了农民收入来源；农业供给侧结构性改革，优化了农业产业结构，提高了农业综合效益。进一步夯实了乡村振兴的基础，为下一阶段的扩展和提升提供了经验和依据。统筹完善阶段将乡村全面振兴纳入城乡融合框架之中，统筹新型工业化、新型城镇化与乡村全面振兴。通过完善城乡融合发展体制机制，着力破除城乡二元结构，促进各类要素平等自由双向流动，着力推进土地制度改革和产业发展，解放和发展农村社会生产力，拓展农民增收致

① 推动城乡融合促进县域经济高质量发展会议召开［N］. 大众日报，2024－09－30.

富渠道，让农民过上更加富裕美好的生活。

四、乡村振兴齐鲁样板建设经验

山东在省委、省政府统一部署下，着力推动乡村全面振兴，取得了巨大成就，多项主要指标位列全国第一，各项指标始终保持在全国前列，离不开山东一直以来坚持的四项宝贵经验。这些宝贵经验，既是改革开放以来山东乡村发展的积极探索，更是党的十八大以来乡村振兴齐鲁样板打造的创新发展总结，是习近平总书记提出的乡村振兴“七个之路”和“五个振兴”重要指示在山东的生动实践，具有可复制、可推广的价值。

（一）增强“政府主导，创新驱动”核心动力

乡村振兴齐鲁样板建设是涉及政治、经济、社会、文化、生态等多个方面和城乡整体发展的综合性工程，需要多方力量的共同参与和协作。因此，山东各级政府在乡村振兴齐鲁样板的建设中始终明确自身定位，通过统筹规划、搭建平台、提供服务等方式，鼓励和支持企业、社会组织、农民等各方力量积极参与乡村振兴工作，形成政府主导与各类参与主体之间的沟通交流和合作共赢的协同推进机制。正是各级政府的担当有为和敢为人先，山东承继“莱西经验”“诸城模式”“潍坊模式”“寿光模式”，同时不断开拓并创新多元化的发展路径，在推动农业农村改革中扛起创新发展的使命担当，敢于实践，打造齐鲁样板，探索乡村全面振兴的现实路径。

近年来，山东各级政府持续深化对乡村振兴战略的顶层设计与布局，积极构建多元化、可持续的融资机制，并同步强化产业支撑与配套建设，同时严格落实乡村振兴责任制，充分彰显“政府主导”的核心引领作用，为乡村振兴齐鲁样板的打造注入了强劲动力。在顶层设计层面，各级政府勇于创新，积极探索乡村振兴的新路径。一方面，深入挖掘农村土地资源潜力，将宅基地复垦、耕地整理等产生的增值收益精准投放于乡村振兴项

目，既有效解决了资金筹措难题，又优化了农民居住环境，推动了土地流转的加速与农业适度规模经营的发展，为农业产业升级与农民增收奠定了坚实基础；另一方面，各级政府科学规划村庄布局，根据村庄特色与发展定位，在县域范围内统筹规划农村社区建设，打造规模适中、设施完备的万人级农村社区，为农村现代化奠定了空间基础①。在融资体系构建方面，山东各级政府采取多元化策略，通过整合涉农资金、争取农发行长期贷款、引入省土发集团等金融资源，拓宽了乡村振兴的资金来源渠道。自2018年起，山东省引领国有商业银行将普惠金融的核心阵地稳固地扎根于农村。多家知名股份制银行，诸如民生银行、光大银行等，纷纷设立专门的普惠金融事业部，以更加精准高效的方式服务农村市场。同时，山东省内的众多农商银行积极响应，与县（区）级政府携手签订了旨在服务乡村产业振兴的战略合作框架协议，共同绘制金融支持乡村产业发展的新蓝图②。在产业配套方面，各级政府不仅注重农业基础设施的改善与土地流转的规范化，还积极培育新型农业经营主体，推动生产生活服务业的协同发展，为农民提供了丰富的就业机会，促进了乡村产业的全面振兴。为确保乡村振兴各项政策的有效落地，山东省政府制定了五级书记抓乡村振兴的具体实施细则，明确各级领导干部的责任分工，通过强化激励与严格考核，凝聚起推动乡村产业、人才、文化、生态、组织“五个振兴”的强大合力。这一系列举措不仅彰显了政府在乡村振兴中的主导地位，更为齐鲁样板的成功打造提供了坚实的制度保障。

山东以“莱西经验”“诸城模式”“潍坊模式”“寿光模式”，在乡村组织建设、产业发展、城乡融合发展的制度和技术创新中，引领全省和全国乡村发展。2013年11月，习近平总书记在山东考察时高度评价了源自莱西的村级组织配套建设经验，指出其不仅巩固了农村基层党组织的核心领导地位，强化了党的农村执政根基，还作为成功的实践案例，为全国基层组织的强化与建设提供了宝贵的经验。这一经验的持久生命力，既源自顶层设计的政治动员力量，也深深植根于基层群众自发的创造性实践，它

① 具体内容详见第五章。

② 具体内容详见第二章。

跨越历史长河，持续在新时代背景下绽放新的光彩。2018 年，习近平总书记在参加全国人大会议时，再次肯定了山东在农村经济改革领域的卓越贡献，特别是“诸城模式”“潍坊模式”与“寿光模式”所代表的贸工农一体化和农业产业化经营路径，为全国提供了可借鉴的范例。山东始终保持着勇于探索、敢于实践的精神风貌，在新时代的征程中，不断深化、丰富、创新与提升这三大模式。尽管各模式在具体实施上各具特色，但其核心目标均聚焦于促进农业生产要素优化配置、提升农业产业化与高质量发展水平、坚持问题导向下的改革创新，以及最终实现的生产力解放与发展。自党的十九大以来，山东在传承与发展原有经典模式精髓的同时，积极响应新时代的发展号召，不断开拓并创新多元化的发展路径。以临沂沂南县朱家林村为例，在政府的有力引领下，企业与农户携手，充分利用当地丰富的乡村自然风光与田园资源，仅用了不到三年的时间，便成功实现了从朱家林生态艺术社区向省级特色小镇的蜕变，进而跃升至国家级田园综合体的发展高度。这一过程中，朱家林村探索出了独具特色的“田园综合体”创新发展模式，成为沂南县实施乡村振兴战略的重要平台和抓手①；泰安岱岳区道朗镇开发实施的九女峰项目精心布局“休闲旅游、观光农业、高端民宿、康养宜居”四大主导产业，致力于构建一个绿色生态、全域覆盖的乡村旅游体系。通过这一项目的实施，道朗镇成功打造了一个集一二三产业深度融合的乡村产业集群，有力地推动当地农业的转型升级、农村的全面发展以及农民生活水平的显著提升，展现出山东乡村振兴的崭新风貌与勃勃生机②。

（二）开辟“组织牵引，片区开发”关键路径

山东注重强化乡村集体经济组织与新型农业组织的建设与发展。通过深化农业农村改革，巩固和完善农村基本经营制度，深化农村承包地“三权分置”改革，稳妥有序开展延包试点，发展农业适度规模经营，培育发

① 朱家林田园综合体［EB/OL］．沂南县人民政府网，2019－07－01．

② 泰安市岱岳区：奋楫争先立潮头，“强富美优”迈新程［EB/OL］．鲁网，2024－02－01．

展多种农业组织，促进小农户与现代农业有机衔接。同时，创新推进乡村振兴片区建设，因地制宜推进片区党建联合、资源整合、产业融合和人才聚合，创新乡村振兴推进路径。

农业及农业产业化组织是发展现代农业和推进农业产业化经营的载体，也是构建现代农业产业体系的基础或引领力量。山东鼓励引导龙头企业、农民合作社、家庭农场等新型农业经营主体进行上下游联合经营，组建农业产业化联合体和农业产业联盟，以促进农业产业链各环节更加紧密合作，提高整体竞争力和效益。目前全省已创建农业产业化示范联合体816家，带动85%以上的农户参与产业化经营。2023年，山东省农业农村厅公布了233家符合省级农业产业化示范联合体创建条件的名单，这些联合体通过规模化的产品供销、作业服务等方式形成利益共享机制，并共同出资建立风险基金，形成风险分担机制。例如，邹城市大束镇成立农业社会化服务中心，将乡镇供销社、农机合作社、各村党支部领办合作社、家庭农场等联合起来，扩大农业社会化服务的规模，提升服务效率。该服务中心是目前鲁西南地区建设标准最高、服务功能最全、经济效益和社会效益最好的农业社会化服务中心，营业收入已达到1亿元，能够吸引1500人就业，带动周边群众年均增收6000元，实现了经济效益和社会效益双赢项目。农业产业联盟在推动农业现代化和乡村振兴中也扮演着重要角色，能够通过鼓励政府、企业、合作社、研究机构等多方参与，成立特色农业产业联盟，以推动产业发展、技术创新、市场拓展，将山东特色农业做大做强。例如，临沂市沂水县天沐农业合作社与高校科研院所合作，发展现代化韭菜种植业，建设高标准韭菜大棚166个，打造高端绿色韭菜品牌，该品牌在2019年获得农业农村部颁发的绿色食品认证，并创建了韭菜产业联盟，开发韭菜加工食品、护肤与保健品等各类产品，推动韭菜产业链的纵向和横向延伸，增加农产品附加值，提高了经济效益。通过这些创新组织形式和经营策略，农业产业联合体与联盟正在成为推动农业现代化、实现产业升级和区域发展的关键力量，在乡村振兴中发挥辐射带动作用，提升农业产业组织化程度，延长农业产业链条，增强农业产业的综合竞争能力。

自2018年习近平总书记对山东乡村振兴"齐鲁样板"作出指示后，山东省委、省政府快速响应，于2019年开始分批次打造乡村振兴齐鲁样板示范片区，目前已创建至第三批。片区化产业发展可做到因村因地而宜，适时整合镇域内跨行政村边界的多种资源禀赋，在科学规划的基础上推进全要素整合，通过抓村带片、抓片带面，串点成线，连线成面。山东齐鲁样板的打造以"片"为基本单元，可形象地总结为"一个片一个片地推"。山东省共有5.4万个行政村，东中西资源禀赋、村庄形态、文化习俗等各不相同，在具体实施中，山东注重选择位置相邻、功能相近、产业相融、有发展潜力的村庄作为片区以进行连片规划建设。山东在片区化发展乡村振兴方面取得了显著成效。在片区示范带动下，2024年山东农村基础设施网络化建设、人居环境整治、公共服务能力得到了持续提升，全省农村路网规模达到26.4万公里，自来水普及率达到98%，实现农村生活污水有效治理管控、生活垃圾无害化处理的行政村分别达到50%以上、95%以上。目前，全省启动建设省级乡村振兴示范片区224个，带动市县建设片区1300多个，形成了梯次建设、分类推进的良好格局。通过片区化发展，山东实现了片区单元内的党建联合、资源整合、产业融合和人才聚合。这些示范片区的建设，不仅加强了基层党组织的建设，还促进了乡村产业的发展，提高了农民收入，推动了乡村全面振兴①。

（三）筑实"科技赋能，产业振兴"根本基础

在山东乡村振兴齐鲁样板建设历程中，科技作为驱动乡村产业振兴的核心引擎，尤其在农业、农产品加工制造及文化旅游产业发展中展现出强大的动力。通过推行数字农业示范项目、优化农业产业结构、推动现代科技农业产业深度融合以及发展文化旅游产业等措施，山东成功实现了科技赋能乡村产业振兴的目标，为乡村振兴齐鲁样板的打造奠定了坚实基础。

① 具体内容详见第二章。

山东重视农业科技进步在推动农业现代化和保障粮食安全中的重要作用。近年来，山东各地积极推行了一系列科技农业示范项目，成效显著。例如，青岛城阳上马街道与东营垦利两地，通过尖端科研技术运用，成功建立了盐碱地稻作改良示范基地，培育出耐盐碱水稻新品种，不仅重塑了当地种植格局，为农民增收开辟了新渠道，也为区域经济的转型升级注入了新活力，深刻诠释了“科技兴农”的战略价值；寿光地区则以“蔬菜智能大棚”项目引领现代农业潮流，该大棚集成了智能通风、监控、雾化、补光、水肥一体化等六大智能系统，农户仅凭手机 App 即可实现远程精准管理，将传统大棚转变为高科技驱动的蔬菜生产工厂。在种子研发方面，登海种业不断优化玉米良种，在抗病能力和产量等方面持续提升；寿光大力推进蔬菜种子研发，在多个品种上实现突破。青岛在渔业领域的创新同样引人注目，通过构建现代化海洋牧场，融合“南鱼北养 + 灯光诱饵”的绿色养殖模式，并依托互联网构建“渔业 + 互联网”新业态，有效提升青岛渔业品牌的国际影响力与产品市场竞争力，实现了渔业与信息技术的深度融合。在科技力量的推动下，山东沿海地区的海洋牧场开发如火如荼，特别是离岸养殖区域的现代化建设，为我国渔业转型升级与可持续发展探索出了一条新路径。2023 年，全省渔业经济总量跃升至 4762 亿元，水产品年产量高达 914 万吨，再创历史新高。截至目前，山东已累计部署重力式深水网箱超过 2600 个，大型深远海养殖装备达 28 套，总养殖水体规模突破 280 万立方米。为全面增加农产品的附加值，同时保障多元食物供给，山东持续开展粮食、设施蔬菜、林果、畜禽、渔业等全产业链的提质增效试点，推动乡村产业链不断延伸，把农业建成现代化大产业，并为全国的农产品供应与食品安全、推动农业产业的高质量发展作出了重要贡献。2023 年，山东农产品加工企业新增 614 家，达 10343 家①。先进的农业科技应用、多元化的农业产业结构和强大的农产品加工流通体系，构成了其农业资源禀赋的丰富性和产业基础的扎实性，成为推动区域农业高质量发展的重要基石，这符合新时代习近平总书记所强调的“大食物观”和多元

① 山东举行省十四届人大二次会议取得的主要成果、代表议案建议等情况新闻发布会 [EB/OL]. 山东省人民政府新闻办公室，2024-01-26.

化食物体系的建设要求①。

山东作为文化底蕴深厚的文旅资源大省，正依托大数据、智慧平台及科技创新的强劲驱动力，全力推进文旅产业的深度融合与高质量发展，旨在满足人民群众日益增长的高品质文旅消费需求，为市场注入更多鲜明的“山东印记”。近年来，山东各地紧跟科技浪潮，积极拥抱高新技术，通过内容创新、业态拓展、技术革新、模式重塑及场景再造，全方位推动文旅产业向数字化、网络化、智能化方向转型升级，实现了产业质量、效率与动力的全面跃升。从旅游景区便捷的在线预约系统，到“互联网＋演艺”平台的搭建，再到智慧化基础设施的广泛应用，山东文旅产业正被蓬勃发展的数字技术深度赋能，展现出前所未有的活力与魅力。“好客山东云游齐鲁”智慧文旅平台作为标志性成果，已初步构建起“一机在手，畅游无忧”的便捷体验，让游客轻松享受个性化、智能化的旅行服务。在曲阜尼山圣境，夜幕低垂时，一场科技与艺术的完美邂逅悄然上演。数百架无人机腾空而起，在空中编织出一幅幅令人叹为观止的画面，如凤舞尼山的灵动、周游列国的壮阔、论语书卷的深邃，与光影交错的水秀、绚烂夺目的烟火交相辉映，将儒家文化的精髓与现代科技的魅力完美融合，让尼山圣境的独特韵味跃然眼前。而在曲阜三孔景区，《大哉孔子》光影秀则巧妙运用了3DMapping投影技术②，将历史的长卷以光影的形式重新铺展，真人实景与光影效果交织成一场跨越时空的文化盛宴，让游客仿佛穿越时空，亲身感受孔子的智慧与风采，沉浸式体验儒家文化的博大精深。此外，临沂琅琊古城也以其独特的数字化手段和创新思维，为游客打造了一个全新的文旅体验空间。通过数字化技术、多维度影视置景及全方位沉浸体验等先进手段，古城不仅重现了历史的辉煌，更赋予了游客前所未有的参与感和代入感，成为文旅融合发展的新亮点。面对文旅产业高质量发展的新时代要求，山东始终保持开放创新的姿态，坚持科技引领的战略定力，以文化为魂、旅游为体，不断促进文化和旅游产业的深度融合与创新发展。在文旅产业进入高质量发展赛道的新阶段的当下，山东坚持开放创新，科技引领，保持着逐

① 具体内容详见第四章。

② 3DMapping是一种结合光学投影、高亮度光源和裸眼3D视觉技术的结构性投影技术，能够将任意物体表面转化为投影载体，常用于古遗迹的动态投影展示。

浪科技创新的战略定力，以文塑旅、以旅彰文，促进文化和旅游产业深度融合，不断在擦亮“好客山东”的名片上行稳致远，行之在前①。

（四）依托“党建引领，文明治理”坚强保障

党建引领在乡村全面振兴中至关重要。农村基层党组织是乡村振兴的坚实后盾，通过加强党组织建设，能提升基层治理效能，确保党的政策和决策在乡村振兴实施中得到有效执行。文化是乡村治理的宝贵资源，把有形的文化资源与无形的文化根脉意识结合，运用潜移默化的文化力量赋能乡村治理，能够将文化优势转化为治理资源，发挥文化的润育功能，实现乡村的文明治理。

2018 年以来，山东深入贯彻落实习近平总书记重要指示要求，奋力打造乡村振兴齐鲁样板，特别是明确“党建引领乡村振兴”这一实施原则，完善顶层设计、推进“头雁领航”、建设过硬支部、强化驻村力量，不断提升农村基层党组织政治功能和组织力，为实现乡村全面振兴提供坚强组织保障。实践充分证明，哪个村有一个过硬支部和好的带头人，哪个村就产业兴、群众富、人心齐②。例如，习近平总书记在讲话中提及的代村及亲自考察的三涧溪村，便是这一原则的生动体现。在山东广袤的乡村大地上，类似代村、三涧溪村的先进典型不胜枚举，如长清区万德街道马套村村党支部发挥党建引领作用，带领群众种茶叶、建茶厂，创办合作社、搞旅游，把富民强村的梦想逐步变成了现实。先后荣获“全国文明村”“全国民主法治示范村”“全国乡村全面振兴示范村”“山东省先进基层党组织”等荣誉称号；曲阜市小雪街道阮家村党支部以“双基”工作为抓手，树立起“做尚德党员、创孝和之村”的招牌，先后获得济宁市民主法治示范村等荣誉称号。阮家村通过强化党组织建设，引领民生和集体经济发展，通过党组织之间协调协同，与邻近各村组建“共富联盟”，实现了“村村成股东、户户有分红”的美好愿景。这些成功案例的关键在于：一

① 具体内容详见第九章。

② 王础．切实发挥乡村振兴典型引领作用——山东省推出首批七种乡村振兴可复制可推广典型经验［J］．农业知识，2020（19）：3.

是选好人。拓宽选人视野，本村没有合适的人选，通过回请、选派“第一书记”等方式，选配公道正派、全心为民、又有发展思路和能力的党员担任村党支部书记。二是解难题。优化村“两委”成员配备，解决好班子不团结等常见问题；逐条分析导致村庄穷、乱的原因，逐一采取针对性措施解决。三是善治理。通过建立健全“四议两公开”“五步议事法”等机制，使村级事务公开透明，提高群众对村党组织的信任度。从红白事办理抓起，坚持党员干部带头，以党风带民风，以民风促村风，形成家风正、民风淳、村风好的局面。特别是一些领头人能力较强、发展水平较高的地方，出现了强村带弱村、流转邻村土地统一发展规模经营、建设联合支部的做法，对乡村振兴有很强的指导和示范意义①。

山东在乡村文明治理领域持续深化与升级，致力于通过一系列创新举措，如乡村文明行动、移风易俗治理及“信用+”农村试点项目等，深入挖掘继承优秀传统文化、弘扬红色文化和打造乡村多彩文化活动，并对其进行创造性转化和创新性发展，以此来发挥乡村内生动力，实现自治、德治和法治相结合。首先，优秀传统文化涵育文明乡风，实现乡村善治。山东各地在优秀传统文化的传承方面，一是发扬孝善文化。如潍坊昌乐县庵上湖村探索创新“子女尽孝、集体兜底、互助养老”的农村新型养老模式，利用移风易俗治理弘扬新风；济宁市后八里沟村推行孝善治村，制定了养老公约，并建立了“敬老金缴纳制度”。通过相关规定督促子女履行孝养责任，并定期开展“十大孝星”“好媳妇”“好婆婆”等群众性评选活动，打造共同富裕的乡村治理共同体。二是传承优秀乡风文化。如临沂沂南县开展“好婆婆”“好媳妇”“文明家庭”评选活动，树立良好家风，以榜样示范引导村民文明向善；临沂沂水县以文明实践站为基石，打造文化礼堂、组建文化队伍、举办文化活动，丰富群众精神文化生活。三是诚信文化。潍坊庵上湖村利用村规民约，在品牌建设中实行党员包户、干部包区、社员积分考核制；建立内部信用互助，社员借款不抵押不担保，实行信誉借款，有效加强了村民自治。其次，红色文化传承红色基因，实现铸魂育人。如临沂西墙峪村通过讲好村庄的红色故事并传承革命传统，实

① 具体内容详见第十章。

施了红色记忆工程，建立了“西墙峪红色记忆馆”，将村庄打造成党性教育基地；潍坊前阙庄村传承“忠诚信仰、担当尽责、清廉为民、甘于奉献”的红色精神，于清书、张秀英、于英智历任党支部书记世代传承红色血脉，构筑起村庄发展过程中用之不竭的力量源泉；庵上湖村打造党史文化长廊、举办红色传承活动，构建铸魂育人精神动力。红色文化中的民主、法治等核心价值理念，也被有效应用于乡村治理中，提升了村民的法治素养与民主意识，促进了乡村社会的和谐稳定。最后，多彩文化活动进行教化引领，实现凝聚民心。如潍坊前阙庄村建设红色设施，举办文体活动，以红色文化教育人、激励人、感召人；临沂沂水县通过“五位一体”服务体系，将农家书屋纳入图书馆总分馆、新华书店、城市书房、社区书屋和农家书屋的网络中，建立了以县图书馆为中心的“龙型”网络布局，其中镇文化站图书分馆和城市书房作为核心，社区（村居）农家书屋作为扩展部分，形成了一个全面覆盖的阅读服务网络，有效开展“全民阅读”活动；邹城后八里沟村通过开办村民夜校，进行村民教育，也为村民提供分享和展示技能的舞台，同时建有村民图书馆和电子阅览室，并由村集体出资为每家每户配备书橱，成立读书会，帮助村民养成良好的学习习惯。2023 年，后八里沟村作为在新时代发展起来的乡村振兴典型，被民政部授予“全国先进基层群众性自治组织”荣誉称号①。

五、城乡融合推动乡村振兴齐鲁样板提档升级的挑战

在取得成效和经验的同时，当前山东促进城乡融合推动乡村振兴还面临着以下主要挑战。

（一）城乡融合发展县域整体规划亟须强化

县域作为城乡融合发展的关键节点，是城市和乡村有效互动的载体，

① 具体内容详见第十一章。

是统筹新型工业化、新型城镇化和乡村振兴的关键区域。强化县域城乡融合发展整体规划，有助于实现城乡共同繁荣，提档升级乡村振兴齐鲁样板。当前，山东在城乡土地空间、公共服务、产业和项目发展的整体规划上还需进一步强化。一是县域城乡空间整体布局需要进一步优化，充分利用乡村建设用地，坚决守住耕地红线。调研发现，一方面，乡村建设用地不充分，部分农村地区空心化现象严重，某村宅基地闲置率高达 90% 以上，约 20% 的村庄宅基地因民房坍塌、废弃和灭失而闲置，同时村集体的学校等建设用地有效利用率很低；另一方面，乡村耕地保护仍承受巨大压力，有的地方耕地保护面临建设占用和生态退出的双重挑战，耕地“非农化”“非粮化”现象依然存在。如此，需要在城乡空间整体规划下，加速推进乡村土地综合整治进程，推进城乡建设用地的一体化统筹配置，同时坚守耕地红线。二是城乡公共服务整体联动机制尚待加强。当前，山东省内城乡间公共服务资源的分配仍不均衡，城乡公共服务设施、服务内容及质量存在显著差异。为实现公共服务资源的有效配置，需建立完善城乡公共服务的有效联动机制，提升公共服务对于城乡居民的可及性。尽管城乡医疗机构联动、义务教育联动等方面已有一定方案和实践，但其效能释放仍显不足。三是城乡产业发展和项目建设需要加强整体规划。调研发现城镇产业发展往往倾向于追求“高精尖”“高大上”的项目，不能因地制宜，忽视了与本地资源禀赋和比较优势的结合，特别是未能充分与乡村产业形成有效衔接，不仅浪费了本地独特的资源优势，也限制了乡村产业依托城镇产业升级发展。另外在乡村产业发展和项目建设中，有的地方过于倚靠大项目、大投入，缺乏城乡产业的统筹规划，忽视乡村产业基础和村民意愿，最终成为“形象工程”“半拉子工程”，不具有内生动力和可持续性。

（二）城乡人口双向流动制度路径亟须优化

在促进城乡融合推动乡村振兴齐鲁样板打造和提档升级过程中，一方面需要加快推进农业转移人口市民化，让他们能够真正定居并融入城镇生活，另一方面需要积极吸引人才入乡返乡，并培育和建设各类型组织的人才队伍。然而，当前城乡人口双向自由平等流动格局尚未形成，同时乡村人才相对于乡村振兴需求不足。一是城乡人口平等自由双向流动格局尚未形成。根据2022年全国城市和县城建设统计调查，山东省常住城镇人口比率由2013年52.4%提升至2022年64.54%，2022年底城镇人口达到6559.48万人，1100多万名农村人口进城成为城镇常住人口。然而，需要注意的是，仍有大量进城务工人员没有能够实现市民化。相对而言，入乡返乡就业创业人员数量较少。农业农村部统计，全国2012~2022年，全国返乡入乡创业人员数量仅为1220万人，据此估算10年间山东入乡返乡就业创业人员数量应不及100万人。二是乡村人才不足。调研发现好党委书记“头雁”形成的经验难以复制，存在卸任后，新的“头雁”选择困难问题；也存在返乡“归雁”和当地培养的“鸿雁”不足，以及“雁阵”难以形成的问题。乡村振兴需求调研显示，80%以上受访者认为乡村振兴的人才不足，其中近50%认为需要强化培养培训乡村本土人才，30%以上认为需要人才返乡和引进。以上问题的形成，主要源于城乡二元结构下城乡人口流动制度性阻碍。一方面是农业转移人口市民化的制度成本高。调研发现农业转移人口在就业、养老、医疗、住房、子女教育等公共服务方面，尚未与城镇居民享有完全同等权利，导致市民化成本较高、市民化意愿降低等问题。另一方面是人才入乡返乡就业创业政策配套不足。各类人才入乡返乡就业创业，面临着在乡村治理中不能获得同等“村民待遇”问题，导致人才难有归属感，也难以有效获取乡村资源。因此，亟须优化城乡人口双向流动的制度路径，加快实现进城务工人员与城镇居民在城市工作生活的权利平等，保障入乡返乡人员享有参与乡村决策、管理和监督等基本权利。

（三）城乡融合资金多元供给机制亟须健全

在城乡融合进程中，无论是新型城镇化的推进还是乡村振兴的实施，均需要大量的资金投入。就新型城镇化而言，根据全国公开数据、政府文件及学者研究，以2024年常住人口城镇化率与户籍人口城镇化率的差值乘以当年人口总数计算，我国有2亿多名农业转移人口尚未完成市民化过程，而每位农业转移人口市民化的成本介于8万元至13万元，这意味着2024年推进市民化所需的资金总额至少将达到20万亿元。以山东省为例，若到2025年常住人口城镇化率提升至67%以上，较2022年增加2.5个百分点，则将需要市民化人口255万人，2023～2025年至少需投入资金2040亿元。在乡村振兴方面，各级财政资金的投入同样庞大，2023年山东省已投入财政资金760多亿元，其中省级投入超过360亿元。为全面推进乡村振兴，使农村基本具备现代生活条件，仍需进一步加大资金投入，同时城镇化投入需要更多，这对山东省各级财政构成了较大压力。面对新型城镇化和乡村振兴双重资金投入压力，从山东的总体投资结构来看，城市公共设施和公共服务建设、乡村基础设施建设和重大项目建设财政投入占比较高，多元投入机制尚不完善，还没有充分激发社会资本投入的积极性。因此，为统筹解决城乡融合发展资金需求增加与多元化投入不足的问题，需在确保政府投资稳定的基础上，优化资金多元供给机制，积极引导和吸引更多工商资本、社会资本及民间资本投向城镇化和乡村振兴领域，构建起财政优先保障、金融重点支持、社会广泛参与的多元化投入新格局。

（四）城乡经济社会治理统筹一体亟须加强

城乡融合发展促进乡村振兴不仅要推进产业间的融合，还要在更深层次上推进经济社会治理的融合，但目前在城乡市场治理和社会治理一体化方面，仍需要加强。一是城乡统一市场规范治理有待加强。构建一个高效、公平、开放的城乡统一市场体系，是资源得以在城乡优化配置的关键保障。然而，在调研中发现，城乡市场规范和监督管理存在不统一的问题。由于年龄差异等原因，部分村民对市场信息了解不够，存在信息不对称问题，导致有的地方集市和小超市依然有假冒伪劣商品，也存在造假制假问题，阻碍了市场的公平竞争。同时，地方保护主义则时隐时现，导致城乡市场规范不统一，市场监管政策在执行过程中的力度和尺度呈现出显著差异。如此，阻碍了城乡市场的有效对接与良性互动，还无形中构筑了社会资本和人才向乡村地区流动的壁垒，限制了乡村经济的活力释放与潜力挖掘，不利于城乡融合发展和乡村振兴。二是需要实现城乡社会治理融合。由于乡村和城市之间的交流日益密切，需要破除城乡二元治理的格局，深化推进城乡社会治理融合。有的地方在社会治理规划和实施上，仍旧沿袭着城乡分治的传统模式，不仅加剧了城乡之间治理资源的错配现象，使得城市与乡村在获取治理资源、享受治理成果上存在不公，扩大了城乡在治理环境上的差异，导致城乡在公共服务供给、社会保障体系构建、安全综合治理等方面难以形成紧密有效的协同与配合。如此，不仅会削弱城乡社会整体和谐稳定基础，还可能引发一系列社会问题，阻碍城乡融合发展进程的深入推进，更不利于乡村振兴的实施。

（五）政策的创新性及整体协同性亟须提升

城乡融合发展推动乡村全面振兴的进程中，相关政策的创新性与整体协同性不足，成为制约进一步发展的关键因素。一是要素优化配置的政策创新仍需提升。面对城镇化加速与乡村振兴的双重任务，要素的自由流动与优化配置的体制机制亟须创新。在农村转移人口市民化进程中，公共服务不可及与基本权利不平等是突出问题。在乡村振兴中农民利用农业农村资产进行融资贷款面临重重困难，同时存在有政策难实施、没政策支持的现象，严重限制了农户依靠农业扎根农村发展，也不利于社会资本在乡村推进产业发展。二是乡村片区化发展的政策创新仍需强化推广。片区化发展成效显著，但尚未全面铺开，大量村庄仍处于发展较慢和欠带动的状态，还需强化乡村抱团发展和协调发展，强化和完善片区化发展机制，同时亟须在片区组织建设、空间资源整合、新质生产力发展、全面有效覆盖等方面实施新措施，打造“新模式”。三是政策的整体协同性需要强化。当前政策“碎片化”导致新型城镇化与乡村振兴相关政策存在“政出多门”的问题，不仅造成政策指导的混乱，也影响其实施效果。以土地政策为例，某些地区在严守耕地红线的情况下，在未破坏耕地和促进农民增收的情况下，相关部门支持乡村旅游、田园采摘、田园综合体建设及耕地套养殖等乡村产业发展，但有的部门仍然严令禁止。还有，某些片区土地综合整治和集中调换等旨在促进乡村产业发展的举措，虽然得到了相关部门支持，但具体办理时，最终因为另外一个部门层层设阻，未能得到实施，严重影响了该片区的发展。这种政策的不一致性，弱化了乡村产业发展的政策环境，增加了政策实施难度与不确定性，抑制了乡村主体发展的积极性和活力。

 促进城乡融合发展推动齐鲁样板提档升级的路径

党的二十届三中全会《决定》为促进城乡融合发展，推动乡村振兴齐鲁样板提档升级提供了基本思路，即聚焦于规划、建设与治理三融合，推动城乡要素双向流动。城乡融合与乡村振兴涉及范围广、触及利益深、攻坚难度大，同时各项改革措施关联程度高、协同程度强，既不能单打独斗、急躁冒进，也不能眉毛胡子一把抓、头痛医头脚痛医脚。只有坚持系统观念，才能把握好战略重点，分清轻重缓急，循序渐进，更好发挥系统集成效应。根据系统方法论，我们将城乡作为一个整体来看待，对系统各方面、各层次、各要素进行统筹设计。具言之，课题组综合考虑促进城乡融合发展，推动乡村振兴齐鲁样板存在的挑战，从空间规划、组织建设、资金融通、产业发展、社会治理、制度改革六个维度整体设计促进城乡融合发展，推动乡村振兴齐鲁样板的提档升级的改革路径，并在此基础上提出具体的政策建议。

（一）片区示范：以县域为载体优化空间规划体系

国土空间规划是实现长远目标和发展愿景的基础，是变革城乡空间结构，消除城乡空间界限，促进城乡居民平等化，实现城乡融合发展与乡村振兴的重要抓手。县域“片区示范”是乡村振兴齐鲁样板建设的典型经验做法，可有效整合城乡要素与资源，提升资源配置效率。因此，综合空间规划与“片区示范”的基础，山东可以 136 个县级行政区为基本空间载体，以村为基本规划单位，设计全省层面的片区空间规划体系，推动城乡融合发展与乡村振兴齐鲁样板提档升级。片区空间规划体系建设可采取梯次推进的路径，分三个批次逐渐实现县域空间片区规划，实现“抓村连片，抓片连面”式城乡融合一体化发展，并最终形成全省结构化县域片区

空间规划体系，促进城乡融合发展，推动乡村振兴齐鲁样板提档升级。在片区示范下的县域空间规划体系建设思路下，山东可从以下三个层面发力。

1. 构建片区开发结构体系

依据系统方法论，构建片区开发结构体系，实现对城乡融合发展与乡村全面振兴的统筹协调。其一，根据片区的地理优势、资源禀赋和发展潜力，明确片区的功能定位和发展方向。其二，加强市级统筹，强化县乡联动，推动要素聚焦形成合力。探索政府引导、市场运作、多方参与的开发模式，激发市场活力和社会创造力。其三，坚持抓村连片有效路径，强化片区示范引领。因村因地制宜，推动村庄连片规划，连片建设。其四，加强片区内的交通、通信、供水、供电等基础设施建设，提高片区的承载能力和吸引力。其五，发展特色产业和主导产业，形成产业集群，提升片区的核心竞争力。

2. 强化城乡要素空间配置

在国土空间规划体系下，消除城乡空间壁垒，推动城乡统一大市场建设，强化城乡要素平等配置是推动城乡融合发展的关键措施，它涉及土地、劳动力、资本、技术等要素在城乡之间的合理流动和高效配置。其一，合理规划城乡土地使用，优化土地利用结构，提高土地利用效率。其二，加大对农村地区基础设施的投入，缩小城乡基础设施差距，推动城乡公共服务均等化。其三，优化城乡就业环境和居住条件，引导人口双向有序流动，缓解城市拥挤和农村空心化问题。其四，推动科技下乡，加强农村信息化建设，提高农业生产效率和质量。

3. 深化片区城乡合作机制

以县域片区规划为抓手，推动城乡融合发展。其一，以规划破除城乡一体化市场障碍，充分发挥乡村作为消费市场和要素市场的重要作用，推进以县城为重要载体的城镇化建设，增强城乡经济联系，畅通城乡经济循环。其二，规划调整城乡关系，顺应新型工业化、信息化、城镇化、农业现代化趋势，支持农村优先发展，强化以工补农、以城带乡。其三，实现城市基本公共服务的空间均等化配置。推动公共服务向农村延伸、社会事业向农村覆盖，实现城乡基本公共服务标准统一、制度并轨。其四，加强跨部门协调与整合，构建城乡融合发展的统一和高效的政策支持体系。

（二）联合共建：以片区为单位构建复合组织结构

组织是城乡融合与乡村振兴的行为主体，是公共服务提供者、公共政策倡导者、社会价值捍卫者和社会资本建设者。组织建设是推动城乡融合发展与乡村振兴的基础。从示范区典型经验来看，可通过片区组织复合构建推动乡村振兴提档升级。片区组织的复合构建包含两个层次：一方面，以“党建引领”为抓手，实现党组织、集体经济组织、社会组织、村民自治组织与乡村人才体系“五位一体”建设；另一方面，城乡之间的“单位组织”形成片区联合体。联合共建下的组织建设需要从如下五个具体层面发力。

1. 建立城乡党组织联合机制

建立城乡联合党组织，促进城乡经济社会一体化发展，可以加强城乡之间的联系和互动。其一，强化五级书记联抓，坚持高位推进，带动各级党组织书记大抓乡村振兴。其二，通过城乡党组织的结对共建，形成稳定的互帮互助关系。通过片区内党建联合，推动资源整合、产业融合与人才聚合。其三，联合开展党组织活动和志愿服务，如助困助学、人居环境整治等，增强党组织的凝聚力和战斗力。其四，选派优秀年轻干部到乡村锻炼，同时选拔有潜力的乡村青年到城市学习，培养一支懂农业、爱农村、爱农民的人才队伍。

2. 提升农村集体经济组织

集体经济组织通过整合农村资源，如土地、劳动力、资金等，为城乡资源要素的流动提供平台。其一，强化农村基层党组织的领导核心作用，提升组织力和领导力，确保农村集体经济组织发展的正确方向。其二，明晰产权关系，推进农村集体资产的清产核资，明确产权归属，推进股份合作制改革，合理量化资产，保障成员权益。其三，创新发展模式，探索符合当地实际的集体经济发展模式，如发展特色农业、乡村旅游、农产品加工等，提高集体经济的竞争力。其四，增强服务功能，提升农村集体经济组织在提供公共服务、满足农民需求方面的能力，增强其服务“三农”的功能。其五，建立健全农村集体经济组织的监督管理机制，防止资产流失，确保集体资产保值增值。

3. 培育乡村振兴社会组织

农村专业合作经济组织可以解决小生产与大市场矛盾，实现农业现代化的有效组织形式。培育乡村振兴社会组织，如各类公益性农业服务机构、经营性农业服务组织，可为各类新型农业经营主体提供全程农业社会化服务，加快农业社会化服务体系建设。其一，加快农业社会化服务体系建设，支持各类公益性农业服务机构、经营性农业服务组织为各类新型农业经营主体提供全程农业社会化服务，为小农户提供全托管或半托管社会化服务。其二，支持发展新型农民合作组织，培育壮大新型农业生产经营组织，提升其引领带动能力和市场竞争力。其三，培育农业经营性服务组织，支持农民合作社、专业服务公司等为农业生产经营提供全方位服务，发挥其生力军作用。其四，创新服务方式和手段，鼓励搭建区域性农业社会化服务综合平台，发展专家大院、院县共建等服务模式，推进技物结合、技术承包、全程托管服务。

4. 强化村民自治组织

强化村民自治组织，构建和完善自治、法治、德治“三治结合”的现代乡村治理体系，可发挥社会组织作用，实现政府治理和社会调节、居民自治良性互动。其一，建立健全村民自治的各项规章制度，包括村民大会、村民代表会议、村务公开等，确保村民自治有法可依、有章可循。其二，提高村民对自治的认识和参与度，通过教育和培训，增强村民的自治意识和能力。其三，规范选举程序，确保村委会选举的公正性、透明性和合法性，让村民真正行使选举权，选出能够代表村民利益的村委会成员。

其四，加强村委会建设，加强村委会组织建设，提升村委会成员的领导能力和服务水平，确保村委会能够有效地执行自治职能。其五，建立监督机制，建立村民监督村委会工作的有效机制，包括村务监督委员会等，保障村民的监督权和建议权。其六，推动信息化建设，利用信息技术提高村民自治的效率，如建立村级信息平台，方便村民获取信息和参与自治活动。

5. 构建乡村人才体系

人才是组织的构成要素，构建乡村人才体系是组织建设的基础，是城乡融合与乡村振兴的有生力量，可有效解决谁来振兴乡村的问题。其一，推动城市人才适度编岗分离，积极推进城乡双向联合体建设，推进城市教科文卫体等工作人员定期服务乡村。其二，推动公费师范生、医学生、农科生招收入职工作。建设乡村振兴工作站，推行高素质农民培训和农村劳动力技能培训。其三，多元化使用乡村人才。组建乡村振兴专家服务团，解决基层难题，推动项目落地转化；探索农村集体经济组织人才引进模式，支持运用双向兼职、技术入股等形式柔性引才用才。其四，创新农村专业技术人才评价机制，探索职称评定、工资待遇等方面的双向认定机制，促进教师队伍、基层医护队伍和文化队伍“县聘乡用、乡聘村用”的管理体制改革。其五，建立农村人力资源补偿机制，鼓励城市离退休专业技术人才和农村籍离退休管理人才返乡支援乡村建设。

（三）双向一体：以要素为核心推动制度集成创新

制度是社会的“骨架”。促进城乡融合发展推动乡村全面振兴，制度建设不足是制约进一步发展的关键因素。促进城乡融合发展与乡村振兴提档升级需要以城乡双向一体制度建设为支撑。城乡双向交融制度建设的核心是实现要素的双向流动和高效市场化配置。双向交融的制度建设要以系统观念谋划和推进，注重系统集成。要素制度体系可由“片区示范”主导部门统筹，联合各个分部门设计，具体指导城乡融合与乡村振兴工作。双向交融的要素制度集成改革主要包含土地制度、财政制度、户籍制度与建立城乡一体化支持制度四个方面。

1. 改革完善土地制度

城乡二元土地制度是当前城乡统一大市场建设的核心障碍。改革和完善土地制度，建立城乡统一的土地市场，可有效打破城乡土地二元藩篱，推动土地要素城乡流动，增加农村财产性收入。其一，深化农用地制度改革。有序开展第二轮土地承包到期后再延长30年试点；建立健全土地流转市场，支持提供合理的土地流转平台；严格落实耕地占补平衡政策，做好耕地补充，严格落实补充耕地管护资金和管护责任；规范设施农用地开发利用与管理。其二，深化集体建设用地制度改革。鼓励农村集体经济组织及其成员盘活利用闲置宅基地和闲置住宅，发展设施农业、畜牧业等乡村产业，拉长农业生产链条，推动产业融合与高质量发展。其三，深化农村集体产权制度改革。开展农村产权流转交易规范化试点，探索新型农业发展模式；推进集体林权制度改革，明晰所有权，放活经营权，落实处置权。其四，建立城乡统一的土地市场制度。深化土地征收制度改革，推动集体经营性建设用地入市；推动农地市场化，提高土地利用效率。其五，完善全域土地综合整治制度。以耕地保护为重点，减少耕地破碎化推进高标准农田建设；统筹安排农民住房、产业发展、公共服务、基础设施等建设用地，推进农村宅基地、工矿废弃地及其他低效闲置建设用地的清理处置和布局优化，推动城乡土地要素一体化规划配置。

2. 强化财政制度供给

加快公共财政体制改革，优先保障农业农村发展，逐渐实现城乡基本公共服务均等化，可有效推动城乡融合发展。其一，强化财政资金支持，将农业农村作为一般公共预算的优先保障领域，确保投入力度不断增强、总量持续增加。其二，强化金融资金倾斜。鼓励地方政府发行专项债券支持乡村振兴项目，撬动金融和社会资本按市场化原则投向农业农村。其三，加快公共财政体制改革，促进城乡基本公共服务均等化。加大对农村基础设施和公共服务的投资，确保城乡居民享有平等的教育、医疗和其他社会服务。其四，创新乡村振兴多渠道资金筹集机制，加快构建财政涉农资金统筹整合长效机制；落实工作责任，加强协调配合，确保财政支持乡村振兴政策落实到位。

3. 推进户籍制度改革

推进户籍制度改革，促进城乡劳动力自由流动，使农村劳动力能够更自由地进入城市工作和生活，同时也推动城市人口适当回流，实现人口的合理流动和资源配置。其一，为符合条件的农业转移人口提供与迁入地户籍人口同等的社会保险、住房保障、随迁子女义务教育等基本公共服务，加快农业转移人口市民化进程。其二，全面放开或放宽落户限制。依照国家政策，城区常住人口300万人以下的城市将取消落户限制，300万~500万人的城市将放宽落户条件，500万人以上的超大特大城市将完善积分落户政策，并探索取消积分落户年度名额限制。其三，提升中小城市和县城对产业和人口的承载能力，解决农业转移人口最关心的稳定就业、子女教育、住房保障、社会保险等问题。其四，依法保障农业转移人口及其他常住人口的合法权益，不得采取强迫做法办理落户，同时要维护进城落户农民在农村的“三权”。其五，鼓励有意到农村发展的城镇人口向农村流动，获得农村户籍及相应的农村基本公共服务；对返乡兴业创业的新乡贤，允许其返回原籍落户，并根据对村集体经济的贡献程度，分享村集体经济权益。

4. 建立城乡一体化支持制度

健全城乡支持保护体系，构筑城乡融合与乡村振兴安全网，保障粮食安全和主要农产品供给。其一，大力发展农业生产性服务业，培育多元化农业社会化服务组织，把经营性和公益性服务结合起来。其二，加强农业政策支持。制定和实施支持农业发展的政策，包括补贴、税收优惠、农业保险等，以降低农业生产成本和风险。其三，推广节水灌溉、有机肥料使用等环保农业技术，保护农业生态环境。通过市场调控和储备制度，稳定农产品价格，保护农民利益。其四，投资建设农田水利、农村道路、电力通信等基础设施，提高农业生产效率和农村生活条件。实施农村环境整治，提高农村垃圾和污水处理能力，改善农村人居环境。其五，发展农村金融市场，提供适合农业特点的金融产品和服务，解决农业发展中的资金问题；建立健全农村养老保险、医疗保险、最低生活保障等社会保障制度，减轻农民的生活压力。其六，加快商业体系和物流体系建设，完善省市县乡村五级商贸流通服务网络；实施农产品寄递销售“创牌工程”，规范提升行政村投递网点，提升县级快递园区、乡镇共配中心建设水平和服务能力。

（四）多元筹集：以平台为抓手撬动社会资本投入

随着城乡融合与乡村振兴战略的深入实施，资金筹集成为关键瓶颈。在财政资金紧平衡的约束下，可以县域为基本单位，建立融资平台，创新筹资手段以及加强风险防控等策略，更好地撬动社会资本投入，助力城乡融合发展与乡村全面振兴目标的实现。平台能够连接各方资源，包括政府、企业、社会组织和个人等，形成一个多元化的投资主体结构。这种结构不仅有助于拓宽资金来源渠道，还能通过各方力量的协同作用提升资金的利用效率。同时，平台还能通过公开透明的信息披露和高效的资金运作机制，提升社会资本的投资信心和参与度，进一步促进城乡融合与乡村振兴齐鲁样板提档升级。以平台为抓手多元筹集资金可从政策引导、市场机制以及社会参与模式三个层面展开。

1. 优化社会资本投入的政策环境

其一，明确政策导向，提供制度保障。政府需出台一系列具有前瞻性和可操作性的政策措施，为社会资本进入城乡融合发展与乡村振兴领域提供明确的制度保障。这包括但不限于制定社会资本投资指引、税收优惠、财政补贴、土地政策倾斜等，以降低社会资本的投资风险和成本，提高其积极性。其二，建立多元化投融资体系。政府应推动建立政府引导、市场运作、社会参与的多元化投融资体系。通过设立城乡融合发展基金、发行专项债券、引导社会资本通过 PPP（政府和社会资本合作）模式参与城乡基础设施建设和公共服务项目，有效拓宽资金来源渠道。同时，鼓励金融机构创新金融产品，为城乡融合发展项目提供长期、低成本的资金支持。其三，强化监管与评估机制。在鼓励社会资本投入的同时，必须建立健全的监管与评估机制，确保项目质量和资金安全。政府应加强对社会资本投资项目的全过程监管，包括项目筛选、实施、运营及退出等各个环节，防止盲目投资、低效运营和资金挪用等问题。同时，建立科学的绩效评估体系，定期评估项目效益和社会影响，及时调整政策策略，确保城乡融合发展目标的顺利实现。

2. 构建资本配置高效的市场机制

县域融资平台应建立高效的市场机制，提升资金利用效率。一方面，推动平台发展，构建城乡融合与乡村振兴多元主体生态圈。平台具有强大的资源整合能力和市场连接效应。政府应鼓励和支持城乡融合发展与乡村振兴相关平台的建设和运营，如农产品电商平台、乡村旅游服务平台、城乡物流配送平台等，通过平台整合城乡资源，建立多元融资渠道。另一方面，创新合作模式，实现共赢发展。在社会资本投入城乡融合发展的过程中，应积极探索和创新合作模式，如“公司＋农户”“合作社＋基地＋农户”“互联网＋农业”等，形成利益联结紧密、风险共担、收益共享的共同体。这些模式能够有效调动农民和社会资本的积极性，促进资源优化配置和产业链延伸，实现城乡经济的协同发展。

3. 完善多元主体协同治理的模式

一方面，鼓励社会组织参与，形成多元共治格局。社会组织在推动城乡融合发展与乡村振兴中扮演着重要角色。政府应鼓励和支持各类社会组织在公共平台参与城乡融合发展项目，如行业协会、公益组织、科研机构等，发挥其专业优势和社会影响力，为项目提供咨询、评估、监督等服务。通过政府、市场、社会三方协同作用，形成多元共治的良好格局。注重人文关怀，促进文化融合。另一方面，加强宣传教育，提升社会认知。推动城乡融合发展与乡村振兴融资平台建设，需要全社会的共同参与和支持。政府应加强对社会资本投资城乡融合发展与乡村振兴项目的正面宣传，引导社会各界关注和支持这一事业。

（五）创新驱动：以科技为核心推动产业融合发展

产业振兴是城乡融合发展与乡村全面振兴的基础和关键。科学技术是第一生产力，在生产力诸要素中起着第一位的作用。作为一种由技术革命性突破、生产要素创新性配置、产业深度转型升级而催生的先进生产力质态，新质生产力能够有效增强城乡经济联系，畅通城乡经济循环，推动乡村高质量发展。创新是新质生产力发展的灵魂，新质生产力是创新成果转化为实际生产力的表现。山东可以科技创新来赋能城乡产业融合发展，推动乡村振兴提档升级。新质生产力推动产业融合发展可从四个具体层面发力。

1. 以科技创新赋能粮仓建设

齐鲁粮仓建设是国家交给山东的重大任务。科技创新对构建现代农业产业体系、生产体系和经营体系具有重要意义，可有效提高城乡产业生产效率，推动农业现代化。其一，推进农业现代化，强化数字赋能、科技成果集成与转化，提升城乡产业协调性，加快人才培养和科技普及。其二，建立省级农业应急管理信息化平台，利用现代信息技术完善农业监测与灾害预警系统，实现灾害预警、应急指挥、救援协调等方面的智能化和高效化。其三，实施农业良种工程，促进良种良方使用，提高粮食综合生产能力，保障区域粮食产量。其四，提升农业机械化水平和农机装备智能化和数字化水平，针对山地、丘陵地区等耕地细碎化地区，加强工作方式灵活、适应性强的小型机械设备研发攻关和应用试点，提升粮食生产的整体机械化水平。其五，有序推进老旧低效农业设施迭代改造，推动农业大棚改造升级；推动果园的升级发展，推动果树品种更新提升。其六，实施畜牧业设施现代化提升行动，推进畜禽养殖规模化、集约化、生态化“三化”发展；发展多层立体养殖，推动生猪上楼，挖掘空间潜力；推进陆基渔业设施提升，强化深远海渔业发展，推动“海上粮仓”建设。

2. 以科技创新推动产业升级

科技创新可以促进产业升级，激发开放发展的合作诉求，有效打破地理壁垒；知识和技术扩散提高农业现代化程度和产业融合程度，实现城乡共享发展。其一，加大对农业科技创新的投入，推动生物技术、信息技术、智能化技术等在农业生产中的应用，提高农业生产效率和产品质量。

其二，利用物联网、大数据、云计算、人工智能等技术，建设智慧农业，实现农业生产的精准化、智能化管理。其三，建立农业科技服务平台，为农民提供技术咨询、信息服务、成果转化等服务，促进科技成果在农业生产中的应用。其四，建立科技成果转化机制。完善科技成果评价和激励机制，鼓励科研人员将科技成果转化为实际生产力，支持农业科技型企业发展。其五，提升农村地区的网络覆盖和信息服务水平，缩小城乡数字鸿沟，为乡村产业升级提供信息支持。

3. 以科技创新促进产业融合

农业、工业与服务业的数字化转型，可以促进城乡产业的互补和互动，推动一二三产业融合，提高农业生产效率和质量。其一，以知识和技术扩散提高农业现代化程度和产业融合程度，利用互联网平台推动技术与知识下乡，推动城乡融合发展。其二，推进信息技术与乡村产业的深度融合，加快物联网、云计算等新一代信息技术的应用，发展智慧农业和智慧旅游，推动一二三产业融合。其三，加强高校、科研机构与企业的合作，推动科技成果转化，形成创新联合体，共同开展技术研发和市场应用。其四，鼓励产业链上下游企业通过科技创新加强合作，实现资源共享、优势互补，提升产业链整体竞争力，发展农产品深加工、农业服务、休闲农业等。

4. 以科技创新重塑市场供需

其一，利用数字技术改进农业生产方式，提高农产品的质量和产量。同时，发展电子商务平台，将农产品直接推向更广阔的市场。其二，推动科技与文化、旅游、健康等产业的融合，开发新业态、新模式，创造新的消费需求，形成新的市场需求和增长点。其三，利用物联网、大数据、人工智能等技术发展智慧农业，提高农业生产效率，满足市场对高质量农产品的需求；通过科技创新提升农产品品质，打造农产品品牌，满足市场对安全、健康、特色农产品的需求。其四，结合科技创新，发展特色乡村旅游项目，如虚拟现实（VR）体验、智慧导游等，吸引城市居民到乡村旅游消费。其五，利用互联网技术和物流体系，推动农村电商发展，拓宽农产品销售渠道，满足消费者对新鲜、多样化农产品的需求。其六，组织科技特派员、专家服务团队等，将先进技术和管理经验带到农村，帮助农民提高生产技能和经营能力；加大对农村居民的科技教育和职业技能培训力度，提高农民的科技应用能力和市场适应能力。

（六）协同共治：以文化为根基提升城乡治理水平

城乡有效治理是城乡融合发展与乡村全面振兴的题中之义。文化在山东城乡社会治理中发挥了重要作用。相较于“硬的制度”，文化以濡化的软方式推动城乡融合发展与乡村振兴提档升级。文化能够激发社会成员的奋斗精神和攻坚精神，能够化解矛盾、凝聚共识、激荡人心，促进社会凝聚力和向心力的形成。通过弘扬优秀传统文化，增强人们对本土文化的认同感和自豪感，可以有效增强社会凝聚力。具言之，以文化为根基提升城乡治理水平可以从三个具体层面发力。

1. 强化乡村移风易俗建设

融合现代元素，推动乡土文化创造性转化和创新性发展，在保持原有乡村文化与其历史有机联系的同时，通过更新和改造，使乡土文化展现出现代化的新面貌，进一步筑牢乡村振兴之根。其一，发挥村民自治作用，完善村规民约的激励约束功能，明确村民权利义务，规范村民行为。其二，细化约束性规范和倡导性标准。出台约束性措施、倡导性标准，强化日常监督指导，落实教育、规劝、批评、奖惩等工作。其三，创新移风易俗抓手载体创新移风易俗的具体抓手和载体，如推广清单制、积分制等有效办法。利用各类阵地和群众喜闻乐见的形式进行常态化、集中宣传，并选取先进典型进行宣讲。其四，利用乡村综合性服务场所，为农民婚丧嫁娶等提供普惠性社会服务，降低农村人情负担。其五，党员干部要带头执行移风易俗规定，在婚丧事宜、人情往来支出等方面起表率作用，并监督落实村干部婚丧喜庆事宜报备制度。

2. 完善城乡文化治理建设

文化建设可以成为完善城乡治理的重要支撑，促进社会和谐与可持续发展。其一，发挥党建文化优势，完善城乡文化治理。可以从红白事办理抓起，坚持党员干部带头，以党风带民风，以民风促村风，形成家风正、民风淳、村风好的局面。通过乡村文化整顿推动乡村文明治理。其二，红色文化中的民主、法治、公平等理念，对于乡村治理具有重要的指导意义。加强红色文化教育，增强乡村人民的法治意识和民主意识，促进乡村社会的和谐稳定。其三，推动农村"信用+"试点等工作，促进城乡融合发展，提高城乡治理水平，构建和谐社会。建立和完善城乡统一的信用信息平台，实现信用信息的共享和透明。根据信用评级结果，给予守信主体在金融贷款、政策支持、社会服务等方面的优惠和便利。运用大数据、云计算、区块链等现代信息技术，提高信用管理的效率和准确性。

3. 提升乡村文化供给水平

完善乡村公共文化设施。其一，加强乡村综合性文化服务中心设施建设，推动智慧图书馆、数字文化馆、旅游网上展馆云建设向乡村延伸，打造乡村网络文化服务载体集群。其二，因地制宜建设文化礼堂、文体广场、乡村戏台、非遗传习场所等主题功能空间；将红色资源地区建设成为爱国主义教育基地，开展红色主题教育活动。其三，推进乡村记忆工程，因地制宜建设一批民俗生态博物馆、乡村博物馆、历史文化展室、村史馆。其四，深化农村文化设施的运行管理体制改革，强化其责任意识，切实防止出现"一建了之"的现象。

提升乡村文化服务质量。其一，建立定期文化资源普查，全面掌握山东省内各类文化资源的分布和传播状况。对红色遗址进行保护和修复，确保其历史价值和教育意义得到传承。其二，定期组织各类文化活动，如文艺演出、电影放映、展览、讲座、节庆活动等，提升乡村群众的参与度。其三，推广现代文化教育，普及科学知识，提高农民的文化素养和现代生活技能，将科学教育融入乡村生活当中。其四，建立文化服务反馈和评价机制，及时了解群众需求，不断改进服务质量；建立健全的市场准入机制，对进入文化市场的企业和个人进行严格的资质审查。

城乡融合发展是中国式现代化的必然要求。新型工业化、新型城镇化和乡村全面振兴统筹推进，是乡村振兴齐鲁样板提档升级的必由之路。新时代破解城乡发展矛盾需要在乡村和城市各自发挥比较优势的基础上，推动城乡融合发展，走出乡村全面振兴的现实路径。城乡融合发展推动经济社会全面进步，其核心在于打破城乡二元结构，实现城乡资源、产业、人口等要素的合理配置与优势互补。山东勇立潮头，大胆探索，在乡村五大振兴中均取得了显著成就，积累了丰富经验，在新形势下面对新挑战，还要进一步强化党建引领，加强体制机制改革系统性，增强城乡统筹规划整体协同，优化城乡要素资源市场化配置，提升城乡产业发展融合度，加快城乡经济社会治理融合，有力推动乡村振兴齐鲁样板提档升级。

第二章

扛牢责任 高质量发展：乡村产业振兴齐鲁样板及提档升级

梁 栋 祁 珊 石 峰 李傲雪*

一、引言

实施乡村振兴战略是党的十九大作出的重大决策部署，是决胜全面建成小康社会、全面建设社会主义现代化国家的重大历史任务，是新时代“三农”工作的总抓手。打造乡村振兴齐鲁样板是习近平总书记交给山东省的一项重大政治任务。习近平总书记参加十三届全国人大一次会议山东代表团审议时，就实施乡村振兴战略特别是推动产业振兴、人才振兴、文化振兴、生态振兴、组织振兴等作出重要指示，要求山东充分发挥农业大省优势，打造乡村振兴的齐鲁样板，为山东省做好乡村振兴工作指明了前

* 梁栋，山东大学哲学与社会发展学院副教授，研究方向为农村社会学、农业产业发展；祁珊，山东大学哲学与社会发展学院硕士研究生，研究方向为农村社会发展；石峰，山东大学国家治理研究院博士研究生，研究方向为乡村治理与数字政府；李傲雪，山东大学哲学与社会发展学院硕士研究生，研究方向为农村社会发展。

进方向，提供了根本遵循，注入了强大动力①。

产业兴旺是乡村振兴的首要任务，也是打造乡村振兴齐鲁样板的基础和重点。山东产业改革发轫于农村。改革开放以来，山东农村产业发生了深刻变革，农业生产经营方式有了翻天覆地的变化，农民生活水平得到质的提升。纵观全省乡村产业改革40多年的发展历程，每一阶段的发展既紧跟中央决策，又突出创新引领和实践导向/实践突破，走出了一条具有山东特色的乡村产业改革发展之路。山东是农业产业化发源地，改革开放以来，先后经历了20世纪80年代中期的探索起步、20世纪90年代的全面推进、21世纪的深化提高阶段。改革开放以来，山东创造了不少的农村产业改革发展经验，贸工农一体化、农业产业化的经验就出自诸城、寿光，形成了“诸城模式”“潍坊模式”“寿光模式”。党的十八大以来，全省各级各地政府深入贯彻落实习近平新时代中国特色社会主义思想，持续深化农村产业改革，深入推进农业供给侧结构性改革，农业综合生产能力稳步提升，农业现代化水平快速提高，农业产业融合趋势明显，新旧动能有序转化，为加快实现全面小康社会和实施乡村振兴战略奠定了坚实基础。

山东“三农”发展硕果累累，成就斐然，农业农村的“稳定器”“压舱石”作用更加凸显。为更好地总结山东省乡村产业振兴齐鲁样板建设的经验，加快推进乡村振兴齐鲁样板提档升级，本课题组系统梳理近年来山东省推动乡村产业振兴齐鲁样板工作的文本资料，并在山东省内选取有代表性和典型性的地市和县域进行深度的实地调研，以系统总结山东省在乡村产业振兴方面的经验，深入剖析制约山东省乡村产业振兴的短板弱项，并在此基础上提出乡村产业振兴齐鲁样板提档升级的有效路径和具体建议。

二、山东乡村产业振兴的经验

党的十八大以来，山东省积极践行党中央的战略部署，不遗余力地推

① 中国政府网．融合“三生三美”打造乡村振兴齐鲁样板——山东落实习近平总书记全国两会重要讲话精神纪实［EB/OL］．新华社，2019－02－27．

进乡村产业振兴的全方位实施与细化落地，确保了农业经济在稳健的轨道上持续前行，总量不断攀升，规模日益扩大。尤为显著的是，山东省在保障重要农产品供应方面展现出了强大的韧性和能力，为整个经济社会的稳步前行提供了坚实的物质基础和强有力的后盾支持。这一系列举措与成就不仅彰显了山东省在乡村振兴领域的积极探索与显著成效，更为全国范围内乡村产业振兴工作的推进树立了“齐鲁样板”，贡献出宝贵的山东智慧与实践经验①。

（一）扛牢农业大省责任：建设高水平齐鲁粮仓

1.“藏粮于地、藏粮于技”建设高标准农田

“粮食生产根本在耕地”，习近平总书记多次强调，突出抓好耕地保护和地力提升，加快推进高标准农田建设。高标准农田建设是巩固和提高粮食生产能力、保障国家粮食安全的关键，也是实施“藏粮于地、藏粮于技”战略的重大举措。山东省严格保护永久基本农田，划定粮食生产功能区和棉花生产保护区 5627 万亩，坚决遏制耕地“非农化”，严格管控“非粮化”，全省粮食播种面积连续九年稳定在 1.2 亿亩以上。积极推进商河县等 16 个县（区、市）的高标准农田整县创建，全省累计建成高标准农田 7643.7 万亩，主要农作物良种覆盖率达到 98%，农作物耕种收综合机械化率达到 91% 以上，高标准农田建设的经验做法在全国范围内推广。在高标准农田建设方面，山东省还推进了“吨粮”“吨半粮”生产能力建设，不断夯实粮食生产能力，为国家持续确保粮食安全作出了巨大贡献。为进一步推动农业生产能力的现代化，山东省还深入推进盐碱地综合利用试点，培育耐盐碱作物新品种 20 个，切实提高了重要农产品的生产能力。例如，山东“齐黄 34”大豆品种在 3% 盐碱地亩产 302.6 公斤，实现大豆盐碱地单产的新突破。通过“藏粮于地、藏粮于技”的策略，山东省不仅提高了土地利用率，还大幅提升了粮食产量。高标准农田建设和耕地治理，为粮食生产提供了坚实的物质基础和技术保障，也为保障国家粮食安全作

① 本章典型案例相关材料和数据除特别标注外，其余均来自调研、调研地政府文件资料。

出了积极贡献。

2. 聚力提升产量保障国家粮食安全

粮食产业是关乎国家经济命脉与民众生计的基石，其稳定与发展深刻影响着社会的和谐安宁与经济的持续增长。党的二十大报告再次强调要树立和践行大食物观，发展设施农业、构建多元化食物供给体系、全方位夯实粮食安全根基。为深入贯彻习近平总书记关于粮食安全的重要指示批示精神，树立“确保谷物基本自给、口粮绝对安全”的新粮食安全观，山东省作为全国十三个粮食主产省之一，始终承担着保障国家粮食安全的重大政治责任，以“山东粮”充实“中国饭碗”。长期以来，山东省委、省政府始终将粮食生产视为头等大事，坚定扛起农业大省的使命担当，坚持不懈地强化粮食生产的力度与深度，从而确保了全省粮食生产的持续稳定增长。尽管山东省耕地总面积从 2000 年的 6607500 公顷减少到 2022 年的 6456400 公顷，仅占全国耕地总面积的 5.1%（见图 2－1），但其在粮食总产量上的贡献却高达全国总产量的 8.1%（见图 2－2），这一数据彰显了山东省在保障国家粮食安全方面的卓越贡献与非凡实力。

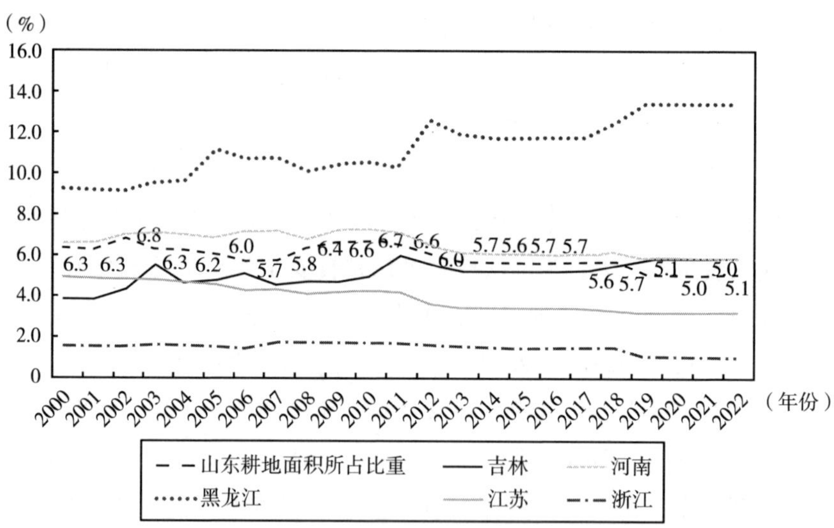

图 2－1　2000～2022 年山东耕地面积在全国耕地总面积中的占比

资料来源：笔者根据中国统计年鉴数据整理。

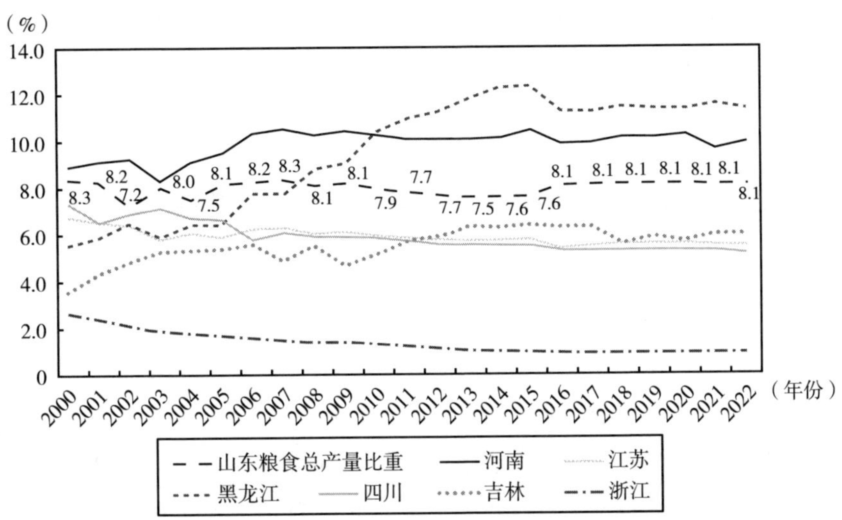

图 2－2 2000～2022 年山东粮食产量在全国粮食总产量中的占比

资料来源：笔者根据中国统计年鉴数据整理。

2023 年，山东省全年粮食总产量达到了 1131.1 亿斤，增加 22.3 亿斤，增量居全国主产省的第一位，实现了粮食播种面积、总产量与单位面积产量“三增”佳绩。2024 年，全省小麦播种面积扩大至 6054 万亩，较去年增加 40.7 万亩，收获再创新高。这一系列丰硕成果离不开山东省精心策划并深入实施的粮食单产提升战略。该战略通过集成运用优质种子、改良土壤、先进农机装备、科学种植技术和高效管理模式（即“良种、良田、良机、良法、良制”五位一体），创造了粮食单位面积产量达到 449.5 公斤/亩的新纪录，比上年提升了 8.1 公斤，超出全国平均水准的 1.2 倍，彰显了山东在提升粮食生产效率上的卓越成效。与此同时，山东省并未止步于粮食生产的单一领域，而是进一步挖掘农业多元化发展的潜力，构建起一个涵盖设施农业、畜牧业、海洋渔业等多维度的食物供应体系。2023 年的数据见证了这一努力的成果：全省蔬菜产量 9272.4 万吨、同比增长 2.5%，位列全国第一；肉蛋奶 1685.6 万吨、同比增长 6.1%，位列全国第一；水果 3208.2 万吨、同比增长 3.6%，位列全国第二；水产品 913.9 万吨、同比增长 3.7%，位列全国第二。另外，全省同时拥有 67 个国家级海洋牧场示范区，占全国 39.6%，拥有全国最多的海洋牧场，全球最大的养殖工船，世界最大的深海渔场。这一系列成就不仅确保了关键农产品的稳定供应，更为山东省农业经济的持续繁荣与稳定发展铺设了坚实的基石。

（二）推动产业提质增效：构建多元化产业体系

1. 多产业融合发展模式

在乡村振兴齐鲁样板的精心打造中，山东省深谙产业融合之道，巧妙地将农业与加工业、服务业紧密联结，编织出一幅多元化、全产业链条并进的发展蓝图，有力推动了产业结构的优化升级与效益的显著提升。山东省聚焦于产业质量的飞跃与效益的倍增，通过构建完善的农业全产业链体系，引领农业从传统的种植养殖模式向集加工、流通、服务于一体的综合型产业转变。具体而言，依托“13 + N”特色产业培育战略，山东省集中力量在蔬菜、果业、畜牧业、水产业等优势领域深耕细作，迅速崛起了一批产值破百亿乃至千亿级别的特色产业集群，为乡村经济注入了强劲动力。与此同时，山东省不遗余力地推动农产品加工业的革新与升级，设立农产品加工业高质量发展先行县，加速行业转型步伐，有效提升农产品附加值，进一步拉长了产业价值链。在此过程中，农业龙头企业的崛起成为促进产业融合的关键一环，山东省通过实施龙头企业提振计划，精心培育了100家左右的行业标杆企业，并设定了未来3~5年省级以上农业产业化重点龙头企业数量达到1500家、新增5家百亿级乃至3家五百亿级企业的战略目标。此外，现代农业产业园的蓬勃建设也为产业融合发展提供了坚实平台，烟台苹果、寿光蔬菜、沿黄肉牛、沿黄小麦4个国家优势特色产业集群的相继涌现，以及11个国家现代农业产业园和78个国家级农业产业强镇的获批创建，共同构筑了县乡村三级产业深度融合、协同发展的新格局。

为进一步拓宽农业功能边界，增加农民收入，山东省还积极探索休闲农业、乡村旅游、农村电商等新兴业态的发展路径。乡村旅游精品工程的深入实施，使得乡村旅游成为乡村振兴的新亮点，2021年全省乡村旅游消费总额高达1972.5亿元，彰显了乡村旅游的蓬勃生机。同时，山东省紧抓电子商务进农村综合示范项目的契机，大力构建电商公共服务体系和县乡村三级物流网络，不断拓宽电商服务在农村的覆盖面。截至目前，全省已有35个县市成为电子商务进农村综合示范点，淘宝村数量发展到801个，跃居全国第三，农村网络零售额更是达到了1227.9亿元的崭新高度。此外，中央农商互联试点工作的稳步推进，也极大提升了农产品商品化处理与冷链流通能力，成功构建了涵盖29种特色农产品的产销一体化供应链条和18种全链条标准化农产品体系，项目实施主体的农产品产地商品化设施使用率显著提升，达到了53%的较高水平。

2. 农业开放发展新格局

山东省在推动构建农业开放发展的新格局上不懈努力，通过打造农业对外开放的高地、积极引进外资以及扩大对外投资，大力推动国际合作与交流等举措，为乡村产业振兴的齐鲁样板注入了蓬勃的动力。

在打造农业对外开放高地方面，山东省的首要战略是加快推动农产品出口贸易的繁荣发展。作为全国农产品出口的领军省份，山东省不断巩固在该领域的领先地位，农产品出口量连续多年蝉联全国榜首。为进一步提升出口竞争力，山东省精心策划并执行了农产品出口“双百双千”宏伟蓝图，旨在构建100个出口农产品质量标杆区、扶持100家出口领军企业、打造1000个国际知名品牌，并力促1000余种精品农产品扬帆出海。这一战略的实施成效显著，2023年全省农产品出口总额达到1476亿元，同比增长6.3%，连续25年领跑全国，彰显了山东农产品的国际影响力（见图2－3）。同时，山东省致力于优化国际贸易环境，打造高效便捷的农产品进出口通道。作为全国首创的农业开放高地，潍坊国家农业开放发展综合试验区的成立，不仅简化了农产品进出口流程，提升了贸易效率，更为山东农产品走向世界铺设了坦途。此外，山东还不断深化农产品出口基地的建设与优化，全省范围内已建立起36个国家级出口食品农产品质量安全示范区，这些基地严格遵循国际标准，覆盖蔬菜、水果、水产品等核心出口品类，从源头上保障了出口农产品的品质与安全，为国际市场输送了更多优质、放心的山东农产品。

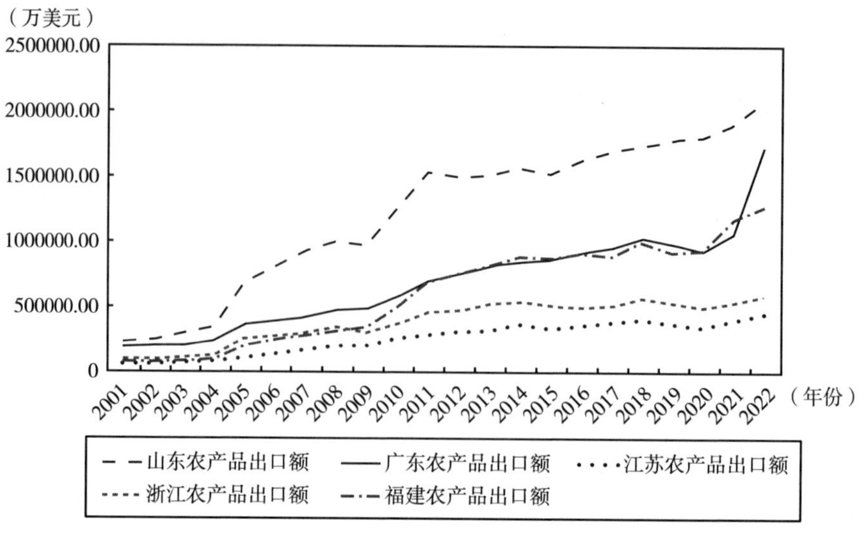

图 2－3　2001～2022 年山东农产品出口额

资料来源：笔者根据中国统计年鉴数据整理。

山东省在吸引外资与促进对外投资方面，采取了双管齐下的策略。一是吸引外部投资。山东省不断优化其营商环境，持续打造外资青睐的农业投资热土。例如，潍坊国家农业开放发展综合试验区凭借其独特优势，成功吸引了荷兰、以色列等国的先进企业与尖端技术入驻，加快了山东省农业的国际化步伐，还促进了农业技术的国际交流与融合。此外，山东省还积极与国际金融机构如世界银行、亚洲开发银行等建立合作关系，拓宽了外资引入渠道，为农业发展注入了强劲的资金动力。二是鼓励对外投资。山东省鼓励本土农业企业勇敢“出海”，积极参与全球市场竞争。通过支持企业在海外建立生产基地、研发中心及营销网络等举措，山东省农业企业不仅能够有效整合国际资源，获取国外优质的农业资产与技术，还能深度开拓国际市场，显著提升其国际竞争力与品牌影响力。

在推动国际合作与交流方面，山东省同样全力以赴，展现出开放包容、积极进取的姿态。一方面，通过精心策划与举办各类农业国际展会、高端论坛等活动，成功搭建了多元化的国际交流平台，为国内外农业界搭建了沟通对话与合作的桥梁。其中，“中国国际蔬菜科技博览会”作为标志性活动，已成为展示中国蔬菜科技最新成果、促进国际农业合作的重要窗口。同时，山东省还积极响应“一带一路”倡议，深化与共建国家在农业领域的合作，共同探索农业合作的新模式、新路径。另一方面，山东省还积极推动农业技术的国际化输出，通过技术转让、技术援助等多种方式，将自身在农业领域的先进经验与技术成果惠及全球。在非洲、东南亚等地区开展的农业技术合作项目，不仅帮助当地提升了农业生产能力，也进一步提升了山东省农业技术的国际知名度与影响力。此外，山东省还高度重视国际先进技术与管理经验的引进工作。通过与国际合作伙伴的紧密合作，山东省不断引入国外的先进农业技术与管理模式，推动本地农业产业的转型升级与高质量发展。以潍坊国家农业开放发展综合试验区为例，其成功引进荷兰温室技术与以色列节水灌溉技术等国际先进农业技术，不仅促进了当地农业技术的更新换代，也为全国乃至全球的农业可持续发展提供了宝贵经验。

3. 多元化金融支持体系

农业作为一个错综复杂且高度依赖自然环境的生产体系，其显著特征表现为周期性、季节性和高风险性。农业生产活动领域不仅资本需求庞大，且资本周转期漫长，利润率相对较低，使得农业产业长期成为弱势产业①。在实践过程中，农业生产的顺畅运作高度依赖充足的资金支持，包括种子、化肥等农资的采购、农业机械化设备的引进、农业技术革新以及人力资源服务投资等多个关键领域。鉴于农业的上述特性，为确保农业的稳健发展与农民生计的稳定，构建合理且高效的农业金融体系，农业贷款与农业保险理赔等金融工具的应用，显得尤为关键且不可或缺。因此，推动农业产业迈向更高层次的发展，离不开农业金融的强力支撑与催化作用。

从全国视角审视，农业金融的重要性正日益凸显。据统计，截至2023年底，我国金融机构提供的涉农贷款余额已达到56.6万亿元，较上一年度净增7.35万亿元，且涉农贷款的增长速度已连续两年超越人民币贷款的整体增速②，充分展现了农业金融的蓬勃活力与广阔前景。作为我国农业发

① 袁泰喆．农村金融赋能乡村振兴路径研究［J］．山西农经，2024（16）：206－208．

② 2023年金融机构贷款投向统计报告［R/OL］．中国人民银行，2024－01－26．

展的“领头羊”与持续优化升级的典范，在农业金融创新与产业振兴支持方面，山东省长期以来秉持前瞻性的战略眼光与务实的行动举措。通过一系列精心设计的政策与项目，山东省不仅有效促进了农业金融服务的普及与深化，更为乡村产业的繁荣与振兴奠定了坚实的基础，取得了瞩目成就。

近年来，山东省持续增强金融资源对乡村农业产业振兴的支持力度，展现出对农业金融赋能乡村发展的坚定承诺。自 2018 年起，山东省引领国有商业银行将普惠金融的核心阵地稳固地扎根于农村。同时，多家知名股份制银行，诸如民生银行、光大银行等，纷纷设立专门的普惠金融事业部，以更加精准高效的方式服务农村市场。此外，山东省内的众多农商银行积极响应，与县（区）级政府携手签订了旨在服务乡村产业振兴的战略合作框架协议，共同绘制金融支持乡村产业发展的新蓝图。至 2018 年末，山东省在扶贫小额信贷领域的成效显著，信贷余额高达 81.58 亿元，这一金融活水精准滴灌，惠及了多达 31.32 万的贫困人口，有效缓解了他们的资金困境。同时，银行业在县域及以下地区的布局日益完善，标准化网点的数量达到 8558 个，占全省网点总数的 60%之多，为农村居民提供了更为便捷的金融服务渠道。更值得一提的是，各类电子金融机具在县域及偏远行政村的广泛安装与运行，总量达到 56.86 万台，极大地拓宽了金融服务在乡村地区的覆盖面，为这些地区的产业发展注入了强劲动力①。这一系列数据与举措，无不彰显出山东省对农业金融资源在乡村振兴中经济支撑作用的深刻认识与高度重视，其及时且有效的金融资源配置策略，为省内农村经济的蓬勃发展注入了新的活力与希望。

山东省在推动农业金融的蓬勃发展中展现出了坚定决心，旨在通过金融的力量进一步加速乡村振兴的步伐。数据层面，山东省农业现代化进程的贷款规模持续攀升，这一显著增长不仅为农业现代化注入了强劲动力，还深刻体现了金融资源在促进农业转型升级中的核心作用。自 2019 年起，山东省涉农贷款余额的年增长速度呈现出加速态势，与 2018 年相比，2019 年的涉农贷款余额实现了 26980.4 亿元的年度增长，其中新增额度高达 972.4 亿元，显示出金融资本对农业领域的强劲支持。同时，县域贷款余

① 山东银行业公布支持乡村振兴成绩单［EB/OL］. 山东省农业农村厅，2019-03-07.

额也实现了大幅增长，达到22647.9亿元，年度增量为1820.1亿元[①]，标志着农业产业正经历着从资金积累向投资驱动的深刻转变，而农业融资则在这一过程中扮演着至关重要的角色。为了深化财政与金融政策的融合，山东省于2020年发布了《山东省财政金融政策融合支持乡村振兴战略制度试点实施意见》，该意见以财政金融政策的深度融合为核心，旨在通过创新手段破解乡村产业融资难题，构建一个更加全面、高效的财政金融服务乡村振兴政策体系[②]。这一举措旨在打造乡村振兴的"齐鲁样板"，通过财政奖补、风险补偿、基金引导等多种方式，引导金融资源精准流向乡村振兴的重点领域和薄弱环节，为乡村振兴提供坚实的金融支持。2021年，山东省财政厅进一步推出了"农业保险贷"支持政策，该政策由山东省农村信用社联合社与人保财险山东省分公司、太平洋产险山东分公司等合作开发，并在全省范围内选取了14个财政金融政策融合支持乡村振兴战略的试点县以及临沂市普惠金融服务乡村振兴改革试验区（涵盖24家农商银行）作为业务试点。这一创新产品以农业保险保单作为质押物，为农户提供了具有优惠利率的贷款服务，并辅以一定比例的财政贴息，有效缓解了农业生产经营主体面临的融资难题[③]。山东省的这一举措，不仅丰富了农村金融服务的内涵，也为乡村振兴战略的深入实施提供了有力的金融支撑。

（三）实施科技展翅行动：提升现代化农业水平

1. 农业装备水平不断提高

山东省在提升农业装备现代化水平上取得了显著成效，这主要得益于其在农业机械化、信息化与智能化领域的全面推进。在机械化层面，山东

① 徐贺睿．乡村振兴背景下山东省农业金融发展现状及对策［J］．乡村科技，2021，12（4）．

② 山东省财政厅 山东省地方金融监督管理局 中国人民银行济南分行 中国银行保险监督管理委员会山东监管局关于印发《山东省财政金融政策融合支持乡村振兴战略制度试点实施意见》的通知鲁财金〔2020〕16号［EB/OL］．山东省财政厅，2022－10－21．

③ 省财政出台"农业保险贷"支持政策助力金融服务乡村振兴［EB/OL］．山东省财政厅，2021－12－07．

省确立了“两全两高”（即全程覆盖、全面普及、高质量作业、高效率运行）的战略目标，通过深化农机购置补贴政策，精准聚焦粮食安全保障、耕地质量优化、丘陵山区及特色经济作物机械化需求，成功将小麦与玉米的耕种收综合机械化率分别提升至99%与96%。截至2024年3月，山东省农作物耕种收综合机械化率已超过91%，农机总动力更是跃升至1.19亿千瓦，彰显了强大的农业机械化实力。与此同时，各地积极加速老旧农业设施的改造升级，广泛引入并应用新型农机装备，推动农业机械化的更高水平发展。目前，全省大中型拖拉机与联合收获机保有量分别稳定在50万台与33万台，并成功创建了96个全国主要农作物生产全程机械化示范县及9个示范市，为农业现代化树立了山东典范。

在信息化建设方面，山东省积极引导各地依托自身产业特色，探索构建本土化的电子商务交易平台，推动智慧农业的发展。通过深度融合5G、云计算、大数据、物联网等前沿技术，山东省以产业需求为导向，搭建了产业互联网平台，并推出了一系列数字农业创新产品，为农业现代化插上了信息化的翅膀。尤为值得一提的是，2020年12月，淄博市荣获农业农村部等17个部委联合授予的国家农村改革试验区称号，承担起数字农业农村改革试验的重任，进一步推动了山东省在农业信息化领域的创新性发展①。

在智能化建设上，山东省将物联网、卫星遥感等现代信息技术融入农业生产各环节，显著提升了农业生产服务的智能化水平。以山东移动新泰光伏农业5G+大数据项目为例，该项目创新性地实现了光伏发电与智慧农业的深度融合，不仅促进了清洁能源的利用，还带动了当地农业产业的转型升级，解决了超过1000名农民的就业问题，探索出了一条农光互补、生态治理与经济发展相协调的采煤沉陷区治理新路径，为其他地区提供了可借鉴的宝贵经验。

2. 农业研发能力不断提升

2013年，习近平总书记在对山东的考察中鲜明地提出了“给农业插上

① 农业强 农村美 农民富——建设有“淄”有“味”的乡村振兴齐鲁样板［EB/OL］. 淄博市人民政府网，2023-10-13.

科技的翅膀”的战略愿景①。山东省积极响应，深刻认识到农业科技创新在乡村振兴中的核心驱动作用，近年来，通过一系列创新举措，显著增强了农业科技研发与应用的能力。

山东省在强化科技创新平台建设上持续发力，构建了层次分明、功能互补的农业科技研发网络。该网络以国家、省、市、县四级农业科技园区为骨架，以“黄三角”国家农高区为领航者，引领着21个国家级及22个省级农业科技园区和121个省级农业科技园的协同发展。这一体系不仅汇聚了农业科技研发的顶尖力量，还成为科技成果从实验室走向田间地头的关键桥梁。山东省还成立了国家粮食产业科技创新（滨州）联盟及小麦、玉米、大豆、高油酸花生油四大国家级作物产业技术创新中心，将主要粮食作物的良种覆盖率全面提升至100%，将良种对增产的贡献率提升至47%，为筑牢粮食安全提供了更坚实的科技保障。同时，粮油行业的科技创新平台遍地开花，省级以上平台数量已达85个，年研发投入近20亿元，农业科技园区总产值超过4400亿元，农高区内高新技术企业达290家，在孵企业700家，建成玉米、蔬菜、牡丹等优势特色产业集群110余个，彰显了山东省在农业科技领域的深厚底蕴与强劲动力。

山东省还通过深入实施农业科技园区建设，加速了农业科技的成果转化。这一“四级”（国家级、省级、市级和县级）农业科技园区体系，是高新技术企业的孵化摇篮。园区内企业与科研院所的紧密合作，促进了技术研发与成果转化的无缝对接，推动了农业产业的转型升级。2021年，农业科技园区以超过4400亿元的总产值、290家高新技术企业的阵容、700家在孵企业的活力，以及110余个玉米、蔬菜、牡丹等优势特色产业集群的崛起，充分展示了农业科技园区在促进农业现代化进程中的牵引作用。此外，山东省还启动了科技型现代农业企业培育行动，旨在培育出一批具备强大科技创新实力和市场竞争力的农业科技企业。通过政策引导、资金扶持和技术服务等多维度支持，山东省成功孵化了多家在种子科技、智能农机、生物科技等领域取得显著成就的企业。同时，山东省鼓励企业与高校、科研院所开展深度合作，构建产学研用一体化的创新生态，加速了科

① 王亚楠，李才林．科技翅膀助力农业腾飞［N］．大众日报，2019－01－07．

技成果向现实生产力的转化。通过实施科技型现代农业企业培育行动，山东省成功打造了一批具有较强科技创新能力和市场竞争力的企业，为农业产业的发展提供了强有力的支撑。

（四）健全农业经营体系：打造农业发展新格局

1. 构建农业全产业链条

山东省将农村一二三产业的深度融合视为乡村产业振兴的关键驱动力，致力于加速农业全产业链的拓展与深化，精心搭建产业融合发展的综合平台，积极培育农业领域的新产业新业态，以此推动乡村经济向多元化、高质量方向迈进。具体而言，山东省已成功打造出烟台苹果、寿光蔬菜、沿黄肉牛、沿黄小麦等一系列国家级优势特色产业集群，显著增强了当地农产品的市场竞争力与品牌影响力，为农民开辟了增收致富的新渠道。2021 年，山东省获批 11 个国家级现代农业产业园及 78 个国家级农业产业强镇，这些平台成为推动农业现代化进程与产业升级的强大动力来源。在“一村一品”示范村镇建设方面，山东省累计认定了 252 个示范村镇，这些村镇依托自身特色资源，大力发展特色产业，有效激发了农村经济的内在活力与增长潜力。同时，山东省还充分利用电子商务平台，积极拓宽农产品销售渠道，取得了显著成效。据统计，2021 年全省乡村旅游消费总额高达 1972. 5 亿元，农村网络零售额也达到了 1227. 9 亿元①，展现了乡村经济蓬勃发展的良好态势。2023 年，山东省继续深化乡村振兴战略，成功创建了 83 个美丽休闲乡村和 6 个全国休闲农业重点县，进一步提升了农业产业链的整体竞争力，为实现农业强盛、农村美丽、农民富裕的宏伟目标奠定了坚实基础。

2. 培育新型农业经营主体

乡村产业的振兴离不开各类新型农业经营主体的带动作用。在打造乡村产业振兴“齐鲁样板”过程中，山东省特别注重发挥新型农业经营主体

① 农业实现跨越式发展 乡村振兴战略全面推进［EB/OL］. 山东省统计局，2023 - 01 - 06.

的作用，在全省范围内实施新型农业经营主体培育行动，重点扶持农民合作社及家庭农场两类新型农业经营主体，并加快农业社会化服务主体的培育。同时，围绕着新型农业经营主体培育，山东省高度重视职业农民、新农人、乡村产业振兴合伙人等各类现代农业人才的培育，为乡村产业振兴注入强劲智力支持，从而全面健全现代农业经营体系，开创农业发展新局面。

为激发农业经营主体的活力，山东省聚焦于培育和壮大新型农业经营主体，密集出台了一系列扶持政策。一方面，通过深入实施新型农业经营主体培育计划，不仅积极扶持家庭农场的兴起，还着力规范并提升农民合作社的运营水平，逐步构建起现代化、高效能的农业经营体系。至2021年末，省级以上示范合作社与示范场数量分别跃升至2868家、1070家，而“党支部领办合作社”更是遍地开花，总数达41851家，覆盖了近4万个行政村，为新型农村集体经济的发展及和农民增收奠定了基础。另一方面，山东省在农业社会化服务机制上大胆创新，选取莱西市、费县等10个县/市作为省级试点，探索并实施一站式、多环节托管等多元化服务模式，有效整合了现代农业的各类生产要素，包括优质品种、先进技术、先进装备、市场信息、高效组织形式及充裕的资金支持，显著提升了农业生产服务的专业化、社会化水平。截至2023年底，山东省的家庭农场数量已达到58.8万户，农民合作社数量增至22.8万家，农业社会化服务组织也达到了12.5万家，各项数据均位居全国首位，彰显了山东省在乡村产业振兴道路上的坚定步伐与卓越成就。

为全面满足农户的多元化需求，山东省积极推进农业社会化服务体系建设，为农户提供覆盖生产全链条的优质服务。在威海市文登区、汶上县等地，国家级农业社会化服务机制创新试点项目的成功实施，不仅促进了小农户与现代农业发展的深度融合，还推动了农业生产托管服务的普及。截至2021年底，全省农业社会化服务组织数量已突破12.2万家，累计完成农业生产托管服务面积超过2.2亿亩次，这些服务组织凭借先进的技术手段与管理模式，有效提升了农业生产效率，降低了农户的生产成本，实现了农户收入的稳步增长。

在人才培养方面，山东省同样不遗余力。通过实施新型职业农民培育工程，不仅加强了种植、养殖、加工领域能手及农村创新创业者的技能培训，还加速构建了一支高素质、专业化的农民队伍，以满足现代农业与乡村建设的迫切需求。同时，“科技特派员”制度的深入实施，使得9952名科技特派员深入田间地头，为农户提供面对面的科技指导与服务，有效推动了科技成果的转化与应用。此外，山东省还特别关注女性农业人才的成长与发展，通过实施“女致富带头人”培训工程及“高素质女农民培训计划”，为全省200个贫困地区的巾帼脱贫基地负责人及2000个贫困村“女致富带头人”提供了全方位、多层次的培训支持，助力她们在特色种养、乡村旅游、电子商务等领域展现巾帼风采，为乡村振兴贡献巾帼力量。目前，已开展省级“女致富带头人”示范培训37期，培训妇女4300余人。

（五）推进产业连片发展：加强片区化示范引领

1. 片区推进资源整合

“片区化”策略，即在既定的地域空间内，超越行政边界的束缚，集中优势资源，整合各方力量，推动区域内乡村产业以协同共进的姿态迈向振兴之路[①]。自2018年习近平总书记为山东省乡村振兴的“齐鲁样板”擘画蓝图以来，山东省委、省政府迅速行动，从2019年起，分批次启动并持续深化乡村振兴齐鲁样板示范片区的创建工作，至今已创建至第三批次，这是坚决贯彻习近平总书记重要指示精神及省委省政府战略部署的生动实践。

山东省在推动乡村产业振兴的过程中，创新性地以“片区”作为核心操作单元，采取“逐片推进，渐次覆盖”的策略，确保每个片区都能得到精细化、差异化的发展。鉴于省内5.4万个行政村在地理位置、资源条件、村庄特色及文化习俗上的千差万别，山东省在片区划分上尤为注重精准性，选取地理位置相近、功能定位相似、产业联系紧密且具备发展潜力的村庄，进行连片规划与开发，以实现资源的优化配置与高效利用。山东省片区化发展乡村产业的策略取得了显著成效。随着片区示范效应的日益凸

① 泰州市片区化全要素统筹推进乡村振兴［EB/OL］. 泰州市政府办公室，2024－04－15.

显，山东省农村基础设施建设加速网络化，人居环境得到根本性改善，公共服务能力显著增强。截至2024年，全省农村公路网已拓展至26.4万公里，自来水普及率接近全覆盖，超过98%的农村人口用上了安全便捷的自来水。同时，农村生活污水治理与垃圾处理也取得了突破性进展，超过半数行政村实现了生活污水的有效管控，95%以上行政村的生活垃圾得到了无害化处理[①]。

据新华网报道，山东省目前已全面启动和建设了224个省级乡村振兴示范片区，并带动市、县级层面创建了超过1300个片区，构建了一个层次分明、推进有序的建设体系[②]。通过片区化发展的模式，山东省不仅实现了党建引领下的组织联合、资源的深度整合、产业的有机融合以及人才的有效聚集，还极大地增强了基层党组织的凝聚力和战斗力，为乡村产业的蓬勃发展注入了强劲动力，切实提高了农民收入水平，推动了乡村社会的全面振兴与繁荣。

2. 因地制宜特色发展

山东省在乡村产业振兴齐鲁样板的建设过程中，以片区为抓手，基于各地独特的地理环境和资源禀赋及多样化的产业基础，采取了精准施策、科学规划与合理布局的策略。同时，辅以强有力的政策扶持，将各类发展要素有效汇聚至各级示范片区，促进了乡村产业的整体繁荣。

在具体实践中，山东省充分结合省情农情，以因地制宜为基本原则，灵活应对和解决不同区域的问题与挑战。例如，在山东东部沿海地带，依托得天独厚的海洋资源，山东省将海洋经济视为发展引擎，着力培育海洋渔业、海产品精深加工及海洋文化旅游等产业链条。以日照市岚山区为例，作为国家级海洋牧场示范区的璀璨明珠，该区域不仅深耕海洋牧场建设，促进渔业可持续发展，还大力发展滨海休闲旅游，构建了一系列高标准的海滨度假胜地，吸引了国内外游客纷至沓来，为当地经济注入了新的活力。在山东省中部山区乡村，则巧妙利用山地资源优势，探索出一条生

① 陈文．山东加快塑造乡村振兴齐鲁样板新优势［N］．联合日报，2024－03－13（004）．

② 山东：片区为“媒”推进乡村振兴［EB/OL］．新华社，2024－08－10．

态与产业和谐共生的发展路径。例如，临沂市蒙阴县依托沂蒙山区的自然资源，大力发展特色种植业如金银花、板栗、核桃等，通过强化品牌效应，实现了农产品价值的显著提升。同时，依托丰富的自然风光与深厚的乡村文化底蕴，蒙阴县还精心打造乡村旅游项目，让游客在领略自然风光的同时，也能深刻感受乡村文化的独特魅力。而在山东西部平原区域，则聚焦粮食生产与高效农业的协同发展，推动现代农业的规模化与集约化。以德州市庆云县为例，通过实施高标准农田建设，该县不仅显著改善了农田基础设施条件，还大幅提升了粮食综合生产能力。此外，德州市还积极推进农业机械化进程，利用现代科技手段提升农业生产效率，为乡村振兴注入了强劲动力。

为确保乡村产业振兴齐鲁样板建设的顺利推进，山东省还强化了政策扶持与资金保障。一方面，山东各地加大财政投入力度，设立专项基金，为乡村产业振兴提供了充足的资金支持。例如，《山东省乡村振兴战略规划（2018－2022年）》明确指出要加大对乡村振兴的支持力度，通过财政资金引导社会资金投入，支持农村基础设施建设、产业发展和生态保护①。另一方面，优化金融服务体系，推出如"鲁担惠农贷"等特色信贷产品，有效缓解了农民合作社、家庭农场等新型农业经营主体的融资难题。同时，山东省还积极推进土地政策创新，实施"三权分置"改革等措施，明确土地所有权、承包权、经营权三者关系，既保护了农民的土地权益，又促进了土地资源的合理流动与高效利用，为乡村振兴奠定了坚实的基础。

（六）党建引领组织建设：高效位推进产业振兴

1. 党建引领高位推动

自2018年起，山东省积极响应习近平总书记的号召，将打造乡村振兴齐鲁样板作为核心任务，并明确将"党建引领"确立为乡村产业振兴的核心驱动力与发展范式，致力于通过组织化手段推动乡村产业的全面振兴。在这一过程中，基层党建被赋予了前所未有的重要功能，其通过组织机制

① 山东省乡村振兴战略规划（2018－2022年）[EB/OL]. 山东省政府网，2024－09－22.

的创新，为乡村产业的发展注入了强劲动力。具体而言，“党支部领办合作社”及“党组织+合作社+农户”等新型产业组织模式，不仅增强了乡村产业发展的组织凝聚力，还拓宽了各类农业经营主体共享发展红利的路径，促进了共同富裕目标的实现。为了进一步优化资源配置，深化产业链条的整合，山东省还创新性地推出了“片区党委”与“跨村联建”等党建引领战略。这些举措有效打破了行政壁垒，促进了资源在更大范围内的共享与优化配置，为构建全链条、高效能的乡村产业体系奠定了坚实基础。

在基层党建的深入探索与实践中，山东省各地涌现出一系列成功案例，充分展示了党建引领乡村产业振兴的显著成效。以烟台招远市为例，自2018年起，该市便以地北头王家党建引领乡村振兴融合发展区为试点，依托跨村联建机制，构建了层次分明、协同高效的“发展区党委－村党组织－联户党员”三级工作架构，实现了区域间的紧密联结与协同发展。截至目前，该区域已成功推进多个共建项目，孵化了多家“党支部领办合作社”，显著提升了村级集体经济实力，所有村集体收入均突破10万元大关[①]。菏泽市曹县也坚持党建引领乡村产业振兴的总体思路，以“党建引领、区域融合、强基固本、整体推进”为战略导向，通过一系列高标准、强有力的措施，显著提升了农村基层党建的整体效能，为乡村产业振兴注入了新的活力与动力。截至2022年，曹县已建成27处乡村振兴示范片区，覆盖行政村近三百个，惠及人口超过五十七万人[②]，农村基层党建工作的质量与成效得到了显著提升，为全省乃至全国提供了可借鉴、可复制的宝贵经验。

党建引领在乡村产业振兴的宏伟蓝图中扮演着至关重要的组织化引擎角色。长期以来，乡村产业受制于资源整合机制的不完善、市场准入渠道的狭窄以及专业人才匮乏等多重瓶颈，往往难以摆脱传统农业的束缚，呈现出经济效益低下、发展模式碎片化与分散化的困境。山东省凭借其独树一帜的党建引领产业发展策略，成功打破了这一僵局，通过高效整合各方资源、充分激发乡村多元主体的内在潜能，并构建起内外联动的协同发展

① 党建引领乡村振兴的齐鲁样板［EB/OL］. 中国共产党新闻网，2023－01－06.

② 山东省菏泽市曹县：示范片区一盘棋，绘就乡村振兴新画卷［EB/OL］. 共产党员网，2022－04－17.

机制。在这一过程中，村党支部书记及广大党员干部作为乡村中的佼佼者，不仅发挥了模范带头作用，更成为连接内外资源、引领产业升级的关键桥梁。他们凭借深厚的乡土情怀与卓越的组织能力，有效汇聚了乡村内外的优势力量，推动了乡村产业从传统向现代、从分散向集约的深刻转型。因此，党建引领乡村产业振兴，不仅是山东省在探索乡村产业振兴齐鲁样板过程中的重要组织保障，更积累了宝贵的乡村产业振兴工作经验。这一模式不仅为乡村产业的蓬勃发展提供了坚实的组织基础，也为其他地区提供了可借鉴的示范样本，彰显了党建在推动乡村振兴中的独特价值与深远意义。

2. 联农带农共富共进

在我国迈入全面建成小康社会的新阶段后，深入推动共同富裕成为当前社会发展的核心任务与迫切使命①。党的二十大报告中，习近平总书记高瞻远瞩，将乡村振兴与农民农村的共同富裕置于时代前沿，明确提出“促进农民农村共同富裕”的战略部署，这深刻体现了中国共产党始终将人民福祉置于首位，坚持以人民为中心的执政理念。在此背景下，发展乡村产业不仅是为了促进经济的繁荣，更核心的目标是提升农民的生活质量，确保发展成果惠及广大农民群众。通过产业振兴联农带农，将经济发展和促进农民共同富裕有机衔接起来，是产业振兴的核心内涵。乡村产业振兴不仅是引领农户迈向共同富裕的必由之路②，也是巩固脱贫攻坚成果、防止返贫现象发生的坚实防线③。通过精心构建稳固、紧密且互利共赢的联结体系，如通过成立“共富公司”、发展乡村新型集体经济、重建乡土工业等创新性做法，确保了农民能够紧密融入乡村产业发展的洪流中，共享农业现代化与产业升级带来的红利，从而加速实现共同富裕的宏伟目标。

---

① 汪三贵，周园翔，刘明月．乡村产业振兴与农民增收路径研究［J］．贵州社会科学，2023（4）：147－153．

② 赵培，郭俊华．产业振兴促进农民农村共同富裕：时代挑战、内在机理与实现路径［J］．经济问题探索，2022（9）．

③ 游俊，李晓冰．生计响应视域下的产业扶贫益贫机制研究——以贵州省瓮安县为例［J］．西南民族大学学报（人文社科版），2019（10）．

为此，山东省各地积极响应，依托党支部领办的合作社及其他新型农业经营主体，灵活采取土地出租、合作开发、股权参与等多种模式，深度挖掘并高效利用农村闲置土地资源，实现了土地利用率的显著提升与农业生产方式的深刻变革。这一过程中，合作社与农户之间建立起紧密的利益共同体，通过地租支付、股权分红、附加福利等多种形式，确保了土地流转农户能够享受到实实在在的财产性收入增长。以沂水县旭阳现代农业发展农民专业合作社为例，其运作模式充分体现了这一机制的生命力。合作社通过村集体以每股 8000 元的标准入股，占比 30%，构建了稳固的集体经济基础。对于将土地流转给合作社的农户，合作社不仅承担经营风险，还保障每年每亩 500 元的土地流转费用；而对于选择以土地入股的农户，合作社则按照 0. 5 亩/股的标准进行股权量化，让入股成员与合作社同舟共济，共享盈利成果，按股分红。这种创新的利益联结机制，极大地激发了农户的参与热情与积极性，不仅提升了合作社的整体运营效率，也切实增加了村民的财产性收入，为乡村振兴战略的深入实施提供了生动实践与宝贵经验。

概言之，在山东省打造乡村振兴齐鲁样板的生动实践中，联农带农共富共进的理念得到了充分贯彻与体现。山东省积极探索并实施了一系列创新举措，不仅有效促进了农业产业的蓬勃发展，还显著提升了农民的获得感与幸福感，积累了一套内涵式的乡村产业振兴经验。这些做法不仅为山东省内的乡村振兴提供了有力支撑，也为全国其他地区提供了可借鉴、可复制的示范模式，共同绘制出一幅幅乡村振兴与农民共同富裕的美好图景。

在联农带农共富共进的具体实践中，山东省积极盘活土地，促农增收。山东省在农业农村领域的改革征程中始终扮演着先行者的角色，不断探寻着推动齐鲁样板向更高层次迈进的农村改革新路径，尤其是在土地流转制度的创新与实践上取得了令人瞩目的成就。截至 2021 年底，全省土地流转面积已攀升至 2767. 9 万亩，相较于 2014 年的数据，激增了 1296. 0 万亩，增长率高达 88. 0%，土地流转率亦同步提升至 28. 6%，较 2014 年显著提升了 15. 7 个百分点。这一转变背后，是土地流转机制的科学规划与高效执行，它不仅有效盘活了土地资源，还通过精细化整理与利用，使得耕地面积扩增约 8%①，耕地质量实现质的飞跃。大规模连片土地的形成，为大型农业机械设备的应用提供了广阔舞台，极大地促进了农业生产的成本控制、产量提升与效率优化，为农业规模化、现代化进程注入了强劲动力。土地流转不仅激活了沉睡的土地资产，增强了各类新型农业经营主体的经营效益，还开辟了农民财产性收入的新渠道。

三、山东乡村产业振兴面临的挑战

当今世界百年未有之大变局加速演进，新一轮科技革命和产业变革深入发展，全球农业产业链供应链发生深刻变化；中国特色社会主义现代化建设深入推进，高质量发展的新格局正加快形成。山东省也开启了新时代中国特色社会主义现代化强省建设的新征程，进入全面求强、大踏步向现代化迈进的新阶段。在新的发展形势下，山东省推进乡村产业振兴仍面临不少新问题新挑战，如国际国内环境错综复杂、产业转型升级压力、发展要素配置有待优化和城乡融合发展面临瓶颈等。

（一）国际国内环境错综复杂

全球经济复苏缓慢且不稳定，产业链供应链风险增多，外部环境的不确定性和不稳定性明显增加，对农产品出口产生不利影响。贸易保护主义和政治争端也使得国际农产品市场的准入条件尚未得到有效改善，发达国家对农业生产的巨额补贴进一步加剧了国际竞争失衡。另外，随着国际经贸格局的深度调整和重构，以及新一轮科技革命和产业变革的深入发展，全球农业产业链供应链发生深刻变化，对山东农业发展产生深远影响。全球气候变化、极端气候事件增多，干旱、洪涝、台风、冰雹等重大气象灾害发生频次多、影响范围广，也导致一些国家粮食产量下降，国际市场粮食供应出现阶段性紧张，粮食、农资等大宗商品价格大幅上涨，加剧了国

① 农业实现跨越式发展 乡村振兴战略全面推进［EB/OL］. 山东省统计局，2023－01－06.

际市场可交易粮食的短缺。

这些风险和挑战无疑会对山东省乡村产业振兴产生不利影响。在国际国内经济形势不确定性的大背景下，需求与供给的双重压力不断上升，也将进一步影响山东省乡村产业的发展潜力和增长动力。例如，山东省长期以来较为依赖的农产品出口会收缩，农业对外合作贸易势必会受到不利影响，这必将对山东省的农业产业结构调整、农产品品质持续提升带来新的要求。如何在不断变化的国内外市场需求中及时调整我国乡村产业的发展策略、不断完善山东省农业生产的供给体系，保持农业强省的传统地位，成为全省农业产业发展面临的一个重要课题。

（二）产业转型升级压力较大

首先，山东省农业开发利用强度大、资源环境约束趋紧。山东省以占全国6%的耕地面积、占全国1%的淡水资源，贡献了占全国8%的粮食、11%的蔬菜、10%的水果和16%的花生，资源的开发和利用已接近极限，对农业生产可持续发展的要求越来越严格。其次，山东省农产品精深加工能力不强，农业高质量发展仍有堵点卡点，面临质的有效提升和量的合理增长双重压力。农产品精深加工能力偏弱，企业规模普遍较小，初级加工产品偏多，部分农产品处于产业链条的初始端，附加值不高，2021年全省规模以上农产品加工业营业收入与农业总产值之比为1.65：1，远低于发达国家。再次，与农业现代化相适应的社会化服务体系发展不充分，仓储、冷链、物流、信息咨询等服务不能有效满足需求，农村地区物流经营成本较高；产业融合的广度深度不够，与工业、旅游、文化等产业融合程度不高。部分地区乡村旅游、休闲农业等新产业新业态可持续性较差、同质化竞争等问题仍然存在。最后，当前乡村产业经营主体间的利益联系较为松散，合作形式单一。这导致农户在产业融合过程中难以获得稳定的收益。小农户由于自身资本投入能力有限、市场信息获取速度慢等原因，在市场竞争中处于劣势地位。这导致他们难以适应市场需求的变化，进而影响了其收入的稳定增长。

（三）发展要素配置有待优化

首先，乡村人口数量不断萎缩，劳动年龄人口持续减少，高素质农民队伍建设亟待加强。乡村人才规模质量与乡村发展需求不匹配，青壮年劳动力大量流出乡村，全省农村 60 岁以上老龄人口占比约 28%，高出全国平均水平近 4 个百分点。实地调查发现，在特色农业经营和部分山区丘陵地带的农业生产中，从事农业的劳动力老龄化现象日趋严重，这对山东省农业产业发展的劳动力要素持续优质供给提出了更高要求。其次，乡村产业用地空间不足，用地指标少，部分产业项目存在落地难问题。农村集体建设用地入市难、流转难等问题普遍存在，城乡土地市场尚未同权同价，部分产业项目存在落地难问题。再次，受种粮效益偏低、种粮大户补贴政策取消、抵御风险能力较差等因素影响，种粮大户、家庭农场、农民合作社等新型农业经营主体发展动力不足，粮食生产规模化、标准化、集约化程度偏低。最后，新一轮技术革命，特别是以人工智能、大数据、物联网、生物技术等为代表的技术创新，给农业及相关产业提出新的要求，也带来前所未有的挑战。新技术的应用需要较高的技术门槛和人才支持。然而，目前农业领域的高素质人才供给不足，农民教育培训体系尚需完善，以适应新质生产力发展要求。部分农村地区的信息化、机械化、标准化等基础设施建设仍相对落后，新技术、新设备的普及率和应用水平不高。这限制了新质生产力的快速推广和应用效果。

（四）城乡融合发展面临瓶颈

山东省的城乡要素双向流动还存在不少制度性壁垒，城乡融合发展程度有待进一步加深。农村基础设施、公共服务和乡村治理仍有短板，缺少片区化的宜居宜业和美乡村亮点，农民持续增收动能减弱，城乡居民收入绝对值尚有拉大趋势。一方面，乡村基础设施建设的历史欠账较多，长期以来，农村市政公用设施投资不足城市（县城）市政公用设施投资的 30%，农村基础设施水平明显落后。农村供水普及率、燃气普及率均低于城市水平，部分农村道路路面窄、路况差，农村公路养护经费缺口较大，亟待加大投入力度。城乡建设管理二元分割，除城乡环卫等少数领域外，城乡道路、供水、污水、绿化等建设管理职能均分散在不同部门，难以形成政策合力。农村人居环境整治长效机制尚未建立，整治成果难以持久保持。

另一方面，城乡公共服务差距仍然较大。与城市相比，农村地区的教育、医疗、文化等基本公共服务质量和水平还存着较大差距。农村地区优质教育资源配置不足，农村义务教育学校专任教师研究生以上学历比重远低于城市，农村义务教育阶段教学水平与城市还有不小差距，乡村地区义务教育阶段生源流失严重，乡村学龄人口持续减少。中小城市和小城镇优质医疗服务资源严重缺乏，三甲医院 90% 以上集中在大中城市城区，县（市）普遍精品科室少，缺乏高水平专家，无法满足县域内群众多元化就医需求。农村休闲娱乐场所数量少、条件差，文化惠民等活动数量少、水平低。2023 年，全省城镇居民年均教育文化娱乐支出是农村居民的 2.1 倍[①]。城乡之间在文化娱乐消费上存在较大差距，亟须加大农村文化设施建设和文化活动投入，促进城乡文化均衡发展。

四、山东乡村产业振兴提档升级路径

基于在乡村产业振兴实践中所积累的宝贵经验及当前面临的挑战，山东应始终遵循习近平总书记的战略指引与要求，进一步深化对中央经济工作会议及中央农村工作会议精神的贯彻落实。在此过程中，须秉持深化城乡融合发展的核心理念，致力于提升整体编制规划的科学性与前瞻性，为乡村注入强劲的发展动力。通过全面评估与提质增效，聚焦农业产业体系建设，精准施策扶助小农户，完善服务体系，确保农业高质量发展惠及广大农民。同时，深挖设施农业、盐碱地、畜牧业及渔业四大潜力领域，打造更高水平的“齐鲁粮仓”，为粮食安全筑牢基础。在此基础上，充分发挥农业龙头企业的引领作用，依托特色资源提升产业发展水平，吸引资本

① 2023 年山东省国民经济和社会发展统计公报［EB/OL］. 山东省统计局，2024-03-03.

汇聚，推动现代化产业升级。而强化农业农村基础设施建设，培育发展新质生产力，是进一步推动乡村产业进一步振兴的关键因素，也是巩固乡村振兴当前取得的成果、迈向乡村全面振兴的坚实支撑。这一系列举措相辅相成，共同绘制出山东乡村产业提档升级、繁荣兴旺的美好蓝图。

（一）深化城乡融合：提升整体编制规划水平

1. 深化城乡融合发展

为了全面深化城乡融合，需围绕要素、服务、设施、经济四大核心领域展开，同时强化工作保障与促进要素双向流动，以构建更加和谐共生的城乡关系。首先，在要素融合方面，应放宽农业转移人口落户的门槛，激发城市人才向乡村流动的积极性，促进农村土地流转的规范化与市场化，推动集体经营性建设用地进入市场流通，并加大财政对乡村的支持力度，完善农村金融服务体系，确保资金与人才的有效配置。其次，服务融合是提升城乡一体化水平的关键，要致力于实现城乡教育资源的均衡配置，加强乡村医疗卫生服务体系建设，丰富城乡公共文化服务供给，构建覆盖城乡的社会保障体系，并不断提升乡村治理的现代化水平，让城乡居民共享均等化的公共服务。再次，设施融合是城乡融合的物质基础，需推动城乡基础设施在规划、建设、管护等方面的全面一体化，确保城乡基础设施互联互通、共建共享，为城乡居民提供便捷高效的生活与生产条件。在经济融合层面，要积极培育乡村新产业新业态，拓宽农民增收渠道，完善农业支持保护政策体系，建立健全生态产品价值实现机制，促进农业、农村与现代产业的深度融合，激发乡村经济活力。为确保上述各项工作的顺利推进，需强化工作保障措施。这包括加强高层领导与统筹协调，发挥试点示范的引领作用，建立健全工作机制，确保政策落实与项目推进的顺畅高效。最后，畅通城乡要素双向流动渠道是实现城乡融合的重要途径，要通过政策引导与平台建设，促进资本、技术、信息等要素向乡村流动，与乡村的劳动力、土地等资源有效结合，特别是要畅通资本下乡渠道，解决农民在发展过程中的资金瓶颈问题，为乡村产业振兴注入强大动力。

2. 提高规划编制质量和实效

将县域视为城乡融合发展战略的核心切入点，致力于在县域范围内全面优化空间布局、促进产业协同发展、强化基础设施一体化建设。首先，强调县域层面的整体性规划布局，将村庄规划纳入县域发展大局之中，以此作为打破城乡界限、促进经济社会一体化发展的关键举措。县域作为统筹谋划与实施的平台，既便于全面考量，又利于精准施策，为城乡融合奠定了坚实基础。其次，注重规划布局设计的高质量与高水准。在县域统一规划框架内，深化细化村庄与片区的规划布局，深入剖析各村各片的基础条件与发展潜力，科学评估现状，精准把握区域特色，坚持实事求是、因地制宜的原则，明确发展方向，选择最适合的发展路径。再次，坚持可持续性与因地制宜相结合的规划理念。加强各类规划之间的协同与衔接，确保规划的系统性与连贯性。在规划中融入科学性与前瞻性，将长远目标细化为年度计划及具体项目，保持规划执行的连续性与稳定性，确保蓝图不变、目标不偏。最后，全面统筹乡村建设的各项要素。在规划过程中，需综合考量土地利用效率、产业发展布局、居民生活空间优化、人居环境改善、生态保护修复、防灾减灾能力提升以及历史文化传承等多方面因素。遵循乡村自然发展规律，科学划分乡村生产、生活、生态空间，分类施策，有序推进各类村庄的差异化、特色化发展，构建宜居宜业宜游的美丽乡村。

3. 全面推进片区化建设

秉持片区建设的成功经验，全方位推动乡村产业振兴的片区化发展模式。首要任务是强化抓村连片推进的组织牵引路径。旨在通过党建联合、资源整合、产业融合以及人才聚合等多维度举措，充分发挥示范片区的引领和带动作用。在具体实施中，要注重强化基层党组织建设，促进区域内党组织之间的紧密合作，形成强大的组织力和凝聚力。其次，有效推进片区内资源整合。有效整合片区内各类资源，包括自然资源、人力资源、技术资源等，实现资源的最优配置和高效利用。再次，着力推进片区产业融合发展。积极推动片区内相关产业的深度融合，打造产业集聚、产业布局合理的片区发展格局。从次，注重片区化引入和培养人。注重人才的引进和培养，通过搭建人才交流平台、提供优惠政策等措施，吸引更多优秀人才投身片区建设，为片区发展注入强大动力。最后，持续推动片区全面发展。在推进过程中坚持稳扎稳打、久久为功的原则，通过持续不断的努力，计划在3~5年内，推动片区建设由小片到大片、由少片到多片的转变，形成一批可看、可学、可复制、可推广的样板体系，以打造齐鲁样板为目标，全域塑成、全面提升片区建设水平。

（二）聚焦体系建设：全力提质增效服务于农

1. 全面评估与提质增效

为进一步升级加快推进乡村振兴齐鲁样板的建设成效，总结过往经验成果，科学部署未来安排，应全面系统地评估、总结乡村振兴齐鲁样板的建设成效和存在的主要问题。一是应加强顶层设计，制定科学的评估体系，对示范片区的产业发展、生态环境、文化传承、民生改善、治理效能等关键领域进行全面评估，通过数据分析、实地调研、专家评审等方式，准确把握山东省乡村振兴齐鲁样板示范片区的发展现状和存在问题。二是加快推动局部示范片区向乡村全面振兴的过渡，强化政策支持和资源配置，确保示范片区的引领和带动作用得到有效发挥，全面加强片区之外的乡村基础设施提档升级，提升乡村全域的公共服务水平，推动乡村全域的产业升级和多元化发展，以及加大人才培养和引进力度。三是坚持明确所有工作都应围绕增加农民收入这一核心目标展开，通过发展产业、扩大就业、深化改革、完善政策等多种途径，不断提高农民的收入水平和生活质量，确保乡村振兴成果更多更公平惠及全体农民，致力于为乡村全面振兴提供有力支撑和示范引领。四是围绕山东省城乡融合体制机制改革的总目标，深化山东省强农惠农富农支持制度改革。党的二十届三中全会指出，城乡融合发展是中国式现代化的必然要求。为了推进城乡融合发展，必须深化强农惠农富农支持制度改革。对于山东省而言，其改革的基础和核心就是进一步推进农业强省战略。为此，需要山东省立足改革开放以来所形成的诸多产业发展经验，如农业产业化经验、乡镇企业发展经验等，进一步完善调整制约农业强省目标实现的诸多制度和政策体系。尤其是进一步深化要素市场化改革、城乡要素双向流动机制改革、土地产权制度改革等。

2. 政策主导扶助小农户

针对政府对小农户的有效支持力度不足、小农户在现代农业地位中处于弱势的问题，政府应完善对小农户的直接性政策扶持。一是增强农业产业政策的普惠性与公平性，加强对小农户的财政支持，通过提供种植补贴、养殖补助等形式，减轻其农业生产过程中的成本压力，提高其收入水平。这是由当前我国“大国小农”的基本国情决定的。目前，全国范围内在所有的农业经营单位中，小规模农户的比例仍占98%以上。尽管山东省的城镇化水平已得到了大幅发展，土地流转的比例也超过半数，但小农户的数量仍然占绝大多数。近日党的二十届三中全会明确提出，下一步要深化强农惠农富农支持制度改革，自然不能忽视小农户的重要地位。事实上，在制约我国强农惠农富农目标实现上，最大的短板之一就是小农户。因此，加强对小农户的制度性支持是一个必然选择。二是积极探索与小农户相适应的融资渠道与融资手段，如小额信贷、农业保险等，降低其市场风险，同时注重扶助赋能，通过提供培训和教育，提升小农户的经营能力和主体性建设，增强他们对市场变化的适应能力和竞争力。三是加强农业基础设施建设，如改善灌溉系统、储存设施和运输网络，提升农业科技服务与相关培育、加强农业社会化服务与小农户的紧密联系，通过建立农业技术服务站、农民合作社等形式，为小农户提供从种植到销售的全程服务，增强他们的市场接入能力。

3. 完善体系与服务于农

为有效解决农业生产中公共服务供给不足的问题，政府及相关部门应协同努力，采取一套综合性的策略以强化农业公共服务体系。首先，首要任务是加大对农业科技推广的资金支持，不仅需建立健全基层农业技术推广网络，确保其广泛覆盖并高效运行，还应通过持续的专业培训和人才引进机制，全面提升农技服务队伍的专业素养和服务效能，确保农民能够获得及时、专业、高质量的农业技术指导。其次，应聚焦于农业基础设施的现代化升级，这包括但不限于优化农村水利灌溉系统，提升农田排水与灌溉效率；构建现代化的农产品仓储与冷链物流体系，减少农产品在流通环节中的损耗，提高市场响应速度与产品竞争力。通过这些基础设施建设，可以有效降低农业生产中的非技术性因素干扰，激发农业从业者的生产热情与积极性。再次，推动农业信息化进程，是提升农业公共服务水平的关键一环。应充分利用大数据、云计算等现代信息技术，加速智慧农业的建设步伐，为农业生产提供个性化、精准化的气象预报、市场信息等数字化服务。特别地，针对山东省的具体情况，亟须制定并发布一份全面且具有前瞻性的山东省数字农业发展规划纲要，以明确数字农业的发展定位、目标路径与重点任务，引领全省农业向数字化、智能化方向转型。最后，为降低农业生产风险，保障农业产业的可持续发展，应大力鼓励和支持农业金融服务的发展与创新。通过提供多样化的金融服务产品，如小额信贷、农业保险等，为农户提供强有力的金融支持，缓解其资金压力，增强其抵御市场波动与自然风险的能力。这些措施的综合实施，将显著提升农业生产的公共服务水平，为农业现代化进程奠定坚实的基础。

（三）深挖四大潜力：建设更高水平齐鲁粮仓

1. 深挖设施农业和盐碱地开发潜力

在深度挖掘设施农业与盐碱地开发潜力方面，一方面，要聚焦于设施农业的潜力释放，鉴于山东设施农业起步早、规模大且蕴含巨大潜力，需致力于推动其梯次化发展与迭代升级，确保其在全国始终处于领先地位。为此，要强化示范引领作用，通过整合现代设施装备、先进技术、信息化手段及优质种业资源，打造一批高端智能、引领未来的现代设施农业示范区，为行业探索出一条创新发展的路径，并作为行业进步的“领头羊”。同时，针对老旧设施，加快其改造升级步伐，优化棚型结构与材料选择，广泛引入新型装备，促进设施农业的更新换代，并争取政策扶持以集中力量改造老旧棚体。此外，有效利用“四荒地”等土地资源，稳步推进新设施农业的建设，以此促进农民增收，提升农业综合效益。另一方面，针对盐碱地的综合开发利用，要高度重视并采取全面措施。依托第三次全国土壤普查的契机，深入细致地掌握盐碱地的土壤类型、分布范围、盐碱化程度及利用现状等基本信息，确保盐碱地的底数清晰、台账完善，为后续的综合开发利用提供坚实的数据支撑与决策依据。在此基础上，充分挖掘现有盐碱耕地的生产潜力，通过科学管理与技术创新，提升粮油等农作物的综合生产能力。同时，推动盐碱地的多元化利用模式，坚持因地制宜的原则，实现宜种则种、宜养则养、宜渔则渔的灵活布局，最大化地发挥盐碱地的经济效益与生态效益。

2. 深挖畜牧业和渔业开发潜力

在深度挖掘畜牧业与渔业发展潜力方面，亟须制定全面而细致的战略规划。首先，针对畜牧业，启动设施畜牧现代化提升工程，推动畜禽养殖向规模化、集约化、生态化“三化”方向迈进。这一过程中，加速设施装备的改造升级，引入多层立体养殖技术，以充分挖掘空间利用潜力，实现养殖效率与效益的双重提升。同时，持续优化畜牧业产业结构，确保生猪等核心产能稳定，避免市场价格大幅波动，并在此基础上，积极扩群增量，培育和推广高青黑牛、新泰肉鸭等地方特色品种，打造具有鲜明地域特色的优势产业。其次，推动畜禽屠宰加工的全链条发展，重点引进和培育大型骨干企业，引领健康肉预制食品等新兴产业的蓬勃发展。在海洋渔业领域，充分利用得天独厚的海洋资源，以深远海和沿黄海域为重心，持续构建“海上粮仓”，保障国家食物安全。大力发展深远海养殖，加快深水智能网箱和养殖工船的建设步伐，推动深海鱼类全产业链的集群化发展，并积极争取政策支持，解决深远海养殖发展的瓶颈问题。同时，优化近海立体生态养殖模式，加强海洋牧场的规范化管理，推广先进的立体生态养殖技术，提升陆基渔业生产设施水平。通过加快工厂化养殖的智能化、自动化改造升级，打造循环水工厂化养殖园区和集中连片生态养殖区，推动“鱼虾上岸”，实现渔业增产与渔民增收的双赢局面。

（四）提振龙头企业：推进现代化产业升级

1. 发挥龙头企业带动作用

在强化龙头企业引领效应方面，一方面，首要任务是实施农业龙头企业提振战略，旨在培育出既能稳固农业生产根基，又能紧密对接广阔市场的行业标杆企业。此战略聚焦于增强企业自身发展动能，充分利用工商资本激励政策，依托产业园构建、产业集群培育、产业强镇打造及全产业链示范项目等多元化平台，助力龙头企业升级加工设施与装备，实现技术革新与效率提升。同时，注重提升企业市场竞争力，通过“好品山东”品牌塑造工程、粤港澳大湾区“菜篮子”生产基地认证以及“齐鲁农超”等高端展示交易平台的利用，吸引更多企业加入，从而拓宽产品市场渠道，增强品牌影响力与市场份额。另一方面，致力于深化龙头企业的联农带农机制，构建“龙头企业＋合作社＋农户”的紧密合作模式，鼓励农民以土地、资金等生产要素入股，实现利益共享，风险共担。依托龙头企业的技术、市场与管理优势，布局建设一批高标准、绿色化的农业生产基地，以此带动第一产业生产能力的全面提升。此外，还将扎实推进优势特色农业全产业链提质增效试点项目，聚焦特色农业领域，加速构建一批集生产、加工、销售于一体的完整产业链，促进农业产业结构的优化升级，实现农业农村经济的高质量发展。

2. 基于特色提升发展水平

在基于地方特色提升产业发展水平方面，一是全力推进特色优势农业的深度发展。乡村各地区需精准对接地域特色，重点培育如石榴、黄精、桑黄等独具地方风味的特色产业，形成差异化竞争优势。同时，致力于构建地理标志产品保护示范区，深入实施地理标志运用促进项目，强化品牌保护与价值提升。此外，实施农业龙头企业强化战略，通过政策扶持与市场引导，培育并壮大一批具有行业引领力的农业领军企业，引领整个农业产业向更高层次迈进。二是强化产业融合发展的深度与广度。持续深化农村产业融合发展示范园区的建设，促进优势产业在区域内集聚发展，形成规模效应。同时，启动优势特色农产品全产业链优化升级试点项目，从生产到加工、销售全链条提升农产品附加值。此外，打造智慧农业应用示范基地，运用现代信息技术改造传统农业，完善农村物流网络体系，并评选认定一批省级现代流通强县，以流通促发展，加速城乡产业深度融合，推动乡村产业实现全链条、高质量升级，为农业农村产业注入新的活力与动力。三是全面提升品牌发展水平与国际化进程。启动“鲁农码+数字乡村大脑”平台建设，利用大数据、云计算等先进技术，为农产品品牌建设与市场推广提供智能化支持。同时，积极引导和扶持“齐鲁农超”等农副产品展示交易平台发展壮大，拓宽农产品销售渠道。此外，加强农业对外交流与合作，高标准举办国际粮食减损大会等国际性活动，搭建国际交流平台，推动更多山东农业企业及其优质产品走向世界舞台，提升山东农业的国际影响力与竞争力。

3. 以产业升级吸引社会资本

在应对山东省乡村地区面临的三产融合不深、城市及社会资本匮乏，进而制约农业发展规模扩张与效益提升的挑战时，首要之务在于深入挖掘并培育地方特色，依据各乡村的独特条件，开发多元化特色产业，构建具有区域竞争力的农业品牌体系。这要求乡村地区不仅要提升特色农产品的生产技术层次与生产效率，还应积极将地方标志性农产品纳入全国地理标志产品名录，充分挖掘其市场潜力与价值，实现农产品价值的最大化释放。其次，为破解资金瓶颈，需积极倡导并促进城市资本与社会资本与地方政府、金融机构的紧密合作。通过灵活多样的合作模式，如独资投资、合资共建、联营合作、租赁经营等，广泛吸引并引导这些外部资本深度参与到乡村产业的投资与建设中来。特别是要鼓励它们在乡村基础设施改善与公共服务提升项目上发挥更大作用，确保资金投入的持久性与效益性，为乡村发展提供坚实的资本支撑。最后，应鼓励并支持城市资本与社会资本向休闲农业、乡村旅游、餐饮民宿等新兴产业倾斜。这些领域能够充分利用乡村独特的生态资源与丰富的文化底蕴，打造出各具特色的乡村休闲旅游胜地。通过促进农业、商业、文化、旅游、体育等多业态的深度融合，不仅能丰富乡村经济的内涵，还能有效延长产业链条，拓宽利益分配空间，为乡村经济的多元化、高质量发展注入强劲动力。总之，山东省乡村产业的振兴与升级之路，关键在于有效吸引并高效利用城市与社会资本的力量，深化乡村三产之间的融合互动，促进城乡要素的自由流动与优化配置。只有这样，才能加快构建起一个充满活力、多元共生的乡村经济体系，推动山东省乡村产业迈向更高的发展阶段。

（五）强化基础支撑：发展农业新质生产力

1. 完善农业农村基础设施

在全面优化农业农村基础设施的进程中，乡村地区要致力于双管齐下，既强化生产基础，又提升生活品质。首先，针对农业生产基础设施的完善，要着重加强高标准农田建设的全程监管，确保工程质量，并建立健全长效管理机制，以保障农田的持续高效利用。其次，推进大型及中型灌区的续建配套与现代化改造项目，提升灌溉效率与水资源利用率。在种业领域，实施农业良种工程，加速现代种业基地与设施的建设，为种业企业提供坚实的土地与设施支撑，并鼓励企业自主提升基础设施水平，以科技创新引领种业发展。再次，还要注重完善农村交通网络，提升农村公路的安全性与通达性，促进农产品的顺畅流通。最后，加快农村电网的现代化改造，推广光伏、生物质能等清洁能源，以及通信等新型基础设施的建设，为农业生产的数字化转型奠定坚实基础，推动数字乡村建设的试点示范，引领农业迈向智能化、信息化新时代。在提升农村生活基础设施方面，要聚焦构建宜居宜业的现代乡村，致力于推动城乡基本公共服务均等化，全方位改善农村居民的生活条件。为此，需持续实施农村人居环境整治提升行动，通过五年规划的实施，重点解决农村黑臭水体、生活垃圾等环境问题，推广源头分类减量与有机废弃物的综合处置利用，深化村庄清洁与绿化工作，打造美丽宜居的乡村风貌。同时，积极推进以县城为龙头的城镇化建设，强化乡镇作为服务农民的区域中心地位，通过提升县城综合服务能力与乡镇公共服务水平，实现教育、医疗、养老等资源的优化配置与全面覆盖。在此过程中，要尤为注重普惠性、基础性与兜底性民生项目的建设，确保基本公共服务惠及每一位农村居民，推动乡村社会全面发展与繁荣。

2. 发展农业新质生产力

为了全面加速农业现代化的步伐，各地区必须将农业新质生产力的培育与发展置于核心地位，并全力以赴地推进相关工作。一方面，首要任务是强化在农业优势领域的科技创新能力，这要求各地区要紧密聚焦于农业领域的核心关键技术难题，通过显著增加研发投入，促进科研成果的高效转化与实际应用。具体而言，要深入实施现代种业振兴计划，强化对种子资源的保护与高效利用，同时激发种业自主创新的内在动力，实现种业技术的自主可控。此外，针对农机装备领域存在的技术短板，需迅速启动并深入推进补短板专项行动，致力于提升农机装备的智能化、精准化水平，为现代农业生产提供更为先进、可靠的技术装备支持。另一方面，乡村地区要积极拥抱数字化转型，推动数字技术在农业产业中的深度融合与广泛应用。通过深入实施数字农业创新发展行动，利用大数据、云计算、物联网等现代信息技术手段，对传统农业进行全方位、深层次的改造升级，显著提升农业生产的智能化、信息化程度。在此过程中，应重点推进整县制智慧农业先行区建设，通过树立典型、示范引领的方式，逐步扩大智慧农业的影响力与覆盖面，带动整个区域农业信息化水平的整体跃升。同时，乡村地区还应积极探索并培育农业新产业、新业态，通过跨界融合的方式，优化配置农业相关生产要素，推动农业与旅游、康养、文化创意等产业的深度融合发展。具体而言，就是要着力构建"农业＋"多业态融合发展新模式，通过拓展农业产业链、提升价值链，为农民创造更多元化的收入来源与增收渠道，实现农业增效、农民增收与农村繁荣的良性循环。

为了全面推动农业现代化进程，必须高度重视并全力抓好农业新质生产力的培育与发展工作。一是强化优势领域科技攻关。紧紧围绕农业关键核心技术展开攻关，通过加大研发投入，促进科技成果的快速转化与应用，特别是要实施好现代种业提升工程，加强种子资源的保护与利用，提高种业的自主创新能力。同时，针对农机装备存在的短板，要积极开展补短板行动，提升农机装备的智能化、精准化水平，为农业生产提供强有力的技术装备支撑。二是推进数字赋能农业产业发展。深入实施数字农业突破行动，利用现代信息技术改造传统农业，提升农业生产的智能化、信息化水平。特别是要整县制推动智慧农业先行区建设，通过示范引领，带动全区域农业信息化水平的整体提升。三是积极培育新产业新业态。跨界配置农业相关生产要素，推动农业与旅游、康养、文创等产业的深度融合。通过打造"农业＋"多业态发展新格局，促进农业产业链的延伸与价值链的提升，为农民增收开辟新的渠道。

在全面总结山东省乡村产业振兴齐鲁样板的经验及提档升级路径后，不难发现，山东省在乡村产业振兴的道路上展现出了卓越的智慧与坚定的决心。从农业经济规模的不断壮大到农业科技支撑的有力提升，山东省始终扛牢农业大省的责任，通过高标准农田建设、农业科技创新、多产业融合发展等多元化举措，不仅稳固了粮食安全基石，更在农业现代化进程中迈出了坚实步伐。在面临国际国内环境复杂多变的挑战下，山东省展现出了强大的韧性和创新能力，通过深化城乡融合发展、强化金融支持、推进片区化建设等策略，有效应对了资源环境约束、农产品加工能力不足等问题，实现了乡村产业的高质量发展。特别是联农带农机制的建立，更是将农民紧密地联结在乡村产业链上，共享发展成果，助力农民实现共同富裕。

展望未来，山东省在乡村产业振兴的道路上仍需持续探索与创新。一方面，要继续深化农业供给侧结构性改革，优化农业产业结构，提升农产品质量和效益；另一方面，要加强农业科技创新，推动数字化、智能化在农业领域的广泛应用，提升农业生产效率和竞争力。同时，还需进一步深化城乡融合发展，推动城乡要素自由流动和平等交换，实现公共资源在城乡间均衡配置，让乡村成为宜居宜业的美好家园。总之，山东省乡村产业振兴齐鲁样板的成功经验与提档升级路径，为全国其他地区提供了宝贵借鉴。在全面推进乡村振兴的新征程中，山东省将继续发挥示范引领作用，为实现农业农村现代化贡献更多“山东力量”。

第三章

串珠成链 织链成网：山东民宿业高质量发展的“集聚”实践路径

许 峰 白玉利 李 洁 杨一诺 杨保贺*

一、引言

民宿是乡村振兴的重要抓手和前沿阵地。习近平总书记指出：“依托丰富的红色文化资源和绿色生态资源发展乡村旅游，搞活了农村经济，是振兴乡村的好做法。”① 作为发展乡村旅游的有效切入点，乡村民宿的发展契合了现代人远离喧嚣、亲近自然、寻味乡愁的美好追求，具有撬动乡村振兴的支点作用。2022 年 7 月，文化和旅游部等 10 部门联合印发《关于促进乡村民宿高质量发展的指导意见》，将引导适度集聚和优化规划布局

---

* 许峰，山东大学管理学院教授，博士生导师，主要研究方向为旅游开发与规划、城市与区域经济、战略管理与营销、品牌经济与管理、商务策划；白玉利，山东大学管理学院博士研究生，研究方向为目的地营销、旅游者行为研究；李洁，山东大学管理学院博士研究生，研究方向为游客拥挤感知、康养旅游体验、目的地可持续发展；杨一诺，山东大学管理学院硕士研究生，研究方向为康养旅游体验，目的地感官营销；杨保贺，山东大学管理学院硕士研究生，研究方向为夜间旅游体验，体育赛事旅游体验。

① 袁学哲．发展红色旅游助力乡村振兴［N］．经济日报，2021－04－14.

作为推进乡村民宿高质量发展的重点任务之一。受乡村振兴战略和政府政策支持的推动，许多乡村地区的旅游资源得到开发，民宿成为推动当地经济发展的重要引擎。山东省从相继印发《关于促进旅游民宿高质量发展的指导意见》《山东省乡村旅游发展规划（2021-2025 年）》，明确奖励办法、出台等级标准，使得各类乡村民宿快速涌现，到颁布《旅游民宿集聚区创建导则（试行）》强化政策激励、激活投资主体，推动民宿产业集群发展，多地相继出台鼓励发展政策，促进乡村民宿健康有序发展，不仅带动了旅游业高质量发展，还形成了独具特色的乡村振兴经验。

《2024-2030 年中国民宿行业投资策略探讨及市场规模预测报告》指出，2023 年上半年国内旅游总人次 23.84 亿人次，同比增长 63.9%。疫情后时代，中国旅游市场迎来全面爆发，随着旅游市场的持续增长以及消费结构转变，越来越多的游客寻求不同于传统酒店的住宿体验。飞猪、小猪民宿联合发布《2023 年中民宿行业洞察报告》，指出为满足青年群体新消费群体多元化、个性化需求，民宿产业从一线“卷”到各类小众目的地，形态丰富多样的精品民宿产品成为当前民宿市场的主要趋势。不难看出，站在高质量发展的关键时期，我国民宿产业面临休闲市场剧增与民宿休闲需求转型升级的发展挑战，如何推动乡村民宿摆脱景区依附，从“业态分支”走向“独立产业”，从“零散式分布”走向“集聚化组团”，有效促进民宿产业赋能中国乡村旅游高质量发展，成为文旅融合新时代亟待破解的问题。

二、民宿集聚区提出的理论基础

（一）基本内涵

乡村民宿兴起于 20 世纪中叶的欧美地区①，最初以简单地提供住宿与

① 张海洲，虞虎，徐雨晨等. 台湾地区民宿研究特点分析——兼论中国大陆民宿研究框架［J］. 旅游学刊，2019，34（1）：95－111.

早餐（B&B）为基本模式。经历百余年的发展，民宿从乡村走向城市、从农场走向景区，不仅形态万千而且别具特色，成为区域性旅游品牌及核心吸引物的重要构成。各个国家和地区对乡村民宿所下定义也略有区别。国外有学者强调乡村民宿经营者是农户，基本功能为住宿，经营规模较小且突出主客同住①。国内学者则将 2017 年颁布的《旅游民宿基本要求与评价》（LB/T065－2019）中对民宿的定义作为统一标准，文件中明确，“民宿指利用当地闲置资源，民宿主人参与接待，为游客提供体验当地自然、文化与生产生活方式的小型住宿设施”。也有学者着重强调民宿的乡村本土文化体验②。随着市场需求和民宿行业的发展，乡村民宿功能和设施日趋完善，逐渐成为一种乡村旅游的新业态，但本质上乡村民宿还是以提供住宿为主的经营场所。作为非标类住宿，乡村民宿推动产业供应链重塑，快速在旅游领域掀起一场“住宿革命”，发展成为新型旅游度假吸引物。中外学者在乡村民宿经营管理③④、市场营销⑤、空间布局⑥和旅游体验⑦等方面取得了较多有价值的研究成果。

产业集聚是产业发展演化过程中呈现出的一种地缘经济现象，学界对旅游产业集聚的形成机理⑧、空间演化⑨、作用影响⑩等问题的探讨已取得

① Stringer P. Hosts and guests：the bed and breakfast phenomenon［J］. Annals of Tourism Research，1981（3）.

② Dallen T，Teye V. Tourism and the lodging sector［J］. Massachusetts，United State of America：Elsevier Inc，2009.

③ Kunjuraman V，Hussin R. Challenges of community－based homest tay programme in Sabah，Malaysia：Hopeful or hopeless?［J］. Tourism Management Perspectives，2017（21）：1－9.

④ 刘美新，蔡晓梅，麻国庆. 乡村民宿“家”的生产过程与权力博弈：广东惠州上良村案例［J］. 地理科学，2019，39（12）：1884－1893.

⑤ Rizal H，Yussof S，Amin H，et al. EWOM towards homestays lodg ing：Extending the information system success model［J］. Journal of Hospitality and Tourism Technology，2018，9（1）：94－108.

⑥ 向雁，侯艳林，李福夺. 乡村民宿分布热点探测、空间格局及影响因素——以贵州省为例［J/OL］. 中国农业资源与区划，2024－06－28.

⑦ 程冰，肖悦. 民宿游客体验感知对桂林世界级旅游城市建设的影响——以疫情防控常态化为背景［J］. 社会科学家，2022（5）：45－52.

⑧ 李涛，朱鹤，王钊，等. 苏南乡村旅游空间集聚特征与结构研究［J］. 地理研究，2020，39（10）：2281－2294.

⑨ 毛润泽，刘源，刘震. 长三角地区间文旅产业发展差距的动态演变与影响因素研究［J/OL］. 世界地理研究，2024（6）：1－16.

⑩ 王兆峰，刘庆芳. 长江经济带旅游生态效率时空演变及其与旅游经济互动响应［J］. 自然资源学报，2019，34（9）：1945－1961.

一定成果。聚焦于民宿集聚区相关领域，部分学者基于乡村发展的新内源发展理论，提出乡村可持续发展需要依赖内外部力量的有效互动，民宿集聚现象与模式选择是由内外驱动力共同作用的结果①。为了解决城乡差距大、乡村发展不充分等现实问题，顺应亿万农民对美好生活的向往，国家实施了乡村振兴战略。党的十九大以来，旅游学术界对乡村振兴展开了广泛的研究。其中乡村振兴对于探究乡村发展适宜路径，贯彻新发展理念、构建新发展格局等方面的重要性尤为凸显。在乡村发展的路径选择中，以小众化、本土化、人文化等见长的乡村民宿发展及其对乡村振兴的驱动作用愈发受到学界关注与讨论。

近年来，近郊短途旅游成为大众旅游消费新风尚，乡村民宿迎来发展的黄金期。据不完全统计，目前山东省乡村民宿多达1.75万家。为更好把山东民宿资源“串珠成链，织链成网”，2021年山东省首创“民宿集聚区”品牌新概念，并初步界定“民宿集聚区”为在一个区域内，民宿数量和民宿经济达到一定规模效应，并形成以民宿业态为主导产业，以民宿品牌为核心吸引，以民宿体验为主要消费形态，以民宿经济为主要经济形态，带动乡村旅游多业态发展的一种新型乡村休闲度假聚落，是一种有别于传统景区依附型和配套住宿型的新型旅居生活社区。该实践是对民宿发展现象和趋势的一次敏锐洞察，也为推动旅游民宿集聚区研究探索提供了重要案例支撑。通过促进三产融合、构建“民宿+书屋”“民宿+非遗”等多种形式，山东省多维度拓宽价值链、产业链，为民宿集聚区带来可观经济效益，为游客提供惬意乡村文旅体验。

（二）理论依据

产业集群理论萌芽于19世纪末，成熟于20世纪末，该理论最早由英国经济学家麦克尔·波特提出②。工业产业集群的相关研究最先起步，服

---

① 苏毅清，邱亚彪，方平．“外部激活+内部重塑”下的公共事物供给：关于激活乡村内生动力的机制解释［J］．中国农村观察，2023（2）：72-89.

② 吴利学，魏后凯．产业集群研究的最新进展及理论前沿［J］．上海行政学院学报，2004，5（3）：51-60.

务业集群因消费对象、内部结构等差异，起步相对较晚，且未受到学界广泛讨论。旅游业作为服务业的重要有机成分，深入探究旅游产业集群是探索服务业集群的敲门砖。1999 年，国际集聚协会指出：“旅游产业集群是旅游企业和相关组织机构在地理上的集中，它们为共同的目标而合作，建立起了紧密的联系，使区域获得了整体竞争优势”。国内学者则认为民宿集群是在某特定区域内，具有竞争合作关系的民宿和相关配套机构在地理上集聚而形成的群落①。从供应链观点上看，民宿集群是一条由分工协作系统提供给旅游者的商品和服务供应链，没有所有权或行政隶属关系的成员企业之间通过合作伙伴关系和信息共享达到系统的协调运转，以提高供应链整体的竞争能力②。随着民宿集群的兴起，民宿作为核心吸引力，以“民宿 +”的模式发展，带动旅游及其他各要素的发展，使民宿集群区域成为综合性的旅游目的地品牌。由以上概念可以看出，国内外对旅游产业集聚的概念已达成共识：第一，旅游产业集群表现为旅游产业各要素在空间上的集中过程。旅游产业集群是一种区域现象，其要素的集聚是重要表现方式。第二，旅游产业集群强调集群间主体的良性互动，强调集群相关要素的协同创新、网络联系与规模经济。第三，旅游产业集群机构之间表现为垂直分工特征。

熊国路基于民宿的具体内涵，提出民宿集群可以整合资源、区位、政策等优势条件和土地、资金、制度、人力等核心要素，形成产业间和产业内的协同分工，从而带来规模效应和虹吸效应③。陈佳洁等认为，在民宿集群的影响下，目的地本土风情及特点更加突出，有利于其塑造和构建新颖的品牌形象④。此外，在“民宿 +”形式下引进的特色项目及其配套设施，在一定程度上推动了品牌形象的丰富化、多元化，使乡村旅游地的形象由单一功能的旅游地向集食、住、行、游、购、娱六要素综合的新型旅游区转变。秦立功等⑤从服务供应链的视角切入，提出民宿服务作为服务

①③ 熊国路，供应链视角下对民宿集群发展的思考［J］. 物流技术，2016，35（1）：146.

②④ 陈佳洁，陈静等. 民宿集群对乡村旅游目的地品牌形象构建影响研究——基于浙江省数据［J］. 农村经济与科技，2017，28（7）：79 - 82.

⑤ 秦立公，胡娇等. 民宿服务供应链集成对民宿集群动态能力的影响机理——价值共创的中介和资源互动的调节作用［J］. 企业经济，2018（6）：107 - 113.

经济的新形态，顺应多元化休闲度假体验的市场需求，契合旅游供给侧改革的自然性特征，通过水平化非线性供应链集成模式实现民宿及其关联服务与农业、健康、物流、商贸等多业态协同化融合，形成民宿集群生态圈。朱明芬则认为由于民宿游客带来的多种消费需求，一些与旅游尤其是非传统旅游相关的产业围绕民宿区块集聚。事实上，相关民宿企业在一定区域空间上集聚发展，可能形成行业信息的溢出和整合创新环境，方便企业共享基础性服务资料，进而形成民宿集群发展①。这些学者的研究成果开启了国内民宿集群发展趋势的理论探讨。

总体而言，民宿集群作为旅游产业集群的重要形式，体现了民宿及相关机构在地理上的集中，并据此通过协同创新和紧密合作提升区域竞争力。国内外学者普遍认为，民宿集群不仅促进旅游要素的空间集聚，还激发主体间的良性互动和协同发展，形成了垂直分工特征。民宿集群能整合资源、区位等优势，带来规模效应和品牌价值，推动乡村旅游地向综合型旅游区转变。同时，民宿集群通过服务供应链集成模式，实现多业态的协同融合，形成生态圈，促进信息溢出和创新环境形成，为农村地区的可持续发展提供强大支撑。

（三）分析框架

民宿作为旅游业的重要组成部分，在需求拉动、政策推动、技术驱动和资本带动下，逐步形成民宿产业和民宿经济，现已成为推动城乡一体、促进文旅深度融合，助推乡村振兴、实现生态文明和建设美丽中国的重要突破口。乡村振兴、产业集群、乡村民宿驱动等话题成为现有研究的热点，引发了广泛深入的研究，在乡村民宿集聚这一新兴旅游业态领域也形成了有益探索，研究成果丰富翔实，为本书的经验总结分析、发展挑战梳理、提升路径优化等相关研究提供了理论框架。

聚焦于研究视角，民宿集聚区命题涉及旅游学、管理学、经济学、

① 朱明芬．浙江民宿产业杂群发展的实证研究［J］．浙江农业科学，2018，59（3）：354－355.

社会学、政治学、消费心理学、建筑学等众多学科专业，对其发展经验、现实挑战、提升路径等内容的梳理，需要广泛运用跨学科研究模式，综合借鉴吸收多学科观点从时间、空间整体范围内开展讨论，体现了学科交叉性特征，为民宿产业和产业集聚理论的耦合发展提供多维研究视角。

聚焦于理论支撑，民俗集聚区概念内涵、演变机制①、具体措施②等问题探讨得到了充分论证，主客关系、供给主体、市场营销等方面受到大量关注，为梳理经验、挑战与提升路径提供了逻辑框架。此外，民宿集聚区发展所涉及的乡村振兴、民宿产业、城乡一体化等相关国家政策方针受到了广泛关注与讨论，为梳理相关战略政策指导框架奠定了良好的研究基础。

聚焦于空间演化，民宿的选址主要由房源供应、传统旅游住宿的分布、是否沿海以及旅游需求国际化程度等因素决定③，民宿的空间布局主要关注分布特征和影响因素两个方面，涉及省域④、经济区⑤、市域⑥、县域⑦及景区⑧等尺度。不难发现，目前国内针对民宿空间分布特征的实证研究仍相对匮乏，影响机制研究尚不充分，且大多采用传统的数据获取方式，亟须聚焦典型案例，开展深入梳理与分析，从中凝练总结先进经验。

---

① 沈杰，周继洋，王雯莹．国内外民宿发展路径及上海郊区民宿发展策略［J］．科学发展，2017（5）：43－51.

② 何成军，赵川．乡村民宿集群驱动乡村振兴：逻辑、案例与践行路径［J］．四川师范大学学报（社会科学版），2022，49（2）：98－105.

③ 王文荟，苏振，郑应宏，等．基于POI数据的桂林民宿空间分布及影响机制研究［J］．地域研究与开发，2023，42（4）：95－99，105.

④ 吴佳佳，陈秋萍，陈金华．基于多尺度的福建省民宿时空分布及其影响因素［J］．资源开发与市场，2020，36（6）：647－653.

⑤ 龙飞，刘家明，朱鹤，等．长三角地区民宿的空间分布及影响因素［J］．地理研究，2019，38（4）：950－960.

⑥ 王珺颖，谢德体，王三，等．基于POI提取的山地丘陵区乡村旅游空间分布研究——以重庆市农家乐为例［J］．中国农业资源与区划，2020，41（5）：257－267.

⑦ 侯玉霞，胡宏猛．阳朔县精品民宿空间分布特征及驱动力分析［J］．桂林理工大学学报，2023，43（2）：333－342.

⑧ 何成军，李晓琴．乡村民宿聚落化发展系统构成及动力机制——以四川省丹巴县甲居藏寨为例［J］．地域研究与开发，2021，40（2）：174－180.

聚焦于发展趋势，我国民宿发展晚但速度快，突发问题比较多见，处于整合转型期。而民宿的发展情况因地域和文化不同而异，因此在微观层面，民宿的发展趋势是多样化、个性化、专业化和智能化，保持高质量发展应时刻关注并迎合不断变化的市场需求，也应当注重环保要求、坚持绿色发展以及推动社区参与等①，从而实现民宿的可持续发展。在宏观层面，民宿应重点关注民宿发展的时空差异、社会结构效应与关系治理、信息化经营管理等②。

整体来看，针对乡村民宿集聚区的学术性研究尚未形成规范化理论体系，小尺度空间范围的案例不足以发挥带动效益，且以乡村振兴为视角探讨民宿产业集群赋能的研究较少，难以把握其实践机理和发展路径，不利于民宿实践与乡村振兴战略的长效机制构建。此外，国外乡村民宿研究起步早，研究体系已相对完善，研究内容也呈现多元化趋势；中国台湾地区民宿研究起步也较早，研究处于领先水平，而大陆地区民宿研究起步相对滞后，直至21世纪初才有学者着手研究，目前民宿是现阶段的研究热点。有关于民宿集聚及其发展路径机制的研究成果十分有限，尚未构建系统的学术研究理论体系，存在概念不明、理论缺乏、案例地无代表性等研究不足。具体来看，一是对民宿旅游集聚发展理论的构建不足③，缺乏对成熟民宿集聚区实践地的精准探索；二是对民宿旅游集聚区地理空间范围的界定偏差，大部分局限于农村④，城市郊区或城市景区周围的民宿产业未被充分关注⑤；三是大部分研究在小尺度空间范围内进行探讨，与村落或

---

① 戴其文，代嫣红，张敏巧，等．世界范围内民宿内涵的演变及对我国民宿发展的启示［J］．中国农业资源与区划，2022，43（11）：262－269.

② 张海洲，虞虎，徐雨晨，等．台湾地区民宿研究特点分析——兼论中国大陆民宿研究框架［J］．旅游学刊，2019，34（1）：95－111.

③ 龙飞，戴学锋，张书颖．基于L－R－D视角下长三角地区民宿旅游集聚区的发展模式［J］．自然资源学报，2021，36（5）：1302－1315.

④ 李涛，朱鹤，王钊，等．苏南乡村旅游空间集聚特征与结构研究［J］．地理研究，2020，39（10）：2281－2294.

⑤ Gutierrez J，Garcia－Palomares C. Romanillos G，et al. The eruption of Airbnb in tourist cities：Comparing spatial patterns of hotels and peer－to－peer accommodation in Barcelona［J］. Tourism Management，2017（62）：278－291.

街区结合紧密，致力于构建开放的社区旅游发展模式①。旅游产业集群作为区域旅游发展的战略性手段，能够有效指导区域的旅游发展。因此，现阶段还需要进一步探究乡村民宿集群在乡村振兴、乡村生态、乡村治理、乡村文化、乡村生产生活等方面的具体驱动效应。

三、山东省民宿业集聚区创新发展的经验总结

山东省乡村民宿约 1.74 万家②，呈现出百花齐放的发展态势，产业空间集聚趋势逐渐显现。为更好把散落各地的民宿资源串珠成链，山东省推动旅游民宿集聚区建设，依托沿湖、沿海、环山等风景秀丽区域和重点旅游景区等，衍生多元业态的发展方式，全面促进民宿产业链、价值链共生共创，推动区域内民宿数量快速增长和民宿经济规模效应产生，打造以民宿业态为主导产业、以民宿品牌为核心吸引的新型乡村休闲度假部落、旅居生活社区，为乡村振兴注入新活力。

2020 年以来，山东省强化政策引导，推动民宿品牌共创、资源共享、市场共拓，相继印发《关于促进旅游民宿高质量发展的指导意见》《山东省乡村旅游发展规划（2021—2025 年）》等政策文件。经过多年努力，全省积极探索和制定了民宿集聚区的创建导则和标准，推进旅游民宿集聚区建设形成“政府认证、市场导向、多方参与”模式。从民宿集聚区概念的提出，到创建区申报，最后审核通过，现已公布两批山东省旅游民宿集聚区名单，2022 年和 2023 年分别有 16 家和 19 家民宿集聚区获批成功，成功培育济南九如山、泰山九女峰等 35 个旅游民宿集聚区，为中国旅游民宿的集聚发展率先建立了一套行业范式和企业标杆（见表 3－1）。

① Birendrak C. Ecotourism for wildlife conservation and sustainable livehood via community－based homestay：A formula to success or a quagmi re?［J］. Current Issues in tourism，2020.

② 山东 1.74 万家旅游民宿的春天来了［EB/OL］. 齐鲁网，2022－04－12.

表 3－1　　山东省民宿集聚区类型

类型	年份	名称	位置
景区主导型	2022	九如山旅游民宿集聚区	济南市南部山区
		灵山岛旅游民宿集聚区	青岛市西海岸新区
		养马岛旅游民宿集聚区	烟台市牟平区
		福懋泰山旅游民宿集聚区	泰安市泰山区
		泰山·九女峰旅游民宿集聚区	泰安市岱岳区
		天鹅海岸海草旅游民宿集聚区	威海市荣成市
		经山历海旅游民宿集聚区	日照市山海天旅游度假区
		蒙山·东蒙客旅游民宿集聚区	临沂市平邑县
	2023	红滩湿地旅游民宿集聚区	东营市垦利区
		桐峪里旅游民宿集聚区	潍坊市青州市
社区主导型	2022	雲涧仙境旅游民宿集聚区	烟台市长岛海洋生态文明综合试验区
		里口山旅游民宿集聚区	威海市环翠区
		百果谷旅游民宿集聚区	日照市五莲县
		院东头旅游民宿集聚区	临沂市沂水县
		桃墟里旅游民宿集聚区	临沂市蒙阴县
	2023	御垣胜景旅游民宿集聚区	济南市长清区
		齐鲁古道旅游民宿集聚区	济南市章丘区
		冠世榴园旅游民宿集聚区	枣庄市峄城区
		乡里乡亲旅游民宿集聚区	枣庄市山亭区
		鲁源旅游民宿集聚区	济宁市曲阜市
		大洪云居旅游民宿集聚区	济宁市邹城市
		多彩田园旅游民宿集聚区	日照市五莲县
		沂蒙泉乡旅游民宿集聚区	临沂市沂南县
		青山忆旅游民宿集聚区	临沂市费县
景社一体化型	2022	环鲁山旅游民宿集聚区	淄博市博山区
		仁河谷旅游民宿集聚区	潍坊市青州市
		等闲谷旅游民宿集聚区	济宁市泗水县
	2023	“沙子口·山海仙居”旅游民宿集聚区	青岛市崂山区
		齐长城宿集	淄博市淄川区
		山海云间旅游民宿集聚区	烟台市长岛海洋生态文明综合试验区
		宁津渔家风情旅游民宿集聚区	威海市荣成市
		黄河人家旅游民宿集聚区	德州市齐河县
		七彩乡韵旅游民宿集聚区	聊城市冠县
		魏集古镇旅游民宿集聚区	滨州市惠民县
		石寨天池旅游民宿集聚区	菏泽市巨野县

资料来源：2022～2023 年山东省旅游民宿集聚区名单。

（一）以点带面，榜样引领

1. 以点带面，提炼示范经验

为了促进民宿集聚区的高质量发展，山东省坚持以点带面、整体推进，选取了一些具有代表性的民宿项目作为示范点，通过给予政策支持、资金补助等形式，帮助其提升软硬件设施，改善服务品质。与此同时，充分发挥其良好的带头作用，以点带面，推动区域内民宿集聚区的整体发展。具体来说，一方面，山东省创新证照办理方式，探索推行公安、消防、文旅等多部门联审联批机制，破解民宿证照办理难问题；引入“管家式”服务，打造主客共享的旅游体验，不断优化旅游民宿发展环境。以临沂市沂水县为例，近年来，该县成功创建院东头旅游民宿集聚区，出台《促进旅游民宿高质量发展十条措施》，联合金融机构推出“宿信贷”产品，针对消防手续、特种行业许可手续推广“帮扶办”，通过政策集成、引导扶持、规范管理，极大提升了旅游民宿的吸引力与影响力。另一方面，组织观摩学习、经验分享会等活动，示范性民宿将自己的成功经验传授给其他同行，帮助它们改进不足之处，以“传帮带”的方式有效促进了整个民宿集聚区的共同进步。此外，山东省政府部门还编写了《旅游民宿集聚区创建导则》，系统总结了示范民宿的经验做法，供全省乃至全国的民宿从业者参考学习。例如，在旅游民宿管理过程中，临沂市通过评选优质旅游民宿的方式，授予109家民宿首批“沂蒙乡愁”民宿称号。该市通过统筹布局，逐渐形成旅游民宿集聚式发展格局，在旅游业复苏的背景下，快速带动当地经济发展，在很大程度上推动了临沂全国知名民宿旅游目的地建设，促进了当地民宿业发展。

2. 榜样引领，片区全面提升

民宿集聚区的示范作用不仅体现在带动了个别民宿的成长，还促进了整个民宿行业的集群发展。在示范性民宿的榜样引领下，不仅吸引了大量投资者的加入，改善了当地基础设施与经商环境，政府也适时出台了一系列扶持政策，鼓励民宿企业抱团发展，形成集聚区。集聚区在资金和政策的双重支撑下，通过资源共享、信息互通等方式降低了运营成本，增强了市场竞争力，为游客提供了更加多元化的选择，逐步实现了集聚区内的产业、经济、文化的全面提升。例如，在泰安市岱岳区，当地政府系统推进民宿产业集群连片发展，建成“高低互补、山水相依、景村互融”的九女峰民宿集聚区，蹚出民宿经济赋能乡村振兴的新路径。该集聚区以尊重原有村落肌理和山野环境为前提，打造各类民宿 50 家，突出“一村一品”“一村一韵”，变美丽风景为“美丽经济”。目前已建成野有院民宿、“故乡的云”野奢度假酒店、“故乡的月”沉浸式演出等项目，组织八楼市集、山享读书会等特色文化活动，形成了以民宿为吸引力、多业并举的乡村休闲旅游新场景，带动片区内 19 个村连片兴起。

（二）因地制宜，分类推进

1. 因地制宜，挖掘特色资源

山东省有丰富的区域文化，不同地级市也各有不同的文化底蕴，还需因地制宜打造本土特色乡村民宿，丰富全省民宿体系，增强各地竞争力，形成良性竞争与优势互补。在东部沿海城市，如青岛、烟台等地，充分发挥海滨风光的优势，重点发展海景民宿和渔村民宿，让游客能够近距离接触大海，体验渔家生活。而在泰山、崂山等山区，则强调与自然环境的融合，建设一批以生态体验为主的山林民宿，提供登山健身、森林疗养等服务。对于历史文化名城，比如曲阜，则侧重于打造具有儒家文化特色的民宿，让游客在住宿的同时感受传统文化的魅力。同时，开展“畅游齐鲁·乐宿山东”主题推广活动，以“主题 + 概念”为主线，深挖齐鲁文化、美景美食、地方民俗、特色住宿等资源。引导各市结合各自实际，围绕“畅游”“乐宿”，策划设计各市分主题活动，并创意开展系列宣传推广活动。通过对旅游产品组合更新，以“线上 + 线下”的方式，将山东优势文旅资源与四季时令、节庆假期、周末休闲相结合，组合推介一批星级饭店、主题酒店、特色民宿等精品旅游住宿场所，发布一批“赏花踏青”“露营消夏”“赏月品秋”“温泉滑雪”等四季特色产品，将“畅游齐鲁·乐宿山东”的体验感拉满。

2. 分类推进，优化产业布局

针对不同类型的民宿，山东省采取了不同的扶持措施和发展路径。针对小型民宿，强化品牌建设与市场推广。首先，政府通过举办各类比赛和评选活动，如“最美民宿”评选，鼓励民宿经营者提升服务质量和管理水平，打造特色品牌；其次，利用线上线下相结合的方式，加大对小型民宿的宣传推广力度，通过新媒体平台、旅游节庆活动等渠道提高其知名度；最后，提供专业培训和技术支持，帮助民宿经营者掌握先进的管理理念和服务技能，提升整体服务水平。针对成熟企业，鼓励专业化、连锁化发展。政府通过制定优惠政策，支持符合条件的民宿企业扩大经营规模，形成品牌效应。同时，引导企业注重品质提升，通过标准化管理和个性化服务相结合的方式，提升顾客体验。此外，鼓励企业进行资源整合，与旅游景点、餐饮娱乐等上下游产业合作，打造“民宿 +”综合服务体系。比如，“民宿 + 农业观光”“民宿 + 非遗文化”等，通过跨界融合，延长产业链条，增加附加值。积极引进知名品牌企业参与全省旅游民宿建设，支持区域旅游民宿品牌培育，推进品牌化、连锁化、网络化、专业化发展。以旅游民宿开发为纽带，引导开展多元业态经营，拓展文化创意、电商物流、养生养老等综合业态，打造旅游民宿综合体，完善产业链，拓展价值链，有效发挥旅游民宿带动效应。推动旅游民宿与大型在线旅游企业深入合作，搭建旅游民宿推广平台。

（三）凝练特色，培育品牌

1. 凝练特色，挖掘文化底蕴

打造特色鲜明、品质卓越的乡村民宿品牌，是增强民宿集聚区市场竞争力，推动民宿集聚区可持续发展的关键所在。山东省立足于乡村文化资源优势，坚持差异化、个性化发展方向，充分彰显乡村民宿的独特魅力。一方面，深度挖掘乡村传统文化精髓，立足民宿的文化属性，将独特的历史人文、风土人情、生态景观等地域文化元素融入民宿建筑设计、室内装饰、服务项目等各个环节，打造富有乡土气息和文化韵味的民宿产品。

“孔府人家”民宿以其独特的儒家文化氛围而著称，民宿内部布置了传统的儒家文化元素，如四书五经的书法作品、孔子像等，让游客在住宿的同时能够感受到浓郁的文化气息。此外，还定期举办国学讲座、书法体验等活动，让游客亲身体验传统文化的魅力，从而加深对民宿品牌的印象。另一方面，打造个性鲜明的乡村民宿，推动不同风格、不同类型的民宿差异化特色发展。发挥农村生态环境优势，大力发展生态康养型民宿，为游客提供亲近自然、修身养性的康养度假体验。突出农耕文化特色，打造农事体验型民宿，让游客参与农事劳作、农产品加工等活动，切身感受浓郁的田园风情。针对不同群体的差异化需求，打造主题鲜明、特色突出的系列民宿产品，满足不同层次游客的多元化消费需求。泰山九女峰民宿集聚区的“泰山云居”，充分利用了靠山的优势，采用环保建材建造，内部装饰融入泰山石刻等元素，让游客在享受自然美景的同时，也能感受到深厚的历史文化底蕴。

2. 培育品牌，强化品牌效应

山东省民宿集聚区品牌发展以“好客人家”旅游民宿品牌为统领，在全省重点打造圣地人家、胶东人家、黄河人家等特色品牌，提升旅游民宿吸引力和影响力。首先，突出地方特色，深化文旅融合，探索“民宿＋非遗”“民宿＋艺术”“民宿＋书屋”等融合发展方式，着力打造本地品牌。制定乡村民宿品牌培育规划，在装修设计、文化植入、服务创新等方面加大投入力度，引进高水平的专业团队参与品牌孵化。日照市依托山海天旅游度假区核心旅游地带，创建了经山历海旅游民宿集聚区，涵盖 13 个民俗旅游村，主打渔家风情、田园风光等休闲度假产品，培育了“不倦”等一批本土民宿品牌。其次，重视乡村民宿品牌培育，从点到面、由小到大，集中打造一批极具特色的精品民宿品牌。发挥示范引领作用，形成品牌，培育标杆，集聚发展，打造一村一品、一乡一韵的乡村民宿品牌集群。最后，加强民宿品牌推介和营销，综合运用新媒体、自媒体等现代营销手段，开展形式多样、影响广泛的主题宣传推广活动，提升民宿集聚区品牌知名度和美誉度，扩大社会影响力，进而带动当地乡村民宿产业的整体跃升。临沂市把民宿产业纳入“红绿蓝古今”旅游发展总体布局，注册“沂蒙乡愁”民宿品牌，以此为引领，打造一批轻休闲、微度假、慢生活乡村旅游产品线路。目前临沂市命名并挂牌首批109家“沂蒙乡愁”民宿，既形成了辨识度高、影响力强的地域IP形象标识，也带动了资源、人才等向广大乡村流动。

（四）多方联动，多措并举

1. 多方联动，政府与市场相结合

政府的规范与市场的活跃，有形和无形的手共同推进山东省民宿集聚区的发展。山东省政府高度重视民宿集聚区的发展，出台了一系列扶持政策。济南市率先出台了《关于加快推进民宿业发展的实施意见》《济南市民宿管理办法》等一系列文件，构建起了完整的民宿业发展制度体系，填补了行业管理空白。以“济南九如山”民宿集聚区为例，该区域在政府的指导下，通过统一规划、资源整合，实现了民宿集群效应，吸引了大量游客前来体验。同时，充分发挥行业协会、市场机构等第三方力量，完善乡村民宿等级评定认证、服务质量跟踪评估等机制，推动行业自律，营造规范有序的市场秩序；建立乡村民宿投诉举报机制，完善纠纷调解和权益保障机制，切实维护消费者合法权益。此外，企业也是民宿业发展的重要推动力量。临沂市东蒙镇政府联合费县文旅集团合作开发当地旅游资源，投资7800万元，采用“政府+国企+村集体+村民”四方联动的模式，对小山村进行了全面改造，将其变成一个集观光、休闲于一体的民宿景点，这种模式不仅激活了农村闲置资产，还带动了当地就业，促进了乡村振兴。

2. 多措并举，创新民宿发展方式

首先，为了解决民宿经营者的证照难题，山东省多地创新了证照办理方式，省文化和旅游厅联合公安、消防等部门，探索推行联审联批运行机制。政府通过对屋内客用物品数量、材质及房屋建筑细节进行指导，确保民宿符合相关安全和服务标准；通过简化流程、提高效率，使得民宿经营者能够更快地获得合法经营资格。其次，政府还注重规范管理，制定了详

细的行业标准。《旅游民宿集聚区创建导则》的发布，明确了民宿业的发展方向和标准要求，确保了民宿的质量和服务水平。再次，加大用地保障。省自然资源厅将乡村旅游纳入农村产业融合发展用地范畴，加强乡村旅游用地保障。专门开展乡村旅游重点项目建设用地调查，新增乡村旅游建设用地面积1044亩，保障20个乡村旅游重点项目用地需求。省交通运输厅结合推进“四好农村路”建设，打造16条乡村旅游样板公路，打通乡村旅游“最后一公里”。最后，山东省还积极探索“住宿+”运营模式，拉长产业链条，提升附加值。山东映川骑士旅游区依托“体育+旅游”模式，打造了以体育文化为主题的湖景民宿，吸引了很多参加马术赛事、体验休闲运动的游客，使游客可以在民宿中感受马术文化、赛事精神。在发展民宿集聚区的过程中，山东各地区基于自身“好客”的形象，遵循“宾至如归”的设计和经营原则，培育具有地方特色的“民宿+模式”。

四、山东省民宿集聚区高质量发展的现实挑战

（一）多重压力叠加，康养休闲需求凸显

人民健康是中国式现代化的应有之义和重要标志。乡村旅游民宿作为文旅康养休闲需求的重要产业形态，必将承接支撑人民健康发展的重要责任。现阶段，新冠疫情跌宕打击、地缘政治冲突升级、供应链挑战加剧、通胀压力持续攀升等多重冲击下，全球经济增长预期大幅下滑。与此同时，国内老龄化社会加速到来，给人们带来了心理和生理双重压力。目前，我国亚健康状态的人口已超过7亿人，占全国总人口约60%[①]。2016年国务院发布《“健康中国2030”规划纲要》指出，应积极促进健康与田园、养老、文化、旅游、互联网、健身休闲、食品融合，催生健康新产

① 李冬阳．亚健康人群的身体观和身体实践——基于四川南充市一家养生院的田野调查[J]．民族学刊，2022，13（1）：122－130，144.

业、新业态、新模式的升级换代和产业链进化，为民宿产业迎接康养风口指明了前行方向。“十四五”以来，国家陆续出台政策文件大力鼓励发展康养产业，康养旅游产业的政策支持力度达到高峰。2021 年 6 月，文化和旅游部发布的《“十四五”文化和旅游发展规划》明确提出，发展康养旅游，推动国家康养旅游示范基地建设，这为乡村民宿目的地建设提供了有力的政策支持。可以说，随着“健康中国”正式成为国家发展战略之一，康养旅游已经成为新常态下旅游服务业发展的重要引擎，乡村民宿需要有效应对巨量康养市场提出的高质量发展要求。

作为健康理念下康养旅游革新的产物，乡村民宿在康养旅游新风潮下，如何通过利用好自然优势，推出风格不同依山傍湖的“民宿 +”产品，为游客打造“诗和远方”的出游体验，成为深入实施文旅文创融合战略，用高质量文旅供给不断满足人们文旅消费新需求的重要方向。山东作为全国首个医养结合示范省创建省份，担负着先行先试、积累经验的重要使命。济南、青岛、东营、烟台入选健康城市建设创新模式试点，试点城市数量全国最多；威海成为国家食品安全与营养健康综合试验区；日照成为全国健康影响评价试点城市。整体来看，现有山东康养产业实践较为缺少对民宿载体的重视。如何依托山水、温泉、医药、武术等资源优势，大力发展以民宿集群为主体、以康养度假为内容的新业态、新产品，打造出养颜健体、营养膳食、修心养性、关爱环境等一批全国重要的康养目的地和康养产业集群，使旅游者在身体、心智和精神上都达到自然和谐的优良状态是山东民宿产业集群亟须思考的重要问题。

（二）战略重心转移，提质升级挑战加大

以国内大循环为主体、国内国际双循环相互促进的新发展格局下，高质量发展是全面建设社会主义现代化国家的首要任务，是中国式现代化的本质要求，也是体现新发展理念、满足人民日益增长的美好生活需要的重要路径。推动旅游业高质量发展，就是要推动资源开发由粗放式向集约化转变，鼓励民宿在内的各类产业发展由资源依赖型向市场导向型转变，引导服务由标准化向精细化个性化并重转变，促进产品从注重数量向提升质

量转化，实现产品由低附加值向高附加值转化。

乡村民宿的高质量发展，既是助推乡村振兴的重要抓手，又是促进文旅消费的有力手段，更是乡村文旅融合的重要路径。山东省乡村民宿约1.74万家，经历了从无到有、从小到大的发展历程，已经成为乡村旅游的重要业态，是带动乡村经济增长的重要动力和助力全面推进乡村振兴的重要抓手。当前，乡村民宿供需两旺，但是高品质的乡村民宿与市场需求仍有不小的差距，市场仍以中低端乡村民宿为主。乡村民宿的发展面临标准建设滞后、同质化明显难以形成特色品牌、缺乏专业化经营和运营人才、行业监管覆盖面和效率不足等问题。具体来看，一是民宿规模较大，但集聚区品牌总量少，且分布不均衡；二是体验同质化严重，个性、娱乐、购物、消遣型业态匮乏；三是经营管理粗放，营销创意人才缺乏，专业管理和服务质量难以保证；四是品牌意识弱，多数民宿还处于起步阶段，自身品牌较弱，社会知晓度不高；五是监管单一化，民宿来源于“民”，大多具有先天性短板，民宿身份合法化问题亟待解决，监管手段单一，制约了民宿资源有机整合。解决这些问题、推动乡村民宿高质量发展，迫切需要从硬件和软件上双发力。

（三）产业分布不均，空间梯度差异明显

乡村民宿只有纳入地理视野的整体坐标体系中，在广阔的地理空间结构中，才能获得它的辨识度和定位功能。“民宿集聚区”作为跨空间、跨主体的整合发展形态，必然打破原有的经营主体各自为阵的封闭空间，转向区域协同的开放空间迈进。然而，乡村民宿集聚区的选址与资源环境和人文社会环境紧密相关，社会经济、旅游发展、区位交通、自然环境因素等，均是民宿布局不可忽视的重要因素。山东乡村民宿产业前期以自由发展为主脉络，整体空间产业布局不均衡，在一定程度上阻碍基础性资源与设施的共享共建、土地、资金、交通、水电等无法实现最大化利用，难以节省整体的投资成本，不利于有效推进规模化、良性化、协同化发展。

聚焦民宿集聚区的资源禀赋、社会经济、自然环境、区位交通等空间差异，山东乡村民宿空间集聚程度与集聚态势异质性显著。山东省文化和

旅游厅发布促进旅游民宿高质量发展的指导意见，并出台《关于促进旅游民宿高质量发展的指导意见》和《旅游民宿集聚区创建导则（试行）》，设立多个规模化乡村旅游民宿集聚区，但政策推进的落实程度和效果分配仍存在区域间的不平衡性。不同地市民宿数量差异显著，对全省民宿集聚区的全域均衡发展形成一定阻碍。具体来看，山东省乡村民宿从发展伊始就呈现出显著的集聚化特征。胶东地区民宿数量较多，发展较为成熟，呈现“三核集聚、沿海带状布局”的空间密度格局，青岛、烟台、威海三地核心密度区相接连片发展形成沿海带状的民宿集聚区；内陆地区民宿数量较少，处于发展初期，呈现“单核集聚、多核心组团”的空间密度格局，济泰主次核心区相接，形成一定的民宿发展片区，其他地区形成多个团状次级核心，发展较为分散，尚未形成大面积民宿片区。山东民宿整体由于区域内部不同的自然环境条件、社会经济状况、发展基础、资源禀赋与行政区划的差异，形成了分布不均衡且集聚形态差异较大的空间格局。

（四）科技嵌入不深，难以解码深度体验

随着物联网、大数据、云计算、人工智能、区块链等技术加速创新，产业数字化正在成为智慧化文旅发展的蓝海，旅游住宿设施数字化转型需求强烈。在促进乡村民宿高质量发展过程中，互联网平台成为吸引客源的重要渠道，智慧民宿为游客带来服务体验升级，多地打造的智慧服务平台为民宿发展提供了新机遇，在这个过程中数字化、智能化手段提供了有力支持。智能化是民宿发展的必经之路，智慧民宿不仅能为旅客带来更好的居住环境，还能有效解决民宿运营中服务效率低、管理提升难等问题，实现安全管理、高效管理。如何让高科技与乡村民宿的特色更好融合，让游客既能享受自然风光、田园生活，又能拥有高品质的居住环境，是民宿行业发展需要重点关注的问题。

随着游客对于个性化旅游体验的需求日益增长，山东省民宿集聚区在利用科技手段满足需求上依然存在部分不足。山东省积极推进数字化管理平台助力民宿运营工作，通过搭建数字化管理平台提升民宿管理效率与服务质量，积极利用多种数字化技术应用于审批服务，并开展了系列优秀实

践。然而，民宿集聚区对于游客数据的收集和分析能力有限，难以充分挖掘数据价值来实现精准营销。多数民宿缺乏专业的数据分析工具和人才，无法准确了解游客的来源、消费习惯、兴趣偏好等信息，不能根据游客的偏好精准推荐周边的旅游景点、美食餐厅或特色活动，影响了游客的整体体验和满意度，导致在市场推广和服务优化时缺乏针对性。多数民宿无法根据客人的喜好提前设置房间的氛围、温度、音乐等个性化场景。同时，在提供特色旅游活动和服务时，也较少运用虚拟现实（VR）、增强现实（AR）等技术来增强体验的趣味性和沉浸感。部分偏远地区的民宿集聚区，网络覆盖存在漏洞，网络信号不稳定甚至缺失的情况时有发生。这不仅影响客人在民宿内正常使用网络进行工作、娱乐和社交，也阻碍了民宿通过线上渠道进行宣传推广和提供在线服务的能力，限制了民宿的服务功能和游客的深度体验。

（五）专业人才短缺，无法驱动持续发展

人才是实现全面脱贫攻坚与乡村振兴的关键要素，是实现乡村民宿高质量发展的重要支撑。习近平总书记高度重视人才对乡村振兴的重要性，强调“要推动乡村人才振兴，把人力资本开发放在首要位置，强化乡村振兴人才支撑，加快培育新型农业经营主体，让愿意留在乡村、建设家乡的人留得安心，让愿意上山下乡、回报乡村的人更有信心，激励各类人才在农村广阔天地大施所能、大展才华、大显身手，打造一支强大的乡村振兴人才队伍”。在政策明确指引下，如何高效培育并推动专业民宿人才主动融入乡村民宿产业发展，凝聚并推动民宿人才扎根美丽乡村，激活人才引擎新动能，以专业化民宿人才的智慧和头脑赋能乡村文旅产业发展，让现代化人才在乡村民宿产业发展的沃土中建功立业是乡村振兴人才机制建设的重要思路。

山东乡村人才引进政策形成了多元融合的良好发展格局，多项政策服务于乡村振兴全面发展，但仍缺乏支持乡村民宿创业、管理、运营等专业人才引进的专项政策，乡村民宿发展依然存在人才支撑不足的问题。在现实实践方面，山东省在2020年发布的《关于促进旅游民宿高质量发展的

指导意见》中强化人才支撑：鼓励各地制定激励措施，吸引城乡居民、专家学者、留学归国人员、规划师、建筑师、技能人才、大学毕业生、农村致富能手等参与旅游民宿建设经营；支持高校设立旅游民宿课程，建立实习基地，开展文创进民宿活动；充分发挥旅游民宿等行业组织的作用，调动行业人才积极性，促进行业自律、诚信经营、有序发展。然而，现有相关政策实践仍然存在部分发展不足。具体来看，一是创意设计人才稀缺，在公共空间打造、主题活动策划、文创产品设计、环境空间美化等方面创意不足，无法营造出富有吸引力的住宿场景和体验氛围，难以满足游客日益多样化、个性化的需求；二是服务人才队伍不稳定，服务专业技能水平参差不齐，由于工作强度较大、薪酬待遇缺乏竞争力、职业发展空间有限等原因，民宿服务人员流失率较高，导致服务质量不稳定，人员频繁更换；三是人才引育机制不完善，针对民宿专业人才的引进与培养优惠政策较少，人才成长速度缓慢，难以支撑民宿集聚区的健康发展。

五、山东省高质量建设民宿旅游集聚区发展建议

（一）织链成网：构筑全域蓝图

从空间格局看，山东省民宿集聚区的空间集聚呈现出大分散小集聚、多核心组团、区位依赖性和动态性的特征。具体来看，内陆地区呈现“单核集聚、多核心组团”的空间密度格局，济泰主次核心区相接，形成一定的民宿发展片区；胶东呈现“三核集聚、沿海带状布局”的空间密度格局，青岛、烟台、威海核心密度区相接连片发展形成沿海带状的民宿集聚区；内陆其他地区形成多个团状次级核心，发展较为分散，尚未形成大面积民宿片区。因此要在山东省民宿集聚区总体蓝图的指导下，注重特色、调动主体、文化引路、数字服务，完善民宿集聚区各项资源利用设施建设。

1. 推动政策集聚，统筹发展规划

坚持以政府为主导，以农民和市场公司为主体推进民宿集聚区规划建

设。由文旅部门牵头，科学制定民宿发展专项规划，形成联动错位发展的合理布局。同时，每个民宿集聚区应形成建设运营策划方案，经区文旅局、规资局等相关部门审核后，作为后期建设、招商的指引。此外，通过整合特色田园乡村等项目资金，设立民宿扶持专项资金，以财政贴息、贷款担保和补助、公共财政投入等方式，增加民宿经营的意愿与动力，不断拉动民宿市场。同时，要不断吸引城市优质资源要素，依托民宿产业的市场潜力、发展优势和情怀感召力，打造乡村产业发展极，充分发挥民宿产业对城市资本、人才、技术和制度观念的虹吸效应，向外拓展寻求要素补给，进而补齐乡村发展短板和缺位要素，在要素层面整合内外资源，促进乡村在地建设和产业集群发展。

2. 创新用地政策，倡导协同发展

在注重当地居民的个体意愿和权利的基础上，积极探索农村宅基地“三权分置”制度，解决民宿用地与房屋产权权益问题，拓宽“农地入市”思路，探索实施农民闲置房屋转化利用及利益分配机制。一方面，加强乡村本土资源要素的整合。通过挖掘调查，清晰梳理地方资源体系，以民宿产业发展整合地方零碎荒置的土地、闲置的房屋宅院、过剩的劳动力、非遗技艺文化和优质的生态环境空间等要素，有效盘活地方存量资源，使资源向资本化和资金化进行创造性转化和创新性利用，向内寻求发展带动。另一方面，强调民宿小环境与农村大环境的协同规划和耦合发展，倡导民宿文化、民宿产业和民宿空间三个子系统的耦合，为民宿集聚区发展提供全方位的指导，提高当地居民参与民宿集聚区的动力。

3. 推动民宿主体集聚，专项提档升级

一方面，“对内挖潜”。全面梳理现有民宿，对规模小、效益低的民宿，引导整合资源、联合开发运营，或者嫁接外部优质资源提档升级。通过乡村主体的培育、组织功能更新拓展、三生空间的重塑等路径驱动乡村在地化发展，培育乡村可持续发展动力。在乡村民宿产业的发展带动下，构建城乡双轮动力系统相互作用和双向赋能的动力机制，以民宿为要素产业融合点和动力载体，在城乡动力系统推拉力持续作用中推动城乡要素的双向流动。另一方面，“对外招引”。委托第三方专业机构对民宿集聚区资源进行普查包装，建立招商项目资源库。通过举办招商会、网络宣传招徕等形式，精准签约高端专业公司，由其具体负责项目建设运营。通过民宿主人文化接洽地方情怀，依托吸收外来文化和承载地域文化实现城乡文化交流，促进传承和创新。

（二）文化振兴：创新“两创”探索

民宿作为传播乡土文化的重要物质载体，其集聚式发展对于文化的保护与传承具有极为关键且深远的意义。文化和旅游部等十部门2023年联合印发了《关于促进乡村民宿高质量发展的指导意见》，确定生态优先、文化为根、以人为本、融合发展、规范有序5项基本原则，为我国乡村民宿创新发展指明了方向。文化不仅是民宿设计的核心要素，更是运营过程中的关键元素，是能够有效提升游客体验的内涵所在。乡村民宿所代表的乡村文化，源自传统文化、地域文化和农耕文化，主题丰富且独具特色，渗透在主人文化、饮食文化和民俗文化等细微之处。民宿集聚区若要实现高质量发展，就必须深度挖掘乡村所蕴含的优秀传统文化，在民宿集聚区的探索与示范过程中将优势文化特色发挥出来，才能够推动以文化来安定农业、以文化来振兴产业的发展进程。

1. 坚持以文为魂，深挖文化底蕴

坚持从优秀传统文化中汲取智慧和力量，注重文化的挖掘和运用，用文化铸魂助力民宿集聚区发展，让民宿成为传播地域文化的窗口。深入挖掘地方文化、民俗传说、历史事件、名人故事、手工艺品等内容，创新呈现地域文化，焕发和美乡村新活力。充分发挥“人文沃土可以深度耕作”的比较优势，将乡村民宿集聚区发展与原乡人、新乡人、归乡人的故事与精神深度捆绑，包括以原乡人为代表的传统农耕文化主题、以新乡人带来的多元融合文化主题以及以归乡人承载的念旧怀乡文化主题等，根据不同人群的故事，打造风格迥异的民宿主题，凸显民宿集聚区内部产品之间的差异性，有效避免同质化竞争发展，吸引不同需求的游客。

2. 发挥龙头带动，协同产业串联

将乡土文化作为产业发展的灵魂，构建全产业赋能的发展思路。坚定不移地秉持“补链条、兴业态、树品牌”的思维理念，将民宿产业定位为乡村的龙头项目以及产业升级的新动能。以区域文化主题作为串联的支撑脉络，全方位地链接乡村的粮食蔬菜、林果花卉、畜牧水产、文化旅游等各个领域。具体来说，以历史底蕴浓厚的民俗文化主题为核心，民宿产业可以与当地的蔬菜种植产业相结合，推出具有民俗特色的蔬菜采摘体验活动；与林果花卉产业合作，举办以花卉为主题的民俗文化节；与畜牧水产产业联动，开发特色的农家养殖体验项目；与文化旅游产业融合，打造民俗文化旅游路线等。通过带动相关业态的综合发展，最终实现推动民宿集聚区社会经济全面提升的目标，让整个区域形成有机产业生态系统。

3. 加强村风建设，实现全域提升

全力推进民宿集聚区及其辐射地区的风貌治理工作。一方面，针对旅游辐射区的乡村，积极开展美德培育和信用建设相关工作，推动优秀传统文化融入日常生活的方方面面，精心打造文化“两创”美德健康生活示范点。比如，在乡村设立美德文化展示馆，展示当地的传统美德故事和先进人物事迹；开展信用积分兑换活动，激励村民积极践行美德行为等。另一方面，大力提升乡村民宿集聚区缓冲地带的乡村文明建设水平，加强卫生整治工作，积极推进生态建设，不断提升服务水平，形成全域和谐发展的整体风貌。具体来说，在缓冲地带增加垃圾桶的设置密度，定期进行垃圾清理；种植更多的绿色植被，改善生态环境；对当地村民进行服务意识培训，提高他们服务的质量等，从而让整个区域都呈现出一种文明、和谐、美丽的景象。

（三）数智赋能：推进“上线上链”

在建设数字中国的背景下，信息科技的不断成熟也会带来民宿文旅的兴盛，民宿集聚区的建设也应抓住时代机遇，充分发挥多种计算机及通信

软件、硬件设备的作用，享受数字经济带来的益处。在高科技新活力的支持下，利用智能化的数字手段，为游客提供更精准、更个性化的服务，有效提升消费体验。建立一系列信息化平台，实现多方互联互通、产业高效联动，从而快速推进民宿集聚区技术创新。

1. 实现数据共享，提高经营效率

建立数据平台，主要针对大数据资源进行分析整合、有效管理，建立全域旅游和综合民宿文旅数据库，为民宿集聚区提供基础数据和重要信息的有力支撑。借助物联网、移动智能设备、各类传感器等新兴技术对大数据进行采集和预处理、存储与管理等重要工作，实现对旅游资源数据、民宿资源数据和游客大数据等的深入融合，从而获取全域旅游的数字化信息以供多方使用。比如，游客可以获取景区及民宿的评分数据、民宿的实时资讯、房源房型状况等，提前做好智能出行规划；民宿商家通过旅游大数据能够更好地了解游客需求等。还能利用操作简便、信息实时、数据共享的管理系统，加强对客户的信息化管理，捕捉消费者用户的个性化定制需求，更准确地推送民宿信息、衔接服务与需求，实现入住率和盈利的提升，进而提升民宿服务水平和管理效率，提高游客的满意度，降低民宿的运营管理成本。

2. 主动自建平台，实现运营数字化

民宿集聚区可以利用云计算大数据等新兴信息技术汇集区内景区、民宿、旅行社等旅游信息，建设地区智慧民宿综合服务平台，形成微信公众号、移动终端 App 等应用平台，实现民宿主管部门、民宿经营户、旅游者三者之间的信息共享与互通交流。智慧化民宿服务综合平台功能涵盖景点门票、各类民宿价格、旅游特色餐饮、旅游活动、旅游交通等资讯，同时具有规划旅游线路、显示停车场和饭店实时空位状况、村内导航、本村特色历史文化景点讲解、公共服务设施查询、农场特色动植物知识科普、一键求助电话和投诉电话等功能，并能及时根据游客的民宿入住登记信息统计入住率高的民宿类型，评定星级民宿酒店，实现个性化旅游线路及民宿推荐，为旅游者节约时间，方便出游。

3. 建立网上民宿 IP，促进网红效应

加大民宿推广力度，利用内容营销的红利期，对民宿集聚区内产品进行全方位的传播，提升民宿集聚区的知名度和美誉度，依靠提高品牌认知度和网络传播机制，实现有高度识别度的网络品牌化、连锁化、数字化的民宿集聚区，增强与游客间的情感纽带，为民宿带来更多的客流量，提升综合效益。适当邀请网红探店，将民宿变为网红度假打卡地，通过数字化手段，更好地建立品牌形象并进行市场定位。同时，依托大数据以提炼民宿地域文化价值。智慧旅游汇聚了旅游业多方面数据，覆盖内容范围广，推送旅游信息量高，其中，旅游地域文化讯息是最主要的内容，智慧旅游大数据凝聚传递了地域文化。山东省民宿集聚区智慧营销应充分挖掘传统文化底蕴，提炼各地特色民俗节庆与风土人情的文化价值，通过民宿智慧营销平台让民宿成为地方特色文化传递的重要载体，提升民宿形象，增强市场核心竞争力。

（四）人才支撑：保障可持续发展

民宿集聚区实现健康可持续发展，关键在于专业化的经营管理和优质化的服务供给。然而，当前乡村民宿普遍存在经营管理人才匮乏、服务水平不高的突出问题，已成为制约其高质量发展的“软肋”。一方面，受制于农村人力资源总体文化素质不高的客观现实，乡村民宿经营管理专业人才十分稀缺。另一方面，由于缺乏专业指导和系统培训，乡村民宿从业人员普遍存在服务意识淡薄、服务水平不高的问题，难以为游客提供优质服务体验。因此，加强乡村民宿人才培养，提升从业人员综合服务能力，是破解乡村民宿发展瓶颈，推动其迈向专业化、品质化发展的根本出路，同时也是解决民宿发展受限、提升较慢的长效机制，对民宿集聚区从业人员进行专业指导，实现民宿发展和人才发展的“双向奔赴”。

1. 加强内生外引，完善人才储备

注重本土人才的自主培养，建立健全的人才培养和管理体系，由相关

组织或协会定期举办区域性、全国性旅游民宿经营管理人才培训班，不断提升乡村民宿从业人员的服务运营技能。构建人才评价激励机制，拓展金钥匙管家等类似的职业成长空间，激发旅游民宿从业者内生动力，不断提升和完善自我技能。同时，推进招才引智，鼓励有一定酒店、餐饮、旅游、文艺等从业经验的本地人、城市居民和返乡人员投身旅游民宿产业，积极引进民宿投资者、创业者、经营者、广告人、地产设计师等高层次外部优秀人才。通过引入外来专业运营团队，探索专业化、品牌化、规范化的旅游民宿运营管理模式，最终建立有效涵盖投资开发、规划设计、经营管理、服务运营等全产业链的人才需求的民宿精英储备库。

2. 促进人才流动，推动城乡融合

鼓励大中专毕业生和返乡创业青年投身乡村民宿创业，在政策扶持、创业指导等方面给予积极支持，最大限度激发年轻一代投身乡村民宿发展的积极性、主动性。搭建产教融合平台，建立民宿与院校的人才培养合作机制，引导学生到民宿实习见习，让民宿成为人才培养的大课堂。要促进城乡人才双向流动，以人才融合带动城乡融合。完善乡村人才激励政策，加大柔性引才力度，吸引城市规划、设计、管理等领域专业人才下乡支教助农，指导乡村民宿建设发展。鼓励城市民宿经营者与农村经营者结对帮扶，在经营理念、管理技术等方面传经送宝，帮助乡村民宿提升专业化水平。同时，建立健全柔性乡村旅游人才信息库，完善人力资源共享机制，推动城乡人才双向交流，为民宿发展集聚更多优秀人才。加快乡村人才发展体制机制创新，在人才引进、培育、使用、激励等方面积极探索，优化乡村人才发展环境，推动城乡人才融合发展。

3. 树立智媒思维，提升智能素养

智媒时代对创意型、跨界连接的枢纽型以及洞察趋势的引领型人才需求日益增长。需要树立全媒体人才观，培养具备全媒体创意、生产、传播、运营、管理等相关能力，胜任全媒体流程与平台建设、全媒体业态与生态发展要求的专门乡村人才，不断强化数字化赋能，推进乡村人才技能的更新换代。通过科学管理人才，打造一支结构合理、素质优良的人才队伍。同时，加强与旅游达人、电商主播等自媒体人才的跨界合作，充分利用新媒体平台，持续更新富有吸引力的内容，围绕热点事件和市场趋向，结合多媒体矩阵，不断创新营销方式。配合区域旅游整体形象，凝练自身特色，契合游客消费诉求，形成便于传播记忆的形象口号，构建与自身气质相契合的旅游民宿品牌，扩大乡村民宿集聚区在各大网络上的影响力。

乡村民宿对深入贯彻落实乡村振兴战略具有积极作用，是打开乡村振兴新局面的良好切入点。作为“民宿集聚区”概念首创地与实践先行区，山东省乡村民宿产业，呈现出百花齐放的发展态势，产业空间集聚趋势逐渐显现。为更好把散落各地的民宿资源串珠成链，山东省以民宿集聚区为乡村振兴的突破口，推进民宿数量和民宿经济产生规模效应，为中国民宿集聚发展率先建立一套范式和标杆。本书在全面厘清民宿集聚区基本内涵、夯实山东民宿集聚区提出的理论意义基础上，基于民宿产业发展现状，梳理景区主导型、社区主导型、景社一体化型三类山东民宿业高质量发展“集聚”实践，总结以点带面、榜样引领，因地制宜、分类推进，凝练特色、培育品牌，多方联动、多措并举的创新发展经验；结合国内外民宿产业发展环境，详细梳理多重压力叠加、康养休闲需求凸显，战略重心转移、提质升级挑战加大，产业分布不均、空间梯度差异明显，科技嵌入不深、难以解码深度体验，专业人才短缺、无法驱动持续发展等山东省民宿集聚区高质量发展的现实挑战；最终提出织链成网、构筑全域蓝图，文化振兴、创新“两创”探索，数智赋能、推进“上线上链”，人才支撑、保障可持续发展等系统全面的高质量建设民宿旅游集聚区发展建议，以期有效带动集聚区人才循环、优化村貌建设、完善产业发展，赋能乡村文化活化、创新乡村土地制度、推动乡村利益优化、助力乡村品牌构建，为全面乡村振兴注入活力、贡献智慧。

第四章

转型与创新：山东省数字乡村的产业化之路

尹　莉*

一、引言

在信息化和数字化浪潮下，数字革命正以前所未有速度改变世界。数字乡村是农业农村现代化发展的必然趋势，是完善农村信息基础设施建设、推动信息技术与农村生产生活全面深度融合的必然要求，是信息化引领农业农村现代化、推动乡村振兴的必然产物，是解决“三农”问题的全新方案，更是推进乡村振兴的必然举措，凝练中国乡村治理理论的试验田。为深入落实数字中国的重大战略，山东省作为我国的经济大省，积极响应国家号召，将数字乡村战略作为落实数字中国战略的具体实践。在信息基础设施、信息技术产业、产业数字化等方面，山东近几年已取得显著进展，为融入和服务数字中国战略奠定了基础，通过实施数字乡村战略，山东省将进一步加快信息化发展，推动互联网、大数据、人工智能等技术

* 尹莉，山东大学经济学院副教授，研究领域为产业经济理论与政策、数字经济、人工智能经济学。

与农业农村的深度融合，推动传统产业转型升级，培育新兴产业，实现新旧动能的转换，农业农村发展由增产导向转变为提质导向。在数字化、网络化、智能化的推动下，山东省将形成新的发展优势，为全国数字乡村建设提供可复制、可推广的经验。

数字乡村建设是乡村振兴的重要支撑，山东省将数字乡村战略作为乡村振兴的关键抓手，具有重要意义。通过推动农业产业数字化、网络化、智能化，为乡村产业发展提供新动力，在乡村治理层面，通过构建数字化治理体系，实现政务、村务、民生等领域的在线服务，提高乡村治理效能。而且，通过推广互联网教育、医疗、文化等公共服务，能让广大农民群众切实享受到数字化带来的便利，实现资源共享、优势互补，促进城乡一体化发展。

乡村振兴战略的总要求是“产业兴旺、生态宜居、乡风文明、治理有效、生活富裕”，其中产业兴旺排在首位，是乡村振兴的基础和关键，也是实现乡村振兴其他目标的前提和保障，没有产业的支撑，乡村振兴就会失去动力和源泉。因此，乡村产业的数字化转型与升级成为数字乡村战略的首要任务，山东省数字乡村战略就明确提出智慧农业创新发展行动，包括深化农业农村数据共享应用、建设天空地一体化网络、发展特色高效数字农业等，这些措施有助于提高农业生产效率，实现农业产业的现代化。乡村产业转型与创新的工作重点还包括鼓励发展农村电商，培育具有地域特色的知名品牌；强调农业科技创新，加快智慧农业关键技术攻关，推动农业科技成果转化；加强农业农村科技信息服务，构建完善的信息服务体系等。

为实现“乡村振兴齐鲁样板”的重任，省委网信委印发《山东省数字乡村发展行动计划（2022—2025 年）》，将数字乡村建设视为推动农业高质量发展的必然选择，作为乡村振兴的战略重点和数字中国的重要内容，数字乡村建设将为山东省农业农村现代化注入新活力。本书通过梳理山东省部分数字乡村地区的实践案例，提炼数字技术在乡村建设中的创新模式和应用路径，旨在深入分析山东省数字乡村建设的现状、成效与制约因素，提出针对性的策略建议，以期为打造“乡村振兴齐鲁样板”提供理论支撑和实践参考。

为了更全面地了解山东省数字乡村建设情况和发现建设过程中的短板，我们设计了一份调查问卷，旨在了解当前农村居民在数字乡村建设方面的认知和实际应用情况，以及对数字乡村发展的态度和期望。通过对受访者及生活地区的基本情况、数字素养、数字生活、数字基建、数字治理、数字普惠金融等多个方面的调查，我们得到了关于山东部分地区数字乡村建设的更多认识。问卷填写者主要来自山东临沂的沂南县和沂水县、济宁的曲阜和邹城、泰安的肥城以及淄博高青的农村地区，截至 2024 年 8 月 15 日共计填写了 4388 份问卷，问卷结果在本章中会呈现出来，有助于为数字乡村战略的实施提供决策参考和指导。

值得说明的是，这份调查问卷的参与者主要来自非数字乡村试点地区，这些数据揭示了山东省在数字乡村建设方面存在的一些不足，也凸显了需要迫切改善的关键领域，这些地区在数字技术的普及、服务覆盖、金融支持和应用和推广方面存在差距，尚未充分享受到数字乡村建设带来的益处。调查结果有助于提示政策制定者和利益相关者，需要对非试点地区给予更多的关注和支持，包括加大对非试点地区的数字基础设施投资，提供更多的数字技能培训和教育资源，以及开发更多适合当地需求的数字金融产品和服务。

二、山东省数字乡村产业化现状

对数字乡村建设的政策支持，至少可以追溯到 2012 年的中央一号文件《关于加快推进农业科技创新持续增强农产品供给保障能力的若干意见》，此后的政策规划将数字技术的融合与应用从农业生产的单一维度，扩展至农村社会经济的多个层面，包括但不限于农村治理现代化、生活服务数字化，以及乡村文化振兴等。2020 年以后的政策更加注重新一代信息技术与农业生产经营的深度融合，推动大数据、区块链、人工智能等技术在农业领域的应用。2021～2024 年，政策进一步细化为行动计划和重点任务，如数字基础设施升级、智慧农业创新发展、数字治理能力提升等，体现了政策的具体化和实施力度的加强。

作为对国家战略的积极响应，山东省展开了推进数字乡村建设的具体实施和深入探索，2021 年，山东省确定了第一批数字乡村试点地区，包括济南市历城区等 21 个县（市、区）和济南市槐荫区吴家堡街道等 36 个乡镇（街道）[①]，2024 年，山东省又确定了包括济南市章丘区在内的 39 个地区作为第二批数字乡村试点[②]。迄今为止，山东省共有 61 个县（市、区）和乡镇（街道）被列为数字乡村试点地区，通过“4 个国家试点（淄博高青、烟台海阳、泰安肥城、滨州惠民）+21 个省级试点县 +36 个省级试点乡镇”的“四星八方”试点工作布局，山东省一直在探索并总结不同层级、不同区域的数字乡村产业化模式。

（一）山东数字乡村产业化成效

近几年，山东省出台了一系列政策文件，如《山东省数字乡村发展战略实施意见》和《山东省数字乡村发展行动计划（2022 - 2025 年）》，其中，《山东省数字乡村发展行动计划（2022 - 2025 年）》部署了 8 个方面的重点行动，包括数字基础设施升级行动、智慧农业创新发展行动、新业态新模式培育行动等，共提出了 26 项任务措施。这些措施旨在全面提升乡村数字化治理水平，促进乡村网络文化振兴，打造智慧绿色乡村，提升公共服务效能。2023 年 10 月，省农业农村厅出台了《山东省数字农业突破行动实施方案（2023 - 2025）》[③]，聚焦农业生产数字化、农业全产业链数字化、农业数字化基础、数字农业试点示范四个方面的重点方向和工作措施。

1. 山东省数字乡村试点项目成效显著

一是数字基础设施不断完善。截至 2023 年底，山东省已累计建成开通 5G 基站 20.2 万个，到了 2024 年，这个数字增长到了 22.4 万个。5G 基站

① 关于对山东省数字乡村试点名单的公示［EB/OL］. 网信山东，2024 - 04 - 23.

② 关于第二批山东省数字乡村试点入选名单的公示［EB/OL］. 澎湃新闻，2024 - 09 - 02.

③ 省政府新闻办举行新闻发布会，介绍山东着力打造最优数字生态，推动数字经济高质量发展情况［EB/OL］. 山东省工业和信息化厅，2024 - 02 - 28.

的建设不仅覆盖了全省的16个市，还实现了乡镇及以上行政区的全覆盖，重点应用区域和高流量场景也基本实现了深度覆盖。行政村5G网络通达率达到95%以上；“千兆城市”达15个，总数居全国第2位[①]。

调查问卷的结果比上述统计数据更佳，从数字基建完成情况来看，95%以上的家庭安装了互联网，大多数人（87%以上）所在的村庄都有益农信息社，60%～80%的村民加入了村委微信群，超过一半的人口（56.53%）享有60%以上的互联网普及率，可见在国家“村村通工程”的积极推进下，得益于三大网络运营商对工信部相关政策的迅速响应，宽带服务已作为手机套餐的增值服务，免费进入千家万户。这一举措极大地提高了宽带的普及率，使得网络覆盖广泛，惠及众多家庭。

山东省已累计建成各类数据中心291个，其中大中型数据中心数量达到44个，物联网终端接入流量居全国首位。此外，还建成了省级农业农村遥感大数据中心、山东省农业云平台、智慧畜牧、渔船智能监管等数字政务服务平台。全省已累计创建智慧农业应用基地730多家，涉及物联网、云计算、卫星遥感监测、智能环境控制等数字技术手段，为数字乡村的高质量发展奠定了坚实的基础。

二是数字经济规模不断扩大。从网络销售角度看，2022年，山东省的淘宝村数量达到了866个，在全国范围内排名第三[②]。2023年，山东省的农产品网络零售额达649.3亿元，增长了27.1%，同样位居全国第三。而全国范围内，农产品的网络零售额达到了5870.3亿元，同比增长12.5%[③]，2024年1月至8月，山东省农村网络零售额实现1291.7亿元，增长13.0%，其中农产品网络零售额为441.4亿元，增长28.3%[④]。山东省在农产品网络零售方面的增速和规模在全国范围内都占有重要地位，取得了显著的进步。

三是多个试点地区建设各具特色。具体表现为：突出特色产业发展的淄博市高青县，突出四大体系带动的烟台市海阳市，突出城乡一体发展的

① 我省累计建成开通5G基站22.4万个［N/OL］. 大众日报，2024-06-16.

② 我省淘宝村、淘宝镇数量持续稳步增长［EB/OL］. 山东省商务厅，2022-11-02.

③ 山东农产品出口总额连续25年稳居全国第一位［EB/OL］. 海报新闻，2024-05-10.

④ 我省11县入选全国农村电商典型案例［EB/OL］. 山东省商务厅，2024-09-29.

泰安市肥城市，以及突出物流模式建设的滨州市惠民县，以及适用现代设施园艺（蔬菜、水果等）的农业全链数字化模式、适用阿里巴巴数字农业基地（蔬菜、水果等生鲜）的数字农业新零售模式、适用农业科技园区（珍稀特蔬菜、药用植物等）的智能植物工厂模式、适用规模化大田种植（玉米、水稻等）的透明云上农场模式和适用农村特色产业集群（汉服、木材等）的电商集群园区模式。

围绕数字乡村发展战略，全省各地制定并实施了一系列符合本地实际和发展需求的政策体系，并实践了众多数字乡村建设试点项目，涵盖了数字农业、农村电子商务、乡村数字公共服务、乡村数字化治理等多个领域，展现了诸多亮点和成功案例。例如，淄博市张店区利用5G技术和“农舍云”平台，建立了智慧大棚，推动了农业的数字化转型；枣庄市峄城区榴园镇华沃智慧农业产业园采用高科技手段，实现农业的智能化和自动化，通过工业能源循环利用，达到节能减排高效无污染，大幅提升了农业生产效率和产值；临淄区朱台镇与中国联通等企业合作，实现了5G信号全覆盖和千兆宽带全接入，通过建立数字朱台云平台，实现了多种数字应用，如“云公章”“智慧喇叭”“数字金融”服务模块，有效提升了农村人居环境；济宁市微山县的案例“信息化助力工厂化循环水养殖提质增效”被选入国家《数字乡村建设指南2.0》，通过应用现代信息技术，实现了养殖系统的在线监测和智能控制，显著提升了生产管理效率和土地产出率；曹县以“互联网+现代农业”为核心，通过构建电商平台、发展智慧农业、推动乡村治理数字化，实现农业产业升级和农村现代化，推广“淘宝村”模式，促进农民创业增收，还注重提升农村公共服务信息化水平，通过数字化手段改善教育、医疗等民生服务，实现农村经济社会全面发展，等等。

2. 山东省“乡村大脑”建设初见成效

山东省在“乡村大脑”建设领域也取得了一系列创新成果，形成了独具特色的智慧管理模式。以寿光市为例，该市蔬菜智慧管理服务平台采用了“1+2+N”的建设框架，即一个统一的平台架构，依托大数据和物联网两大基础支撑服务，进一步拓展出众多服务应用。这一架构构建了一个涵盖基础层、数据层、功能层和应用层的蔬菜智慧管理服务生态体系，有效推动了数字技术在农业农村的广泛应用。潍坊市则通过“三农”智慧大脑完成了150个应用场景的构建，其中包括寿光全国蔬菜质量标准中心的温室集群智控可视化管理等项目，展现了数字技术在农业生产中的实用价值。淄博市的农业农村智慧大脑综合服务平台则以“1121 + N”为建设理念，即建立一套标准规范体系，打造一个市、县、镇、村四级覆盖的一体化平台，构建两个中心——数据资源中心和展示指挥中心，提供一项数据决策分析与公共服务，并整合、升级及新建多项业务应用系统，实现业务应用的云端集成。济南市三涧溪社会治理现代化综合平台则如同治理的“智慧大脑”，通过大屏幕动态展示乡村党建、村务组织、产业管理等信息，实现了“党务”“村务”“财务”的一屏统揽，让治理工作清晰可见，为基层科学施政提供了有力支撑。这些成功案例不仅体现了山东省在“乡村大脑”建设中的创新探索，也为其他地区提供了可借鉴的经验。通过构建智慧管理服务平台，山东省有效提升了农业生产智能化、管理精准化水平，为乡村振兴注入了新的活力。

（二）山东省数字乡村产业化的成功案例

从众多富有成效的数字乡村建设案例中，我们打破行政区域的限制，从数字化产业链的建设和以产兴城的视角总结出了农业全链数字化模式、数字农业新零售模式、智能植物工厂模式、透明云上农场模式、电商集群园区模式作为案例，这些都是具有独特发展路径的代表性建设模式，展示了山东省在推动数字乡村建设、整合农业与信息技术方面的积极探索和创新成果（见表4－1）。

表4－1　五大数字农业典型模式比较

项目	农业全链数字化模式	数字农业新零售模式	智能植物工厂模式	透明云上农场模式	电商集群园区模式
适用对象	合作社＋农户、大中型农业企业	村委会＋合作社＋农户、大中型农业企业	科研机构、大中型农业企业	规模家庭农场	农户＋电商平台＋政府服务

续表

项目		农业全链数字化模式	数字农业新零售模式	智能植物工厂模式	透明云上农场模式	电商集群园区模式
适用区域		现代设施园艺（蔬菜、水果等）	阿里巴巴数字农业基地（蔬菜、水果等生鲜）	农业科技园区（珍稀特蔬菜、药用植物等）	规模化大田种植（玉米、水稻等）	农村特色产业集群（汉服、木制品、农产品等）
模式特征		标准化建设、产业化经营、科技创新、品牌化建设	数字化理念、标准化生产基地、精准化销售平台、可追溯性	工业化思维、智能控制、绿色有机标准	可视化监控、订单农业、体验式农业	电商驱动、政策顶层设计与公共服务、产业集群
采用的主要技术及产品		数字温控、智能雾化、水肥一体化等物联网管理技术	物联网、大数据、云计算、人工智能和区域链等数字技术进行电子农情监测、管理、传感和数据分析等，建立冷链物流仓库中心；农业无人机、机器人、农机自驾仪等	智能机器手、调控光谱、浅液水培、人工光型等技术和智能化装备	无线数据采集、无线控制、视频监控等农情监测系统、自动化控制系统、地理信息系统和遥感系统	物联网技术、“曹州云都”大数据中心、云计算平台、人工智能、区块链技术、智能农机装备、数字普惠金融、电商产业园区
数字化应用领域		生产+流通+销售	生产+流通+销售	生产+流通+销售	生产+流通+销售	生产+流通+销售
应用效益	经济效益	智能化管理的大棚劳动效率能提升超过200%；科技进步对农业增产的贡献率高达70%以上	精炼的标准化种植基地、专业的采购团队、高效的低成本冷链物流，以及遍布各地的盒马生鲜门店，各个环节紧密协作，实现了全产业链的高效运转	降低对外部环境的依赖，减少对耕地的占用与依赖，缩减运输成本与时间；通过高精度环境调控实现作物全年不间断生产	融合生态、观光与绿色循环农业，助力农户实现生产流程标准化、产品个性化、营销多样化及品牌高端化	通过数字化转型，提高生产效率和市场竞争力，如网商银行向全县涉农人口授信75.93亿，可服务人数33.3万人，累计放款金额约69.77亿元

续表

数字化应用领域		生产＋流通＋销售	生产＋流通＋销售	生产＋流通＋销售	生产＋流通＋销售	生产＋流通＋销售
应用效益	社会效益	推动八成农户融入产业化经营体系；超过八成的园区蔬菜实现品牌化标识销售	发挥示范引领作用，依托数字科技构建起完整产业链经营体系，成为数字农业的典范基地	展现现代农业科技创新与新品推广的魅力，深入发掘其在旅游观光及科普教育领域的多元价值	通过产品销售激发绿色旅游的活力，利用旅游业的蓬勃发展，推广和提升特色产品的知名度和市场销量	促进人才回流，提升乡村治理水平，如通过淘宝村建设吸引7000多人返乡
	生态效益	水肥一体化系统高效节源，节约用水达50%，减少肥料使用30%；确立绿色生产准则，全面提高农业绿色生产标准	无人机精确喷洒技术，降低农药化肥用量30%，减少喷洒用水量近90%，节约了拉管打药的人力资源，显著减轻对环境的污染	封闭式培养模式，彻底避免了农药的使用，确保了种植环境无菌无尘；就近生产与销售显著降低了物流成本和碳排放量	利用可视化技术直观展现农业生态绿色理念，显著降低肥料、农药及水资源等使用量	推动了绿色生产方式，如通过智能灌溉、测土配方等技术减少化肥和农药的使用
可供借鉴的经验		需依托专业合作社与农业龙头企业的引领作用，采纳前沿科学技术与管理理念，具备蔬菜品种研发与优良品种改良的基础条件，构建区域品牌战略体系	需依靠阿里巴巴数字农业项目的携手与政府政策的共同推动，运用数字化技术打造“盒马”标准，具备市场化操作手段，提供优质模式与平台；政府全方位策划研究，推动数字经济助力农业转型升级	需依赖大型企业在该领域进行战略性投资，初期投入及运营管理需大量启动资金支持，需由具备智能化种植管理经验的专业管理者来掌舵	需依托家庭农场引领，整合高品质农产品资源与先进农业技术应用，搭建可视化追溯系统，并着重实施互联网的多元化营销策略	需要准确把握市场动态，政府出台政策、搭建平台，打造电商产业园区，优化营商环境，积极对接阿里巴巴集团等大型电商平台，创建跨境电商产业带，形成具有竞争力的产业集群
优势		组织化、标准化、规模化程度高；科技进步贡献率高；品牌效应显著	生产决策科学化；产销有效衔接；食品信息实时查询	高产量、高品质、高效益；土地、水肥、空间利用率高	生产过程透明化；期货订单功能；农旅融合	产业链相对完善；企业创新意识强；快速响应市场需求
劣势		架构松散；缺乏深加工；物联网智能装备投入高	供应链上游整合不完善；产品价格偏高	投入成本高；技术装备水平有待加强；消费者群体受限	投资收益周期长；农产品标准化难度大；技术人才缺乏	品牌影响力不足；资源和劳动密集型产业为主；高端服务业和研发设计能力较弱

资料来源：表格改编自：刘爱荣．山东省数字农业发展模式及优化路径探析［D］．郑州：河南大学，2021：29－50.

1. 农业全链数字化模式

农业全链数字化模式利用大数据和云计算等技术，收集和分析农业生产过程中的各项数据，为种植、养殖、加工等环节提供科学依据，通过应用物联网、人工智能、区块链等技术，实现了农业生产过程的智能化和自动化。该模式促进了农业产业链的整合，从生产、加工到销售，各个环节更加紧密地联系在一起，提高了整个产业链的效率。以潍坊寿光市为代表，寿光市推动农业产业化和数字化升级，实现区域经济可持续发展的一种全产业链体系，以蔬菜产业为主导，通过高新技术和机械装备提升产业优势，完善市场流通体系，延伸农业产业链，形成产业集聚群，促进一二三产业融合。

农业全链数字化模式的经济效益显著，寿光市农民人均可支配收入较高，科技进步对农业增长的贡献率超过70%，高出全国10.8个百分点①。社会效益方面，80%的农户加入产业化经营体系，80%的园区蔬菜以品牌标识进入大城市销售②。生态效益方面，实施水肥一体化等技术，改善土壤理化性质，实现农药、化肥和农业用水的减量；还有枣庄台儿庄自2019年以来，区利用农业物联网技术，结合空间地理、云计算、物联网、大数据、移动互联网等高新技术，实现了农业生产的智能化和全程监管，建立了智慧农业系统平台和指挥中心，配备了智慧农业物联网系统，提供了物联网管理、监控、病害虫情预警等服务。

2. 数字农业新零售模式

数字农业新零售模式结合了线上平台和线下实体店，通过现代物流与数字化订单农业的深度融合，推动农产品的精细化、标准化和数字化改造。例如，淄博市与阿里巴巴集团合作打造的数字农业农村示范城市，也称"盒马市"，纽澜地与盒马合作建设的数字农业牛肉产业集群涵盖了生鲜蔬果、牛羊肉等产业的全自动化生产加工、分切分拣分装集散中心，还

---

① 寿光科技进步对农业增长贡献率达70%［EB/OL］. 新鲜寿光，2022-11-23.

② 年产蔬菜450万吨！寿光80%的农户进入产业化经营体系［EB/OL］. 齐鲁晚报·齐鲁壹点官方账号，2020-10-23.

有沂源的中以果业、博山舜丰、桓台鸿基、沂源绿果等智慧果园以及得益乳业等地理标志产品，已成为盒马重要的合作产业。

这一模式的核心在于利用数字技术改造和提升农业全链条，推动农业农村发展向数字化、信息化、智慧化方向转型升级，通过物联网、大数据等技术，该模式提升了农业生产的标准化和品质。它改变了传统农业的粗放式经营，引入了“村委会+合作社+农户+数字技术”的组织体系，并运用绿色智慧冷链物流体系和线上销售，形成全产业链的数字化服务。数字农业新零售模式特点包括产地仓的标准化生产、销地仓的精准销售对接，以及食品信息的可追溯性。在生产端，利用大数据指导科学生产决策，实现资源优化配置。在销售端，盒马通过新零售模式，利用技术优化供应链和销售链路。此外，盒马建立了全程食品监管体系，提供农产品“身份证制度”，保障食品安全。

淄博的数字农业新零售模式依托阿里巴巴的技术和市场优势，结合政府政策支持，将农村从分散、孤立的生产单元升级为现代农业数字产业链的一部分，使农民成为数字农民，用新的办法种出优质的产品，并通过新零售平台卖出好的价格。

3. 智能植物工厂模式

智能植物工厂模式，也称为智慧车间模式，是一种高度依赖设施和智能技术调控环境的农业产业化经营模式。通过自动化生产线和智能化控制系统，为作物提供最佳生长环境，实现全年连续生产，摆脱自然条件限制，提高产量和品质。该模式的特点是：高效率地生产、高品质的产品、精准的环境控制，依托大型企业的战略性投资和高度智能化管理，要求管理者具备经营管理和耕种知识。

例如，位于邹城市的山东友泓生物科技有限公司，实现了食用菌研发、生产、销售、服务的全流程数字化管理，日产金针菇可达160吨，年产值2.8亿元①；在济南市济阳区，山东安信种苗股份有限公司研发了多种智能农机装备，并开创性地融合了人工智能、数字模型、云计算、农业

① 数字农业让乡村振兴有“智”更有“质”[N/OL]. 大众日报，2024-09-30.

物联网等尖端技术，打造了全球领先的“数字种苗工厂”，持续以领先科技引领产业发展、以数字技术赋能智慧育苗。

4. 透明云上农场模式

透明云上农场模式，即看得到的农业，是一种现代化农业经营模式，它结合传统农业技术与物联网、云计算、互联网视频直播等技术，通过摄像设备实时展现农产品生长和管理状况。这种模式让消费者和生产者都能通过网络实时监控农产品生产过程，提高透明度和信任度，同时为农产品建立全程可追溯体系，保障质量安全。如聊城莘县与腾讯合作，建立了全国唯一的农业数字经济产业基地——腾讯云（莘县）农业数字经济产业基地。该基地利用区块链技术，开发了农产品全生命追溯系统，实现了农业生产全程数据的自动上传和实时监控。总投资约 5.8 亿元的临朐县沂山风景区的沂荷农牧万头奶牛项目，不仅建设了多功能牛舍（沁乳牛舍、干奶特需牛舍、青年牛舍等）、现代化自动挤奶、储奶设备、固液分离大棚、全天候饲喂配料系统、资源化粪污处理、消毒等现代化设施，而且还多元化打造科普主题乐园、互动体验区、创意雕塑区等体验式板块，将奶牛产业与旅游业融合起来，将养殖业推向更新的层次，实现价值的最大化；还有淄博禾丰种业科技股份有限公司和山东理工大学在临淄区打造了全国首个“生态无人农场”，实现了“耕、种、管、收”无人化、数字化、精准化。

该模式特点是全产业链实时监控、订单农业形式和体验式农业，具有经济、社会和生态效益，促进了农业生产标准化、产品特色化、营销多元化和品牌化，为农民增收提供了新途径。成功经验在于依托农场带动，构建双向可视追溯体系，利用互联网多元化营销模式，推动农旅融合。

5. 电商集群园区模式

电商集群园区模式依托当地特色产业，深度融合阿里巴巴、京东、拼多多等主要电商平台，为企业提供更多的销售渠道和市场机会。园区内提供从产品研发、设计、生产、包装到销售、物流、售后、人才培训等一站式服务，形成完整的电商产业链，政府为入园企业提供税收优惠、资金支持、人才培训等政策扶持，降低企业的运营成本，激发创业活力，曹县正是通过这一模式，形成了汉服产业集群、表演服产业集群、木制品产业集群和农副产品产业集群，实现了这些特色产品网络销售在全国占据领先地位。

该模式的主要特点是充分利用电商平台，将非遗文化融入电商产品，通过网络销售和直播带货等方式，使传统文化焕发新的活力，拓宽了产品的销售渠道，成功引入了亚马逊跨境电商运营中心。打造“曹献优品”等区域公共品牌，推动了农产品的品牌化、标准化，提升产品的市场竞争力，园区内还设有企业孵化器，为初创企业提供技术支持、市场分析、管理咨询等孵化服务，帮助其快速成长。

该模式的优势在于农户直接参与电商销售，激发创业热情，带动了地方经济发展，产业的发展又进一步完善了物流配送体系，实现“快递村村通”，降低物流成本，提高了物流效率，还吸引人才回流，提升了农民的生活水平，逐步通过产业融合带动城乡融合。

三、山东省数字乡村产业化的经验总结

山东省作为农业大省，在数字农业建设方面取得了显著成果，还有很多比较典型的、卓有成效的产业化样本并未在本报告中一一呈现，例如，济宁市金乡县的数字农业平台，为农民提供信息、技术、金融等服务；德州市齐河县建设数字农业示范区，推广应用物联网、大数据等数字农业技术，打造数字农业样板等。除此之外，处于数字乡村建设第一梯队的浙江省和江苏省也形成了多种具有代表性的发展模式，积累了很多成功经验，不同的模式在组织架构、经营体系、技术应用等方面为我们发展数字乡村提供了宝贵的学习样板和参考指南，这些经验总结起来有以下几点。

（一）政府主导下的顶层设计

政府主导和顶层设计是数字乡村建设成功的关键因素之一。政府需要

站在全局的高度，发挥宏观调控和政策引导的作用，为数字乡村建设提供稳定的政策环境、一定的资金支持和有效地组织协调，还需要充分发挥市场机制的作用，强化政府服务职能、监管职能，加强与农民的沟通与互动，共同推进数字乡村建设。

政府主导的顶层设计首先体现在制定明确的数字乡村发展规划，包括对数字乡村建设的总体目标、发展路径、重点任务和时间表的规划。通过规划，政府可以确保数字乡村建设与国家的战略发展目标和地方经济社会发展需求相一致，避免盲目性和无序性，通过财政补贴、税收优惠、信贷支持等方式，鼓励企业和个人投资数字乡村建设。有的政府成立专门的数字乡村建设领导小组，负责统筹协调各方力量，领导小组可以包括政府部门、企业、科研机构、农民合作社等各方代表，确保各方利益得到平衡，共同推进数字乡村建设。

问卷结果也表明政府治理在数字化方面的成效斐然，73.95%的村民肯定数字化已应用于党建活动，71.91%的村民肯定数字化已应用于政务服务。说明数字技术在乡村治理和服务领域的渗透和应用已经较为成熟或推广力度更大，大多数人已感受到数字治理的便利性，数字化技术在提高政务效率方面的优势得到了普遍认可。

政府还主导建立数字乡村服务平台和数据共享机制，打破数据壁垒，为农民提供信息、技术、金融等服务，并制定相关法律法规，规范数字乡村建设中的市场行为，保护农民利益。

（二）产业转型升级促进城乡融合发展

产业发展和转型升级是数字乡村建设的核心任务之一。通过产业链延伸、产业融合发展、品牌建设、科技创新等措施，提升农业产业的附加值和竞争力，促进城乡融合发展和公共服务均等化。

山东省的几种典型模式都体现了全产业链融合的理念，将数字技术与农业生产、加工、销售、服务等各个环节深度融合，推动城乡要素自由流动，实现资源优化配置和效益最大化。在原有的农业产业链基础上，通过包装设计提升产品的市场吸引力；发展冷链物流，确保农产品的新鲜度和品质。有的地区还将农业与旅游、文化、健康等产业相结合，打造农业观光、休闲农业、养生农业等新业态，不仅可以提升农业产业的附加值，还创造了更多的就业机会，促进农民增收。

例如，曹县依托数字经济产业园区，促进产业集聚，通过数字化赋能产业升级、城市更新和服务配套，优化生产生活生态空间，增强产城融合的承载力。尽管市场主体多元，但协同度高、布局重点突出、内容特色鲜明，尤其是对于那些数字基础设施完善、数字经济产业集聚、城镇服务功能健全、创新创业氛围浓厚的小城镇或县城来说，通过产业升级实现城乡融合不仅能够有效推动当地经济发展，提升居民生活水平，还能够促进区域协调发展，缩小城乡差距，为构建新型城镇化和乡村振兴战略提供有力支撑。

（三）农民作为建设主体参与和共享成果

农民参与和共享成果是数字乡村建设的重要原则，也是实现农村社会公平和可持续发展的关键。农民是农业生产的主体，也是数字乡村建设的重要参与者，农民的参与可以确保数字乡村建设真正符合农民的需求，提高农民的获得感和幸福感，还可以激发农民的创业创新活力，推动农业产业的可持续发展。

在数字乡村建设卓有成效的地区，农民都没有因为数字化建设而置身事外，而是通过当地积极开展的农技培训、农机与农业信息培训提升农民的数字素养和技能水平，有的建立农民合作社，引导农民参与农业产业的发展。

调查问卷也显示农民想要积极投身于数字乡村建设的强烈愿望，例如，如图4－1所示，在选择影响数字乡村可持续发展的几项因素中，村民意识、技术人才和基础设施是最为重要的因素，占比分别为68.17%、65.52%和63.56%，资金政策和村干部的领头作用也被认为是重要因素，比例分别为61.18%和52.5%，宣传力度和其他因素的比例相对较低，分别为53.26%和16.48%。这表明在影响数字乡村可持续发展的因素中，村民已经意识到自身的数字化素养和意识提升尤为重要，他们迫切地想要主动参与到数字乡村的建设中，想要成为一个创造者，而不是仅仅作为一个接受者。

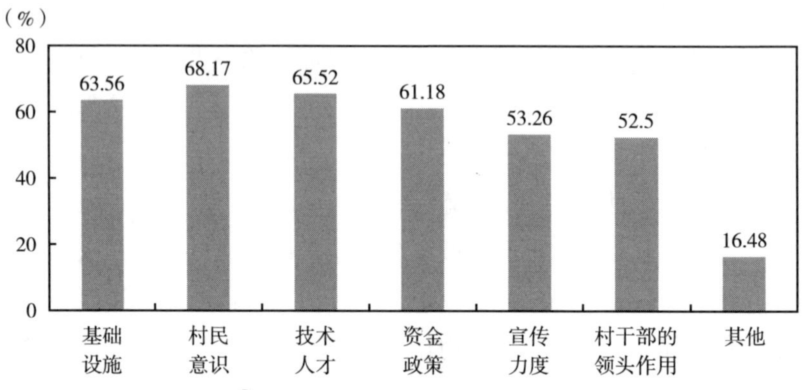

图4-1 影响数字乡村可持续发展的因素

共享成果的原则要求数字乡村建设的成果能够惠及广大农民，促进农民增收和农村社会公平。在由龙头企业或科技公司主导的地区，建立农民与企业的利益联结机制，让农民分享产业发展带来的收益，通过发展数字乡村产业、农村电商或文旅等服务业，为农民提供更多的就业机会，增加农民收入。同时，数字化的基础设施的建设和公共服务的普及使得公共服务均等化，直接提高了农民的生活质量，很多地方在信息搜集与反馈设计中，充分纳入农民的意见与想法，实现农村民主管理，鼓励农民参与到数字乡村建设的决策过程中。

（四）引进龙头企业形成产业集群

通过引进龙头企业带动数字乡村建设的模式在浙江、江苏省开展得较好，也形成了较多的可供参考与借鉴的样本，例如，在延伸产业链方面，浙江省安吉县的白茶龙头企业，通过建立白茶种植、加工、销售一体化产业链，提升了白茶的附加值；在产业融合方面，龙头企业能够推动农业与第二、第三产业融合发展，打造新的经济增长点，江苏省苏州市的吴中区，通过发展休闲农业和乡村旅游，实现了农业与旅游业的融合发展；在产业品牌建设方面，龙头企业能够打造农产品品牌，提升农产品竞争力，浙江省杭州市的西湖龙井茶，通过龙头企业带动，已成为全国知名的茶叶品牌。

龙头企业可以是农业科技企业、电商平台、农产品加工企业，也可以是农业旅游企业、农业物流企业等，它们大都是一个产业链的链主，具有强大的产业链整合能力，能够将农业生产、加工、销售、服务等各个环节紧密连接起来，带动相关产业的发展，形成产业集群效应，提升区域产业竞争力。实际上，数字乡村在多数地区仍是新兴概念，其建设遵循“先行试点、及时总结、逐步推广”的策略，通过试点探索、线性扩展和全面覆盖，旨在形成可复制、可推广的模式。关键在于精准定位本地区数字乡村建设的核心“着力点”，并通过打造关键领域的示范应用场景，逐步实现向整个建设过程、所有领域以及各个环节的深入渗透，从而不断扩大数字乡村带来的广泛利益，促进村镇发展和民众富裕。

龙头企业拥有先进的数字技术和设备，能够建设数字农业示范园区，为当地农业生产提供技术示范，推动数字技术在农业领域的应用，提升农业现代化水平。在数据资源整合、技术培训、产品营销和质量控制方面，龙头企业都拥有强大的资源整合能力和营销网络，能够为农民提供技术培训，帮助当地农产品建立质量控制体系，提升农产品质量和销售渠道。

（五）个性化发展与地域特色融合

山东省作为农业大省，乡村地区具有丰富的自然资源和产业特色，根据不同地区的资源禀赋、产业基础和发展阶段，探索并确立适宜的发展模式，很多地方采取“一地一策”的原则，深入考虑各区域、地市的独特风貌和发展定位，在此基础上，量身定制差异化的数字乡村产业整体方案和规划设计，确保策略的实施更加精准、高效。

资源禀赋的差异导致产业基础不同，如沿海地区利用海洋资源发展海产品养殖和加工，内陆山区发展特色水果和茶叶种植，黄河平原发展粮食生产和加工。在规划时也需结合各地不同的产业基础，如传统农业地区发展现代农业，畜牧业地区发展畜产品深加工，提高产业链附加值。

再者，山东省各地数字化建设发展阶段不同，如初步发展阶段、快速发展阶段、成熟发展阶段等。初步发展阶段地区基础设施尚不完善，数字技术应用较少，产业发展水平较低，如临沂和鲁西南的部分县城，这些地区正在重点推进基础设施建设，为数字乡村建设奠定基础；快速发展阶段地区已经在数字技术应用、基础设施建设和产业发展方面取得了一定的进展，如寿光、金乡、淄博，这些地区正重点推进产业发展，提升产业竞争力；成熟发展阶段地区经济较发达，数字技术乡村应用场景比较丰富，在数字乡村建设方面已经取得了显著成果，如济南、青岛，这些地区已着手重点推进品牌建设和市场拓展，向产业链上下游扩容，提升产品附加值。

在数字文化建设方面，山东省各地文化丰富多彩，具有较高的文化价值与历史价值，已有很多地区发展特色乡村文旅。如鲁西地区利用乡村文化，展示鲁西乡村的民俗风情，胶东地区展示胶东乡村的海洋文化，曲阜地区用数字化的方式展示儒家文化的现代应用场景，临沂地区则用沉浸性的方式引领游客回到红色的峥嵘岁月。在文化的存储、传播和传承方面，鲁西和胶东利用区块链技术发布5A级景区的数字藏品，建立红色文化数据库和红色旅游综合体，而儒家文化则通过数字技术融入教育和社会实践，使这些传统文化得以在现代社会中焕发新的活力。

四、山东省数字乡村产业化面临的挑战

过去十年的中央政策轨迹清晰地指明了数字农业和农村发展的宏伟蓝图和促进策略，但在实施层面，如何有效推进数字乡村产业化建设仍然是一个不断演进的探索过程。近几年，山东在数字乡村产业化实践过程中存在的瓶颈与挑战主要表现为以下六个方面。

（一）资金缺口掣肘数字农村基建与农技数字化

基础设施建设是推动数字乡村产业化发展的物质基础，需要巨额投资和面临较长的回报周期，这一现实问题在许多地区造成了基础设施建设的滞后，特别是资金短缺的问题，成为乡村数字化进程的瓶颈，而为了有效

缩小城乡之间的数字化差距，必须在数字化建设上力求实现硬件配置的均等化，确保每位村民都能享受到便捷高效的移动终端服务，不仅关乎公平，也是实现乡村全面振兴的必由之路。

尽管数字化技术为农业生产提供了前所未有的机遇，但在山东省的一些乡村地区，由于多种因素的制约，这些技术的应用程度仍然较低。首先人口密度小、土地碎片化等地域特性，使得农业机械化和智慧农业设备的推广受到限制，这些地区往往缺乏足够的资金和技术支持，难以实现农业生产的自动化和智能化，导致农业生产效率和作物产量难以得到有效提升。其次电子商务在农产品销售环节的应用也面临挑战。最后尽管乡村地区物产丰富，具有发展特色农业的巨大潜力，但由于网络基础设施建设不足，农民难以利用电商平台将优质农产品销售到更广阔的市场，这不仅限制了农产品的市场拓展，也影响了农产品品牌的建设和推广。

调查问卷的数据也支持这一结论，对于农作物的主要销售方式，选择“传统售卖”的村民占比最高，为76.25%，其次是“批发商收购”，占比为43.81%，“线下零售”占比为29.11%，“网络零售”占比最低，为12.5%。这表明新技术的采纳和应用还未能广泛渗透到农产品的销售环节，电子商务和在线市场在农产品销售中的利用率不高，部分原因是村民对网络销售平台的使用不熟悉、缺乏相关的技术支持或信任度不足，且批发商在农产品流通中仍扮演着重要角色，这与长期形成的销售习惯和稳定的销售渠道有关。

此外，乡村地区数字技术应用的不足还体现在农业信息服务的不完善，农民缺乏获取市场信息、气象信息、种植技术等的便捷渠道，这在一定程度上影响了他们的决策能力和风险应对能力。例如，问卷中涉及是否了解电商进村综合示范项目的问题，只有40.18%的人选择“是”，其余人都选择了“否”和“不清楚”，对于“互联网+”农产品进城出村项目的问题，也仅有37.33%的人表示参与了“互联网农产品出村进城项目”，其余人要么没有参与，要么不清楚。

（二）产业融合带动不足影响链条延伸

山东省作为农业大省，乡村地区在推动农业现代化和产业融合方面具有巨大潜力。然而，当前省内大部分县域、乡镇在产业融合与产业链条延伸方面存在不足，在一定程度上制约了乡村经济的全面发展和农民收入的持续增长。首先，县域乡镇产业结构相对单一，主要以生产效率和发展质量较低的农产品为主，产业结构的单一性，使得乡村地区在面对市场变化和风险时缺乏足够的应对能力和灵活性。缺乏大型龙头企业的带动，使得乡村地区的农业产业链条较短，产品附加值低，难以形成从生产、加工到销售的全产业链发展模式。其次，农产品加工业规模小且分散，上下游产业链未能形成有效闭环，这导致农产品在生产、加工、销售等环节的效率和效益不高，限制了数字技术在这些环节的扩散效应。数字技术的推广应用需要完善的产业链条作为支撑，而当前产业链的不完善，无疑增加了数字技术推广的难度和成本。最后，各产业发展基本上还处于“单兵作战”的初级阶段，缺乏有效的产业融合和协同发展，产业融合对农户增收尤其是小农户的增收引领作用不明显，农业产业与非农产业仍处于割裂状态。这种割裂状态不仅限制了农业产业的发展潜力，也影响了非农产业的发展空间。

（三）数字乡村建设主体目标分歧危及可持续性

数字乡村建设是一项系统性工程，涉及政府、企业、村民等多个主体。在山东省的实践中，不同主体在参与乡村建设时存在目标不一致的问题，这在一定程度上影响了数字乡村建设的推进和效果。首先，县政府作为乡村建设的重要推动者，其开展数字乡村建设的主要目标在于提升乡村的数字治理能力，提高乡村经济社会发展水平，通过引入数字技术，政府希望能够优化乡村治理结构，提高治理效率，更好地服务于乡村经济社会发展。然而，在实际操作过程中，数字治理有时也容易出现问题，如“指尖上的形式主义”，过于注重形式和表面工作，而忽视了实际效果和群众需求，导致数字治理的执行出现偏离。其次，科技企业作为数字乡村建设的重要参与者，其参与的主要动因是获取利润，会根据自身的投入与收益关系来决定参与的广度与深度，当投入与产出相匹配，能够获得预期的利润时，科技企业会积极参与；而一旦投入与产出不相匹配，科技企业就有可能随时退出，这给数字乡村建设的可持续性带来了挑战。最后，不同主体在数字乡村建设中的期望和诉求也存在差异。县政府更关注乡村整体的发展和长远利益，希望通过数字乡村建设推动乡村全面振兴；而科技企业更关注短期利益和市场回报，可能会优先考虑那些能够快速获得收益的项目。这种目标和诉求的差异，有时会导致数字乡村建设中的矛盾和冲突。

（四）“乡村大脑”建设受制于不完善的涉农数据共享体系

数字乡村建设的核心在于数据的收集、整合和应用。数据不仅是提升农业生产效率、优化资源配置的重要依据，也是实现精准管理和决策的基础。首先，在山东省的数字乡村建设过程中，涉农数据资源的共建共享体系尚未完善，存在一系列问题。首先制约的就是基础设施不完善，在乡村地区，尤其是偏远农村，宽带覆盖率和网络速度无法满足“乡村大脑”对于高速、稳定网络的需求，先进的硬件支持，如传感器、监控设备的匮乏，会限制数据采集和实时监控的能力，直接影响到“乡村大脑”的数据收集、处理和分析功能，进而影响整个系统的效能。

其次，“乡村大脑”旨在提供包括农业生产、乡村治理、民生服务等多方面的智能化服务，建设过程需要整合各级政府、不同部门以及社会各界的资源，但由于缺乏有效的协调机制，各类资源往往分散在不同的平台和系统中，不同地区、不同部门之间存在信息共享不畅的问题，形成了信息孤岛，数据无法在不同系统和平台间流通，影响了“乡村大脑”的数据分析和决策支持能力，导致服务功能分散，同时还由于缺乏统一的技术标准和规范，不同供应商和开发者可能会采用不同的技术路线和标准，造成技术兼容性问题，增加了系统整合的难度。

再次，现有数据资源的覆盖广度和深度不足，数据资源无法有效下延至村一级，导致基层农业信息化水平较低，农民无法充分利用数据资源指导生产和销售。此外，农业信息化从业人员对数据的生产要素特征认识不足，缺乏将数据转化为生产力的能力，不知道如何开展“数字”工作，这在一定程度上制约了数字乡村建设的深入发展。

最后，“乡村大脑”的建设和运营还需要明确的政策指导和法律支持，山东省在相关领域的政策和法规建设上还不够完善，缺乏对“乡村大脑”建设的规范性指导和法律保护。此外，“乡村大脑”的建设和维护需要长期的资金和技术支持，山东省乡村地区缺乏成熟的可持续运营模式，导致“乡村大脑”在初期建设后，难以持续运作和发展，影响“乡村大脑”的长期效益和对乡村发展的持续贡献。

（五）人才与村民数字素养短板待补

在数字化时代背景下，高素质、复合型专业技术人才成为推动农业现代化和数字乡村建设的关键因素。然而，当前山东省在这一领域的人才培养和引进方面存在明显不足，亟待提升村民的数字素养和专业技能。首先，现代新型农业产业已经成为知识密集和技术密集型产业，这要求从业人员不仅要具备农业专业知识，还要了解商业运营和信息化技术，然而，现实中能够同时满足这些要求的高素质、复合型专业技术人才非常稀缺，特别是在乡村地区，愿意服务于基层的跨界型人才更是凤毛麟角。其次，村干部作为数字乡村建设的组织者和推动者，虽然对数字乡村建设的重要性有着充分认识，但由于自身年龄或知识结构的限制，往往难以为数字乡村建设提供有效的策略和建议，这在一定程度上影响了数字乡村建设的质量和效果。最后，村民中中老年群体占比较高，受教育程度普遍较低，缺乏专业的科学技术指导和技能培训，不仅限制了他们对数字技术的学习和应用能力，也在很大程度上削弱了他们学习和应用数字技术的积极性。

调查问卷也体现了村民数字素养的问题，问卷结果表明，乡村参加数字技能类的教育培训讲座场次的人群中，大多数人选择了 3 场及以下的讲座场次，而选择 0 场的人次也较多（见图 4 - 2），说明有一部分人可能对这类讲座不感兴趣或者没有时间参加。相对而言，选择 8 场及以上的人次最少，可能是因为较长时间的课程会影响到他们的其他安排，或者村委会举办这类讲座的频次并不高，又或者是村民对这类讲座不感兴趣。

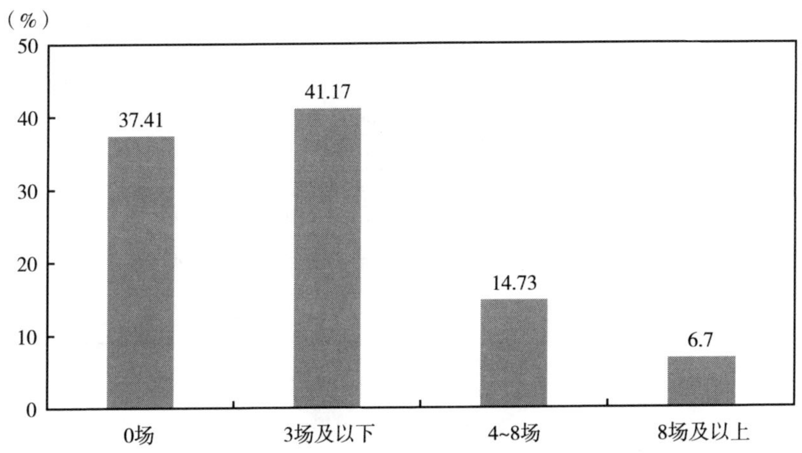

图4-2　村民参加数字技能类的培训（互联网知识、智能手机、电商等）讲座场次

（六）数字金融推广不足阻碍农户投资消费

在山东省数字乡村建设的推进过程中，普惠金融的推广与应用不足以成为制约乡村经济发展的关键因素之一。普惠金融作为支持农业和农村发展的重要力量，其推广程度直接关系到农户和农民企业主的融资难易，进而影响到农户的投资与消费积极性。普惠金融的推广不足导致许多农户和农民企业主对金融产品和金融服务认识不足，信任度不高，缺乏必要的金融知识，使得他们在面临资金需求时，往往不知道如何选择合适的金融产品，或者在申请贷款时遇到重重障碍。由于缺乏对普惠金融政策的了解，信任缺失不仅阻碍了普惠金融服务的普及，也影响了农户利用金融手段进行投资和消费的意愿。

针对数字普惠金融的问题（见图4-3），调查问卷显示的结果与我们实地走访调研的结果一致，即在样本地区，数字普惠金融并没有得到普遍推广与应用，多数农民企业家和农户不了解普惠金融对他们的帮助与意义，金融在助农方面的作用尚微，当被问到面临资金短缺时，通常用什么方式筹钱？占比最多（53.27%）的受访者通常选择向亲戚朋友借钱，其次是选择线下银行或信用社，占比为35.75%。选择网贷平台和线上银行的比例相对较低，分别为3.54%和7.43%。数据显示有90%以上的村民购买过农业保险，买得最多就是养老保险（81.59%），其次是应对自然灾害的政策性农业保险（78.76%），其次是应对大病、失能的健康险（42.3%），只有16.81%的村民购买过防止多因素引发返贫的保险，这说明村民有一定的保险意识，但对未知风险的考量有所欠缺。在走访的过程中，我们也了解到，很多养老保险其实是征地补偿的一种方式，并非村民自愿购买，表明在政府层面，已经在开始逐步落实普惠型保险制度。

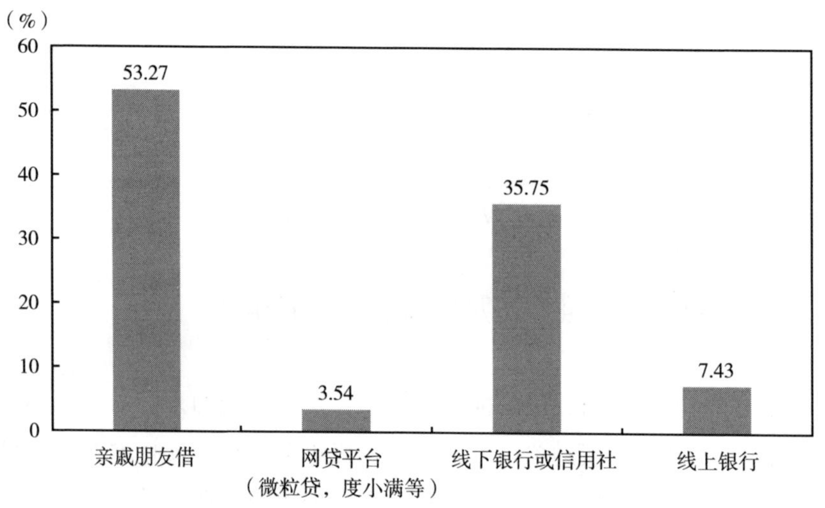

图4-3　面临资金短缺时，通常用什么方式筹钱?

此外，数字普惠金融应用的不足还表现在服务渠道的不畅通，尽管一些金融机构已经推出了针对农户的金融产品，但由于服务网络覆盖不广、服务方式单一等问题，农户往往难以享受到便捷高效的金融服务。特别是在一些偏远地区，金融服务的可达性问题尤为突出，农户在融资过程中面临更多的困难和挑战。

根据北京大学数字金融研究中心发布的2011～2021年数字普惠金融指数数据，自2011年该指数开始编制以来，山东省在31个省区市中的排名始终位于前半部分。历年数据显示，山东省的数字普惠金融指数及其排名逐年上升，且始终超过全国省区市的平均水平，这充分展示了山东省在数字普惠金融领域的快速发展，然而增长速度逐年趋于平缓。具体来看，山东省19.5%的增长率与全国平均水平29.1%相比，尚存在一定差距。

从表4－2能够清晰地看到山东省各地市在过去十年间数字普惠金融所取得的进步。济南和青岛等地区在数字普惠金融领域的发展尤为迅猛，成为引领省内金融创新的标杆。与此同时，莱芜、菏泽、德州等地区虽然发展步伐较慢，但它们的数字普惠金融水平仍然与当地的产业发展水平、人口密度、基础设施等呈现出正相关性。从增长速度的角度来看，尽管大多数城市的数字普惠金融指数都在增长，但增长速度有所不同。有些城市的增长率较快，如潍坊市、日照市等；而有些城市的增长率较慢，如临沂市、滨州市等。总体来看，2014～2020年，各地区的数字普惠金融增长速度呈现出波动性下降的态势，特别是菏泽、枣庄、泰安、德州、聊城等地的指数较低，说明这些地区数字乡村产业化项目的启动和运营不充分，农户和小微企业难以通过现代化和便捷的渠道获取资金，需要加强普惠金融的建设。

表4－2　山东省各地市数字普惠金融指数统计表（2011～2021年）

地市	2011年	2012年	2013年	2014年	2015年	2016年	2017年	2018年	2019年	2020年	2021年
济南市	70.47	111.00	157.66	169.16	202.29	222.98	248.64	263.36	277.14	291.94	319.40
青岛市	73.48	115.62	158.59	173.09	202.27	221.47	247.38	261.31	275.72	288.23	319.20
淄博市	59.58	109.80	145.42	160.10	190.40	205.55	231.23	246.09	259.52	269.98	302.91
枣庄市	47.75	92.22	130.33	134.68	165.98	192.15	223.22	236.96	251.20	264.45	298.01
东营市	61.31	109.67	149.20	175.31	192.11	217.56	240.98	251.08	265.71	275.98	308.39
烟台市	65.48	105.68	140.55	160.12	188.98	209.51	236.02	247.52	261.11	273.77	302.55
潍坊市	55.52	96.74	135.50	149.58	180.64	202.08	227.90	239.90	253.75	266.85	297.77
济宁市	44.57	86.50	125.93	137.71	167.55	191.69	218.61	232.19	247.76	262.28	294.66
泰安市	45.66	84.81	125.01	138.01	166.40	190.90	218.00	232.08	245.16	258.14	290.52
威海市	64.65	105.08	145.96	160.97	188.93	207.56	239.12	250.87	268.19	280.00	309.68
日照市	49.22	90.09	132.92	147.73	181.06	206.71	233.11	242.56	255.87	268.32	300.86
莱芜市	48.25	83.40	123.66	133.35	162.29	187.72	217.85	227.10	238.79	203.98	—
临沂市	48.51	87.26	126.86	136.99	171.41	195.41	221.92	236.14	249.34	263.02	295.40
德州市	37.77	77.08	118.57	128.50	155.68	182.76	208.20	219.29	232.47	244.49	274.18
聊城市	43.78	82.61	120.27	130.93	159.09	191.28	212.28	219.91	233.87	248.57	282.68
滨州市	50.95	92.26	129.31	140.30	169.17	194.61	219.22	230.86	244.25	257.36	290.65
菏泽市	32.36	71.63	116.55	123.67	152.92	179.21	204.47	215.23	228.36	242.59	272.25

资料来源：北京大学数字金融研究中心。

五、山东省数字乡村产业化提档升级的路径

在全面推进数字乡村建设的进程中，山东省应遵循“省级指引、市级支撑、县级建设”的工作思路，构建以农户/农场/小微企业为核心，政府和网络运营商为农户赋能，终端销售、解决方案提供商、农技服务商、金融机构、职业院校等多方辅助的全面发展思路（见图4－4）。

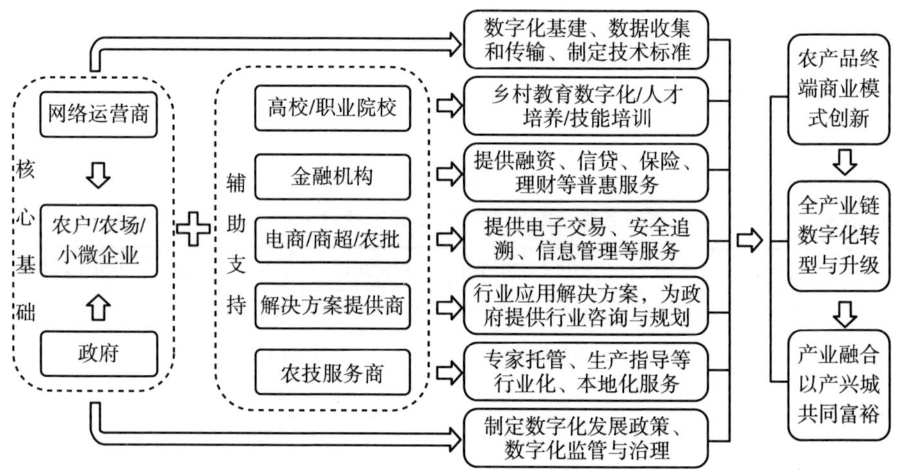

图4－4 山东省数字乡村产业化发展思路

（一）山东省数字乡村产业化的总体思路

为此，迫切需要激励创新，开发符合农业、农村、农民（即“三农”）需求的信息终端、技术产品和移动互联网应用。由于农产品不是稀缺品，具备大宗属性，这个特点使农产品产业的大数据多元化应用成为现实，例如农业信贷服务、农作物产量与质量预测、农产品质量安全追溯、病虫害预测与控制以及农业政策制定与评估等，因此，数字技术可以服务于乡村产业的生产、经营、流通、消费等全产业链。

在核心基础层面，政府与网络运营商需明确将农户、农场及小微企业

定位为关键服务对象。政府应推动线上政务透明化，打造开放的网络建言平台，广泛汲取农民群众的智慧与建议，以促进民主参与。同时，政府应积极运用大数据技术，全面搜集农民及农村信息，构建起详尽的农业农村基础信息数据库，深度挖掘数据价值，以支持政府的科学决策和精确的助农措施。此外，政府应激励网络运营商加速乡村信息基础设施的优化与升级，推动传统基础设施的数字化改造，确保所有行政村实现光纤和4G网络的全面覆盖，并积极开展5G网络的深度覆盖工作，为乡村产业向数字化、网络化、智能化转型提供坚实的载体和基础保障。网络运营商应加强与农户、农场及小微企业的协作，提供必要的技术支持与服务，助力他们更有效地利用互联网进行生产经营。运营商还可以派遣技术团队深入农村，开展信息化培训，提升农民对互联网的理解与应用能力。反过来，农户、农场和小微企业也能为网络运营商提供丰富的农产品资源和市场信息，实现双方互利共赢的局面。

在这个生态系统中，服务商、职业院校和金融机构作为辅助支撑力量，应形成多向支持闭环。政府作为公共服务的提供者和监管者，网络运营商作为数字化基础设施的建设者和大数据的集成者，这二者需持续发挥引领作用，并协助支持层的各方充分发挥其职能，共同推动数字乡村产业的发展。例如，为发挥金融机构的作用，政府可以出台相关政策，降低农村金融市场的准入门槛，吸引更多的金融机构进入乡村产业。同时，加强对农村信用体系的建设和完善，提高农村居民的信用意识，为金融机构提供良好的信用环境，金融机构应推出适合乡村地区的网络信贷、保险、金融理财等服务，对农业风险进行合理地评估、管理甚至共担，帮助农民和小微企业解决小额融资和风险问题。

加强与电商/商超/批发商的合作。电商/商超/批发商连接了生产与消费，是改变与重构农业商业模式的重要一环，因为产后环节更接近市场和消费者，更易受到技术革新和消费者需求变化的影响，其创新与转型不仅可以提升产品附加值，还可以更好地满足和发现市场需求，实现差异化竞争。政府可以给予电商平台一定的税收优惠和政策扶持，鼓励其在农村地区设立分支机构或配送中心，加强电商平台对农村物流基础设施的投资并进行信息化改造。同时，政府应与各大电商/商超/批发商合作，利用他们积累的大量数据，合理规划以市场需求为导向的产业发展，构建起互联互通的农产品质量安全追溯体系。电商平台可以组织开展农村电商培训，提高农民的电商运营能力和管理水平，在此基础上，引进优秀的电商企业和人才到农村地区创业就业，为农村电商发展注入新的活力。

重视解决方案提供商的角色。乡村产业的市场需求正吸引越来越多解决方案提供商的关注，解决方案提供商通常参与过比较成熟的产业项目，拥有丰富的系统集成经验，能提供比较完整的行业应用及市场推广解决方案，实现全产业链监测预警、全产业链数据库、全产业链大数据分析预测系统的整合。政府通过举办研讨会、论坛、实地调研等形式，促进高校、科研机构与企业之间的交流与合作，让解决方案提供商在充分了解本地农村市场的特点和需求之后，共同研发适用于农村市场的数字化解决方案，加速科技成果转化和产业级应用落地。

充分发挥农技服务商的作用，加强农技服务队伍建设。鼓励社会力量参与到农技服务中来，形成多元化的服务体系。除了传统的第一产业中的种植养殖技术服务外，还需拓展第二产业中的农产品加工、储藏、保鲜及第三产业的资质认证、品牌打造与市场推广等方面的技术服务。短期内，政府虽然可以通过购买服务的方式，向社会服务机构购买优质的农技服务，但农技服务是一个长期、持续的过程，为了减少对外部技术专家的过度依赖，政府需联合职业院校加大对本地农技人员的培训和考核力度，开展农业数字化研究，加强产学研合作。而企业则反哺职业院校，提供技术应用反馈和资金投入以支持研发。同时，高校与职业院校亦积极向政府贡献研究成果，培育多元化专业人才。这些人才流、数据流、资金流、科技流汇总到一起，联合解决方案提供商为政府提供行业应用解决方案与产业咨询和规划。

多方主体参与数字化共治与监管。政府通过农村社会经济活动中的产生的各类数据进行整合，实现对农村各项事务的实时监测和预警，使决策更加科学、合理。物联网、人工智能、云计算等的广泛采用，使得村民、企业、社会组织等多方参与乡村治理，形成共治格局，不仅有利于提高村民的数字素养和商业意识，还为进一步培育掌握现代科技的新农人和农村企业家奠定基础，在科技赋能下，政府依托当地独具特色的乡村产业，制定一系列政策措施，包括财政补贴、税收优惠、土地流转等政策，培育新的增长极，为农村产业转型与业态创新创造有利条件。

在核心基础层和辅助支持层的共同作用下，商业模式的创新往往首先在农产品的流通与销售环节萌发，这恰恰构成了山东省乡村产业数字化的起点与基石。通过电商平台，农户可以直接对接消费者，提高农产品的销售效率和利润空间。同时，电商平台可以为农民提供更多的市场信息和销售渠道，帮助他们更好地了解市场需求，调整生产结构，实现精准营销，同时还可促进农村物流体系建设，提高农产品的流通速度和质量安全保障。

随着更多数字化技术的应用，农业生产者从种植到收获的全过程都可进行精细化管理，进而实现全产业链数字化转型与升级。例如，利用物联网技术对农田进行实时监测，可以及时掌握土壤湿度、温度等环境因素的变化情况；利用无人机进行病虫害防治，可以提高喷洒农药的效果和覆盖率；利用大数据分析预测市场需求，可以帮助农民合理安排生产和销售计划。此外，数字化技术还可以帮助农产品加工企业优化生产工艺流程，提高产品附加值和市场占有率。

在这一进程中，农业与第一、第二、第三产业的深度融合与共生，催生了新的经济增长点和发展模式。通过整合乡村旅游、文化创意、健康养生等多元化产业，构建了一个多功能、综合性的现代农业产业体系。农村合作社、家庭农场等新型经营实体与行业领军企业、电子商务平台等展开合作，塑造了多样化的产业融合模式。随着产业的发展，城镇的交通、通信、教育、医疗等基础设施得到持续加强，提升了城镇的承载能力，产业与城镇之间通过功能互补和融合发展，教育、医疗、文化等公共服务资源逐步趋向均等，城乡之间的差距日益缩小，县域内的就业机会增多，为最终实现共同富裕奠定了坚实基础。

（二）山东省数字乡村产业化提档升级的重点

具体来说，山东数字乡村产业化提档升级的重点应该集中于以下几个方面。

1. 多元化投融资助力乡村数字化建设

山东省在推进数字乡村建设的过程中，必须着眼于构建多元化的投融资渠道，以确保乡村数字化基础设施的完善和持续升级。这不仅涉及提升网络覆盖的广度和深度，也包括提高数字化服务的质量和效率。因此，需要结合乡村地区的实际情况，对现有的基础设施和农业设施进行系统的数字化升级，包括但不限于提升网络覆盖的广度与深度，改善宽带接入的质量，以及对农业机械、灌溉系统等进行智能化改造。通过这些措施，可以确保乡村地区的数字化服务不仅覆盖广泛，而且高效实用，满足数字乡村发展的需求。利用政府和社会资本合作模式，引入专业团队进行项目设计、建设和运营，提高项目效率和服务质量，同时分散投资风险。同时，政府和社会各界应共同努力，探索多元化的投融资渠道，以解决基础设施建设的资金问题。如通过政策引导和激励措施，比如税收减免、财政补贴、信贷优惠等，激发企业和其他社会力量的投资热情，共同分担基础设施建设的成本。也可以通过设立专项基金或利用现有财政资金，支持乡村地区的网络建设、智能农业设施、电子商务平台等关键领域的开发和完善。

2. 携手龙头企业拓展产业链

在当前数字乡村建设的浪潮中，市场导向和产业链拓展已成为推动农业现代化的关键因素，为了适应这一趋势，必须在深入理解市场需求的基础上，积极寻求与下游大型龙头企业的合作，借助大企业的资源、技术和市场优势，推动乡村经济的多元化发展和产业升级。

大型企业通常拥有成熟的销售网络和品牌影响力，能够为乡村地区的农产品提供更广阔的市场空间，提高产品的知名度和竞争力，而且，大型龙头企业在资金、技术和管理方面的优势，可以为乡村地区带来先进的生产方式和经营理念，在物流、仓储、信息网络等方面，大型企业可以提供必要的支持和投入，为乡村地区的数字化转型提供物质基础，通过技术转移和知识共享，乡村地区的农业生产可以快速实现现代化，提高生产效率和产品质量。

此外，依托大型企业的多元化经营，乡村地区可以实现产业结构的优化和转型，成为实现农业与二三产业深度融合的重要途径。例如，鼓励农业企业、合作社、家庭农场等新型农业经营主体之间建立紧密的农业产业化联合体，形成产业链上下游的协同发展；通过发展农产品深加工、农产品品牌、文化创意等产业，形成多业并举的发展格局，增强乡村经济的抗风险能力和可持续发展能力。

同时，政府和乡村地区应积极构建合作平台和机制，为大型企业参与数字乡村建设提供政策支持和服务保障。通过制定优惠政策、提供项目资金、优化行政审批等措施，降低企业的参与成本和风险，激发企业的参与热情。

3. 探索县域经济下产城融合新模式

利用山东省完备的产业体系和数字化基建的优势，以地方特色产业为依托，推动产城融合，不断拓展要素资源配置边界，建设完备的科研投入体系、物流体系，引导科技导向的创新型产业链建设，充分挖掘县域地区资源潜力，通过数字化赋能产业升级、城市更新和服务配套，优化生产生活生态空间，增强产城融合的承载力，通过产城融合的建设模式，加快转化农业新质生产力。

产城融合是中国特色的新型城镇化战略，旨在通过产业驱动城市发展，促进人才集聚和城市活力，实现产业、城市、人的良性互动，不仅推动了产城一体化，也创造了就业机会和提高了劳动者收入。山东省作为我国东部沿海的经济大省，拥有雄厚的产业基础和日趋完善的数字化基础设施，深入探索产城融合的新路径，对于推动区域经济协调发展、实现乡村振兴具有重要意义，如曹县的淘宝村、淘宝镇等数字经济新模式已成为推动农村就业、人才和产业振兴的重要力量。

推动产城融合，需要不断拓展要素资源配置的边界，利用智慧城市建设，依托数字经济产业园区，建立完备的科研投入体系，鼓励企业和高校、科研机构加强合作，共同开展技术研发和创新。同时，建设高效的物流体系，降低物流成本，提高物流效率，积极培育创意农业，如农产品的创意研发、农业动漫游戏、新农村和园区规划，农业废弃物艺术化利用、农村品牌塑造和形象设计及会展服务和商务服务等其他产业，形成多元化的产业格局；此外，充分挖掘县域地区的资源潜力，通过数字化赋能，可以更好地发挥县域地区的资源优势，增强产城融合的承载力，健全城镇服务功能，加快转化农业新质生产力，促进产业与城市的有机融合，形成互动发展的良好局面，为区域经济发展注入新活力。

4. 协调“乡村大脑”与智慧城市建设步调一致

成立协调委员会能够汇聚政府部门、科技企业、农业合作社以及农民代表等各方智慧，共同商讨和制定数字乡村建设的总体规划与执行标准，委员会将作为沟通各方、协调资源的核心平台，确保数字乡村建设在目标、政策、资源配置上的一致性和协同性。同时，数据的集中管理和共享，是构建“乡村大脑”的关键，应整合各级政府、企业和研究机构的数据资源，包括社会属性数据、基础空间数据、农业生产数据、经济运行数据等，通过打破信息孤岛，建立统一的数据平台，更高效地收集、处理和分析涉农数据，为乡村治理和决策提供科学依据。进而通过乡村基层的村级信息点，有效将数据资源和服务能力延伸到农村的最前线，提升农民获取和应用数据的能力，鼓励他们能够直接参与数字乡村建设。

加快省级数字“乡村大脑”建设，实现全省农业数据共享和业务协同，确保“乡村大脑”与智慧城市建设协调一致，要在技术标准、数据格式、服务平台等方面实现城乡一体化，有助于提高数字乡村建设的整体效率，促进城乡之间资源的互补和共享，推动形成工农互促、城乡互补的新型城乡关系。并且，建立长效的监测评估机制对于确保数字乡村建设目标的实现同样重要，通过定期监测和评估，可以及时发现数字乡村建设过程中的问题和不足，及时进行必要的调整和优化，确保建设项目能够按照既定目标稳步推进。

5. 培养人才与数字素养双提升

数字乡村建设的核心之一是人才的引进与培养，特别是在乡村产业数字化转型与升级中，最需要的人才包括农村电商人才、农业经理人、农业农村科技人才、数字化公共服务人才等，因此必须充分利用驻地高校、技工院校和高新技术企业的资源和优势，构建多元化的人才培养和引进体系。驻地高校和技工院校应成为人才培养的摇篮，通过与社区和企业合作，开设相关课程和专业，培养一批懂技术、会管理、善经营的农业数字化人才，鼓励高校教师和学生深入乡村，开展实践活动，将理论知识与实际应用相结合；高新技术企业也应发挥其在技术研发和市场运作方面的优势，通过建立实习基地、开展技术培训、提供就业机会等方式，帮助乡村培养和留住人才。

政府应出台一系列激励政策，建立长效的人才引进和培养机制，通过建立人才库、搭建人才交流平台、完善人才评价和激励机制等措施，吸引高层次、复合型人才投身农业农村发展，包括提供创业资金支持、税收优惠、住房补贴等，同时对市县干部队伍、信息采集员、“益农信息社”社长、农业合作社和企业相关人员通过定期举办培训班、讲座、研讨会等活动，传授数字技术知识，提高数字治理能力和信息化管理水平。同时，农村用户对互联网的应用大多局限在网购、泛娱乐等层次，而在教育、医疗、办公、商业等专业场景方面的应用程度仍相对较低，需要加大力度对农村网民群体进行引导和教育，进一步强化互联网的应用价值，让手机能够真正成为“新农具”，农民成为“数字新农人”，此外，“乡村网红”培育计划、农村电商培训项目等应逐渐落地，让村民看到数字技术的实际效益，充分激发农民的主体性，使他们成为数字乡村建设的积极参与者。

第五章

扩权赋能：乡村振兴齐鲁样板中的土地制度改革

陈 阳 石 峰 李 齐*

一、引言

“三农”问题的根本是农民问题，农民问题的核心是土地问题。土地是农村最重要的生产资料与资产，与农民的生活密切相关；土地制度在农村制度体系中居于中枢地位，对土地资源的利用与配置具有深远的影响①。历史上重要的乡村变革无不与农村土地制度改革紧密相关。改革开放以来，农村土地制度改革持续推进，在促进城乡融合发展与乡村振兴等方面发挥了重要作用。但是也应该认识到，农村土地制度，如宅基地制度、集体经营性建设用地入市制度等仍在一定层面制约了乡村的发展。因此，

---

* 陈阳，山东大学国家治理研究院博士后，研究方向为土地资源管理、国家治理与自然资源资产监管；石峰，山东大学国家治理研究院博士研究生，研究方向为乡村治理与数字政府；李齐，山东大学国家治理研究院教授，研究方向为乡村振兴与数字治理。

① 刘守英．中国土地制度改革：上半程及下半程［J］．国际经济评论，2017（5）：29－56，4；严金明，郭栋林，夏方舟．中国共产党百年土地制度变迁的“历史逻辑、理论逻辑和实践逻辑”［J］．管理世界，2021，37（7）：19－31，33.

习近平总书记强调，新形势下深化农村改革，主线仍然是处理好农民和土地的关系[①]。

山东省始终把土地制度建设贯穿于乡村全面振兴之中，以完善产权制度和要素市场化配置为重点，破除体制机制弊端，突破利益固化藩篱，充分激发农业农村发展新活力。例如，在建设用地层面，山东省在全国率先印发了《关于印发保障和规范农村一二三产业融合发展用地实施细则的通知》，提出 17 项政策措施，革新了农村建设用地腾退利用等政策措施。山东省济南市济阳区、平度市、沂源县等 17 个省级试点，积极开展农村宅基地所有权、资格权、使用权“三权分置”改革，完成了改革任务。在农地制度层面，山东省出台了《山东省实施〈中华人民共和国农村土地承包法〉办法》，全面落实“三权分置”政策，并组织平度市、无棣县开展农村第二轮土地承包到期后再延长 30 年试点，探索土地延包的具体路径和办法。一系列土地制度改革充分激发农业农村发展新活力，不仅为乡村五大振兴提供了要素保障，也为齐鲁样板的打造提供了必要的资本与空间上的支撑。

为进一步推动乡村振兴齐鲁样板提档升级，课题组对乡村振兴齐鲁样板典型示范区展开调研，以系统总结土地制度改革推动山东乡村振兴的实践经验，深入剖析乡村振兴齐鲁样板提档升级面临的挑战，并在此基础上提出优化路径与有关政策建议。

二、土地制度与乡村发展

本章首先对中国农村土地制度的变迁作结构化的梳理，以作为透视乡村振兴齐鲁样板中农村土地制度改革实践的参照系；在此基础上，笔者进一步分析土地制度助推乡村振兴的四个核心机制，以作为剖析乡村振兴齐鲁样板中农村土地制度改革的基本框架。

---

① 中共中央党史和文献研究院．习近平新时代中国特色社会主义思想学习论丛（第 5 辑）[M]．北京：中央文献出版社，2020：8.

（一）农村土地制度变迁的历史逻辑

土地制度是一个国家的基础性制度，其变革深刻影响了乡村的发展。土地制度体系包含土地所有制度、土地使用制度、土地规划制度、土地保护制度、土地征用制度等。其中，土地产权制度处于核心地位。下面笔者以农村土地产权制度为主线，勾勒新中国成立以来农村土地制度的变迁脉络，并总结其内在的逻辑。

新中国成立以来，农村土地制度的历次变革无不对农村的发展产生了深远的影响。1950 年《中华人民共和国土地改革法》[①] 废除了封建土地所有制，实现了耕者有其田，激发了农民的生产积极性，促进了农村生产力的发展。由于农地的自由买卖导致土地的兼并集中，以及高度分散的农民很难为重工业发展战略提供足够的生产剩余，我国于 1953 ~ 1956 年推动了农业合作化运动，引导农民加入农业生产合作社，逐步建立起集体土地所有制。与之相应，农村经济模式从个体小农经济转为集体经济。1958 ~ 1978 年，国家进一步强化了土地的集体所有制，实行“三级所有，队为基础”的制度。在此阶段，农地产权高度集中于集体，形成完全封闭的状态，农民的生产积极性受到一定影响。与此同时，农民也被束缚在土地之上，其生产活动约束在集体组织之内而难以流动，抑制了农村生产要素的优化配置。

在封闭的土地产权制度安排下，农业生产效率受到抑制，农村不仅无法解决温饱问题，也给国家财政带来沉重的负担。1978 年凤阳小岗村改革揭开了包产到户的序幕。经过多年地方实践与试点，1983 年《农村经济政策的若干问题》肯定了家庭承包制度。藉由农用地所有权与承包经营权分离，家庭承包经营为基础、统分结合的双层经营体制逐渐形成。1999 年，“以家庭承包经营为基础、统分结合的双层经营体制”被写入宪法。家庭联产承包责任制是农村土地制度的重大变革，极大地调动了农民的生产积极性，促进了农业生产力的解放和发展。伴随着工业化与城市化的推进，

① 本章节法律法规数据来自北大法宝数据库。

农村劳动力大规模流向城市，农地流转市场逐渐兴起，新型农业经营主体对农地经营权利的需求日趋旺盛。在此背景下，习近平总书记在党的十八大后提出了所有权、承包权与经营权“三权分置”的理论构想。2018 年，新修订的《中华人民共和国土地承包法》将“三权分置”以专门的法律予以表达，“土地经营权”正式独立出来。在“三权分置”制度架构下，农地权能进一步细分与强化，农地的开放性也进一步提高。农民不仅拥有了较为完整的使用、交易和收益等权能，同时也拥有了抵押融资与入股等权能；新型经营主体则获得了土地经营权，土地经营规模实现了适当集中，提升了农业经营的规模效益。

在建设用地层面，1950 年《中华人民共和国土地改革法》宣布没收地主的土地和农村多余的房屋，将其分配给无地少地的农民，并向农民颁发土地所有权证。20 世纪 50 年代末期，参照《楂岈山卫星人民公社试行简章（草稿）》相关规定，全国各地将农民私有地基转为集体所有，农户则凭其成员身份获得宅基地的使用权。宅基地使用权可以长期使用，但是不可以买卖或出租。1982 年，国家颁布《村镇建房用地管理条例》，其中规定宅基地属于集体所有，农民不能出租、买卖和转让。农民出租买卖房屋后，不可再申请宅基地。另外，回乡落户定居的退休职工、军人和华侨可申请宅基地。1990 年国家土地管理局颁布《关于加强农村宅基地管理工作的请示》，非农户口不再可以申请宅基地使用权。1998 年，修订后的《中华人民共和国土地管理法》提出“一户一宅”的要求，删除非农户口有偿获得宅基地使用权的规定，同时强调了宅基地使用权不得出让、转让或者出租用于非农建设。党的十八大之后，农村宅基地制度启动新的一轮改革。其后，党的十八届三中全会提出要“慎重稳妥推进农民住房财产权抵押、担保、转让，探索农民增加财产性收入渠道”。党的十九大之后，农村宅基地制度改革进一步深化。其中，2018 年颁布的《关于实施乡村振兴战略的意见》提出建立宅基地“三权分置”制度，落实宅基地集体所有权、保障宅基地农户资格权和农民房屋财产权，适度放活宅基地和农民房屋使用权，有效盘活利用闲置宅基地和闲置农房。2019 年，新修订的《中华人民共和国土地管理法》规定“国家允许进城落户的农村村民依法自愿有偿退出宅基地，鼓励农村集体经济组织及其成员盘活利用闲置宅基地和闲置住宅”。其后，国家又颁布了系列法律法规，对宅基地“三权分置”制度予以规范，并探索宅基地“三权分置”的实现形式。

改革开放之前，与宅基地类似，集体经营性建设用地[①]无偿、无期限、无流动。改革开放后，农村集体经营性建设用地制度发生了重大的变化。20 世纪 90 年代后期，伴随着乡镇企业的倒闭与中小企业急迫的建设用地需求，城乡接合部与沿海发达地区的农村集体自发进行了集体建设用地使用权的流转[②]。1998 年修订的《中华人民共和国土地管理法》对此予以回应，规定“乡镇企业因破产、兼并等情形土地使用权可以依法流转”。1999 年，国家土地管理局批准和指导安徽芜湖探索集体经营性建设用地入市工作。2000 年，原国土资源部颁布《关于建立土地有形市场促进土地使用权规范交易的通知》，明确依法推进集体建设用地的流转。2008 年，党的十七届三中全会通过《中共中央关于推进农村改革发展若干重大问题的决定》，提出“建立城乡统一的建设用地市场”，允许农村集体建设用地使用权的流转。2013 年，党的十八届三中全会通过《中共中央关于全面深化改革若干重大问题的决定》，其中提出在合法合规的条件下允许农村集体经营性建设用地使用权流转，实行与国有土地同等入市、同权同价。其后，国家推出集体经营性建设用地入市改革试点。2019 年全国人大常委会表决通过《中华人民共和国土地管理法》修正案，破除了农村集体经营性建设用地进入市场的法律障碍，进一步明确了土地征收公共利益范围，确定了征收补偿的基本原则，改革了土地征收程序，强化了农村宅基地权益保障，实现了农村土地制度改革的多项重大突破。2022 年，自然资源部启动新的一轮深化农村集体经营性建设用地入市试点工作，涵盖了全国 31 个省（自治区、直辖市，港澳台除外）近 400 个县。

整体来看，改革开放之后的中国农村土地制度沿着市场取向、明晰产权、稳定地权的趋势演变，市场在土地要素配置中发挥越来越重要的作

---

① 2008 年党的十七届三中全会正式提出农村集体经营性建设用地概念，自此将农村集体经营性建设用地从农村建设用地大盘子中剥离出来。

② 马翠萍，刘文霞．农村集体经营性建设用地形成及入市制度变迁［J］．重庆社会科学，2023（12）：34－48.

用；城乡土地关系也从二元分割逐渐向统筹、协调、融合的方向发生转变。一方面，农村土地制度改革提高了农民的生产积极性，不仅促进了粮食增产与农业发展，也解开了土地对农民的束缚，助推了农民的自由流动与兼业化发展，带动了农村产业结构的变迁以及城镇化的发展。另一方面，农村土地制度仍维持了集体所有制的基础基本框架，为农民提供了基本的安全保障，使其能够维持自身和家庭的基本生活需求，有效避免了严重的权利与收益分化，保证了农村的基本的稳定。

（二）土地制度改革助推乡村振兴的机制

改革开放以来，农村土地制度改革解放了农村生产力，推动了乡村的发展。申言之，农村土地制度改革主要从要素、资本、规划、组织四个机制推动乡村振兴，突破了乡村振兴“地如何配置”“钱从哪里来”“地从哪里出”“组织如何强”等瓶颈，极大地释放了农村生产力。首先，农村土地制度改革可以释放要素活力，优化土地要素的市场化配置，提升农村生产效率。例如，农用地制度改革可以解决农村土地细碎化、农地产权不明确等问题，激活农村要素市场，促进农业适度规模经营。土地要素的流动也解开了土地对农民的束缚，助推了农民与资本等要素的自由流动。其次，农村土地制度改革可以通过扩权赋能释放土地的资产与资本价值。例如，农村土地制度改革可以促进农地流转与建设用地的交易，唤醒农村的“沉睡资产”，实现土地的价值显化。其不仅为农民与村集体提供了财产性收益，也为新型经营主体提供了筹集资金的金融抵押物。宅基地的退出可以为农村人口市民化提供“第一桶金”；集体经营性建设用地入市则可以为集体提供发展资金。再次，农村土地规划制度改革可以重塑城乡生产生活生态空间，优化要素配置，实现区域发展战略目标。其中，国土空间规划是国家空间发展的指南、是各类开发保护建设活动的基本依据，可推动生产要素在空间上的优化配置，变革城乡空间结构，打破城乡空间界限，促进城乡居民平等化。最后，农村土地制度改革亦可以重塑乡村振兴组织。例如，土地承包经营权与土地所有权分离形塑了农村双层经营体制；实化集体所有权、土地股份制改造等措施，可以完善农村集体经济组织运行机制，增强其在村庄治理中的作用；农村土地制度改革可以通过盘活农村土地资产，培育新型农业经营主体，促进农业规模化、特色化发展。

三、扩权赋能：齐鲁样板建设中的土地制度创新

在中国农村土地制度体系框架与改革脉络之下，山东省积极推进农村土地制度改革，推动乡村全面振兴，并取得了巨大成就，具有一定可复制、可推广的价值。在扩权赋能的主旋律之上，其通过五个层面的土地制度改革创新，打通要素、资本、规划与组织四个渠道，助推乡村振兴齐鲁样板的打造。

（一）完善农地制度助推齐鲁粮仓建设

维护国家粮食安全，毫不放松抓好粮食生产是山东省作为农业大省的重要责任。山东是农业大省，素有“全国农业看山东”之说。2023 年，山东省以占全国 6% 的耕地和 1% 的淡水资源[①]，贡献了 8% 的粮食产量、9% 的肉类产量、12% 的水果产量、13% 的蔬菜产量、14% 的水产品产量和 19% 的花生产量，农产品出口总额占全国的 24%，农业农村现代化建设取得了显著成就。以 2023 年数据来看，全省粮食总产达到 1131 亿斤，增加 22.3 亿斤，增量居全国主产省第一。山东省全力践行大食物观，挖掘设施农业、畜牧业、海洋渔业、盐碱地生产潜力，构建多元化食物供给体系，为保障国家粮食安全贡献了山东力量。全省蔬菜产量 9272.4 万吨、同比增长 2.5%，位于全国第一；肉蛋奶 1685.6 万吨、同比增长 6.1%，位于全国第一；水果 3208.2 万吨、同比增长 3.6%，位于全国第二；水产品 913.9 万吨、同比增长 3.7%，位于全国第二[②]。

① 2023 年中国自然资源公报［EB/OL］. 中国政府网，2024 - 09 - 22.

② 本部分数据，包括农业产量、高标准农田、土地承包经营权流转面积均由山东省农业农村厅提供。

齐鲁粮仓建设取得这一成绩离不开高效的农村土地制度支撑。首先，山东省严守耕地红线，强化用途管制，加强永久基本农田质量建设，建立健全耕地保护补偿和激励机制，构建数量、质量、生态“三位一体”的耕地保护体系。其一，山东省建立了严格的耕地保护制度。山东省自然资源厅和财政厅联合印发了《山东省耕地保护激励办法》，通过资金奖励和新增建设用地指标等方式，激励各地积极保护耕地。山东省严格贯彻落实耕地占补平衡制度，坚持“以补定占”，将县域内稳定利用耕地净增加量作为下年度非农建设允许占用耕地规模上限；健全补充耕地质量验收制度，完善后续管护、再评价机制；有效防止“非粮化”，做好撂荒耕地的调查、核实和利用。其二，山东省积极探索高标准农田建设管理制度，山东省已经建成高标准农田 7643.7 万亩，粮食单产达到 449.5 公斤/亩、比上年增加 8.1 公斤，是全国平均水平的 1.2 倍。山东许多县根据自己的资源禀赋创新管理建设高标准农田。例如，金乡县加快了数字农田建设，打造了数字农业管理平台和农情预警平台，并健全完善了高标准农田建后管护机制；利津县盐窝镇高标准农田建设项目实现了“田成方”“路成网”“旱能浇”“涝能排”，为全程机械化作业奠定了基础，保证了农民种粮的稳产增收；临清市通过高标准农田建设项目改善农业生产条件，形成了“旱能灌、涝能排、田成方、渠相连、路相通”的新格局，增强了自然灾害抵御能力。

其次，山东省大力推动农地“三权分置”制度改革，优化土地要素配置，提升农地生产能力。山东是全国最早试点土地承包经营权确权登记颁证的省份，也是最早进行“三权分置”改革的省份。当前山东省农村集体土地承包经营权确权登记颁证任务基本完成，全省农村土地承包经营权流转面积达到家庭承包耕地面积的 34%，土地经营规模化率达到 40% 以上。近年来，随着城市化与工业化的推进，外出务工、经商与创业的村民越来越多，造成农村的空心化与老龄化，进而造成部分耕地的弃耕撂荒。另外，粮食产量不高，经济效益低下，导致村民的种粮积极性较低。为破解“70 后不想种地、80 后不愿种地、90 后不谈种地”的突出问题，山东部分地区创新农地“三权分置”实现形式。其中，山东省汶上县在全国第一个探索了农业土地托管制度，全国第一部土地托管的标准便是总结山东省尤其是汶上县土地托管经验基础上起草的。在此基础上，潍坊、临沂、枣庄等地土地托管的经验已经在全国范围内推广并取得了良好的经济效益和社会效益。像平邑县柏林镇柏林村以“确权确股不确地”模式赋能乡村农业发展，鼓励老百姓以土地使用权作为股份加入支部合作社，每年给予村民每亩800元承包费的基础上，根据合作社年度收益再给予一定的分红。土地交由合作社统一种植、统一管理、统一经营，实现了“集中流转、集体托管、共同致富”的新型农村生产经营机制。合作社年度收益达70余万元，村集体增收40万余元，社员人均纯收入达2万~5万元。其中，年度盈余的50%按村民土地所占股份进行分红，30%作为合作社发展资金，15%用于村集体发展，5%用于公益事业，使村民能够“离乡不丢地，不种有收益”，解放1000余名劳动力从事务工或经商创业①。

最后，山东省秉持大农业观、大食物观调整土地利用管理制度，加快农业结构战略性调整，推进农林牧渔循环发展，提升土地利用效率与土地经济产出。一方面，根据土地资源禀赋，山东省坚持强化多元利用，坚持宜耕则耕、宜草则草、宜渔则渔、宜林则林，深层次挖掘盐碱地增产潜力。鲁西平原粮食畜牧产业带、黄河流域生态农业产业带、沿海地区海洋渔业产业带等优势特色产业带在齐鲁大地上逐渐成形。目前，全省涉及盐碱地区域池塘养殖面积约200万亩，水产养殖产量180万吨，渔业产值超470亿元，罗布麻、中国柽柳等强耐盐碱植物种植面积发展到20万亩②。另一方面，部分示范区基于本地的资源禀赋，通过土地“精致管理”提升乡村农业发展。例如，曲阜市创新推出“一块田”制度。其立足各村实际，统筹考虑交通区位、地块大小、产业基础、传统习惯等因素，在符合耕地保护、产业政策的前提下，选择适宜的农业产业门类。适宜大田种植的发展“粮食种植一块田”，适宜果蔬、花卉等经济作物种植的发展“经济作物一块田”，适宜发展设施农业的建设“设施农业一块田”，适宜发展畜牧养殖、水产养殖的发展“养殖小区一块田”，对边角地、废闲地整合发展中草药等“特色种植一块田”，适宜发展农文旅融合项目建设“农业

① 许金川．“股田制”改革为沂蒙老区乡村振兴注入活力［J］．中国税务，2023（2）：41－42.

② 开发盐碱地等耕地后备资源 山东近5年新增耕地24.36万亩［N］．大众日报，2024－06－28.

观光一块田”。

（二）改革建设用地制度支撑发展空间

长期以来，建设用地不足一直是农村发展的重要滞碍。山东省以统筹城乡发展为导向，以强村富民为目标，以保障农民权益为根本，改革优化“增减挂钩”、宅基地“三权分置”和集体经营性建设用地入市等制度，释放农村建设用地潜力，优化城乡建设用地布局，为推动乡村振兴提供要素支撑。

首先，山东省积极改革优化“增减挂钩”制度保证农村发展空间。2021 年 5 月，山东省在全国率先印发了《保障和规范农村一二三产业融合发展用地实施细则》，提出 17 项政策措施，革新了农村建设用地腾退利用等政策措施。其中提出按照自愿、有偿的原则，将节余指标通过城乡建设用地增减挂钩政策进行村内挂钩、村村挂钩、村镇挂钩，在镇域内有偿调剂并集中利用，统筹用于镇域内农村产业融合发展用地。2021 年 12 月 27 日颁布的《山东省“十四五”推进农业农村现代化规划的通知》规定，山东省将盘活乡村建设用地形成存量指标的 10% 以上，以及处置相应批而未供和闲置土地产生的“增存挂钩”新增指标的 5% 以上，优先保障乡村重点产业和项目用地。以沂水县改革实践为例，其在国土空间规划安排不少于 10% 的建设用地指标，重点保障乡村产业发展用地。镇域则通过增减挂钩和存量用地挖潜等方式节余的用地指标，优先保障镇域建设用地需要。另外，在耕地总量不减少、永久基本农田布局基本稳定的前提下，沂水县通过工矿废弃地整治工作，完善挂钩结余指标调剂机制。

其次，山东省按照国家统一部署，积极推进宅基地制度改革，挖掘农村发展空间。2018 年 6 月，山东省印发《关于开展农村宅基地“三权分置”试点促进乡村振兴的实施意见》，提出探索宅基地“三权分置”，超标闲置宅基地有偿使用，显化宅基地资产价值，倒逼农户退出超占宅基地，提升农户节约土地意识，盘活农村闲置建设用地，从而促进乡村振兴。在国家与省级层面制度安排下，各区县展开了积极的探索。沂水县在符合国土空间规划确定的用地类型、控制性高度、乡村风貌、基础设施和用途管制要求、确保安全的前提下，鼓励对依法登记的宅基地等农村建设用地进行复合利用，发展乡村民宿、农产品初加工、电子商务、民俗体验、文化创意等农村产业。其积极探索推广“闲置宅基地+”盘活利用路径，做好与乡村振兴项目、“百千工程”、增减挂钩项目的结合文章，通过旧村改造提升，推动闲置宅基地有偿退出，实现存量建设用地再布局、再利用，提高用地效能，建设美丽宜居乡村。兰陵县苍山街道通过宅基地制度改革实现了翻天覆地的变化。在县委对空闲宅基地综合治理奖补政策的基础上，街道财政对空闲宅基地每亩再给予奖补1000元，同时，将贫困户危房改造建新拆旧纳入空闲宅基地综合治理奖补范围，有效解决了贫困户建新拆旧难的问题，在空闲宅基地整理后，引导贫困户种植金银花、花椒树、果树等经济作物，进一步增加贫困户收入。其中，南码头村成立了空闲宅基地利用合作社，流转空闲宅基地17户共11.8亩，大力开发民宿产业，全力打造民宿旅游专业村，村民不仅可以获得固定收入，年底还可以获得分红[①]。

最后，山东省积极挖掘集体经营性建设用地入市潜力。在省级层面，自然资源厅统筹国有和集体经营性建设用地，建成了全省统一的土地市场交易服务平台——山东省土地市场网，促进土地要素流通，支撑乡村振兴发展空间。从地方探索经验来看，作为全国农村集体经营性建设用地入市试点县，金乡县要求完成集体土地所有权和使用权确权登记的工业、仓储、商服、旅游用地，并优先支持推进乡村振兴和农村一二三产业融合发展。废弃的集体公益性建设用地等存量建设用地，经规划调整后确定为经营性用途的也可入市交易。兰陵县苍山街道通过积极盘活集体经营性建设用地，引进新项目，致力于实现群众致富、村集体增收、企业盈利。其中，夏庄村通过盘活重建闲置厂房，引进游泳圈厂扶贫车间一个、汽车托盘加工和物流公司一家，可带动200余人就业；孤山屯村盘活废弃服装厂，引进临沂滕吉商贸有限公司，发展电商物流平台，用工量能达到200余人，还能带动附近区域物流业发展，村级实现收入460万元；压油沟村盘活居民区闲置土地7亩，全力打造压油沟村集文化广场、扶贫车间、周转房、

① 智慧文旅苍山街道——盘活山村资源，激活发展引擎 精准扶贫与乡村振兴融合共促临沂[EB/OL]. 兰陵县农业农村局，2021-01-05.

红白理事会、爱心超市于一体扶贫综合体项目，引进服装加工项目，带动周边群众和贫困户参与就业[①]。

（三）激活土地资产创造乡村振兴资本

土地不仅是生产要素，也是重要的资产。农村土地制度改革可以促进农地流转与建设用地的交易，唤醒农村的“沉睡资产”，实现土地的价值显化。山东省深化农村承包地“三权分置”改革、盘活闲置宅基地、推动集体经营性建设用地入市，激活了沉睡的土地资产，不仅提高了农村与村集体的财产性收入，也有助于突破乡村振兴“钱从哪里来”的瓶颈。

首先，山东省积极探索农地两权抵押贷款制度，缓解农户的融资压力，推动农业农村现代化进程。农地两权抵押贷款是指以农地的承包权和经营权作为抵押物，向金融机构申请贷款的一种融资方式。山东省的土地承包经营权抵押贷款业务主要有三种模式：一是“土地承包经营权+地上附着物”抵押贷款模式；二是“土地承包经营权+种养物”抵押贷款模式；三是“土地承包经营权+地上附着物”抵押贷款模式[②]。作为农村承包地经营权抵押贷款全国试点之一，山东省武城县通过积极探索，有效盘活了农村土地资源，促进了新型农业经营主体和金融资本进农业、进农村，为实施乡村振兴战略提供了重要的要素支撑[③]。成武县制定了《武城县农村土地流转经营权登记管理办法》《武城县农村承包土地经营权抵押贷款办法》《武城县农村承包土地经营权抵押贷款风险防范“项目池”实施办法》等一系列文件，建立起覆盖农村土地承包经营权确权登记颁证、评估流转、抵押登记、风险防控等各个环节的政策体系。针对农村土地实际资产价值认定难的问题，成武县创新建立了土地经营权价值评估机制，依托县农村综合产权交易中心开展简易免费评估，为农户和新型农业经营

---

① 智慧文旅苍山街道——盘活山村资源，激活发展引擎 精准扶贫与乡村振兴融合共促临沂[EB/OL]. 兰陵县农业农村局，2021-01-05.

② 刘世明，徐光增，刘国峰，等. 农村土地承包经营权抵押贷款：信贷供给与机制构建[J]. 金融监管研究，2016（1）：74-89.

③ 赵淑莉. 变“权”为利点“土”成金——山东武城县农村承包土地经营权抵押贷款的探索[J]. 农村经营管理，2020（3）：42-43.

主体出具《土地经营权价值评估认定书》，使土地经营权价值不仅“看得见”，还能“摸得着”，银行依据评估价值进行放款。目前，已办理评估912笔，涉及土地面积26878亩，评估价值2.14亿元。其创新探索土地经营权抵押贷款“项目池”承接机制，从全县新型农业经营主体中选择经营状况好、信誉度高的优质主体，通过优先给予涉农项目扶持和金融扶持等优惠政策，建立起风险防范“项目池”。当借款主体无法正常经营偿还贷款时，抵押的土地经营权可由“项目池”中的其他主体承接经营，并由承接主体续缴农户土地租金，以地上附属物部分偿还银行贷款。该做法有效解决了抵押的土地经营权变现难、处置难问题，保障了农银双方权益。目前，入池优质主体达到100家，让抵押贷款有了“高速路”。针对不同融资主体的贷款需求，武城县组织各试点银行发挥自身优势，加强金融创新，开发了“双保惠农贷”“小额土地产权贷”“农保通”等多款信贷产品，形成了直接抵押贷款、反担保贷款、“农地”抵押+其他产权担保、他人土地经营权担保、省农担担保五种“农地抵押贷款”新模式①。这五种模式融合了家庭承包土地、流转土地两类经营权抵押贷款，既满足了新型农业经营主体的融资需求，又破解了传统农户贷款难、额度低、风险高的难题。

其次，山东省积极挖掘宅基地资产潜力，为乡村振兴注入活力。以曲阜市为例，曲阜市积极盘活农村闲置宅基地1175宗、330余亩，利用废弃坑塘发展旱藕和水产养殖1460亩，村均集体经济增收2.8万元，带动群众人均增收2800余元②。其中，曲阜市夫子洞村村集体成立乡村资产运营专业合作社，在尊重群众意愿的前提下，统一收储一批长期空闲宅基地，整合荒山荒滩等闲置资源，引入国有企业和社会资本因地制宜开发研学教

---

① 直接抵押贷款，即以土地经营权为抵押，在县农村综合产权交易中心办理经营权价值评估、抵押登记等手续后，直接在试点银行办理抵押贷款。反担保贷款，即借款人与为其提供担保的保证人签订反担保合同，将土地经营权抵押给保证人，试点银行依据保证人提供的担保进行放贷。“农地”抵押+其他产权担保，即借款人土地经营权价值不足时，另外追加保证人或其他产权担保的贷款方式。他人土地经营权担保，即借款人以他人承包土地经营权为自己提供担保，获得银行贷款。省农担担保，即借款人将土地经营权抵押给山东省农业融资担保公司和山东省农业融资担保公司，由他们为借款人提供担保进行贷款。

② 本部分所引用的曲阜宅基地数据均由曲阜农业农村局提供。

育、精品民宿、户外露营等产业。村集体通过资源入股、使用权转让等形式，获得项目保底收益并经营收益分红。曲阜市鲁源新村2019年引入曲阜三孔旅游公司以集体入股方式共同开发“里仁美宿”项目，利用农户自家房屋发展民宿经济，截至2023年底，全村各类民宿达180余家，直接带动村民本地就业400余人，平均每户民宿年增加村民收入5万元以上，成为远近闻名的“民宿村”。同时，该村还立足“中华文化体验、诗书礼乐传家、美德健康生活”三大特色，打造了“流淌的经典”儒学美德示范街区，汇集尼山书房、礼乐雅集、手造集市等六大主题空间，成为尼山旅游热门打卡点，今年以来，月接待游客达1.8万余人。2023年全村旅游产业总收入达3600余万元，村集体经济收入超120万元。真正实现产业欣欣向荣、乡村美美与共、生活蒸蒸日上、治理井井有条。济宁龙湾湖片区东仲都村通过入股、合作、租赁等方式，对村内45套闲置宅院和周边240余亩低效闲置土地进行盘活利用，通过实施景区化改造，完善基础配套设施，吸引了清华大学工作站、山东省精品旅游工作站、等闲谷艺术粮仓工作室等纷纷入驻，打造了“阅湖尚儒研学基地”“龙湾湖文创街区”“圣源阅湖山庄”“阅湖知野营地”等文化旅游项目，逐步形成了“吃住行游购娱”全要素产业链，实现了强村富民。

最后，山东省积极推进农村集体经营性建设用地入市试点工作，探索入市路径、收益分配和监管机制等课题，确保试点工作有序有力推进。部分县（市、区）在2019年新修订的《中华人民共和国土地管理法》实施后积极探索并取得了一定成效。其中，禹城市成功入选全国农村集体经营性建设用地入市“用地主体引导有效类”典型案例。禹城市紧紧抓住作为全国33个之一、山东省唯一的农村土地制度改革试点县市的重大机遇，大胆试、勇敢改，探索形成了农村土地制度改革的“禹城经验”，推动乡村振兴战略深入实施。禹城市坚持“以点带面、稳步推进、全面推开”，探索了就地入市、复垦调整入市、集中整治入市等多种办法，盘活了禹城市沉睡的土地资产。禹城市拓宽渠道，对符合规划、用途管制、依法取得的农村集体经营性建设用地，实施就地入市；用好用活政策，优化土地利用布局，探索实施调整入市；将原农村居民点和闲置产业用地高标准整治，开展集中整治入市。改革赋予完善农村集体经营性建设用地使用权出租、抵押、作价入股、转让等权能，推动集体建设用地与国有建设用地同等权利。截至 2023 年 9 月，禹城市成功实现了 239 宗、2533. 85 亩、总价款 2. 25 亿元的集体经营性建设用地入市，为乡村振兴筹集了资金活水[①]。

（四）结合空间规划优化城乡要素配置

作为国家对土地资源、水资源、生态资源等进行统筹安排和布局的战略性规划，国土空间规划为乡村振兴战略的实施提供了重要的基础支撑。国土空间规划为乡村振兴提供了明确的目标和战略指导，并在一定程度上决定了经济发展方式及资源配置效率。山东省通过科学有序的空间安排与政策支持，推动城乡融合发展与乡村全面振兴。

山东省通过国土空间规划落实国家重大战略部署，包括国家农产品主产区格局、国家粮食安全产业带、“三区四带”生态安全屏障、“两横三纵”城镇化战略格局等，以优化农业、生态和城镇空间布局，推动城乡融合发展与乡村振兴。《山东省乡村振兴战略规划（2018—2022 年）》中政策设计的首章便是以空间规划为主题，通过统筹国土空间开发格局，优化乡村生产生活生态空间，分类有序推进乡村发展，构建城乡协调联动的融合发展格局。作为全国“三区三线”[②] 划定的五个试点之一，山东省落实了最严格的耕地保护、节约集约用地、水资源管理和生态环境保护制度，统筹划定耕地和永久基本农田，同时注重存量空间盘活利用，合理布局增量空间，以资源和空间利用方式转变倒逼经济社会发展绿色低碳转型。其中，山东省坚持耕地应保尽保、永久基本农田应划尽划，将全省 98. 72% 的现状耕地纳入耕地保有量，将耕地保有量和永久基本农田保护目标任务带位置逐级分解下达到市、县，并上图入库。耕地和永久基本农田经依法划定后，任何单位和个人不得擅自占用或改变用途。村庄规划是国土空间规划在乡村的具体落脚点，沂水县以县域为单位分类编制村庄规划，单独

---

① 张振楠. 大地上书写的乡村振兴看德州禹城农村集体经营性建设用地如何入市［EB/OL］. 大众网，2023 - 09 - 27.

② “三区”指的是农业空间、生态空间和城镇空间，而“三线”则是指耕地和永久基本农田保护红线、城镇开发边界以及生态保护红线。

编制，或以乡镇或若干村庄、片区为单元编制，不需要编制的在县乡级国土空间规划中明确通则式管理规定，完成“多规合一”实用性村庄规划编制 10 个。沂水县探索规划“留白”机制，在镇域国土空间规划和村庄规划中预留不超过 5% 的建设用地机动指标，用于村民居住、农村公共公益设施、零星分散的乡村文旅设施及农村新产业新业态等。对一时难以明确具体用途的建设用地，可暂不明确规划用地性质。建设项目规划审批时落地机动指标、明确规划用地性质，项目批准后更新数据库。机动指标使用不得占用永久基本农田和生态保护红线。曲阜市则坚持不策划不规划，不规划不建设，先规划后建设，准确把握片区功能定位，做好片区规划、村庄规划与国土空间规划协调衔接，立足片区发展现状、区位条件、资源禀赋等，编制《曲阜市乡村振兴示范片区建设三年行动实施方案》和《乡镇、街道示范片区建设实施规划》，明确建设主体、管理主体、投入运营主体，统筹推进乡村五个振兴，以高质量规划引领高质量发展。

根据本省资源禀赋与发展阶段，山东省在国土空间规划的基础上探索了片区规划，坚持抓村连片发展，强化以片区示范的路径推动乡村振兴齐鲁样板。片区规划以群众需求为导向，以村和片区为基本单元，因村因地制宜，推动村庄连片规划，连片建设，全要素推进乡村“五个振兴”。截至目前，全省启动建设省级片区 224 个，带动市县建设片区 1300 余个①。片区规划重塑了乡村振兴行为组织，通过构建“片区党委 + 合作社联盟 + 农户”的运营模式，实现了党建引领下的区域协同发展。具体来说，就是按照“地理位置相邻，资源禀赋相似，产业结构相近”的原则，开展村党组织“跨村联建”，统筹上级政策、资金，以及片区内土地、资金、技术、人力等资源，支持片区特色优势产业发展，带动各村同步发展。通过“组团发展”的新模式，利用强村独资、村企合作等方式全方位整合资金资源，以强带弱、以企赋能，实现村庄、村民、企业抱团发展，让村村能入股、能受益。其中，泰安岱岳区道朗镇的九女峰项目、日照的“林水会战”、临沂的田园综合体、青岛的连片建设美丽乡村等，都是这方面的成功探索。在发展产业化联合体方面。各地积极引导龙头企业联合上下游经

① 片区与本部分农业产业化示范联合体数据由山东省农业农村工业厅提供。

营主体、科研院所等，组建农业产业化联合体，打造产业发展联合舰队。全省已创建农业产业化示范联合体816家，总结推广覆盖面广、共建共享、农民受益的利益联结模式，带动85%以上的农户参与产业化经营。

（五）利用土地整治集成土地制度创新

中共中央、国务院印发《乡村振兴战略规划（2018—2022年）》，明确提出“实施农村土地综合整治重大行动”。其后，自然资源部于2019年印发《关于开展全域土地综合整治试点工作的通知》。山东省自然资源厅2020年发出《关于开展全域土地综合整治示范镇建设的通知》，要求以科学合理规划为前提，以乡镇（或部分村庄）为基本实施单元，整体推进农用地整理、建设用地整理和乡村生态保护修复，助推乡村全面振兴。土地综合整治不仅有利于统筹农用地、低效建设用地和生态保护修复，促进耕地保护和土地节约集约利用，还能解决一二三产融合发展用地问题，改善农村生态环境，助推乡村振兴。

山东省在通过土地整治推动乡村振兴齐鲁样板建设中进行了积极的探索。在省级层面，山东省出台了《山东省全域土地综合整治试点工作实施办法》和《关于推进全域土地综合整治有关工作的通知》，明确了开展全域土地综合整治的支持政策和管理要求。土地整治不仅提高了土地利用效率，还促进了乡村产业发展、人口集聚以及生态环境改善。一方面，山东省通过开展大规模的土地整理和复垦工作，增加了耕地面积，提升了耕地质量；另一方面，通过盘活存量建设用地和促进新农村建设，土地整治对乡村振兴起到了重要的支撑作用。2021年5月25日，省自然资源厅、省发展改革委、省农业农村厅制定的《保障和规范农村一二三产业融合发展用地实施细则》对土地整治复垦作出具体设计。依照按照自愿、有偿的原则，保障本村农民安置、基础设施、公益事业、产业发展等用地的前提下，节余指标可利用城乡建设用地增减挂钩政策进行村内挂钩、村村挂钩、村镇挂钩，在镇域内有偿并归并集中利用，统筹用于镇域内农村一二三产业融合发展用地。其中，纳入土地整治复垦的农村集体建设用地包含村民依法有偿退出的宅基地，以及废弃闲置、低效利用的乡镇企业、农村公共设施和公益事业等建设用地。土地整治复垦的农地须与农用地相接，或通过平移置换后可与农地相接。2022 年 9 月，国家发展改革委等 7 部委批复山东省盐碱地等耕地后备资源综合利用试点，试点在东营市具体实施，总规模 17.98 万亩，可新增耕地 3.48 万亩、改造提升盐碱耕地 11.59 万亩，年增产粮食 7300 万斤。目前，东营市 40 个试点片区已有 33 个开工建设，计划新增耕地 3.16 万亩、改造提升盐碱耕地 9.38 万亩，分别占试点总任务的 91%、81%[①]。

山东省在全域土地综合整治中展开了积极的探索。2021 年初，自然资源部确定了全域土地综合整治试点名单，山东省有 20 个试点乡镇入选国家试点。三年以来，试点区积累了丰富的建设经验，以德州市尚堂镇为例，尚堂镇将全域土地综合整治与国土空间规划、城乡建设规划、生态环境保护规划等充分衔接，完成“两规一案”编制（《尚堂镇全域土地综合整治规划》《尚堂镇村庄规划》《尚堂镇全域土地综合整治实施方案》），切实完善顶层设计，实现全域规划推进的土地综合整治格局。尚堂镇坚持规划统领，全面分解落实土地整治目标任务，全域推进农用地整理、建设用地整理、生态修复和产业导入项目，有机整合高标准农田建设、人居环境整治、耕地保护等各项工作，促进空间科学合理布局。其通过实施全域土地综合整治，统筹用地规划，激活产业振兴动能，改善了农村生产、生活条件和生态环境，促进农业规模经营、人口集中居住、产业聚集发展，推动了城乡融合发展与乡村振兴。首先，全域土地综合整治为乡村产业振兴打开空间，尚堂镇按照“土地整治+产业导入”模式，将全域土地综合整治和中心镇建设相结合，规划建设 1700 亩商贸区、2750 亩工业区、3700 亩居住区，形成“北商、中工、南集聚”发展格局。其次，全域土地综合整治改善了尚堂镇乡村环境，按照“一心、多段、四景”设计理念，尚堂镇新增绿化带 31.6 公里、提升 21.3 公里，建成 3.3 公里的北侯干渠（青坡干渠）生态修复及水系景观提升工程。最后，全域土地综合整治推动了农业的规模化经营，挖掘了耕地生产潜力。尚堂镇整治区域总面积 2186 公

① 山东省人民政府新闻办公室．山东推进盐碱地综合利用，到 2035 年实现新增耕地 24 万亩[EB/OL]．山东省发展和改革委员会，2024－07－07.

顷，涉及59个行政村。通过实施全域土地综合整治项目，田、水、路、林、村综合整治，尚堂镇新增耕地830亩，腾空建设用地2900亩，改造、提升、生态修复水系86.2公里①。镇域内形成以德惠新河、双龙湖水库为主体的生态体系和以德惠新河为主体的全覆盖排灌体系。实行全域规划、整体设计，用综合性手段进行整治。

四、土地制度推动乡村全面振兴面临的挑战

在扩权赋能的逻辑主线下，山东省通过深化农村土地制度改革，有力地推动了乡村振兴齐鲁样板建设。与此同时，当前土地制度仍在一定程度上阻碍着乡村全面振兴，如农地制度与农业现代化建设不相适应，建设用地制度限制了乡村振兴发展的空间，土地制度改革实践缺乏有效执行平台。

（一）农地制度不适应农业现代化建设要求

当前中国农业深度融入世界农业体系当中，在激烈的国际市场竞争中，农业的高质量发展与农业生产效率的提升已经成为摆在当前的重要议题②。山东省是农业大省，理应在农业现代化发展中“挑大梁”，但当前农地制度仍与其定位与目标不相匹配。其一，当前山东省耕地保护制度仍面临巨大的挑战。山东省土地资源开发已经逼近极限，近五年耕地面积基本稳定维持在640万～647万公顷左右，园地面积维持在108万～112万公顷之间，且逐年小幅下降③。随着近年来国内粮价上涨趋缓、农民种粮收益下降，出现一定比例耕地撂荒现象。其二，自然环境的变化对山东省农地管理制度造成较大的挑战。沿黄地区的土地自然肥力和质量等级不高，水

① 叶中华．山东省德州市庆云县尚堂镇：全域土地综合整治 重塑美丽乡村格局［N］．中国城市报，2022-11-14（8）．

② 韩长赋．中国农村土地制度改革［J］．农业经济问题，2019（1）：4-16．

③ 资料来源于国土调查成果共享应用服务平台。

资源供需矛盾突出，正常年份来水量减少趋势明显。农业资源环境压力大、面源污染依然严重。部分地区存在土壤酸化、盐碱化等农田质量退化问题，成为影响粮食生产的重要障碍。山东省位于环境变化速率最大的季风气候区。近年来极端气候事件频发，旱涝灾害较重，也对农地的利用管理带来了巨大的挑战。其三，农地经营制度仍在一定程度上制约了农业的发展。土地经营权流转不畅影响农业生产的稳定性和可持续性。农地流转合约仍限于本乡本土，耕地流入的经营主体只是规模有所扩大的传统农户，农业要素重组仍限定在集体的范围之内。这也就造成农业生产经营主体规模普遍较小，组织化程度不高，影响了产业的整体竞争力。其四，农地利用制度与居民消费转型升级不相匹配。在农业生产结构层面，随着居民消费层次的升级，对粮食的需求结构发生了变化，农产品阶段性供过于求和供给不足并存。设施农用地制度模糊不清，限制了设施农业的现代化并抑制了社会农业的生产能力。在盐碱地开发层面，盐碱地开发利用缺乏统一管理和有序规划，盐碱地改良耗时长、成本高、效果差且易反复。

（二）建设用地制度限制乡村振兴发展空间

当前农村建设用地制度仍一定程度上不利于人地关系改变，阻碍了人、地、业、村的有机联动，影响乡村系统的运行及其内部功能的调整。一方面，城乡二元土地制度导致农民从事非农建设的权利丧失。从新型城镇化方面看，随着城镇化进程的加快，城镇基础设施、居民住宅、商业设施等均需要占用大量建设土地。城乡土地分治剥夺了农民利用集体土地进行非农建设的权利，致使部分村庄的非农经济活动萎缩，产业结构单一，进而导致农民的经济机会有限和收入来源单一，造成乡村的持续凋敝。调研发现，伴随着乡村振兴的推进，大量资源的涌入带来乡村产业发展用地需求不断增加，农村建设用地制度的不适应性越发凸显。另外，建设用地产权的封闭性，也一定程度上阻碍了土地要素的市场化配置与城乡双向自由流动，不利于农民财产权利的实现①。

① 叶兴庆．在畅通国内大循环中推进城乡双向开放［J］．中国农村经济，2020（11）：2－12.

另一方面，宅基地制度改革滞后引起村庄陷入持续衰败。宅基地在农村建设用地中占绝大部分比重，盘活利用闲置宅基地是乡村振兴的必然要求。在宅基地制度的强成员权、弱财产权制度设计倾向下，农民仅有宅基地使用权而缺乏完整的财产权利，农民更倾向于保有而不是放弃宅基地使用权。由此，乡村出现人走地不动、建新不拆旧等乱象，土地资源不能得到适度集聚和合理利用，乡村呈现出耕地撂荒、房屋空置、公共设施落后等衰败景象。当前农村拥有大规模的宅基地，却多数处于闲置的状态，农民的宅基地财产权利无法得到有效实现。空心村不整治，新农村难振兴①。尽管空心村现象严重，但由于政府管理缺位，部分农村宅基地规模仍有无序扩张的趋势。另外，尽管法律上并未赋予宅基地出租、转让和交易的权力，但农民宅基地进入市场的现象非常普遍。在许多乡村振兴示范村，宅基地的合同日期均超过 20 年，造成实践与现行法律制度的冲突。

（三）土地制度改革实践缺乏有效集成平台

农村土地制度改革是一个系统工程，包含农用地制度改革、集体经营性建设用地制度改革、宅基地制度改革等。由于土地制度改革的系统性和复杂性，短时间内大量的制度改革可能会给地方政府治理能力带来一定的挑战，进而影响改革的效果。课题组在临沂、济宁与烟台的调研过程中，发现基层政府对“高密度”土地制度改革“无所适从”。其具体可以表现为以下三个方面，其一，土地制度改革涉及承包权、经营权、所有权等多个层面，需要综合考虑法律、经济、社会等多方面因素。由于制度设计之间具有较强的交叉关系，地方政府在理解和执行上可能会遇到困难。其二，地方政府在执行土地制度改革政策时，常常面临资源配置不足、人员培训不到位、执行标准不统一等问题，导致改革措施难以落地，影响土地制度改革成效。其三，农民对土地制度改革的认知和接受程度不一，短时间内的大量改革可能会引起农民的困惑和抵触，影响改革的顺利进行。土地流转市场需要时间来适应新的制度环境。例如，强行推动农地流转便会

① 刘彦随. 中国新时代城乡融合与乡村振兴［J］. 地理学报，2018，73（4）：637－650.

影响土地资源的配置效率。另外，山东农村地区差异较大，土地制度改革需要考虑地方特色和实际需求。如果改革措施“一刀切”，可能会忽视地方差异，影响改革的适用性和有效性。

全域土地综合整治可以成为推动乡村振兴的操作性制度平台。国土空间规划、农地“三权分置”、集体经营性建设用地入市等制度可在全域土地综合整治平台上汇聚，地方政府、村集体、村民、市场主体等多元主体也可在全域土地综合整治的平台上实现良性互动。但是从当前山东省的实践来看，尽管部分地区在探索全域土地综合整治取得了较为突出的成效，但是当前省级层面的全域土地综合整治仍未形成明确的模式，尚无法有效承接整体性农村土地制度集成式改革创新。其一，当前农村土地整治较少从城乡融合的框架予以规划与统筹，降低了规划的科学性与可执行性。许多农村居民点的整治项目缺乏对农村人口流动的调查分析，亦未充分考虑农村的发展现状与未来发展前景。其二，长期以来，山东省村庄规划滞后于城市规划，制约了全域土地综合整治的科学有效性。另外，当前村庄规划编制多忽视乡村的地域特征，对乡村价值认识不足，未能因地制宜地结合村民实际情况。村庄规划编制技术多参照城市规划技术，脱离了村庄的真实需求。

五、进一步优化路径

制度供给滞后是实现乡村振兴战略的最大制约[①]。课题组综合考虑城乡融合发展的历史情势，吸取乡村振兴齐鲁样板示范区建设经验，从空间规划、农地制度、建设用地制度和土地综合整治制度四个维度提出进一步优化路径，助推乡村振兴齐鲁样板提档升级。

（一）以县域空间规划为蓝图优化城乡发展空间

国土空间规划是实现长远目标和发展愿景的基础，是变革城乡空间结

① 刘守英，熊雪锋．我国乡村振兴战略的实施与制度供给［J］．政治经济学评论，2018，9（4）：80－96.

构，消除城乡空间界限，促进城乡居民平等化，实现城乡融合发展与乡村全面振兴的支撑性制度。借鉴乡村振兴齐鲁样板中“片区示范”的典型经验做法，山东省可以县级行政区为基本空间载体，以村为基本规划单位，在省级国土空间规划架构下规划设计全省层面的乡村振兴片区空间规划体系，赋能城乡融合发展与乡村振兴齐鲁样板提档升级。片区空间规划体系建设可采取梯次推进的路径，实现“抓村连片，抓片连面”式城乡融合一体化发展。

第一，构建片区开发结构体系。依据系统方法论，构建片区开发结构体系，实现对城乡融合发展与乡村全面振兴的统筹协调。首先，根据片区的地理优势、资源禀赋和发展潜力，明确片区的功能定位和发展方向。其次，加强市级统筹，强化县乡联动，推动要素聚焦形成合力。探索政府引导、市场运作、多方参与的开发模式，激发市场活力和社会创造力。最后，坚持抓村连片有效路径，强化片区示范引领。因村因地制宜，推动村庄连片规划，连片建设。

第二，优化城乡要素空间配置。在国土空间规划体系下，消除城乡空间壁垒，推动城乡统一大市场建设，强化城乡要素平等配置是推动城乡融合发展的关键措施，它涉及土地、劳动力、资本、技术等要素在城乡之间的合理流动和高效配置。首先，合理规划城乡土地使用，优化土地利用结构，提高土地利用效率。其次，加大对农村地区基础设施的投入，缩小城乡基础设施差距，推动城乡公共服务均等化。再次，优化城乡就业环境和居住条件，引导人口双向有序流动，缓解城市拥挤和农村空心化问题。最后，推动科技下乡，加强农村信息化建设，提高农业生产效率和质量。

第三，深化片区城乡合作机制。以县域片区规划为抓手，推动城乡融合发展。首先，以规划破除城乡一体化市场障碍，充分发挥乡村作为消费市场和要素市场的重要作用，推进以县城为重要载体的城镇化建设，增强城乡经济联系，畅通城乡经济循环。其次，规划调整城乡关系，顺应新型工业化、信息化、城镇化、农业现代化趋势，支持农村优先发展，强化以工补农、以城带乡。再次，实现城市基本公共服务的空间均等化配置。推动公共服务向农村延伸、社会事业向农村覆盖，实现城乡基本公共服务标准统一、制度并轨。最后，加强跨部门协调与整合，构建城乡融合发展的统一和高效的政策支持体系。

第四，通过片区空间规划形塑片区组织体系，推动乡村振兴提档升级。一方面，以“党建引领”为抓手，实现片区内党组织、集体经济组织、社会组织、村民自治组织与乡村人才体系“五位一体”建设；另一方面，城乡之间的“单位组织”形成片区联合体。具体而言，需要从五个具体层面发力。一是建立片区城乡联合党组织，促进城乡经济社会一体化发展，加强城乡之间的联系和互动。二是通过集体经济组织整合片区农村资源，如土地、劳动力、资金等，为城乡资源要素的流动提供平台。三是通过片区农村专业合作经济组织解决小生产与大市场矛盾，为实现农业现代化提供有效组织形式。四是整合片区村民自治组织，构建和完善自治、法治、德治“三治结合”的现代乡村治理体系，发挥社会组织作用，实现政府治理和社会调节、居民自治良性互动。

（二）以农用地制度改革创新助推齐鲁粮仓建设

农业强国是社会主义现代化强国的根基，确保中国的粮食安全是农业强国建设的基础。建设高水平“齐鲁粮仓”是党和国家交给山东的重大任务。当前山东省建设高水平“齐鲁粮仓”面临着水资源供需矛盾突出、农田质量退化、耕地后备资源储备不足等诸多现实挑战。在既有资源禀赋条件约束下，通过农地制度改革完善挖掘农业生产潜力，全方位多途径开发食物资源，是山东省建设高水平“齐鲁粮仓”的必由之路。

一方面，完善农地“三权分置”，提升农地要素配置效率，提升农业生产潜力。一是落实集体农地所有权。保证土地集体所有权人对集体土地依法享有占有、使用、收益和处分的权利，落实集体所有权中发包、调整、监督、收回等权能，构建集体所有权权能实现机制，通过集体经济组织民主议事机制，将集体所有权的知情权、决策权、监督权落实到集体成员，确保农民集体有效行使集体土地所有权，防止少数人的私相授受、谋取私利而导致土地浪费、降低地权配置效率。二是稳定农户土地承包权。保证集体经济组织成员依法公平地获得农地承包权，以及通过转让、互换、出租（转包）、入股或其他方式流转承包地并获得收益的权利，承包土地被征收的农户依法获得相应补偿和社会保障费用等的权利。三是放活土地经营权。按照依法自愿有偿原则，引导农民以多种方式流转承包土地的经营权，赋予土地经营权人对土地经营权的处分权、土地经营权的抵押权等，实现土地经营权权能完善和严格保护，为耕作者提供稳定的农地使用和投资预期。在此基础上发展多种形式的适度规模经营，以农业经营适度规模化、服务规模化、区域种植规模化、市场化促进农业生产方式创新，实现农业规模报酬。四是淡化农地的物理属性，强化农地的产权权能。在城乡融合的背景下，农村劳动力仍会部分地向城市流动，非农收入成为农村大部分家庭的最大收入来源；伴随着老龄化的加剧，老一代的农民逐渐退出生产经营，新型农村经营主体权利诉求日益凸显。因此，可以结合农村集体产权制度改革，将集体经济组织成员的农地承包经营权折合为股份，减少农地的细碎化经营。村集体无地农户可以在农地流转、征收与补贴过程中享有相应比例的财产收益。

另一方面，通过农用地管理制度改革调整土地利用结构，提升农用地生产潜力，推动农业高质量发展。首先，需要建立“长牙齿”的耕地保护制度。打击过度“非粮化”“非农化”和“撂荒化”，严格保护粮食生产用地；积极开展撂荒地复垦，保障提升耕地播种面积；加大中低产田改造力度，建设高标准农田，健全长效管护机制。加强常态化监管，建立健全“空、天、地、网”一体化全覆盖的“非粮化”监测机制，重视对耕地流转尤其是工商资本介入的跟踪监管。其次，树立大农业观、大食物观，统筹山水林田湖草沙海一体化开发利用和保护，挖掘粮食生产潜力。发挥山东省资源禀赋优势，围绕设施农业、畜牧业、海洋渔业、盐碱地、林地等方面挖掘农业生产潜力。例如，有序推进老旧低效农业设施迭代改造，推动农业大棚改造升级；推动果园的升级发展，推动果树品种更新提升；实施畜牧业设施现代化提升行动，推进畜禽养殖规模化、集约化、生态化“三化”发展；发展多层立体养殖，推动生猪上楼，挖掘空间潜力；加强对森林资源的开发和利用，充分利用林下环境阴凉潮湿的特点，发展食用菌种植、中药材种植等产业；充分利用部分光热条件较好、地势相对平坦的山区灌木林地，开展规模化特色种植。另外，深入实施国家耕地后备资源综合利用试点，合理利用盐碱地和湿地资源，探索盐碱地和湿地资源有效利用与生态保护相结合的经营方式。

（三）以建设用地制度改革创新赋能乡村全面振兴

当前建设用地制度阻碍人、地、业、村的有机联动，影响乡村系统的运行及其内部功能的调整。借鉴乡村振兴齐鲁样板建设经验，山东省可以深化农村建设用地制度改革推动城乡融合发展，赋能乡村全面振兴。具体而言，可以从城乡建设用地“同权同价”、宅基地三权分置、建设用地用途转换等层面进一步深化改革。

首先，改革建设用地制度实现城乡建设用地的“同权同价”。一方面，在符合用途管制和相关规划的前提下，实现城市国有建设用地与农村集体建设用地权利平等，以保障城乡空间的发展平衡。给予乡村更多的用地权利，赋予集体建设用地抵押、出租和转让的权利，逐步开放农民和集体经济组织利用集体建设用地从事非农建设的通道，吸引人口和资本等要素回流乡村，促成乡村经济逐渐活化以及乡村产业日渐复兴。另一方面，建立集体建设用地入市配套制度，促进乡村产业发展。鼓励集体建设用地使用权人在符合规划前提下，通过自主开发、公开转让、参股合作等多种形式开发集体建设用地，建立集体建设用地用于工业、公益事业的补偿机制，完善吸引社会资本、金融资本参与集体建设用地开发利用的政策措施，探索集体建设用地使用权抵押融资的有效途径。

其次，深化宅基地“三权分置”制度改革。一是赋予农民宅基地完整财产权。明确宅基地财产权利内涵，从转让、抵押和获取收益等多方面拓展宅基地的产权权能，赋予农民更完整的宅基地财产权，促成宅基地的财产权益得到实现，加速宅基地流转、整合与优化配置，促进村庄形态转变。二是进一步改革宅基地的无偿分配与取得制度。促进国家公权力和村庄自治权的协调配合以实现宅基地的有效治理，在此基础上探索实现宅基地有偿使用的机制，细化并规范宅基地取得制度，落实成员一户一宅的基本居住权利。可尝试采用时点划断的方法，对时点之前占有宅基地的集体成员沿用无偿分配方法，对时点之后取得成员资格的农民的宅基地通过有偿方式获得。三是不断开放宅基地使用权。不断推动宅基地朝向外来人口和资本有序开放，打破宅基地只能在集体内部流转的制度限制，解除乡村的封闭性，回应人口和资本下乡所引起的用地需求。探索并拓展宅基地多元化的使用方式，显化与释放宅基地和农村房屋的价值，解决宅基地闲置、利用率不高的难题，吸引资金和资源参与乡村建设。

最后，完善农村建设用地用途转换制度。从构建城乡统一的建设用地市场出发，对于乡村建设用地，特别是闲置、废弃的集体建设用地，明确集体建设用地不同用途的转换前提，并出台用途转换的具体操作指引，以及确立农村集体经济组织对于集体建设用地用途调整的申请权，审慎推进集体建设用地用途转换，促进土地要素的流动和高效配置。

（四）以全域土地综合整治平台推动乡村全面振兴

全域土地综合整治是推动乡村全面振兴的重要平台，通过优化土地利用结构、提高土地利用效率、改善农村生态环境等多重功能，为乡村振兴提供坚实的基础。国土空间规划、农地“三权分置”、集体经营性建设用地入市等制度可在全域土地综合整治平台上汇聚，地方政府、村集体、村民、市场主体等多元主体也可在全域土地综合整治的平台上实现良好互动。

首先，完善全域土地综合整治治理主体结构，明确整治规划与策略。一是在当前政府机构架构下，以自然资源部门为牵头单位推动全域土地综合整治。就具体内容而言，可由自然资源部门主导农村建设用地整治，农村农业部门主导全域土地综合整治中的基本农田整治，生态环境部则主导农业面源污染治理。二是编制土地全域整治规划，明确土地全域综合整治的目标任务、整治区域、主要内容和空间布局。在此基础上，编制全域土地综合整治实施方案，明确耕地保护目标、建设用地规模、生态建设目标以及实施期限、年度计划、投资概算和保障措施。三是强化公共价值创造与实现。全域土地综合整治的开展要实现生产、生态与景观等多重功能的可持续性，即在把握其主导生产功能的基础上，科学地定位农地的功能与价值导向。四是根据村庄类型进行差异化整治路径。根据村庄的类型和特点，实施差异化的全域土地综合整治实践路径。乡村可分为集聚提升类、城郊融合类、特色保护类、搬迁撤并类、生态保护类等不同类型，需要坚持目标导向、问题导向与效果导向相结合，考虑村庄的自然本底供给条件和社会经济发展需求，开展差异化的全域土地综合整治。

其次，通过全域土地综合整治实现城乡要素的优化配置与自由流动。一是坚持城乡等值化策略。通过国土空间整治的跨镇村资源整合、全要素价值流通、多主体资金整合，以城乡多维度等值化重构，实现乡村地区与城镇地区的资源等值化、资产等值化、资本等值化。二是通过土地综合整治推动农村基础设施短板建设，实现城乡基本公共服务均等化，解决农村空间“散、乱、空”的问题，改善村庄面貌和居民生活环境。三是通过全域土地综合整治解决乡村建设用地不足与耕地保护的问题。根据土地全域整治规划，以耕地保护为重点，推进高标准农田建设、低效林草园地整理、农田基础设施建设、耕地提质改造等，减少耕地碎片化，提高耕地质量。四是通过全域土地综合整治优化建设用地要素配置。农村建设用地整治可优先保障本村农民安置、基础设施、公益事业、产业发展等用地。节余指标可利用城乡建设用地增减挂钩政策进行村内挂钩、村村挂钩、村镇挂钩，在镇域内有偿调剂并集中利用，统筹用于镇域内农村一二三产业融合发展用地。腾退并通过验收的城乡建设用地增减挂钩节余指标，以及补充耕地指标，可通过省级指标交易平台流转，筹集资金用于促进城乡融合与乡村全面振兴。五是结合农村人居环境整治，推进废弃矿山生态修复、水土流失治理、造林绿化、小微湿地建设等，提高自然灾害防御能力，打造美丽乡村。

最后，通过全域土地综合整治强化产业支撑与融合发展。一是通过“农用地整治、建设用地整理、生态保护与修复、历史文化保护与传承”的全域土地综合整治措施实现“农业规模产出、产业潜力释放、生态效益转化、文化经济多元”的产业振兴目标。二是通过土地全域综合整治推动农业的生产、生态、景观多功能的综合实现。农业是农村的产业基础，农地具有生产、生态与景观的复合功能①。通过集中推进农田水利、中低产

① 孔雪松，王静，金志丰，等. 面向乡村振兴的农村土地整治转型与创新思考［J］. 中国土地科学，2019，33（5）：95－102.

田改造、高标准农田来提升农地的农业生产功能；通过土地综合整治实现特色农业、生态农业与休闲农业的平衡发展，提升农业的生态功能与农业生产的附加值。三是借鉴部分地区“确权确股不确地”的经验，突破农村以家庭为单位农用地产权界限，推动农村土地的集中连片整治。这不仅有助于农业的适度规模经营，也可以在一定程度上解决农村土地撂荒问题。四是通过全域土地综合整治为乡村产业振兴打开空间。按照“土地整治+产业导入”模式，将全域土地综合整治和城镇建设相结合，规划建设农村产业聚集区，推动乡村产业发展。

山东省乡村振兴齐鲁样板建设中，农村土地制度改革是推动乡村全面振兴的重要途径。在中国农村土地制度体系与改革脉络之下，山东省积极推进农村土地制度改革，推动乡村全面振兴，具有一定可复制、可推广的价值。在扩权赋能的主旋律之上，其通过五个层面的土地制度改革创新，打通要素、资本、规划与组织四个作用渠道，助推乡村振兴齐鲁样板的打造。申言之，山东省通过完善农地制度助推齐鲁粮仓建设，改革建设用地制度支撑发展空间，结合空间规划优化城乡要素配置，激活土地资产创造乡村振兴资本，利用土地整治集成土地制度创新。

然而，当前土地制度仍在一定程度上阻碍乡村全面振兴，如农地制度与农业现代化建设不相适应，建设用地制度限制了乡村振兴发展的空间，土地制度改革实践缺乏有效执行平台。展望未来，山东省需继续深化土地制度改革，破解乡村振兴的瓶颈，推动乡村全面振兴。综合考虑城乡融合发展的历史情势，吸取乡村振兴齐鲁样板示范区建设经验，山东省可从空间规划、农地制度、建设用地制度和土地综合整治制度四个维度推动农村土地的扩权赋能，实现乡村振兴齐鲁样板的提档升级。

第六章

绿色发展：农村闲置宅基地生态产品价值实现路径

李进涛　杨景昊　王若烜　张芊芊*

一、引言

建立健全生态产品价值实现机制是落实习近平生态文明思想的重要举措，有利于走出一条协同推进生态环境保护与经济发展的新路径，促进人与自然和谐共生。2020 年 10 月，《中共中央关于制定国民经济和社会发展第十四个五年规划和二〇三五年远景目标的建议》提出建立生态产品价值实现机制的要求。2021 年 4 月，中共中央办公厅、国务院办公厅印发《关于建立健全生态产品价值实现机制的意见》，要求建立健全生态产品价值实现机制，探索生态优先、绿色发展的新路子。2024 年 4 月 10 日，中共中央、国务院发布《生态保护补偿条例》，为生态产品价值实现提供制度保障。习近平总书记指出，“优美的自然环境本身就是乡村振兴的优质资源，

* 李进涛，山东大学政治学与公共管理学院副教授，研究方向为城乡发展与土地利用、乡村振兴；杨景昊，山东大学政治学与公共管理学院硕士研究生；王若烜，山东大学政治学与公共管理学院硕士研究生；张芊芊，山东大学政治学与公共管理学院硕士研究生。

要找到实现生态价值转换的有效途径，让群众得到实实在在的好处”[①]。

农村宅基地“三权分置”改革紧密贴合了当代社会经济发展的实际需求，为推动使用权的合理流转提供了框架，从而为解决宅基地闲置问题开辟了新路径。2018年中央一号文件《关于实施乡村振兴战略的意见》明确提出探索农村宅基地所有权、资格权、使用权“三权分置”，其目的是适度放活宅基地和农民房屋使用权，提升土地和闲置房屋的价值。2023年2月，《农业农村部关于落实党中央国务院2023年全面推进乡村振兴重点工作部署的实施意见》指出稳慎推进农村宅基地改革和管理，积极稳妥激活农村闲置宅基地资源。2024年中央一号文件《中共中央 国务院关于学习运用“千村示范、万村整治”工程经验有力有效推进乡村全面振兴的意见》再度强调，稳慎推进农村宅基地制度改革。这是自党的十八大以来连续十一年中央一号文件强调要改革完善农村宅基地制度，可见中央对此项改革的高度重视。党的二十届三中全会提出，保障进城落户农民合法土地权益，依法维护进城落户农民的土地承包权、宅基地使用权、集体收益分配权，探索建立自愿有偿退出的办法。现行政策允许农户通过出租、入股、合作等方式盘活合法住房，各地可积极探索，确保农民能享受更多改革红利。通过出租、入股、合作等方式，农民可以将闲置的住房资源利用起来，获得额外的经济收益。例如，通过出租房屋，农民可以获得稳定的租金收入；通过入股合作社，农民可以分享合作社的经营收益。这些方式不仅提高了土地资源的利用效率，也为农民提供了新的经济增长点。

推动生态产品价值实现与生态资源价值转换是践行绿水青山就是金山银山理念的关键路径，农村闲置宅基地的生态价值实现显得尤为重要。随着城镇化的快速推进，农村人口大量外流，农村宅基地闲置的现象突出，严重制约了乡村社会经济发展的活力[②]。农村闲置宅基地具有丰富的自然资源和良好的生态环境，但由于历史原因或规划不当，这些闲置建设用地资源并未得到充分利用。当前农村闲置宅基地体量大、类型多样，具有较大的生态价值实现潜力空间，通过科学合理地规划和利用，将这些闲置宅

① 罗贤宇．积极探索实现生态价值转换的有效途径［N］．光明日报，2024－10－09（6）．

② 钱忠好，牟燕．乡村振兴与农村土地制度改革［J］．农业经济问题，2020（4）：28－36．

基地转化为生态价值高地，不仅能够提升土地资源的利用效率，还能够促进农村经济的绿色转型和可持续发展。因此，如何盘活农村闲置宅基地资源，促进其生态价值实现是当下乡村振兴与高质量发展的一项重要任务。

课题组归纳梳理国家层面与山东省层面农村闲置宅基地盘活利用的相关政策文件，总结凝练当前山东省闲置农村宅基地盘活利用实践经验，以费县为案例分析农村闲置宅基地生态价值实现路径，并在此基础上提出相应的政策建议，以助力乡村振兴齐鲁样板提档升级。

二、闲置宅基地生态价值实现的理论逻辑与制度支撑

推动生态产品价值实现与生态资源价值转换是践行绿水青山就是金山银山理念的关键路径。在生态系统服务理论与生态产品价值实现理论逻辑之上，国家与山东省颁布了系列政策法规，为农村闲置宅基地生态价值实现提供了坚实的政策基础。

（一）理论逻辑

1. 生态系统服务理论

生态系统服务是指人类从生态系统获得的所有惠益，包括供给服务（如提供食物和水）、调节服务（如控制洪水和疾病）、文化服务（如精神、娱乐和文化收益）以及支持服务（如维持地球生命生存环境的养分循环）[①]。随着研究的深入，生态系统服务的概念逐渐明确，并得到了学界的广泛关注。学者们从不同角度对生态系统服务进行分类和评估，推动了理论的成熟。生态系统服务理论已成为生态学研究的重要领域，广泛应用于生物多样性保护、资源与环境管理等领域，为人类社会的可持续发展提供了重要支撑。

① 高阳，沈振，张中浩，等．生态系统服务视角下的社会—生态系统耦合模拟研究进展［J］．地理学报，2024，79（1）：134－146.

生态系统服务理论对政策制定具有深远影响。首先，它促使政策制定者更加全面地考虑自然生态系统对人类社会的贡献，包括食物供给、水资源调节、气候调节等，从而在政策中融入生态保护的理念①。其次，生态系统服务的量化评估为政策制定提供了科学依据，有助于政策制定者更准确地评估不同政策方案对生态系统的影响，从而选择最优方案。此外，生态系统服务理论还引导政策制定者关注生物多样性的保护、资源的可持续利用等问题，推动构建生态友好型社会。综上所述，生态系统服务理论在政策制定中发挥着重要作用，有助于实现经济、社会和环境的协调发展。本研究基于生态系统服务理论，提出闲置宅基地作为生态系统的特殊土地利用类型，能够产生一定生态服务价值，进而形成不同类型生态产品。

2. 生态产品价值实现理论

生态产品价值实现理论是生态文明建设的重要组成部分，它强调在不损害生态系统稳定性和完整性的前提下，利用生态系统为人类生产生活提供物质和服务。生态产品主要包括物质产品供给、生态调节服务和生态文化服务三大类，如清新的空气、清洁的水源、宜人的气候、农业产品、林业产品以及休闲旅游等②。该理论旨在实现经济建设和生态文明建设的协同并进，通过科学评估和管理生态产品的价值，推动可持续发展和人与自然和谐共生。随着研究的深入，生态产品价值实现理论不断完善，为政策制定和实践探索提供了重要依据。

生态产品价值实现形式：一是原生态产品价值，是由山水林田湖草等的自然绿色和清纯呈现的价值状态，能够提供清洁水源、优良空气，促进水土涵养和生物多样性发展、维护生态系统平衡等；二是衍生态产品价值，以山水林田湖草为直接材料和条件形成的价值状态，如山中的蘑菇、水中的游鱼、园中的花朵等；三是融生态产品价值，以自然生态环境为基础，与相关生产生活融合形成的价值状态，如生态旅游、园林养生、休闲

---

① 赵士洞，张永民．生态系统与人类福祉——千年生态系统评估的成就、贡献和展望［J］．地球科学进展，2006（9）：895－902.

② 黄宇驰，姚明秀，王卿，等．生态产品价值实现的理论研究与实践进展［J］．中国环境管理，2022，14（3）：48－53.

娱乐、自然康养等；四是转生态产品价值，运用科技创新等手段去污、减排、节能形成的生态型产业价值状态，包括绿色制造业、生态农业等众多方面①。本研究基于生态产品价值实现理论，结合山东省内外闲置土地盘活利用的实践经验，提出了农村闲置宅基地生态产品价值实现路径。

（二）政策支撑

1. 国家层面

2018 年中央一号文件《关于实施乡村振兴战略的意见》提出探索农村宅基地所有权、资格权、使用权“三权分置”，其直接目标是盘活闲置宅基地和闲置住宅，缓解“人地”矛盾。宅基地“三权分置”的提出为农村闲置宅基地盘活利用提供了国家政策支持和理论支撑。

2019 年 9 月，《中共中央农村工作领导小组办公室、农业农村部关于进一步加强农村宅基地管理的通知》指出，鼓励村集体和农民盘活利用闲置宅基地和闲置住宅，通过自主经营、合作经营、委托经营等方式，依法依规发展农家乐、民宿、乡村旅游等。2019 年 10 月，农业农村部发布《关于积极稳妥开展农村闲置宅基地和闲置住宅盘活利用工作的通知》，提出“因地制宜选择盘活利用模式”，鼓励利用闲置宅基地发展符合乡村特点的休闲农业、乡村旅游、餐饮民宿、文化体验等新产业新业态。

2020 年 10 月，《中央关于制定国民经济和社会发展第十四个五年规划和二〇三五年远景目标的建议》提出建立生态产品价值实现机制的要求。2021 年 4 月，中共中央、国务院办公厅印发《关于建立健全生态产品价值实现机制的意见》（以下简称《意见》），鼓励盘活工业遗址、古旧村落等存量资源，推进相关资源权益集中流转经营，通过统筹实施生态环境系统整治和配套设施建设，提升教育文化旅游开发价值。《意见》将生态产品价值实现机制从地方试点上升为顶层设计，将生态产品价值实现落实到了制度安排和实践操作层面。

---

① 张盛，李宏伟，吕永龙，等．可持续生态学视角下生态产品价值实现的思路［J］．中国人口·资源与环境，2024（6）：151－160.

2023 年 2 月，《农业农村部关于落实党中央国务院 2023 年全面推进乡村振兴重点工作部署的实施意见》指出稳慎推进农村宅基地改革和管理，积极稳妥激活农村闲置宅基地资源，引导和规范盘活利用行为。

统筹生态产品价值实现和宅基地改革是推动乡村经济社会发展绿色转型的必然要求。国家多次出台宅基地改革的相关政策文件，为盘活农村闲置宅基地资源指明方向，积极倡导并鼓励充分利用闲置宅基地，因地制宜地发展具有乡村独特韵味的乡村旅游、特色餐饮民宿以及文化体验等新兴产业。《意见》更是将生态产品价值实现落实到了制度安排和实践操作层面，为加快建立生态产品价值实现机制提供了有力的制度支撑。因此，促进农村闲置宅基地生态价值实现能够提高农村土地资源的利用效率，改善乡村生态环境，是促进生态环境改善和经济发展的双赢策略，也是实现可持续发展的重要途径。

2. 山东省层面

以习近平生态文明思想为指导，立足新发展阶段、贯彻新发展理念、融入新发展格局，山东省出台一系列相关政策，明确了农村闲置宅基地改革以及建立健全生态产品价值实现机制的目标、任务和措施，为农村闲置宅基地生态价值实现提供了政策保障。

2020 年 1 月，山东省人民政府发布《山东省人民政府关于印发山东省促进乡村产业振兴行动计划的通知》，提出深化农村宅基地“三权分置”改革，鼓励村集体和农民盘活利用闲置宅基地、闲置住宅，通过自主经营、合作经营、委托经营等方式，依法依规发展民宿、乡村旅游等业态。

2021 年 1 月，山东省农业农村厅发布《中共山东省委、山东省人民政府关于全面推进乡村振兴加快农业农村现代化的实施意见》，指出稳慎推进农村宅基地制度改革试点，探索宅基地所有权、资格权、使用权分置有效实现形式。

2021 年 10 月，山东省发展和改革委员会发布《关于贯彻落实〈中共中央办公厅 国务院办公厅关于建立健全生态产品价值实现机制的意见〉的实施方案》，提出到 2035 年全面建立完善生态产品价值实现机制的工作目标。

2022 年 9 月，山东省发展和改革委员会公示山东省省级建立健全生态产品价值实现机制试点地区名单，标志着山东省正式启动省级建立健全生态产品价值实现机制试点，其中，费县入选山东省省级建立健全生态产品价值实现机制试点地区。同年10月，山东省发展和改革委员会发布试点工作通知，山东省将利用3年时间，针对生态产品“度量难、抵押难、交易难、变现难”等问题，探索建立生态产品价值核算办法、认证评价标准等技术规程，逐步完善生态产品价值考核、绿色金融等方面制度保障，积极拓展生态产品经营开发、生态保护补偿等价值实现模式，促进试点地区生态优势转化为经济优势。

三、山东闲置宅基地盘活实践探索

围绕农村闲置宅基地盘活利用，山东省积极探索宅基地“三权分置”有效实现形式，在充分保障农民宅基地合法权益的前提下，聚焦农村闲置宅基地盘活开发民宿、乡村旅游，支持农村集体经济组织及其成员采取自营、出租、入股、合作等多种方式盘活闲置宅基地和闲置住宅，提高了闲置宅基地利用效率，创新推出了闲置宅基地有偿退出等机制，有效释放出了闲置和多余宅基地流动潜能，充分激活了闲置宅基地的财产属性。为打造乡村振兴齐鲁样板破除了资源壁垒，拓宽集体增收路径，为全国盘活闲置宅基地利用改革贡献了山东实践经验。

（一）山东实践典型案例

1. 济南市长清区闲置宅基地转化为旅游发展资产

长清区马套村，以茶文化为核心资源，近年来通过整合一二三产业资源，探索出了一条具有特色的乡村振兴之路。村党支部积极引领，通过党建与合作社、农村电商平台的有机结合，致力于打造一个集生态旅游、人文历史观光、民俗农耕和康养旅游于一体的乡村旅游综合体。马套村将闲置的宅基地和房屋资源转化为乡村旅游发展资产，不仅促进了村庄经济发展，还使村民从中受益，成为股东，从而增加了经济收入。

在2015年，马套村成立了将军山旅游度假专业合作社，该合作社由村委、茶叶合作社、资金股东和房屋股民组成，实行股份制经营，村民可以通过现金或房屋入股的方式参与合作社。随着合作社的成立，马套村完成了土地确权工作，并将确权后收益较低的山坡耕地、林坡地和闲置的宅基地、房屋一并流转至合作社，用于综合旅游项目的开发。这一过程确保了农民宅基地的合法权益，同时盘活了闲置资源，促进了一二三产业的融合发展。为了盘活闲置房屋，合作社投资100多万元对入股的房屋进行改造，按照“外表农村化、内在标准化”的理念，打造了24栋特色民宿，共有房间80多个，床位150余张，可同时接待300余名游客①。通过与携程等知名电商平台合作，马套村实现了线上线下互动营销，吸引了大量来自省内和京津冀的中高端客源。民宿的平均入住率达到70%，部分民宿在周末和节假日期间价格高达800元，仍供不应求，显著提高了村民的经济效益。在文旅融合方面，马套村通过民宿建设融入当地文化，形成了以民俗文化、康养文化和茶文化为特色的文化主题，进一步丰富了乡村旅游的内容。村庄还根据各民宿的特色划分为山景、茶园和将军山三个民宿区，以满足不同游客的需求，成功打造出全国乡村旅游精品民宿。

通过盘活闲置的宅基地和房屋资源，马套村实现了“三变”：资源变资金、农业变旅业、田园变乐园。合作社为房屋入股的村民提供了每年15%的保底分红，同时带动了村民积极参与乡村旅游发展，创造了超过200个直接就业岗位和400个间接就业岗位，极大地改善了村民的生活水平。2020年，村庄人均收入达到3万元，村集体经济年收入从80万元增长至310万元，马套村在经济和文化建设上实现了双丰收②。

2. 青岛市莱西市推行宅基地有偿退出模式

青岛莱西市近年来致力于提高农村土地资源利用效率，通过探索宅基地有偿退出与美丽乡村建设、农村人居环境整治相结合的办法，因地制宜、多元化地进行资源利用。莱西市积极推动宅基地收储和整体利用机制

---

① 通过农村闲置宅基地和闲置住宅盘活利用，这个村——谋振兴有门道［N/OL］. 舜网－济南日报，2021－11－09.

② 济南长清：马套村旅游成为“将军”的妙招［EB/OL］. 澎湃网，2018－08－23.

的建立，通过鼓励村民租赁、自营、入股、退出等多种方式，增加经济收入，为乡村振兴奠定了坚实的基础。其宅基地有偿退出模式被评为全省典型案例，推动了乡村振兴战略的实施。

莱西市姜山镇高富庄村共有158户宅基地房屋。随着城镇化进程加快，村内70多户宅基地长期闲置。村里通过宅基地使用权流转，将这些闲置房屋打包租给北京汽车制造厂作为职工宿舍，形成了“房东经济”，使村民获得稳定的租金收入。一户院子每月能租到2600多元，闲置农房变为增收的“黄金屋”。村民收入显著增加，村庄发展活力大增。村支部书记表示，农房租金收入高，每间房每月租金达600多元，一户院子每月租金可达2600多元[①]。

夏格庄镇是莱西市首个推行宅基地有偿退出的镇。由于大量居民进城落户，房屋空置率超过55%。莱西市出台《关于开展农村宅基地有偿退出工作的意见》，制定了社区公寓置换、小联排置换和货币置换等有偿退出安置方式。通过“政府引导、市场投资、村庄实施、农民受益”的模式，优化村庄空间布局，退出后的宅基地用于公共服务设施建设。截至2024年，夏格庄镇已成功退出宅基地423户，累计发放补偿款1322.82万元，拆迁复耕面积达58792平方米[②]。

3. 潍坊市诸城市将农村宅基地打造为艺术试验场

诸城市蔡家沟村曾是一个贫困落后的村庄。2017年之前，蔡家沟村由于生产生活条件差，村内青壮年劳动力大量外出务工，村庄“空心化”严重，人均收入不足1万元，仅为全区居民平均收入的一半。2018年3月，在乡村振兴战略的背景下，蔡家沟村选择了一条独特的发展道路——通过艺术植入乡村，实现村庄的振兴与发展。这一模式不仅改变了村庄的面貌，也带来了经济和文化的双重效益，蔡家沟村逐渐转变为一个充满艺术氛围的现代乡村。

---

① 莱西市：盘活“沉睡资源”释放农村活力——多元化利用农村闲置宅基地打造增收新“样板”[EB/OL]．山东省农业农村厅，2022-04-14.

② 青岛莱西：盘活闲置宅基地 释放农村新活力[EB/OL]．经济日报新闻客户端，2022-04-13.

蔡家沟村的振兴依赖于艺术植入乡村的创新模式。2017 年底，来自北京宋庄的 7 名本土艺术家常驻蔡家沟村，他们以蔡家沟艺术试验场为平台，积极开展各种艺术活动。通过定期举办艺术展览，艺术家们不仅展示了自己的创作，还引导村民参与其中，帮助他们创作艺术衍生品。蔡家沟村还先后建成了艺术家工作室、美术馆、乡村图书馆、古琴馆和百工传习中心等场馆，为村民提供了丰富的文化体验和艺术教育资源。此外，村内的民居墙壁上也被绘上了精美的艺术画，村庄的环境和文化氛围得到了显著提升。蔡家沟村的艺术团队还试点性地开办了“艺术创意集市”，邀请外地的艺术工艺人才来“设摊卖艺”，吸引了大量游客前来参观和购买艺术品。随着游客数量的增加，村里的经济逐渐活跃起来，村民们开始利用民房发展民宿、开设商店、豆腐坊等，形成了一个良性循环的产业链。

蔡家沟村的艺术植入乡村模式取得了显著成效。一方面，村庄的环境和文化氛围得到了极大提升，昔日的贫困村庄焕发出新的生机，村民们在艺术的熏陶下逐渐改变了观念，生活质量得到提高。另一方面，艺术村的发展带动了乡村旅游业的兴起，大量游客的到来使得村民们通过售卖土特产和发展民宿获得了经济收益。蔡家沟村已从一个“三无”贫困村转变为远近闻名的艺术村，人均收入逐步提升，村民的生活幸福感显著增强。艺术家的到来不仅改变了村庄的面貌，也为乡村振兴提供了一个可复制、可推广的新模式。蔡家沟村的成功经验表明，艺术可以成为乡村振兴的重要抓手，通过文化引领，推动乡村经济、人才、生态等多方面的振兴，最终实现全面发展。

4. 临沂市沂水县提升闲置宅基地利用势能

沂水县高质量完成土地盘活整治审核备案 3 个批次，涉及 14 个乡镇 106 个村庄，备案盘活闲置农房、闲置宅基地面积 1213.83 亩，挖潜出存量建设用地 1159.51 亩，由零到整、由乱到齐，实现存量建设用地再布局、再利用，大大提高了用地效能，“挤”出了原有建设用地的增存量。

沂水县南黄家庄村针对部分村民全家外出打工，造成较多宅基地和农房闲置的现状，结合美丽乡村建设，积极推进农村宅基地三权分置，因地制宜探索“合作社 + 企业”、村集体自营、村民自营等多种模式，盘活闲置宅基地 65 户，有效改善人居环境，促进乡村振兴。

推进三权分置，集聚盘活利用势能。政府主导“明方向”。龙家圈街道专门出台《农村闲置房屋三权分置改革实施方案》，建立“街道统筹指导、村具体组织实施、社会广泛参与”的工作体制，全力推进三权分置改革，落实宅基地集体所有权，保障农户宅基地资格权及房屋所有权，放活宅基地及房屋使用权。选取南黄家庄村为试点，先行先试开展宅基地盘活工作。群众主体“聚合力”。坚持农民主体地位，通过党员干部带头，聘请专家现场教学，组织村民代表外出学习等方式，充分调动农民参与的积极性和主动性，凝聚形成了强大工作合力。社会参与“添动能”。引入山东蓝丞旅游开发有限公司，为盘活闲置宅基地提供资金、技术、管理等方面支持和服务。同时，建立农民创客中心，吸引农民创客入驻，有效增强了闲置宅基地盘活利用的活力和动能。

创新三种模式，探索盘活利用途径。“合作社 + 企业”模式。南黄家庄村党支部领办成立了南黄旅游农民专业合作社，与山东蓝丞旅游开发有限公司达成战略合作，37 户村民使用闲置宅基地入股，由合作社统一租赁流转使用，由蓝丞旅游开发有限公司投资 750 余万元对房屋进行统一规划、设计和改造，并进行专业管理运营，建成了“龙门小筑”民宿旅游项目。村集体自营模式。村集体通过购买回收、租用等方式，盘活闲置宅基地 12 套，建设公用停车场 3 处，绿地景观 4 处，乡村大舞台 1 处。挖掘库区移民精神，盘活 3 处闲置宅基地建设移民史馆，成为弘扬移民精神、移民文化的阵地，申报为沂蒙精神教育基地。农户自营模式。支持农户特别是在外人才返乡盘活自有或闲置住宅，发展乡村产业项目发展“渔舟”“龙门”渔家乐 2 家，建设垂钓园、藕池园各 1 处，带动 12 户群众户均年增收 2 万元①。

一是通过盘活闲置宅基地，原来沉睡的闲置房屋和空闲地变成了一个个项目、一处处绿地、一道道风景，实现了资源变资产。二是实现“三方共赢”。通过盘活闲置宅基地建设龙门小筑民宿项目，蓝丞旅游公司年可实现销售收入达 850 万元，村集体和村民年底分红，年增加村集体收入 12 万元，带动 37 户村民年分红 1.5 万元，同时带动本村 26 人就业增收②。三是

①② 坚持因地制宜 突出分类施策—龙家圈街道南黄家庄村盘活闲置宅基地典型经验做法[EB/OL]. 沂水县人民政府，2023 - 05 - 26.

助力美丽乡村。过去的农村闲置宅基地很多都是残垣断壁，草木丛生，破败荒凉。通过对闲置房屋进行统一设计改造，形成独具沂蒙特色的民居风貌，同时通过建设绿地、停车场、乡村广场等，进一步改善了人居环境，形成了盘活闲置宅基地与美丽乡村建设相互促进、相互融合的良性机制。

5. 济宁市汶上县推进荒芜庭院和废旧宅基地整治模式

汶上县位于山东省西南部，是大汶口文化和北辛文化的重要发祥地之一。目前，汶上县正处于快速发展和转型升级的关键阶段。为了在保持耕地红线的同时加快经济发展和改善民生，汶上县立足现有资源，积极探索盘活低效闲置土地的新路径。通过新型农村社区建设、城市拆迁改造以及经济开发区和乡镇经济集聚区的开发，汶上县成功激活了大量闲置宅基地，为乡村振兴注入了新的动力。

汶上县通过“两完善、两健全、五探索”的改革内容，聚焦“治用管”三大环节，全方位盘活闲置宅基地，累计盘活利用了4700余亩土地，村集体经济收入总量超过1亿元。具体做法包括：一是全面整治闲散宅基地。汶上县在全域范围内开展闲散宅基地的整治工作，创建了省、市、县级美丽乡村示范村164个，使得村庄旧貌焕然一新①。通过摸排底数、帮助群众进行经济评估以及确权颁证，确保整治工作顺利进行。村民根据个人意愿选择修葺或拆除宅基地，镇村则统一组织实施整治工作。二是多样化利用闲置资源。汶上县围绕产业振兴、集体增收和群众致富的目标，明确宅基地的“三权”权能，并打通“三个渠道”将闲置资源转化为活资产。通过合作社、运营主体和农户的利益联结机制，汶上县鼓励发展特色种植、农耕研学、康养民宿等业态，打造了八里农庄、昙山茶园等21个乡村旅游特色村，并创建了5个省级旅游强镇。同时，汶上县还创新推出“宅信贷”贷款业务，累计授信128户，金额达2350万元，有效盘活了农村土地的融资功能。三是严格管理改革试点②。汶上县通过出台一系列宅基地管理制度文件，规范了“一户多宅、超占多用”等问题，保障村民的

---

① 汶上：抓实农宅“治、用、管”实现乡村“美、富、安”［N］. 济宁日报，2022－09－21.

② “特色乡村振兴之路”主题系列新闻发布会汶上专场举行［EB/OL］. 济宁新闻网，2024－09－12.

居住权益。县级层面建立了农村宅基地管理机构，镇街设立了审批服务窗口，并配备专职管理人员和村级协管员队伍，三级联动确保宅基地的监管落实。同时，汶上县搭建了数字宅改平台，实现了宅基地智慧管理。

汶上县通过盘活闲置宅基地，成功激活了乡村振兴的“春水”，实现了农村宅基地的“有规有序有用有价”。通过“四种模式”的创新实践，汶上县有效整合了土地资源，改善了村容村貌，提升了村民的生活质量，壮大了村集体经济实力，为乡村振兴提供了新的动能。其中，东和园社区、路通花园社区、新苑社区和滨湖社区的建设，不仅有效提升了村民的居住条件，也腾出了大量土地用于产业项目开发，促进了全县经济的转型升级和可持续发展。

（二）经验总结

为更好地加快推动农村闲置宅基地生态产品价值实现，研究结合山东省闲置土地利用的典型经验，提出了围绕规模化与零散分布的闲置宅基地市场路径、政府路径、市场与政府混合三种创新路径。市场路径是指通过市场配置和市场交易，实现可直接交易类生态产品的价值；政府路径是指依靠财政转移支付、政府购买服务等方式实现生态产品价值；政府与市场混合型路径是指通过法律或政府行政管控、给予政策支持等方式，培育交易主体，促进市场交易，进而实现生态产品的价值。

把农村闲置农房（宅基地）盘活利用作为贯彻新发展理念、探索用地新机制、加强生态保护、改善人居环境、推动乡村振兴的重要举措，积极探索宅基地使用权租赁、流转、入股制度，进一步鼓励市场主体利用闲置宅基地及农房发展休闲观光等产业。还必须切实巩固农村房地一体确权登记成果，持续做好房地一体宅基地常态化登记，为维护农民权益、深化农村产权制度改革、全面推进乡村振兴赋能续航。

发挥自身的自然禀赋优势，通过宅基地风貌提升和村庄建设凸显“水田交错、绿林成荫”的生态价值，吸引企业入驻，从而进一步盘活存量宅基地资源，扭转产业劣势，走出一条依托总部经济壮大村集体经济、促进农民增收的产业升级融合之路。在生态好、旅游业发展好的村域先行先试，采取“公司+集体经济+农户”等模式，引导村民以入股、出租、合作等方式有偿转让农房和宅基地使用权，促进生态旅游产业发展。

1. 市场产业驱动的闲置宅基地利用模式

探索以乡村产业园建设为抓手，着力提高闲置宅基地盘活利用的规模化、整体化水平，将乡村产业发展与闲置宅基地盘活利用相结合。单个村庄的闲置宅基地面积有限且十分零散，难以满足乡村产业发展的用地需要。闲置宅基地盘活利用，可以探索结合乡村振兴规划，选择一片闲置宅基地较多或居民较少的村庄建设用地，通过地块调换、土地入股、村庄合并等方式，将多个村的闲置宅基地适度集中后建设乡村产业园，在产业园里集中发展农村养老、农村电商、乡村手工业、乡村民宿餐饮等适合的产业。相关村和农户根据投入园区的宅基地（建设用地）面积获得收益。如此一来，闲置宅基地无须转变为城市建设用地，只需经过集中连片就可以用于发展乡村产业。

2. 政企合作的闲置宅基地流转模式

加快农村集体成员之间的宅基地流转，并通过适度扩大受让人的范围、延长宅基地租赁期限等方式，进一步激活农村闲置宅基地流转市场活力。同一农村集体成员之间宅基地的低转让率，是宅基地大量闲置与村庄占地面积持续扩张的不合理现象并存的重要原因。因此，应当鼓励本集体成员之间的宅基地转让。不过，由于同一集体内需要流入宅基地的人数十分有限，为了盘活利用闲置宅基地，需要适当放松宅基地使用权转让严格限制在本集体成员内部的规定，允许返乡创业者、退休回乡的乡贤等经过农村集体讨论成为本集体成员，成为合法的闲置宅基地受让人。对于以租赁方式使用农村宅基地发展乡村产业的市场主体，可以通过农村集体土地入股和乡镇政府资产配套的方式，与市场主体共同成立开发公司，通过利益捆绑、风险防控的联合经营，提高宅基地使用权的稳定性，消除投资风险，从而促进市场主体向农村投资。

3. 政府主导的闲置宅基地收储模式

试点成立农村闲置宅基地盘活利用专项资金和专门机构，在“增减挂钩”等政策支持下，探索政府主导的闲置宅基地收储模式。无论是通过“增减挂钩”政策将闲置宅基地复垦的建设用地（指标）用于城镇建设，还是用于乡村产业发展，都具有很高的价值，这是由建设用地的稀缺性决定的。因此，政府可以设立专项资金，带动社会资本，联合农村集体，成立农村宅基地盘活利用的专门机构，负责闲置宅基地收储，充当宅基地流转的“做市商”。收储机构可以将宅基地连片整理、复垦后置换成城镇建设用地指标收回投资，也可以通过为各类合规的乡村产业市场主体或农村集体成员提供建设用地收回投资。参照一些宅基地改革试点的做法，收储闲置宅基地时给予农民的补偿，可以是现金、有价债券、城镇购房款抵扣券等。政府主导的宅基地收储制度，能够为退出宅基地的农民重新获得宅基地提供组织保障，从而解决一些人担忧的宅基地退出可能会让农民“居无定所”的问题。

四、农村闲置宅基地生态价值实现路径

当前山东省主要通过社会经济的路径盘活利用闲置宅基地。宅基地利用具有巨大的外部性。在“五位一体”总体布局之下，农村闲置宅基地的盘活利用要充分考虑其生态价值实现，推动生态产品价值实现与生态资源价值转换。本章以费县为例，分析农村闲置宅基地生态价值实现的路径。

费县下辖 12 个乡镇（街道）、1 个省级经济开发区，402 个行政村，全县总人口 92 万人，城镇化率 49.26%。地区生产总值 469.68 亿元，在临沂市的 9 县中排名第 2 位，人均 GDP 为 50568 元，比临沂市平均水平高 6718 元，三产比例为 9.4∶55.1∶35.5[①]。2022 年 9 月，费县入选山东省省级建立健全生态产品价值实现机制试点地区[②]。作为省级试点之一，推动生态产品价值实现机制建设，对费县来说有着特殊意义，这不仅是对新发展阶段的积极响应，更是对新发展理念的深入贯彻，费县正加速迈向现

① 临沂市 12 个区县 GDP 最新排名：沂水远超罗庄，河东第 7，蒙阴县最后［EB/OL］. 搜狐网，2023-12-20.

② 山东费县点绿成金［N］. 经济日报，2023-07-30.

代化经济体系的建设，致力于实现高质量的发展目标，全力谱写和谐美丽的建设新画卷。《费县建立健全生态产品价值实现机制试点方案》提出，用3 年时间在沂蒙山腹地系统集成“1234”的建设目标，明确了建立健全生态产品价值实现机制的总体目标和重点任务，提出了一系列具体而实用的措施，为系统推进费县生态产品价值实现提供了全面的政策指导和实践路径。

（一）农村闲置宅基地识别与分类

本研究以费县农村闲置宅基地及其利用与生态价值实现为研究对象，以费县全域的村庄为研究范围，对其盘活闲置宅基地的机制及其生态价值展开研究和探讨，为建立健全农村宅基地的生态产品价值实现路径和机制指明方向。

研究利用农村宅基地确权数据、第三次土地利用调查数据中的农村宅基地用地数据、遥感影像数据和实地调研，对闲置宅基地进行识别。首先运用 ArcGIS 软件分析模块中的交集取反工具，将第三次土地调查数据中的农村宅基地数据和农村宅基地确权数据进行交集取反，将未被确权的宅基地确定为潜在的闲置宅基地矢量图斑数据。然后与遥感影像进行叠加，将未被确权且在第三次土地利用调查数据库中独立存在的宅基地矢量图斑与遥感影像中存在且可以判定为未确权的宅基地矢量图斑确定为闲置宅基地图斑。为了进一步可视化闲置宅基地图斑的空间聚集程度，利用 ArcGIS 软件的核密度处理工具对闲置宅基地进行空间集聚分析。

最终形成费县农村闲置宅基地矢量数据结果，分为灭失宅基地、废弃宅基地和坍塌宅基地三种类型。灭失宅基地是指左右两侧都有宅基地且中间有宅基地大小的空地，已经明显明确为无房屋建筑特征的宅基地；塌陷宅基地是指有断壁残垣的院落，或者房子有变形、倾倒的房屋，房屋建筑特征不明显，无法满足居民正常生活的宅基地。废弃宅基地是指院子里长满树、草、蔬菜等植物，无生活痕迹的房屋，房屋建筑特征较为完整，但是无明显生活轨迹的宅基地。其空间建筑特征图谱如图 6 - 1 ~

图6－3所示。

图6－1 灭失宅基地空间图谱

资料来源：本章所有地图图片除特别标注外，其他均为奥维地图截图。

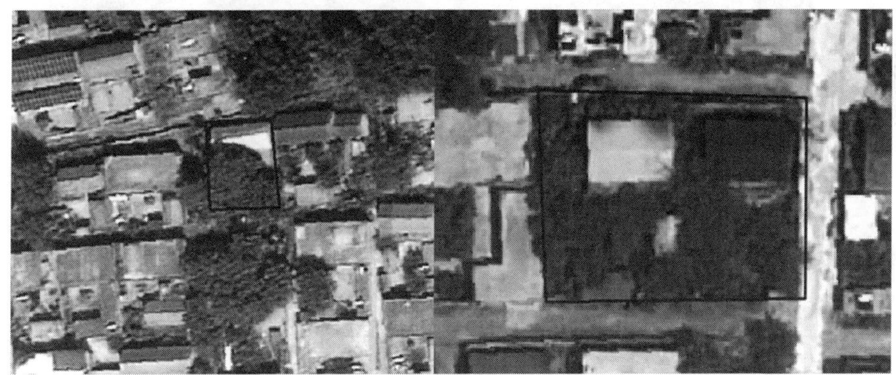

图6－2 废弃宅基地空间图谱

图 6-3 坍塌宅基地空间图谱

研究通过随机筛选费县的彩石前村、盘石村、水湖村、土山后村、五圣堂村 5 个行政村，均选取 100 个图斑进行数据结果核验（见图 6-4）。利用实地调查与村委会沟通确认筛选村庄中废弃宅基地、灭失宅基地与坍塌宅基地的空间分布与规模，与模型智能识别的数据进行一一核验，最终计算选择的五个村庄中废弃宅基地、灭失宅基地与坍塌宅基地核验准确率分别为 85%、100% 和 95%。

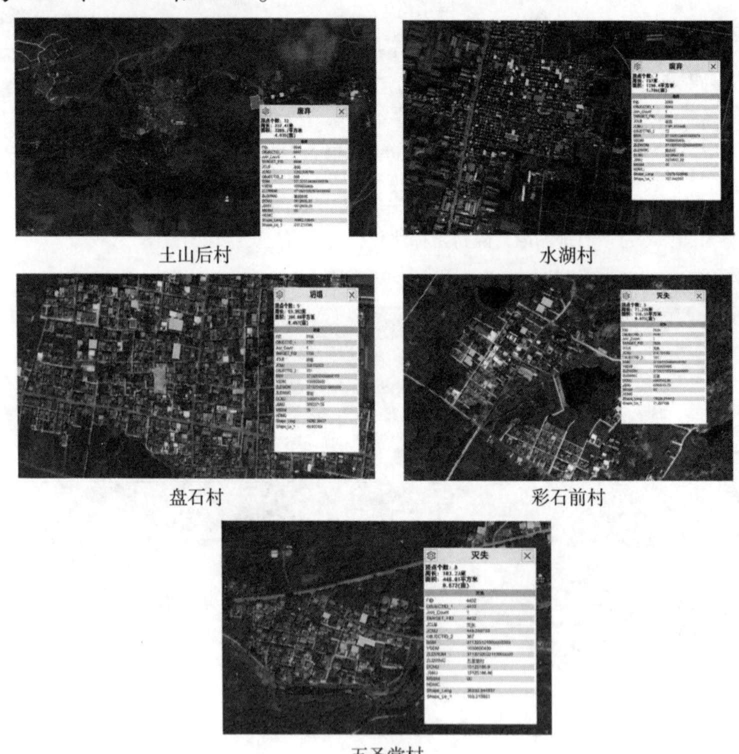

图 6-4 闲置宅基地结果核验村庄

经识别与数据核验后发现，费县闲置宅基地的总面积数约为 6293.93 亩，其中废弃类闲置宅基地 2828.02 亩，占闲置总面积的 44.93%；灭失类闲置宅基地 3050.82 亩，占闲置总面积的 48.47%；坍塌类闲置宅基地 415.09 亩，占比 6.6%（见图 6－5）。

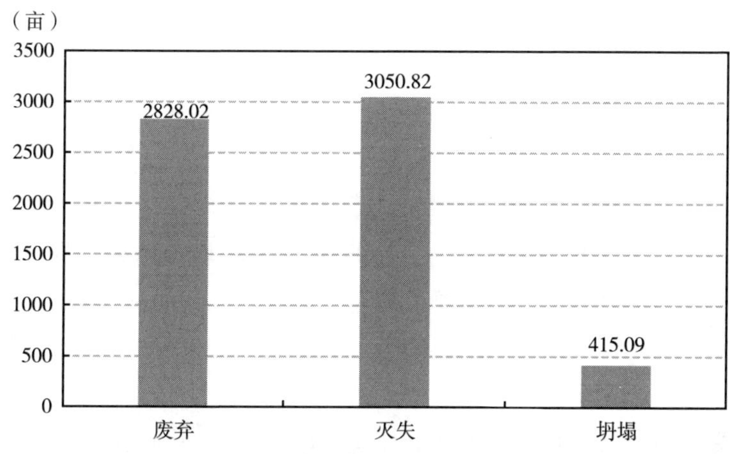

图 6－5　费县闲置宅基地数量及分类

在受调查的 389 个村庄中，新安岭村的闲置宅基地面积最大，达到 181.38 亩，且全部为灭失类闲置宅基地，占该村所有宅基地面积的 96.69%。而费城街道的杨家安村的闲置宅基地面积最小，仅有 0.31 亩，占其全部宅基地面积的 3.11%。在闲置宅基地面积占村庄宅基地总面积百分比中，有 77.63% 的村庄闲置宅基地比例在 5% 以下，20.82% 的村庄闲置宅基地比例在 5%～15%，闲置比例超过 15% 的村庄仅有 6 个。

（二）生态产品价值实现适宜性评价

为了有效集约利用土地，防止建设用地无序扩张，保障基本生态安全，将“一户两宅”“一户多宅”等不合法不合理的宅基地整治成为可使用的土地资源迫在眉睫。本研究对费县农村闲置宅基地生态产品价值实现进行适宜性评价，主要是从其生态产品价值实现的具体方向与类型出发进行有关评价指标体系的筛选，具体包括发展民宿、复垦为耕地、复垦为林地、发展光伏、发展庭院经济以及其他六种利用类型。对应的评价指标包括宅基地类别、邻近旅游村距离、邻近要素地、邻近耕地或林地距离、邻近道路距离、坡度这六项内容。以此为筛选依据，对费县闲置宅基地进行分类处理。其中，符合“废弃宅基地”+“邻近旅游村距离小于500米”筛选标准的宅基地优先发展为民宿；符合“邻近要素地为耕地”+“邻近耕地距离小于10米”+“坡度小于15度”筛选标准的宅基地优先复垦为耕地，符合“邻近要素地为林地”+“邻近林地距离在10米以内”筛选标准的宅基地优先复垦为林地；符合“邻近道路距离在100米以内”筛选标准的宅基地优先发展光伏；符合“废弃宅基地”的筛选标准，但邻近旅游村距离大于500米的宅基地可以适当发展庭院经济；不符合上述四种利用类型要求的宅基地可发展其他利用类型，如生态养殖种植、森林果树、“食物森林”“社区花园”“家门口的绿色田园”等形式。

对于同时符合多种利用类型的地块，根据宅基地利用的适宜性，按照“民宿 > 复垦为耕地/复垦为林地 > 光伏 > 庭院经济 > 其他利用类型”的优先级顺序排列（见表6－1）。

表6－1　　闲置宅基地适宜性评价指标体系

生态产品价值实现类型	评价指标	具体要求
发展民宿	宅基地类别	类别为“废弃”
	邻近旅游村距离	小于500米
复垦为耕地	邻近要素地	耕地
	邻近耕地距离	小于10米
	坡度	小于15度
复垦为林地	邻近要素地	林地
	邻近林地距离	小于10米
发展光伏	邻近道路距离	小于100米
发展庭院经济	宅基地类别	类别为“废弃”
	邻近旅游村距离	大于500米
其他利用类型	均不符合上述要求	均不符合上述要求

设置好筛选标准并确定宅基地利用类型的优先级后，计算每一类利用形式的地块总面积。为避免利用类型面积求和重合，以“开头是民宿/复垦为耕地/复垦为林地/光伏大/庭院经济/其他利用类型”为依据，运用 SUBTOTAL 函数分类别求和记录，最后求和全部宅基地面积验证结果。经计算，费县闲置宅基地面积共计 4195950. 7 平方米，其中，适宜发展为民宿的闲置宅基地共计 205372. 9 平方米，适宜复垦为耕地的闲置宅基地共计 691647. 2 平方米，适宜复垦为林地的闲置宅基地共计 1061305. 2 平方米，适宜发展光伏的闲置宅基地共计 179054. 0 平方米，适宜发展庭院经济的闲置宅基地共计 991416. 2 平方米，适宜发展生态养殖种植、森林果树等其他利用类型的闲置宅基地共计 1067155. 2 平方米。

为便于确定各类型的单位面积生态服务价值当量，本研究将所涉及的闲置宅基地利用类型分别与耕地、林地、园地和其他利用类型的地类进行对应，并通过文献检索分别确定每一地类单位面积的生态服务价值当量。其中，耕地、林地和其他利用类型的价值当量标准来源于文献《基于价值评估的环渤海地区生境质量时空演变与驱动力分析》，园地的价值当量标准则来源于文献《山地城市园地时空变化及对生态服务价值的影响》。此外，光伏类的价值当量标准是基于文献《农光互补电站的生态产品价值核算—以正泰江山 200MW 农光互补电站为例》所得；而民宿的价值当量指标基于对费县实地调研的情况估算所得。为方便后续计算统计，以上各类型的单位面积生态服务价值当量均转化为“元/平方米”单位。经整理归纳，费县闲置宅基地各利用类型的单位面积生态服务价值当量如下：复垦成耕地为 1. 18 元/平方米，复垦成林地为 6. 89 元/平方米，发展民宿为 500 元/平方米，发展光伏为 3790 元/平方米，发展庭院经济为 1. 9 元/平方米，其他利用类型为 0. 06 元/平方米。结合前述识别出的各利用类型的闲置宅基地面积数据，相乘可得费县闲置宅基地各利用类型下的生态服务价值总量，经计算可得：复垦成耕地的价值总量为 816143. 74 元，复垦成林地的价值总量为 7312392. 51 元，发展民宿类的价值总量为 102686426. 8 元，发展光伏的价值总量为 678614812. 9 元，发展庭院经济类的价值总量为 1883690. 86 元，其他利用类型的价值总量为 64029. 31 元。

表 6－2　不同地类单位面积服务价值当量　单位：元/平方米

耕地	林地	民宿	光伏	庭院经济	其他利用类型
1.18	6.89	500	3790	1.9	0.06

注：耕地、林地和其他利用类型指标来源于《基于价值评估的环渤海地区生境质量时空演变与驱动力分析》[①]表2；民宿指标基于实地调研估算所得；光伏指标基于《农光互补电站的生态产品价值核算——以正泰江山200 MW农光互补电站为例》[②]；庭院经济指标基于《山地城市园地时空变化及对生态服务价值的影响》[③]

资料来源：①鲁雅兰，徐文斌，黄执美，等．基于价值评估的环渤海地区生境质量时空演变与驱动力分析［J］．西南林业大学学报（自然科学），2024，44（1）：67－78．②宇帆，金建峰，丁倩，等．农光互补电站的生态产品价值核算——以正泰江山200 MW农光互补电站为例［J］．农业资源与环境学报，2024，41（1）：197－211．③韩会庆，罗绪强，蔡广鹏．山地城市园地时空变化及对生态服务价值的影响［J］．南京林业大学学报（自然科学版），2017，41（1）：103－108．

同样，以村庄为单位可计算出每个村庄闲置宅基地各利用类型的生态服务价值总量，结果显示：费县389个村级单位中，有26个村庄价值总量大于1000万元，占比6.68%，主要分布在费县的北部和西南部，其中价值总量最大的三个村分别为东蒙（6145.79万元）、兴国庄村（3193.64万元）和齐鲁地（2180.85万元）；有86个村庄的生态服务价值总量介于100万～1000万元，占比22.11%，主要分布在梁邱镇、东蒙镇、石井镇和薛庄镇等地；有38个村的生态服务价值总量介于10万～100万元，占比9.77%；有148个村的生态服务价值总量介于1万～10万元，占比38.05%；此外，还有91个村的生态服务价值总量低于1万元，占比23.39%，价值总量最小的三个村分别为新时代社区（15.19元）、福源社区（36.87元）以及温泉村（56.95元）。

根据费县生态产品价值实现适宜性评价与生态服务价值的测算结果，借鉴学习重庆地票模式，费县政府应充分调动农户参与积极性，大力引入社会资本投入，鼓励农户对农村闲置的大量宅基地进行耕地、林地复垦，经自然资源主管部门进行复垦验收，纳入费县生态资源转化赋能中心的交易平台进行生态碳汇交易；邻近旅游景区的闲置宅基地开发为生态民宿，改善村庄景观的同时增加村民资产性收益；邻近道路的闲置宅基地借助生态光伏工程，为新能源利用提供重要场所；同时充分利用农村闲置宅基地发展庭院经济，打造精致“微田园、微菜园、微果园”，提供闲置宅基地的利用率，营造了人在景中、景在村中、村在画中的生态宜居幸福乡村美景。费县的研究结果显示了闲置宅基地生态产品价值实现的巨大潜力，为推动山东省加快实现闲置宅基地的盘活利用助力乡村振兴提供了新引擎。

五、农村闲置宅基地生态价值实现面临的挑战

（一）生态环境破坏风险

在农村闲置宅基地生态价值实现过程中，必然涉及土地开发和利用，这可能对当地的生态环境造成多方面的破坏。首先，土地开发活动，如树木砍伐、草地清理和自然植被的移除，都会直接破坏当地的植被。这种破坏会对生态系统的完整性产生负面影响，进一步引发土壤侵蚀和水土流失等问题。其次，土地开发过程中使用的建设材料、废弃物和污染物可能渗入地下水或径流到地表水体中，导致水资源污染，这不仅会影响当地居民的生活用水安全，还会对水生生态系统造成破坏。最后，在土地开发过程中，大量使用的化学肥料、农药和其他化学品可能残留在土壤中，破坏土壤结构和土壤微生物群落，降低土壤的自然恢复能力。此外，一些建筑废弃物和工业废料的随意堆放和填埋，也可能导致土地重金属污染和其他有害物质的积累，进一步威胁当地的农业生产和生态环境。

为此，首先应提前进行详尽的生态环境影响评估，以全面了解开发活动可能对环境产生的负面影响。评估内容包括土壤、植被、水资源及生物多样性的现状与变化趋势。其次，应制定并实施有效的生态保护措施并建立持续的环境监测机制，通过定期监测生态环境的变化，及时调整开发策略，以减少负面影响。监测内容应包括土壤质量、水质、植被覆盖率等，确保生态保护措施的有效实施。通过以上措施，可以有效降低生态环境破坏风险，确保有关闲置宅基地的复垦再利用项目在实现经济效益的同时，维护并提升当地的生态环境质量。

（二）投资回报与市场风险

本书潜在的投资回报与市场风险主要体现在三个方面。第一，项目可能面临投资回报不足的风险，这主要源于市场需求的不确定性和项目自身的经济效益不确定性。因此，在项目启动前，必须进行详尽的经济可行性分析，确保项目的经济回报合理。这包括评估项目的潜在收益、投资成本以及回报周期，制定详细的财务计划，以确保投资的合理性和可行性。第二，为了降低投资风险，应探索多元化的资金来源。除依靠政府外，还应积极引入社会资本和绿色金融产品。例如，可以通过公私合作模式（PPP）吸引社会资本参与项目建设和运营。此外，绿色金融产品如绿色债券和绿色基金等也可以为项目提供稳定的资金支持，降低融资风险。同时，建立合理的收益分配机制，确保各利益相关方能够从项目中受益，以激励其积极参与和支持项目。第三，市场风险主要体现在生态产品的市场需求不稳定上。为应对这一风险，应深入分析生态产品的市场需求，明确市场定位和目标客户群体。可以通过市场调研等方法，了解市场需求的动态变化，并提高生态产品的市场认知度和接受度。通过建设生态产品交易平台，促进供需对接，提高市场交易效率。

（三）社会参与和矛盾冲突风险

首先，复垦区域的农户可能对项目缺乏理解和支持，从而影响项目的顺利实施。为此，项目团队应通过多种形式的宣传与教育，提高农户对项目的认识和理解。例如，可以通过多元方式，向农户介绍项目的目标、内容和预期收益，消除其疑虑，增强其参与的积极性。其次，确保农户在项目决策和实施过程中的参与，是增强其参与感和归属感的关键。应建立利益相关方参与机制，让农户在项目规划、设计和实施过程中有充分的发言权和决策权。通过广泛参与提高项目的透明度和公信力，促进农户对项目的认同和支持。同时，建立利益共享机制，确保农户能够从项目中受益。例如，通过就业机会、利益分红、基础设施改善等方式，增强农户的获得感和幸福感，激发其支持和参与项目的积极性。最后，项目实施过程中可能引发土地纠纷、利益冲突等社会矛盾。为预防和化解这些矛盾，应提前进行详细的社会调查，了解并解决潜在的矛盾和问题。例如，通过与村委会、村民代表等进行沟通，了解其核心关切和主要诉求，制定针对性解决方案。此外，建立有关利益调解机制，通过协商和谈判解决利益冲突，确保项目顺利推进。严格遵守相关法律法规，确保项目在合法合规的基础上实施，减少社会矛盾。

六、闲置宅基地生态产品价值实现的对策建议

（一）建立闲置宅基地调查监测与评价机制

一是推进农村闲置宅基地确权登记。健全闲置宅基地确权登记制度规范，有序推进统一确权登记，清晰界定闲置宅基地资产产权主体，划清所有权和使用权边界。丰富闲置宅基地使用权类型，合理界定出让、转让、出租、抵押、入股等权责归属，依托闲置宅基地统一确权登记明确生态产品权责归属。

二是开展农村闲置宅基地信息普查。基于现有农村宅基地调查监测体系，利用网格化监测手段，开展闲置宅基地基础信息调查，摸清各类闲置宅基地数量、质量等底数，形成闲置宅基地目录清单。建立闲置宅基地动态监测制度，及时跟踪掌握闲置宅基地数量分布、质量等级、功能特点、权益归属、保护和开发利用情况等信息，建立开放共享的闲置宅基地生态产品信息云平台。

三是建立农村闲置宅基地生态产品价值实现评价体系。针对农村闲置宅基地生态产品价值实现的不同路径，探索构建以行政村为基本单元的闲置宅基地生态产品价值评价体系。考虑闲置宅基地不同类型生态系统功能属性，体现闲置宅基地转换为生态产品数量和质量，建立覆盖省—市—县—村各级行政区域的闲置宅基地生态产品总值统计制度。考虑不同类型闲置宅基地转换为生态产品的商品属性，建立闲置宅基地生态产品市场交易供

需关系的价格形成机制。

四是制定农村闲置宅基地生态产品价值核算规范。鼓励各县域先行开展以闲置宅基地生态产品实物量为重点的生态价值核算，再通过市场交易、经济补偿等手段，探索闲置宅基地不同类型生态产品经济价值核算，制定生态产品价值核算规范，明确生态产品价值核算指标体系、具体算法、数据来源和统计口径等，制定闲置宅基地转换不同类型生态产品价值核算标准。

五是推进农村闲置宅基地生态产品供需精准对接。推动农村闲置宅基地生态产品交易中心建设，由政府组织开展农村闲置宅基地生态产品线上云交易、云招商，推进农村闲置宅基地生态产品供给方与需求方、资源方与投资方高效对接。通过互联网等渠道，加大农村闲置宅基地生态产品宣传推介力度，提升生态产品的社会关注度，扩大经营开发收益和市场份额。加强和规范农村闲置宅基地交易平台管理，发挥交易平台资源、渠道优势，推进更多优质农村闲置宅基地生态产品以便捷的渠道和方式开展交易。

（二）健全闲置宅基地生态产品价值实现保障机制

一是加强各级政府组织领导。按照中央统筹、省负总责、市县抓落实的总体要求，建立健全闲置宅基地生态产品价值实现统筹协调机制，加大农村闲置宅基地生态产品价值实现工作推进力度。政府领导统筹协调各有关部门和单位按职责分工，制定完善相关配套政策制度，形成协同推进农村闲置宅基地生态产品价值实现的整体合力。地方各级党委和政府要充分认识建立健全农村闲置宅基地生态产品价值实现机制的重要意义，采取有力措施，确保各项政策制度精准落实。

二是推进农村闲置宅基地生态产品价值实现试点示范。省级政府层面统筹抓好各县区农村闲置宅基地生态产品价值实现试点示范工作，重点在农村闲置宅基地生态产品价值核算、供需精准对接、可持续经营开发、评估考核等方面开展实践探索。鼓励各级县区先行先试，并及时总结省内外成功经验，加强宣传推广，打造一批农村闲置宅基地生态产品价值实现机制示范基地。

三是强化生态产品价值实现智力支撑。依托高等学校和科研机构，加强对农村闲置宅基地生态产品价值实现机制改革创新的研究，强化相关专业建设和人才培养，培育跨领域跨学科的高端智库。组织召开学术研讨会、经验交流论坛，开展生态产品价值实现省外、省内跨区域合作。

四是建立农村闲置宅基地生态产品价值实现利益导向机制。探索构建覆盖企业、社会组织和个人的生态积分体系，依据农村闲置宅基地生态产品价值实现贡献赋予相应积分，并根据积分情况提供农村闲置宅基地生态产品价值实现优惠服务和金融服务。引导各地建立多元化资金投入机制，鼓励社会组织建立农村闲置宅基地生态产品价值实现公益基金，合力推进农村闲置宅基地生态产品价值实现，在符合相关法律法规基础上探索规范用地供给，服务于农村闲置宅基地生态产品价值实现可持续经营开发。

五是加大农村闲置宅基地生态产品价值实现金融支持力度。鼓励企业和个人依法依规开展农村闲置宅基地生态产品使用权抵押、产品订单抵押等绿色信贷业务，探索“农村闲置宅基地生态产品权益抵押 + 项目贷”模式，支持区域内农村闲置宅基地生态产品发展。在具备条件的地区探索农村闲置宅基地生态产品贷等金融产品创新，以收储、托管等形式进行资本融资，用于农村产业发展、乡村休闲旅游开发等。鼓励银行机构按照市场化、法治化原则，创新农村闲置宅基地生态产品金融产品和服务，加大对农村闲置宅基地生态产品经营开发主体中长期贷款支持力度，合理降低融资成本，提升金融服务质效。鼓励政府性融资担保机构为符合条件的农村闲置宅基地生态产品经营开发主体提供融资担保服务。探索农村闲置宅基地生态产品资产证券化路径和模式。

六是创新农村闲置宅基地生态产品市场交易机制。不断创造对生态产品的交易需求，引导和激励利益相关方开展交易。通过制定耕地占补平衡和森林覆盖率等指标，以市场化方式实现复垦后宅基地的生态价值。这不仅有助于维护生态平衡，还通过市场机制激发了对生态产品的需求，推动了生态产业的发展。将分散的复垦后宅基地的使用权或经营权进行集中流转和专业化运营。通过与各地独特的自然资源、历史文化资源等相结合，发展生态旅游、生态农业等绿色产业，将生态产品的价值转化为可以直接市场交易的商品价值。这种集中流转和专业化运营的模式不仅提高了土地利用效率，还创造了更多就业机会，推动了当地经济的可持续增长。通过巧妙整合资源，这一策略在激活市场需求的同时，也促进了农村经济的多元化发展。明确地票收益归农，地票价款扣除复垦成本后的收益，由农户与农村集体经济组织按照一定比例进行分配，同时，对复垦为耕地和林地的地票，实行无差异化交易和使用，并统筹占补平衡管理，确保复垦前后的土地权利主体不变、所获收益相同，保障复垦主体的权益。此外也应加强农业主体的风险防范培训。通过培训提高农业主体对市场波动的防范意识，帮助其更好地应对市场变化，推动农业经济的可持续增长。同时，鼓励农业主体尝试新型经营模式。政府要通过财政扶持和政策激励，鼓励农业主体尝试新型经营模式，推动农业由传统向现代转变，提高产业的可持续性。

（三）创新闲置宅基地生态产品价值实现路径

在城乡发展进程中，闲置宅基地的合理利用是提高土地资源利用效率、促进农村经济发展和改善生态环境的重要途径。根据费县自动识别出的废弃型、灭失型和坍陷型三种闲置宅基地类型，山东省各地区闲置宅基地盘活利用的实践经验，研究提出以下五类闲置宅基地生态产品价值实现路径。

一是废弃型闲置宅基地发展为生态民宿。生态民宿是一种既能盘活废弃的宅基地资源并改善乡村环境面貌，又能促进乡村旅游和经济发展的有效途径，真正实现闲置宅基地的生态与经济的双重效益。随着社会经济的发展和人们生活水平的提高，乡村旅游已成为现代人追求休闲、度假和放松身心的重要方式。废弃型闲置宅基地上通常有完整的房屋，通过对这些旧房屋进行翻新或修缮，在保持原有的建筑风格和历史文化特色的基础上，增添现代化的生活设施，将其改造成兼具现代性与地方性的特色民宿。这不仅可以有效利用废弃的房屋资源，还能为游客提供独特的住宿体验，促进当地旅游业的发展。相比于传统的旅游形式，现代人对乡村旅游消费的新需求更加多样化和深层次，涵盖了对优美自然景观的欣赏、对文化体验的深入追求以及对健康和生态环境的关注。因此，在基本民宿服务的基础上，结合当地自然景观和生态资源，推出乡村生态旅游项目以增加相关旅游产业的附加值。如徒步旅行、果蔬采摘、农事体验等活动，提升民宿的吸引力，使其成为游客休闲度假的理想选择。此外，还可以将民宿的住宿生活功能与文化体验服务相结合。如可以组织游客参与传统手工艺制作、当地美食烹饪等活动，使游客在享受美景的同时也能深入了解当地的文化和生活方式。

二是规模化闲置宅基地复垦为耕地或林地。该利用类型是实现土地资源合理利用、促进农业和生态发展的重要措施。一方面，将邻近要素地类别为耕地的闲置宅基地复垦为耕地，进行农业种植。这不仅可以增加耕地面积，提高土地利用率，还能种植经济作物或粮食作物，提高农业生产效率并增加农民的收入。另一方面，将邻近要素地类别为林地的闲置宅基地复垦为林地，进行生态林业建设。种植速生林或经济林，不仅可以提供木材或其他林产品的经济收益，还能改善生态环境，提高区域的生态承载能力。此外，还可以发展园艺种植，即利用复垦后的土地种植花卉、药材等高附加值作物，满足市场需求，同时带动相关产业的发展，增加农民的收入。

三是零散型闲置宅基地发展为庭院经济。在原有闲置房屋和院落的基础上发展庭院经济，该利用类型既能提高土地利用效率，又能促进生态农业和家庭经济发展。庭院经济以房屋及其周围院落为载体，进行生态养殖与种植活动。因此，该利用类型只有废弃型闲置宅基地符合相关条件。具体而言，首先可以在闲置宅基地的院落中发展种植业。利用院落空间种植蔬菜、果树、花卉等，不仅可以满足家庭的生活需求，还能将多余的产品出售，增加家庭收入。其次，可以在院落中发展养殖业。例如，养殖家禽、家畜或水产，不仅可以提供家庭的肉、蛋、奶等生活必需品，还能将多余的产品出售，增加经济收益。此外，还可以在院落中进行综合利用。例如，将种植业和养殖业结合起来，形成种养结合的生态农业模式，实现资源的循环利用，提高农业生产的综合效益。

四是灭失类闲置宅基地发展生态光伏。在闲置宅基地上发展光伏产业，这是一种既能利用闲置土地资源，又能促进清洁能源发展的有效途径。这一利用类型适用于废弃型、灭失型和坍陷型三种闲置宅基地类型。首先，可以在闲置宅基地上建设光伏小型发电站。利用太阳能资源进行发电，不仅可以为当地提供清洁能源，减少对传统能源的依赖，还能将多余的电力出售，增加经济收益。其次，可以将光伏发电与农业结合起来，发展“农光互补”模式。例如，在闲置宅基地上建设光伏板的同时，进行农业种植，实现光伏发电和农业生产的双重收益。最后，还可以将光伏发电与农村扶贫结合起来。例如，通过光伏扶贫项目，为贫困家庭提供光伏设备，帮助他们利用闲置宅基地进行光伏发电，增加收入，改善生活条件。通过以上措施，不仅可以实现闲置宅基地的有效利用，还能促进清洁能源的发展，提高农村的整体发展水平。

五是闲置宅基地利用的生态新模式。除了上述几种利用类型外，还可以探索一些其他新型利用模式，如“乡村花园”“食物森林”等。乡村花园是一种乡村绿化和乡村精神文明建设相结合的重要形式，能够美化环境、增强村庄凝聚力，并为村民提供种植、休闲和交流社交的空间，可根据闲置宅基地的面积和地理位置，设计合理的乡村花园规划，包括花坛、菜园、休闲区和步道等，并动员村庄农户参与乡村花园的建设和维护工作，形成村民自主管理机制。食物森林作为一种模仿自然生态系统的农业模式，通过种植多种食用植物，形成一个自给自足的生态系统，通过设计食物森林的生态结构，包括乔木、灌木、草本植物和菌类等多层次的种植方案，可定期组织生态农业培训和自然教育活动，以实现生态效应与社会服务。这些新型利用模式不仅可以提高闲置宅基地的利用效率，还能满足村民和社会公众对绿色空间和生态环境的需求，促进生态环境改善与村民生活质量的提高。

第七章

加速打造人才“引擎”：乡村振兴人才队伍建设案例分析

唐贵瑶　林丛丛　屠　羽　胡冬青*

一、引言

实施乡村振兴战略，是党的十九大作出的重大决策部署，是决战全面建成小康社会、全面建设社会主义现代化国家的重大历史任务，是新时代“三农”工作的总抓手。乡村振兴关键在人。2024 年中央一号文件《中共中央 国务院关于学习运用“千村示范、万村整治”工程经验有力有效推进乡村全面振兴的意见》明确提出“壮大乡村人才队伍”，强调乡村人才队伍建设是有效推进乡村全面振兴的重要支撑。目前，乡村人才队伍建设面临人才总量少、招才引智难、培训资源少、发展空间小等问题。为有效激发乡村社会的内生动力，需要打造吸引力强、发展空间广阔的乡村人才

* 唐贵瑶，山东大学管理学院副院长、教授，山东省人才发展战略研究院执行院长，研究方向为战略人力资源管理、人才管理；林丛丛，山东省人才发展战略研究院助理研究员，研究方向为人才管理；屠羽，山东大学管理学院助理教授，研究方向为人力资源管理；胡冬青，山东省人才发展战略研究院助理研究员，研究方向为人才管理。

生态。山东省作为农业、人口大省，拥有丰富的农业资源和庞大的人口基数，近年来在引才、育才、用才上下功夫，强化本土人才培育、城市人才下乡和专业人才服务乡村发展，支持各类人才在乡村振兴中施展才华、建功立业，为打造乡村振兴齐鲁样板提供坚强的人才支撑。

为进一步做好新时代乡村人才工作，本课题组通过文本研究、实地调研、发放调查问卷及组织座谈会等形式，从山东省乡村振兴总体现状和重点案例两方面入手，深入分析了乡村振兴人才队伍建设的现状及成效、存在的问题及原因，并提出涵养人才生态的合理化建议，为全链条破除人才“引”“用”“育”“留”方面的体制机制障碍，让各类人才在乡村沃土会聚扎根，推动乡村建设提档升级，加快共同富裕先行区建设提供有益参考。

二、乡村振兴人才工作总体现状

在新时代的背景下，乡村振兴战略作为国家发展的重要方针，旨在推动农村经济、社会和文化的全面进步。人才是实现这一战略的关键要素，乡村振兴的成功与否在很大程度上依赖于高素质人才的引进与培养。自2018 年中央政府首次提出乡村振兴战略以来，不断加强政策引领，山东省政府积极响应，不断致力制度创新，完善乡村人才振兴政策体系，旨在加强乡村人才队伍建设，推动各类人才投身乡村发展。

（一）探索起步阶段

2018 年 2 月，中共中央、国务院发布《关于实施乡村振兴战略的意见》，强调要广泛汇聚各方人才投身乡村振兴，为乡村发展提供强大的人力支撑，推动乡村在经济、社会、文化等多领域实现全面进步。2018 年 8 月，山东省人力资源和社会保障厅发布《推进乡村人才振兴若干措施》，聚焦乡村人才短缺，出台“雁归兴乡”“乡村振兴合伙人”等措施。2020 年 1 月，农业农村部印发《农业农村部关于落实党中央、国务院 2020 年农业农村重点工作部署的实施意见》，提出要加强农村实用人才带头人培养示范，实施高素质农民培育计划，开展农村实用人才带头人和大学生村官示范培训。2020 年 11 月，教育部印发《关于做好直属高校服务乡村振兴战略实施工作的通知》，引导直属高校在人才培养、科技支撑、文化传承创新等方面为乡村振兴提供支持。

（二）快速发展阶段

2021 年 2 月，中共中央办公厅、国务院办公厅印发《关于加快推进乡村人才振兴的意见》，明确提出加快培养农业生产经营、农村二三产业发展、乡村公共服务、乡村治理、农业农村科技等各类乡村振兴人才，为全面推进乡村振兴、加快农业农村现代化提供有力人才支撑。2021 年 5 月，山东省农业农村厅发布《山东省乡村振兴促进条例》，强调各级政府要建立乡村振兴人才绿色通道，为乡村振兴人才的落户、生活居留、子女入学、社会保障等方面提供便利。2021 年 11 月，人力资源社会保障部、国家乡村振兴局印发《国家乡村振兴重点帮扶地区职业技能提升工程实施方案》，聚焦国家乡村振兴重点帮扶地区，加强职业技能培训，提高当地劳动力素质和就业能力，培养适应乡村产业发展和乡村建设需要的技能人才，通过提升人才的职业技能水平，促进就业创业，助力乡村振兴。2022 年 4 月，山东省政府新闻办召开新闻发布会，解读山东省职业技能培训有关政策，强调山东省实施百万职业农民技能提升计划，每年培训农民 80 多万人次。2022 年 7 月，农业农村部印发《“十四五”农业农村人才队伍建设发展规划》，明确“十四五”时期农业农村人才队伍建设的总体要求、主要目标、重点任务和保障措施，强调培养农业生产经营人才、农村二三产业发展人才、乡村公共服务人才、乡村治理人才、农业农村科技人才等，为全面推进乡村振兴提供有力人才支撑。山东省“十四五”人才发展规划中强调培育高素质乡村振兴人才队伍，具体包括培养农业生产经营人才、农村二三产业发展人才、乡村公共服务人才、乡村治理人才、农业科技人才等。

（三）全面推进阶段

2023年3月，农业农村部发布《关于开展2023年农业现代化示范区创建工作的通知》。通过吸引和培养各类农业人才，包括农业技术专家、经营管理人才等，推动农业科技创新和成果转化应用。2023年7月，教育部等部门发布《关于推进乡村教育振兴的若干意见》，强调要加强乡村教师队伍建设，采取多种措施提高乡村教师的待遇和职业发展空间，吸引更多优秀人才投身乡村教育。2023年8月，山东省发展和改革委员会发布《山东省全面推进乡村振兴规划（2023－2027年）》，强调要育好用好本土人才，优化乡村人才发展环境。2024年2月，中共中央办公厅、国务院办公厅印发的《关于加快推进乡村人才振兴的意见》（继续有效）再次强调实施乡村振兴人才支持计划，加大乡村本土人才培养，有序引导城市各类专业技术人才下乡服务，全面提高农民综合素质，凸显了深入实施乡村振兴人才支持计划的重要性和紧迫性。2024年2月，2024年中央一号文件公布，进一步强调了人才培养对乡村振兴的重要意义，并为推进乡村全面振兴提供了路线图。2024年7月，中共中央组织部等多部门印发《关于加强乡村振兴人才支持若干措施的通知》，聚焦乡村振兴人才发展，提出一系列支持举措，包括加大人才引进力度、完善人才培养体系、优化人才发展环境等，旨在为乡村全面振兴提供坚实的人才保障。

三、乡村振兴人才工作的挑战与机遇

在全面推进乡村振兴战略的大背景下，人才工作成为推动乡村发展的关键因素。然而，乡村振兴人才工作面临着一系列挑战与机遇。一方面，乡村地区普遍存在人才流失严重、专业技能人才缺乏、人才结构不合理等问题，这些问题严重制约了乡村经济的发展和社会的进步。另一方面，随着国家政策的倾斜和乡村基础设施的改善，乡村地区对于人才的吸引力逐渐增强，为人才工作提供了新的机遇。山东省作为农业、人口大省，是乡村人才振兴的重点区域，如何有效应对挑战、抓住机遇，构建适应乡村振兴需要的人才体系，是当前打造乡村振兴齐鲁样板亟待解决的问题。

（一）人才队伍建设的挑战

1. 人才总量不足与人才队伍结构失衡

由于农业农村人才需求大和培养周期长的现实矛盾，山东省呈现出农业农村人才总量不足、人才队伍结构失衡等问题。尤其表现在青年人才队伍短缺，年轻劳动力大量外流至城市，导致返乡从事农业生产的人才稀缺。研究显示，15～39 岁的年轻人在乡村的常住比例不足 30%，这已成为乡村振兴战略实施的瓶颈①。此外，乡村人才结构失衡，缺乏具备实际操作能力、专业技能和管理能力的人才。随着资深农业技术人员的退休，新加入的员工往往专业背景与农业关联度低，农业技术研究和推广能力不足，进一步加剧了人才短缺的问题。

2. 公共服务供给与人才需求的不匹配

山东省在推进乡村振兴战略的过程中，公共服务供给与人才需求之间存在一定的不匹配问题。一方面，乡村地区的教育、医疗、文化等公共服务水平有待提升，以满足居民日益增长的美好生活需要。另一方面，乡村人才供给不足，教师队伍建设方面，愿意到农村任教的高校毕业生比例不高，且乡村教师流失严重，导致农村学校成为青年教师的临时工作站。医疗人才方面，乡村医疗队伍的整体素质需要提高，以满足乡村居民的健康需求，这限制了乡村经济社会发展的步伐。

3. 人才流失与乡村发展需求的矛盾

城乡之间在人口、经济、社会福利等方面存在显著差异，导致具备专业技能的年轻劳动力倾向于流向城市，造成乡村人才资源的流失。研究显

① 年轻人比例低于30%！乡村“空心化”困境如何化解?［EB/OL］. 上观新闻，2023－09－21.

示，农村地区高学历人才的持续外流，使得乡村缺乏发展所需的新鲜血液。许多年轻人选择离开乡村前往城市寻求发展机会，导致乡村地区人才总量不足，虽然我国在培养农村科技创新人才方面取得了进展，但提升潜力巨大。同时，乡村在管理人才方面也面临严重短缺，特别是对于能够推动产业升级的生产经营型管理人才的需求远远得不到满足。

4. 乡村创新环境与人才发展的制约

山东省一些乡村地区存在对现状的满足和对传统的依赖，这限制了人才来源的拓宽和人才效能的激活。部分地区村民仍然坚持自给自足的生活方式，对新观念和新做法持保守态度，限制了优秀人才的作用发挥。同时，村民对外部人才的先进经验持怀疑态度，导致人才对乡村的改变在思维观念的博弈中处于被动状态。

（二）人才队伍建设的机遇

1. 政策支持与顶层设计的加强

近年来，国家出台了多项乡村人才振兴政策，强调人才培养对乡村振兴的重要性。这些政策为各地区乡村人才队伍建设提供了制度保障，促进了各类人才的有效参与，拓宽了乡村人才来源。例如，《“十四五”农业农村人才队伍建设发展规划》明确提出要加大乡村本土人才培养，鼓励城市各类专业技术人才下乡服务，从而提升农民的综合素质。山东省“十四五”人才发展规划中提到把乡村人力资本开发放在打造乡村人才振兴齐鲁样板的首要位置。

2. 城乡融合发展带来的新机遇

在城乡融合发展的背景下，乡村人才振兴的关键在于构建城乡人口、土地、资本、技术等要素的有效联结机制。通过推动城市优质要素，尤其是人才资源持续进入乡村，能够与乡村的劳动力、土地、生态资源等有机融合，形成乡村振兴的资源禀赋优势。这种融合不仅有助于提升乡村的整体发展水平，也为人才的引入和留存创造了良好的环境。

3. 新型职业农民培育支持增加

随着乡村振兴战略的深入推进，新型职业农民——“新农人”的培育成为重要的任务。通过技能培训和政策激励，可以激发留守农民的自主创业和自我发展动力，将其培养成为乡村振兴的中坚力量。此外，国家鼓励返乡创业，预计到2025年将培育100万名农村创业带头人，进一步推动乡村经济的发展。例如，山东省实施高素质农民培育计划，按省市县分层分类开展，省级主抓各类带头人示范性培训，市县重点抓好区域性培训，各级要按需求、按产业、按人员分类开办相应培训班次，统筹推进生产技能、产业发展、乡村建设人才培育。

4. 乡村发展社会环境不断改善

随着乡村基础设施和公共服务的不断改善，乡村的生活条件逐步提升，为人才的引入和留存创造了良好的环境。山东省实施了农村人居环境整治提升五年行动，加强村庄公共空间整治，持续开展村庄清洁行动，推动农村生活垃圾治理和厕所革命，让良好生态成为乡村振兴的支撑点。通过提供创业支持、增加就业岗位、缩小城乡公共服务差距等措施，能够吸引更多优秀人才扎根乡村，参与乡村振兴的建设。

四、乡村振兴人才队伍建设的典型案例分析

打造乡村振兴齐鲁样板，是习近平总书记赋予山东的重大政治任务。2024年5月，总书记对山东全面推进乡村振兴提出新要求。其中，人才振兴是乡村振兴的关键所在，加强乡村人才队伍建设是推进乡村全面振兴的题中应有之义。针对当前农村发展中缺人才的问题，加强乡村人才队伍建设，对助力乡村振兴各项事业的深层次发展具有重要意义。近年来，山东威海、潍坊、临沂等在乡村振兴人才队伍建设方面取得了亮眼的成绩，构建了一支高端引领、实用支撑的人才队伍，促进了乡村经济、治理和文化发展。本部分以威海“首席专家制度”、潍坊寿光“新农人”、临沂“四

雁人才工程”为案例，分析了乡村振兴人才队伍建设的主要探索、现状成效及问题，并提出了合理化建议，旨在进一步优化乡村人才生态，解决人才引进、使用、培养和留存难题，为乡村全面振兴和共同富裕先行区建设提供有力支持，为推动乡村振兴齐鲁样板提档升级提供新的思路举措和生动实践。

（一）头雁领航，大力培育乡村产业振兴带头人：威海首席专家制度

1. 威海首席专家制度的基本情况与模式创新

（1）基本情况。

萌芽初探，先试先行。乡村振兴需要聚集人才力量。威海市“乡村振兴首席专家”制度发源于大水泊镇，该镇自 2016 年 9 月引进首位“首席专家”李凌已博士以来，逐步因势利导，先后引进多个人才来文登发展，如清华大学博士李久太、著名雕塑家张晗东、北京航空航天大学教授张海英、国学大师李林等。大水泊镇的引才模式得到了省领导的肯定。

提炼总结，建制发展。大水泊镇的“人才引领型”乡村振兴模式迅速成为所在区乡村人才振兴的新标杆。2020 年 4 月，文登区人才工作领导小组率先出台了《威海市文登区乡村振兴首席专家管理暂行办法》，从专家资格条件、选任程序、政策待遇和保障服务等方面入手，形成集“引”“用”“留”“服”于一体的乡村人才政策支持体系，有力推动了新时代各类人才“上山下乡”。2020 年 12 月，《文登区推行首席专家制度打造乡村振兴“人才矩阵”》经验被省委改革办列为全省 20 个重大改革案例之一上报中央改革办。

逐步规范，全面推广。2020 年 7 月，威海市召开“威海市乡村人才振兴工作专班暨‘乡村振兴首席专家’制度改革创新现场推进会议”。同年，威海市先后印发《关于在全市推广文登区乡村振兴首席专家制度改革创新经验做法的通知》《关于全面实施乡村振兴首席专家制度的实施意见》。2021 年 3 月，威海市印发《威海市乡村振兴首席专家招募工作三年行动方

案（2021－2023）》。自此，乡村振兴首席专家制度在威海市范围内得到推广。近日，关于首席专家制度的经验做法在威海市人社部工作信息2024年第7期刊发，面向全国范围进行交流推广（见图7－1）。

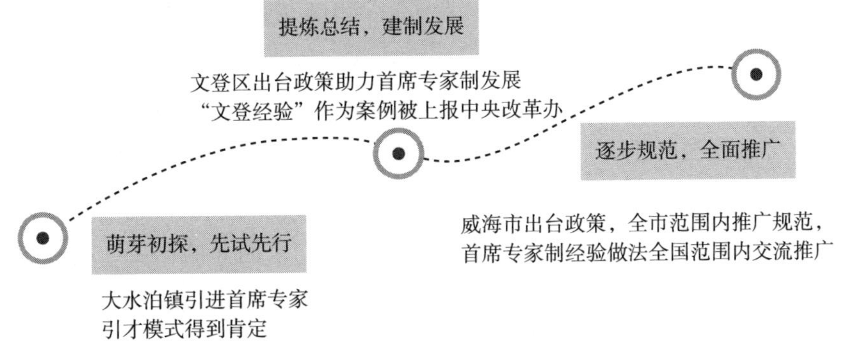

图7－1　建立首席专家制度的基本情况

（2）模式创新。

近年来，威海市立足人才服务镇村发展的实际，打造人才共育、资源共享、优势共融的中转站，作为人才“下乡支点”，涵养专家驻镇到村的沃土，激活乡村振兴“源头活水”（见图7－2）。

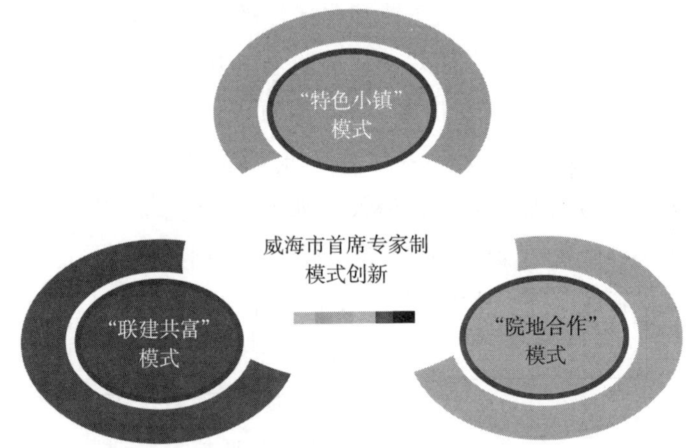

图7－2　威海市基于首席专家制的乡村人才振兴模式

“特色小镇”模式。着眼推动下乡人才更好融入镇村发展，在总结巩固已有顶层设计基础上，探索制度运行、平台建设、载体运用的新发展路径，建立以镇为中心的人才聚集地。比如，大水泊镇政府投资1500万元盘活了原来镇上一处20世纪60年代的废弃老粮管所，建设“耕读大水小镇中心”[①]，植入“人才社区”服务理念，配套了专家公寓、专家工作室、孵化平台、培训基地、休闲咖啡、小镇宾馆等设施，为专家提供集生活居住、创新创业、政策服务等一站式服务；同时，以小镇中心为依托，与清华大学、北京航空航天大学、哈尔滨工业大学等高校合作，设立社会实践基地、乡村振兴工作站、乡村振兴研究基地等载体，每年吸引清华、北航等400多名高校师生开展乡村建设实践活动，吸引专家进驻开展学术交流、发展研究，加速乡村振兴思想与实践的转换孵化。

“联建共富”模式。着眼满足下乡人才对创新创业的需要，统筹各方人力、物力资源，推动人才智造与农业生产经营有机衔接，指导带动村级经济组织抱团发展，为壮大村级集体经济搭建起新平台。比如，泽头镇依托联合社建立乡村振兴首席专家人才库，吸收本镇在外人才、本地“土专家”“田秀才”入库，引进种粮专家于进海组建金农会公司，采取“联合社+合作社+公司”模式，全托管土地1.4万亩，规模化种植粮食作物；组建“共富公司”，建设粮食烘干塔项目，年收益可达220余万元[②]。侯家镇依托首席专家技术专长，创立花饽饽文创基地，建设生产工艺观光车间、职业技能培训课堂、胶东花饽饽非遗传承人工作室、文化展示馆等，释放“产学研游购”五位一体效能，带动全镇10余个村建起花饽饽“共富工坊”，涌现出一批掌握新技术、新技能的“农创客”“新农人”。

“院地合作”模式。威海市乡村振兴研究院分院与乡镇社会化服务中心合署办公，作为首席专家的管理服务机构，围绕乡村规划、基层治理、公共服务、文创旅游等领域，定期举办研讨会、创业沙龙等活动，为乡村振兴持续提供智库服务。比如，针对文登西洋参特色产业，文登区建立西洋参研究院，组建西洋参“三产”专家团队；张家产镇积极挖掘王文水等本土能人充实专家人才库，按照农民“点餐”、专家“掌勺”、政府“上菜”的方式，发挥首席专家技术专长，定期开展技术培训，带动邻镇农民发展西洋参种植5万余亩，推动打响“文登西洋参”金字招牌。

---

① 【直通人社（333期）】第二届全国博士后创新创业大赛获奖者风采——黄海滨：直面未知科研领域的“探路者”［EB/OL］. 威海人社发布，2023-11-18.

② 资料来源于威海市人力资源和社会保障局文件资料。

2. 威海首席专家制度的实践探索与主要成效

（1）强政策重扶持，专家集聚融合趋势明显。

第一，不拘一格，大胆选任首席专家。坚持唯才是举，突破了知名人士、高校学者、第一书记范畴束缚，选择引聚具有乡村情怀的城市精英、乡贤能人结缘乡村、融入村级事务、参与乡村治理，构建成多元化、多领域的首席专家队伍。自实施乡村振兴首席专家招募三年行动以来，威海市累计引进首席专家2032人，其中，山东籍专家1372人，约占首席专家总量的68%，外省籍专家660人，约占首席专家总量的32%（见图7－3）。关于首席专家制度的成效评价调查中，“吸引更多人才来到乡村”是认可度最高的方面，占比54%（见图7－4）。尤其是，文登区大水泊镇以首席专家为媒引才，创新实施“新村民”计划，通过流转村民闲置房屋、盘活乡村资源等形式，汇聚了400多名专业人才、城市精英以“新村民”的身份结缘村庄，逐渐涵养出人才群体“共生效应”。

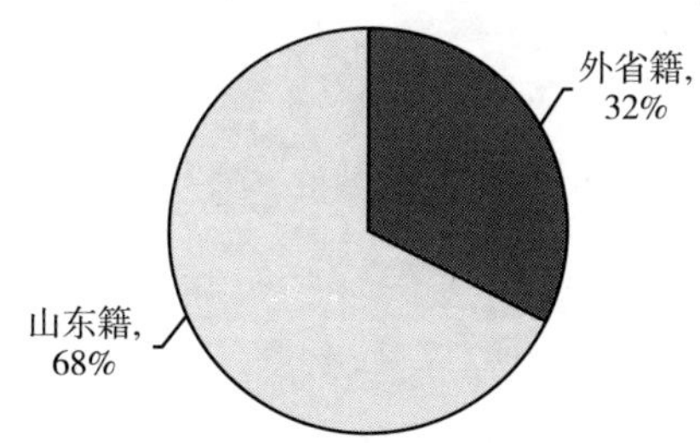

图7－3　威海市首席专家籍贯分布

资料来源：威海市人力资源和社会保障局文件资料。

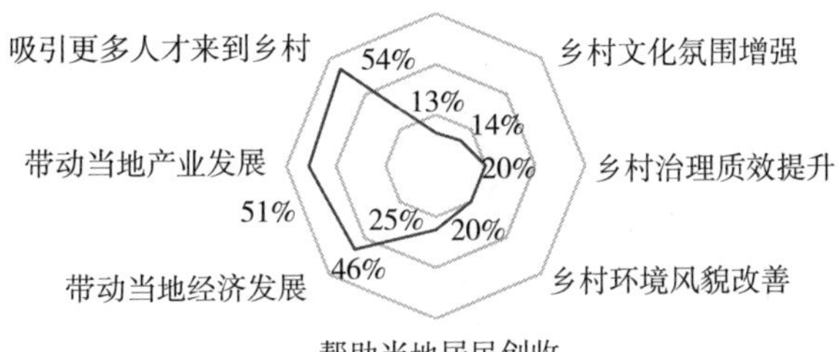

图7－4　威海市首席专家制度成效评价结果

资料来源：数据来自本书一手调研数据，即对威海市549名村镇干部、首席专家和村民的问卷调研数据。

第二，突出主体，精准引进首席专家。建立以乡镇、街道为主体的首席专家引进工作机制，坚持“一村一人、一村一策、一村一品”的发展战略，每个乡镇根据乡村规划方向、自身优势特点，通过专家引荐、交流对接、宣传推介等多种形式，确定1～2名首席专家，精准化打造“人才高地”，同时引聚更多具有乡村情怀的城市精英、乡贤能人结缘乡村、融入村级事务、参与乡村治理。目前引进的专家拥有丰富的知识结构与社会资源，能够利用自身所长活化乡村资源，专业遍及乡村治理、规划设计、经济管理、文化创新、产业开发等多个领域（见图7－5），实现了乡村振兴样板片区首席专家全覆盖（见图7－6）。

图7－5　威海市首席专家专业分布

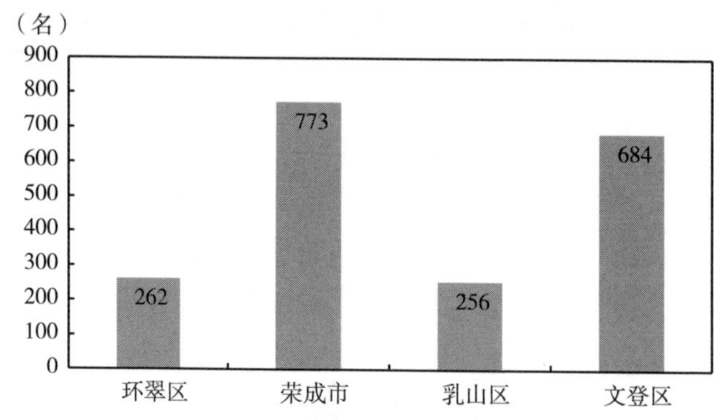

图7－6　威海市首席专家区域覆盖

资料来源：威海市人力资源和社会保障局文件资料。

第三，多措并举，全面支持首席专家。在政策待遇、资金支持、生活保障等方面给予充分的保障。政策待遇方面，将首席专家纳入“威海市有突出贡献的中青年专家选拔计划”统筹组织实施，定期选拔一批在威海市乡村振兴工作方面作出突出贡献的首席专家并授予称号，按规定发放工作津贴。资金支持方面，对入选首席专家的返乡创业人员给予相应创业补贴、场地租赁补贴、创业担保贷款等资金支持，支持首席专家创办农村电商企业，对示范作用强、带动效果好的，给予不少于 10 万元的一次性奖励。生活保障方面，开辟乡村人才服务绿色通道，落实服务专员制度，为首席专家提供“一对一”服务；首席专家在协议期内，优先申领威海“英才卡”，并积极推荐申领山东省“惠才卡”，享受人才公寓、子女入学等相关绿色服务通道待遇。

（2）强引领重效用，乡村多元发展成效初显。

第一，人才引领，赋能乡村特色产业。立足威海市乡村产业基础和特点，首席专家积极参与创办农业合作社等经营主体 500 余家，打造各类品牌 190 余个，助力形成农村特色产业集群。调查结果显示，51% 的被调查者认同首席专家制度在“带动当地产业发展”方面成效显著（见图 7 – 4）。主要表现为首席专家在为发展乡村产业提供技术支持与指导、相关资源的集聚与整合等方面（见图 7 – 7）。例如，近年来，文登区大水泊镇按照“总体规划、突出重点、分步推进”工作思路，坚持“点线面”齐发力，充分挖掘当地土特产活资源，打造乡村振兴样板片区。依托“小麦”这一农作物，大水泊镇口子村成立了威海石磨麦香农作物专业合作社，打造高端“胶东花饽饽生产基地”，生产的“石磨麦香”面粉和花饽饽名声在外，每年给村集体增收 50 多万元，产业发展向标准化、市场化、品牌化转变，不断书写乡村振兴新篇章。

第二，专家牵线，带动乡村文旅发展。以首席专家为媒，探索文化深耕路径。调查结果显示，20% 被调查者认为推行首席专家制度显著改善了乡村环境风貌，14% 被调查者认为该制度增强了乡村文化氛围，13% 被调查者认为该制度促进了乡村文化传承，丰富了群众的精神文化生活（见图 7 – 4）。尽管相对于其他成效方面，被调查者对首席专家在文化建设成效上的评价相对较低，但是一部分典型案例的涌现，起到了良好的带动示范作用。例如，北京大学博士李凌己、清华大学博士李久太、中国漫画村创始人闫传明等一批首席专家，发挥专业特长优势，以“琴棋书画”为主题打造了20余个特色村落，吸引社会资本2亿多元，流转闲置房屋400多栋[①]，涌现出梧桐庵、六度寺等一批文化旅游特色村，创造衍生出蕴含商业应用价值的“昆嵛丘神”等一批数字人IP，为赋能互联网时代乡村振兴发展奠定基础。

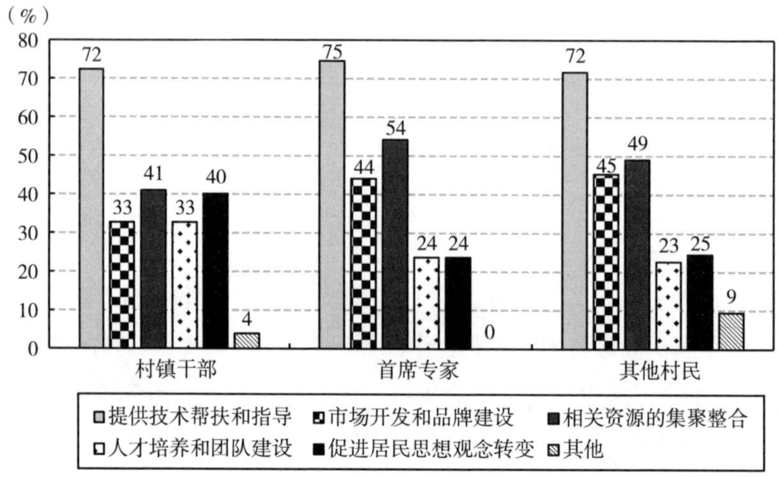

图7-7 威海市首席专家在乡村产业发展中起到的作用

资料来源：数据来自本书一手调研数据，即对威海市549名村镇干部、首席专家和村民的问卷调研数据。

第三，多方参与，提升乡村治理质效。坚持“政府主导、群众参与、专家引导”的治理理念，鼓励首席专家结合自身专业优势积极参与社会治理，实现多元共治与群众自治的良性互动。比如，文登区400余名专业人才以“新村民”身份担任首席专家，积极为村庄发展出谋划策，参与群众生产、村级治理、志愿活动、诚信讲座等，把和谐的价值导向、文明的生活理念带到农村、带给农民，推动了精英意识与农耕文明交融裂变，促进了现代理念与传统文化融合蝶变。调查结果显示，在首席专家制度的制度成效上，20%被调查者认为首席专家制度的推行，有效提升了乡村治理水平。

① “新村民”带来“新希望”——文登大水泊镇“耕读小镇”模式探寻［EB/OL］. 威海新闻网，2021-01-05.

（3）强服务重合作，人才创新活力持续迸发。

第一，唯才所宜，建立服务对接机构。威海市成立了乡村振兴研究院，在乡镇设立乡村振兴研究院分院，作为首席专家的管理服务机构。每个乡村振兴研究分院，按照“人才 + 项目”的模式，确定 1 ~ 2 名带头首席专家，围绕规划治理、社会服务、林果畜牧等镇域产业，持续深入开展科学研究和决策咨询，为乡村振兴提供源源不断的智库保障和技术支撑。

第二，系统育才，打造人才实践基地。目前威海市已建成 15 个乡村振兴领域博士后科研平台，与中国科学院海洋研究所、山东大学等高校开展校地合作课题研究，在科研项目、创新创业、“揭榜领题”等赛事活动中斩获佳绩。同时，依托全市乡村振兴继续教育基地举办研修班，累计培训乡村专业技术人才近 5 万人次。开展“乡村振兴专家服务团”省级试点建设，建成 18 支服务团，采取课题攻关模式，培训基层技术人员。组织“乡村振兴技能培训直通车”“乡村振兴巾帼行动”等百余场培训活动，累计培训农村劳动力 5.3 万人次①。

第三，加强合作，搭建人才交流平台。加强人才间的联谊交流，在定期开展乡村振兴首席专家“耕读会”“人才联谊会”“人才沙龙”活动的基础上，举办了第十届中国威海国际建筑设计大奖赛、中国（威海）原创动漫展等一系列高层次人才交流活动，邀请全国知名“三农”专家温铁军等 50 多名专家学者座谈交流，为各界人才交流研讨、持续成长搭建了良好载体。

3. 威海乡村振兴人才队伍建设面临的问题困境

（1）人才队伍结构有待优化。

目前威海乡村人才队伍的带头人整体偏老龄化。以威海市文登区为例，从首席专家的年龄结构来看，专家的平均年龄约为 51 岁，50 ~ 60 岁占 43%，60 岁以上占 17%（见图 7 – 8）。此外，乡村振兴人才类型多元、分布不均。从人才类型来看，致富引领类人才最多，占比 41%，其次是社会事业类和产业发展类人才次之，分别占比 21% 和 20%（见图 7 – 9）。

① 资料来源：威海市人力资源和社会保障局文件资料。

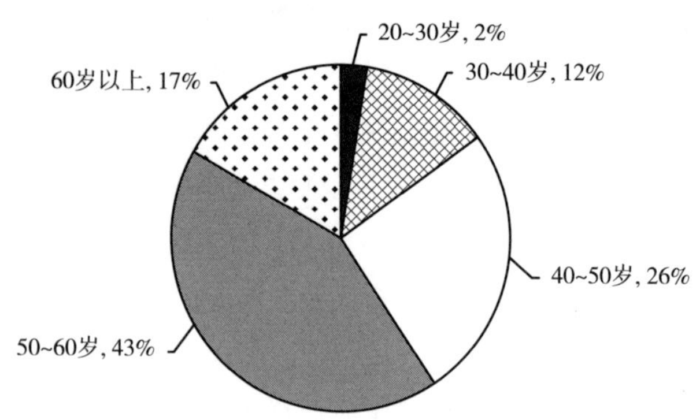

图 7-8 首席专家年龄分布

资料来源：威海市委组织部文件资料。

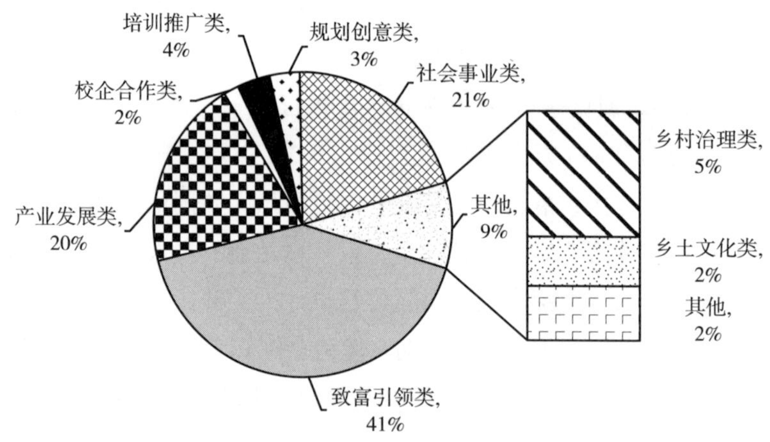

图 7-9 首席专家人才类型

资料来源：威海市委组织部文件资料。

（2）人才整体素质有待提升。

目前乡村地区普遍存在“引才难，引进高素质人才更难”的问题。从首席专家的学历分布来看，人才整体素质初中及以下学历占23%，高中、高职及中专学历占33%，大专学历占15%，本科学历占22%，硕士及以上学历仅占7%（见图7-10）。同时，乡村要振兴，迫切需要引进大批高素质人才提供技术帮扶和指导、助力资源集聚和整合，以及促进市场开发与品牌建设（见图7-7）。但是结合实地访谈和座谈交流的情况来看，受访者普遍表示，当前乡村振兴人才队伍还普遍存在专业技能不足、创新能力有限的问题，高素质人才稀缺，难以满足乡村振兴的高标准要求。此外，高素质乡村振兴人才培养的内生驱动力明显不足。多年来，青壮年劳动力大量流向城市，导致农村老龄化和劳动力短缺，形成“空心村”现象，导致乡村振兴青年后备人才“缺口”巨大。同时，乡村人才培养上的政策支持和资金投入总量不足、分布不均，贫困地区培训经费紧张，而较发达地区虽培训较多，但精准度不足，未能形成产业、人才与服务之间的良性循环。

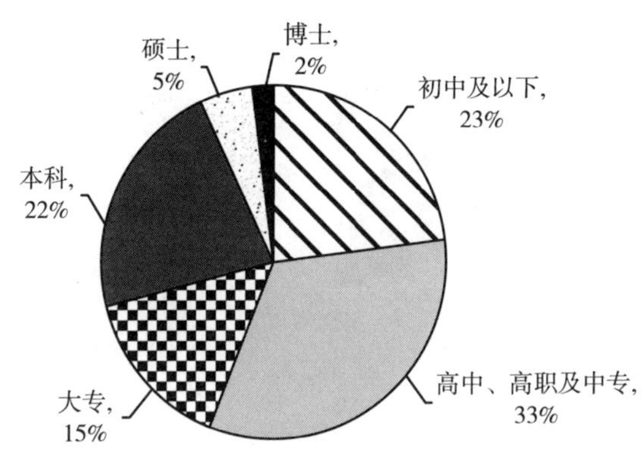

图 7－10　首席专家学历分布

资料来源：威海市人力资源和社会保障局文件资料。

（3）人才选任与需求结合不够紧密。

目前首席专家真正参与到乡村发展项目中的比例不高，部分首席专家的专业专长与乡村发展需求结合不紧密，导致这些专家在带动乡村发展上的作用发挥不明显（见图 7－11）。同时，选聘首席专家的过程中重视外部引进的人才，对本地“土专家”“田秀才”等的挖掘和培养不足（见图 7－12），尚未全面激活乡村本土人才干事创业的热情和活力。主要原因在于人才招引规划不系统。当前，市、区级在乡村人才引进方面缺乏系统性规划和明确的选拔机制。县镇层面缺少科学完备的协作机制，难以形成合力推进乡村人才项目的开发和引进。调查显示，90% 的受访者认为，镇街在引进首席专家方面的主动性不足，多依赖于区级的日常调度，对镇域内人才需求和专家资源信息的收集力度不够，常态化的招募工作尚未有效开展。

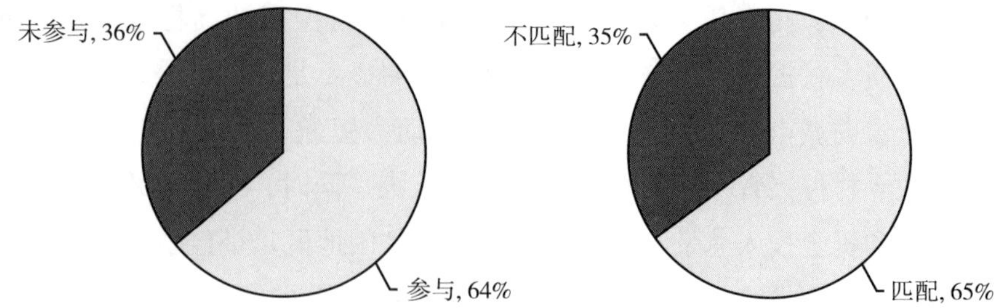

图 7-11 首席专家的专业专长与乡村需求匹配度和在乡村发展项目的参与率

资料来源：威海市人力资源和社会保障局文件资料。

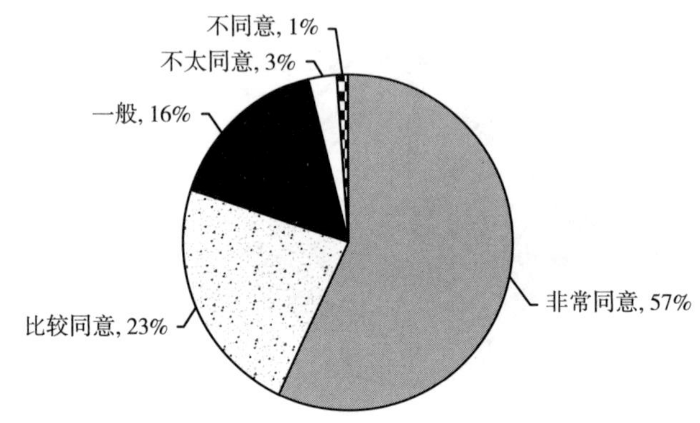

图 7-12 重视外部引进专家，对乡村本土人才关注不足

资料来源：威海市人力资源和社会保障局文件资料。

（4）人才带动产业化发展进程缓慢。

尽管 63% 的被调查者认同首席专家制度在推动乡村产业化发展上能够起到关键作用，但是目前专家在促进乡村产业链的发展延伸和优化升级，以及带动乡村居民持续增收和致富方面还急需加强（见图 7-13）。调研结果显示，37% 的被调查者认为，现有首席专家投入的项目孵化周期长、增收效果尚不明显；35% 的被调查者认为，目前人才带动乡村产业发展缺乏必要的平台和设施支持，难以保障首席专家持续、稳定地开展相关项目（见图 7-14）。主要原因在于配套服务与后续跟进不及时。调查显示，43% 的受访者表示，对首席专家的政策扶持保障机制不完善，资金保障审批时间长、程序复杂，未能充分发挥激励效用；配套服务和后续跟进工作不到位，人才发挥作用和创造价值的平台有限。同时，农村就业环境和生活条件虽有改善，但仍与人才需求存在差距，加之缺乏持续的激励措施和稳定的政策支持，影响了人才长期留村发展的意愿。

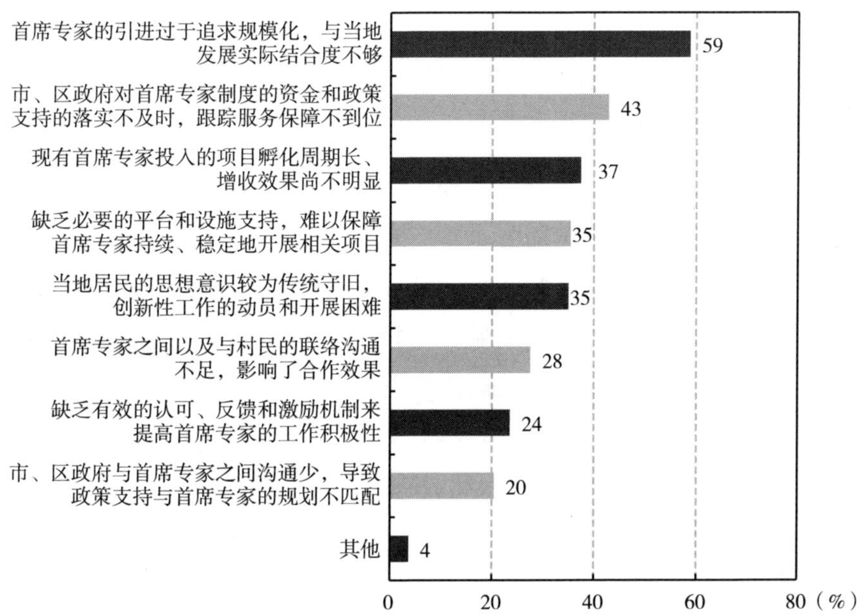

图 7－13　首席专家制度落实推广中存在的主要问题

资料来源：数据来自本书一手调研数据，即对威海市 549 名村镇干部、首席专家和村民的问卷调研数据。

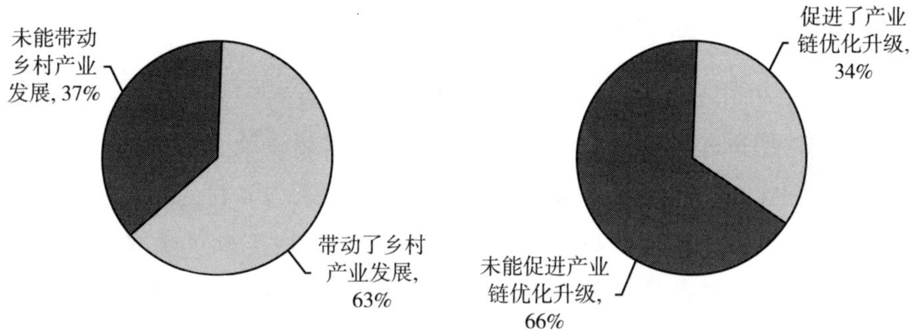

图 7－14　首席专家制度带动乡村产业发展与促进产业链优化升级情况

资料来源：数据来自本书一手调研数据，即对威海市 549 名村镇干部、首席专家和村民的问卷调研数据。

（5）人才主动融入乡村发展的积极性不高。

市、区政府与首席专家之间沟通较少（见图 7－13），专家与乡村企业、合作社的联系不够等（见图7－15），导致政策支持与专家规划不匹配，影响了人才主动融入发展的积极性。同时，部分首席专家建设的项目，或对接的村庄与当地居民传统思想存在一定分歧，导致项目推进缓慢，专家热情减退（见图7－13）。这些问题影响了人才干事创业的信心和未来留乡发展的意愿。主要原因在于“用才关”上，人才使用激励机制不完善。调查显示，近一半的受访者表示，由于缺少有效的机制跟踪和反馈首席专家对乡村发展的贡献和影响力，缺少必要的“首席专家准入准出机制”，导致部分村镇出现了首席专家质量参差不齐的现象，真正有才能、有贡献的专家没能脱颖而出，限制了人才引领乡村振兴的示范带动作用。

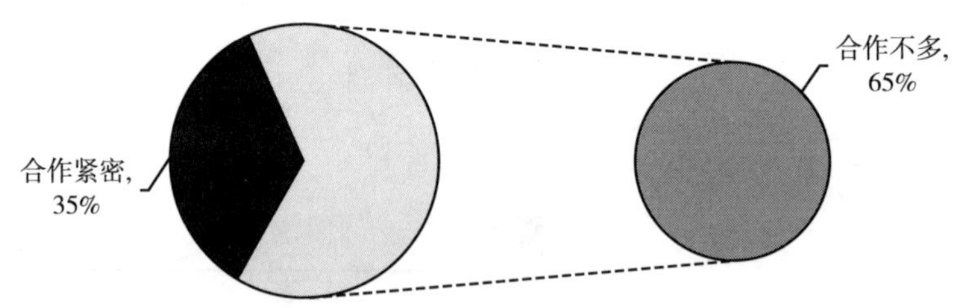

图7－15　首席专家与乡村企业、合作社的联系情况

资料来源：数据来自本书一手调研数据，即对威海市549名村镇干部、首席专家和村民的问卷调研数据。

4. 加强威海首席专家人才队伍建设的对策建议

（1）全面引才：加强制度创新，促进资源整合。

首先，创新选任机制，深化人才发展体制机制改革。一是把握人才流动规律，锁定人才的发展需求，将人才的发展需求与乡村的发展资源相融合。通过制度创新探索，打通人才向乡村振兴领域流动的渠道，以多元化、宽领域、多渠道的选任原则，全面激发镇村优势和主观能动性，同时量身定制所需专家，增强各类人才引进的精准性和实用性。二是将基层的创新实践与乡村振兴实际相结合，构建更加科学的首席专家综合评价体系和分类评价体系，探索建立首席专家准入准出机制，用好盘活人才“资源池”，建立人才流动良性机制。

其次，发挥地方特色优势，提升整合资源承载力。一是发挥威海“山”“海”特色产业资源优势，以产业聚集人才、以产业需求引人才、以人才引领产业发展，形成人才与产业发展的良性互动。二是用好人脉资源招揽人才，开展校地合作以及乡村振兴所需的专家服务活动，发展壮大乡村人才资源网络。同时，在招才引智工作中打好“感情牌”，加快以才引才、人才集聚。三是继续盘活乡村闲置资源吸引人才，推进美丽乡村建设，带动乡村文旅休闲康养产业，守住绿水青山，创造金山银山。

（2）合理用才：搭建发展平台，坚持以用为本。

首先，搭建成长发展平台，助力乡村人才更好干事创业。吸引人才的价值在于用好人才，人才最关心的是找到发挥自身才能的“着力点”，产业链、创新源就是最具吸引力的“着力点”。一是关注产业链、创新源等最具吸引力的领域，注重发挥重点产业和龙头企业的承载带动作用，加快科研、技术技能平台建设。二是积极推动校企合作，加快引聚产业专家、博士后等各类创新人才开展科研合作、技术攻关，让各类高端人才有“用武之地”，更好地在乡村振兴的事业舞台上“大展身手”。

其次，构建“才尽其用”的格局，全面激发乡村人才潜能。一是立足乡村基础环境，坚持“以用为本”的理念，将全职引进与柔性使用相结合，建立柔性合作机制，探索多元化合作路径。二是持续关注城市精英等“新村民”产生的人才集聚共生效应，积极引导发挥各类人才的知识、经验、技术、市场、资金、人脉资源优势，畅通建言献策、奉献乡村、技能培训、创新创业通道途径，引导支持人才在集聚交流、干事创业中深度参与乡村建设，让人才成为乡村振兴的合作者、见证者、受益者和融入者。

（3）精准育才：立足当地实际，加强产教融合育人。

首先，做好乡村人才队伍建设顶层设计，强化人才能力导向。一是对乡村振兴急需人才进行前瞻规划，动员村庄、社区和乡镇等基层单位，对乡村人才的供求总量和结构进行细致评估，明确人才缺口，建立详尽的乡村人才信息库和需求目录，进而构建一个高效的乡村人才引进和集聚平台。二是加快新型职业农民、高素质农民培育进程，建立各级乡村人才智库以及乡村人才储备力量。同时，对乡村人才分类进行专业知识和技能培训，加强本土人才的基础作用。三是创新培训服务方式方法，利用网络、视频等现代媒介，为农村创业者提供包括政策咨询、技术指导、市场营销和品牌建设在内的全方位课程服务，以持续提升乡村人才的专业素质和综合能力。

其次，推动产教融合，加强“产业 + 市场”的本地化人才培养。一是深度实施产教融合、校企合作，充分发挥涉农企业生产经验与高校教学资源优势，不断拓宽乡村人才视野。通过打造特色产业平台，实现职业院校专业设置与乡村特色产业有效对接，推动职业院校主动融入地方产业发展规划，优化或调整专业方向，有效培育本土乡村人才。二是建设乡村振兴学院、乡村产学研示范基地、乡村创新创业基地等，帮助乡村发展乡村旅游、休闲农业、健康养老等特色产业。三是充分发挥市场机制作用，引导农业企业依托原料基地、产业园区等建设实训基地，推动农民应用新技术。激励农业企业利用其在信息、科技、品牌和资金方面的优势，引导农民建立家庭农场和农民合作社，进而发展成为乡村人才的培育和孵化中心。

（4）用心留才：优化服务保障，涵养人才生态。

首先，健全人才服务保障机制，营造爱才敬才的良好氛围。相对于城市在“硬件”上的更胜一筹，乡村就要多在“软件”上找齐。一是要坚持从全方位高质量的服务入手，优化乡村人才工作环境、资源配置，培育人才对乡村的情感认同。积极为乡村振兴首席专家提供各类项目申请、人才工程、荣誉称号、资金资助等方面的支持，突出乡村振兴首席专家的获得感和优越感。二是通过创新集聚“新村民”，不断提升专家“被需要、被尊重、被信任”的强烈感受，强化专家、各类人才的使命感。三是健全乡村人才创新创业服务保障体系，为乡村人才创业提供有力技术支持，通过一系列举措切实优化乡村人才创业创新环境，推动乡村人才振兴。

其次，加强乡村基础设施建设，提升人才生活环境质量。一是坚持城乡统筹发展，以城市标准、乡村特色、统筹共享为目标，持续优化乡村公共基础环境和新型基础设施建设，提升乡村“医、食、住、行、教、娱”等优质服务供给水平，打造生态宜业宜居环境，解决人才的后顾之忧，以最优生态实现人才“近悦远来”。二是为特优乡村振兴首席专家提供子女入学、交通出行、医疗健身、职称评审等绿色通道服务，及时解决好人才的“急难愁盼”等问题，用真情服务暖人心、留人才，增强乡村振兴首席专家的归属感和幸福感。

（二）雏雁振翅，大力培育高素质“新农人”：寿光“新农人”发展生态

1. 寿光乡村人才队伍建设基本情况

寿光大力探索人才助力乡村振兴之路，有针对性地开展人才培养、引进、使用、管理与扶持，鼓励和引导优秀人才汇聚农村。寿光整合全市农业教学资源，实施“百万”蔬菜标准化培训工程，探索“企业下单、机构列单、群众选单、政府买单”的培训模式，依托山东（寿光）农村干部学院和农民夜校等平台，编写了 19 本具有“寿光特色”的农业教材，开设了 40 门农业课程，独立培养了 81 名农村明星和 1000 余名农村电商企业主，每年培训各类基层实用人才 1 万人次以上，使得当地农业从业者得以学习最新的农业技术与管理方式①。

截至 2022 年底，寿光依托蔬菜产业链党建联盟，在农业人才库搭建、平台建设、人才输出、跨域合作等方面取得显著成效，建立了由 128 名农业技术专家组成的“农业人才师资库”，实施“导师制”，开展“贾思勰·新农人”农业创业社会化服务，培养了 21 名农业领域省级以上人才工程人选、332 名农业技术推广人才和 3464 名新型职业农民，推动了 25 个省级乡村振兴示范站、2 个省级农民培训示范基地和 6 个省级农业科技站的建设，让农民在家门口就能接受全方位的农业培训，全面提高农民创业致富能力，推动乡村应用先进理念、技术、模式实现振兴发展②。

2. 寿光乡村人才队伍建设主要成效

（1）聚焦高素质农民培训。

寿光自 2016 年承担高素质农民培训任务，致力于打造一批有文化、懂技术、会经营、善管理的新型农民队伍。截至 2021 年底，寿光共培训高素质农民 2751 人，其中新型农业经营主体带头人 2583 人、现代青年农场主

① 寿光统计年鉴 2020［R/OL］. 寿光市人民政府网，2021－11－01.

② 丁发强，张秋玲，王丽萍，等. 开展高素质农民培训助力菜乡人才振兴［J］. 农业工程技术，2024（2）：122－123.

65 人、农业经理人 50 人、农业思路先锋 8 人、省级农机手 30 人、省级妇女带头人 15 人①。2022 年 4 月寿光被评为山东省高素质农民培育工作优秀县市区，其典型做法包括：按专业编班，提高培训针对性；分层次培训，突出培训引领作用；紧密结合生产实际，提升培训实用性。通过实施高素质农民培训项目，寿光当地农民整体素质得到普遍提高，尤其是以种植能手为代表的实用人才逐年增多，蔬菜专业合作社、家庭农场、种粮大户等也逐年增加，新型农业经营主体得到快速发展。

（2）提升农业品牌影响力。

现代化农业体系要求农业转型发展，注重农产品品牌培育。目前，寿光已创立“乐义”蔬菜、“欧亚”特菜、“燎原”果菜、“赛维”果蔬片等知名农业品牌 26 个，其中“乐义”蔬菜被确定为中国名牌农产品，“帝一斋”食用菌被授予中国著名品牌，“燎原”果菜被评为山东省著名商标。如今，寿光全市有机食品、绿色食品、无公害农产品认证品牌超过 800 个，品牌认证数量在山东省位居前列，其中“桂河芹菜”“独根红韭菜”获得国家地理标志产品认证，涌现出了“中国韭菜第一乡”“中国胡萝卜第一镇”、豆瓣生产专业村等 587 个蔬菜生产专业镇村，打响了寿光“农业大市”的品牌名号，“寿光蔬菜”区域公用品牌叫响海内外。

（3）双激励盘活农创活力。

寿光鼓励和支持创立优质农业品牌，对获得“中国名牌农产品”“地理标志产品”的分别给予 50 万元、20 万元的重奖。对在创建示范基地、创立农业品牌、创新技术成果和社会服务中取得重大经济效益，在产业结构调整、带领群众增收致富中作出突出贡献的人才，给予表彰奖励，授予“寿光农村实用人才创新创业带头人”等荣誉称号，并优先推荐参评上级人才荣誉称号，优先吸收入党，优先推选进入村“两委”班子，并推荐为各级先模人物，优先参加市情国情考察和全市农业发展重大决策等活动。此外，寿光还大力宣传优秀农村实用人才的创新创业事迹，努力营造有利于农业人才成长兴业的良好氛围。这些真金白银的荣誉称号不仅激发了广

① 李玉华，张晓曼，刘建芳，等．聚焦高素质农民培训，助力乡村人才振兴［J］．长江蔬菜，2022（24）：1－3.

大农民群众的工作热情与创造力，还极大地提升了农业人才队伍的凝聚力和向心力，为乡村经济的蓬勃发展注入了强劲动力。

（4）合作社助力共同富裕。

为解决菜农种植技术参差不齐、菜商压价赊账打白条等问题，寿光在部分农业种植区围绕“农业增效、农民增收”目标，建立蔬菜专业合作社，形成了“市场+合作社+基地+农户”的集体经营模式，实行统一技术指导、统一农资供应、统一生产标准、统一质量检测、统一品牌打造、统一包装销售“六统一”标准。对内管理上，合作社按照“党支部领办、民主管理、成员受益”的原则，制定章程，建立机制，规范运作，完善管理，强化服务，狠抓质量，引导各农户实现标准化、一体化种植。对外销售上，合作社实行统一管理、统一结算的经营方式，即“合作社当中介、买卖两分离、钱款先集中”，客户根据订购数量，先将款打到合作社账户，农民卖完产品后，拿过磅单到合作社领菜款，这从根本上解决了客商压价压秤、不付款打白条的现象，有效地保护了农户的利益。

3. 制约寿光乡村振兴的人才困境

（1）劳动力流失严重结构失衡。

第一，人力资源流失严重。随着城镇化的发展，寿光的农村人口逐年减少，总体数量逐年下降。截至2020年底，寿光总人口为116万人，其中男性占比51.14%；在年龄结构方面，15～59岁人口占比61.37%，60～65岁人口占比21.49%；在受教育情况方面，14.48%的人口具有大学（含大专）及以上学历，15.04%的人口具有高中（含中专）学历，35.87%的人口具有初中学历，23.83%的人口具有小学学历，文盲率为2.5%。全市共有约39万户家庭，平均每户不足3人。总人口中农业人口约为24万人，但近年农业人力资源总数呈逐年下降趋势，大量农村劳动力向城镇、非农产业转移[①]。

第二，人员素质整体偏低。年轻人口外出务工，人口老龄化程度逐渐加剧，空心化和老龄化导致寿光农业人口素质难以满足现代化发展要求。

---

① 寿光统计年鉴2020［R/OL］. 寿光市人民政府网，2021-11-01.

有专长和才干的劳动力大都不愿在农村，普遍思想为外出打工挣钱，寿光每年有大量年轻劳动力进城务工，留在农村从事农业生产的大多是老人及妇女。同时，留在农村的少数年轻人往往受制于教育年限短、教育水平低，导致整体素质偏低，生产和管理能力较弱，接受新技术和学习新知识的意愿不足。此外，农业人才主要集中在传统种植养殖业，农业数字化转型、乡村电商、健康养生、休闲观光农业等农业新业态所需要的高素质人才短缺，不会运用新兴的农业技术、生产工具和商业模式制约了寿光农副产品走进高端市场。

第三，本地人难留外地人难引。根据寿光农业农村局调查，寿光当地从事农业生产的人力资源平均年龄逐年提高，2017 年、2018 年、2019 年、2020 年、2021 年分别为 37.6 岁、38.1 岁、38.7 岁、39.3 岁、39.6 岁，超龄/高龄/大龄问题逐渐凸显。当地人倾向于在外地从事非农就业并定居，回乡返乡意愿不强，而留守乡村的人口数量短缺、结构失衡、素质和层次都不高，当地人才难以满足与匹配乡村振兴的实践要求。另外，外来人口要么考虑到城乡在发展资源、公共服务、生活条件等方面存在差距，导致乡村对其吸引力不足而不愿意入乡，出现“引不来”的境况；要么基于产业链建设、市场网络拓展、理想情怀等各种主客观因素的考虑，选择入乡开展创新创业活动、专业技术服务或加入乡村治理队伍，不过由于自身的综合考量以及内外部的相关机制、措施和条件不健全不匹配，导致“引进来”却因“干不好”“用不好”而“留不住”。

（2）新农人群体缺失制约发展。

第一，新型职业农民短缺。新型职业农民是指居住在农村或集镇，具备科学文化素质，掌握现代农业生产技能，具有一定管理和经营能力，以农业生产、经营或服务为主要职业，以农业收入为主要生活来源的农业从业者。就目前寿光农村的现状来看，以农业生产为主要业务，从事一线种植和养殖的普通农民距离“有文化、懂技术、善经营、会管理”的新型职业农民要求仍有差距。近些年，寿光持续推进高素质农民培训计划，新培养的农业经营主体包括农村经纪人、科技带头人等，他们具有一定的知识和技能，能够为当地农业发展注入“知识养分”。然而，目前寿光从事农业经营管理的人才比例仍较低，新型职业农民在带动农业现代化发展过程中的作用尚未充分发挥，制约了农业生产的智能化、精准化和高效化发展。

第二，二三产业人才不足。寿光农村大部分实用人才集中在第一产业，从事第二、第三产业的人才体量相对较小，尤其是在创新创业、社会服务、公共发展和农村治理等领域的核心人才短缺。例如，寿光的蔬菜产业已经发展成为寿光现代农业的典范，然而，从寿光蔬菜协会成员的构成分析来看，截至 2022 年底，共有 93 个团体会员和 30 名个人会员，其中 119 名会员从事一线蔬菜种植，4 名会员从事化肥、农药等资本经营。目前，寿光乡村人才结构现状与其乡村振兴对人才的需求结构之间有较大差距，二三产业人才的缺乏限制了农产品附加值的提升和产业链的延伸，将成为寿光农业高质量发展的瓶颈。

第三，农业科技人才匮乏。农业科技人才是指受过专门教育和职业培训，掌握农业行业的某一专业知识和技能，职业从事农业科研、教育、推广服务等专业性工作的人员。目前，寿光的农业科技服务主要由相关政府部门、行业协会和经销商等提供，科技人才在结构、质量上还有较大不足，育种、改良等领域科研人才断层问题凸显，这导致许多从业者满怀热情进入行业，但面临技术缺乏的困境。农村农业技术站的专业技术人员专业水平较低，其在农业技术指导中的作用有限。行业协会中提供技术支持的所谓“专家”大多是经销商，他们的目的是推广农药、化肥等农资产品，很难引导农民根据当地条件以科学的方式开展农业生产经营。农业科技人才匮乏，科技支撑力量较弱，基层农技队伍知识老化，难以支撑寿光农业转型升级。

第四，干部队伍建设有待加强。寿光要高质量推进乡村振兴，就必须建立一支高素质的乡村振兴干部队伍。当前，寿光农村“两委”班子中比较缺乏懂产业、会发展、善管理的带头人，部分村干部忙于事务性工作，对于通过农村产业升级、三产融合发展等途径壮大村级集体经济和增加农民收入等现实问题缺乏经验。同时，由于“三农”基层单位往往地处远郊，工作条件、福利待遇等和市区其他单位相比有一定差距，且涉农院校毕业生在寿光找非农行业的工作也比较容易，因而潍坊科技学院等涉农院校毕业生真正在农口工作的人并不多，有些毕业生即使在农口单位工作也很快跳槽，造成“三农”基层单位后备干部的补充较困难。

（3）农村就业创业环境待改善。

第一，软硬件环境较落后。经过多年的发展，寿光的农业基础设施和公共服务有了很大改善。然而，与发达国家的现代农业地区相比，寿光的农业基础设施以及公共服务水平仍存在较大差距。例如，通信、网络、水利、交通、土地等基础设施建设滞后于实际需要，许多大型货车因车道狭窄、路面承压能力差无法深入田间地头收货，农村污水和垃圾处理不便；土地制度不够灵活、农村金融政策不完善等原因，使得当地农民难以用土地、牲畜、农机具等农业资产向银行贷款融资，导致农业创业融资难；教育和医疗等公共资源供给不足，使得农村人才在家庭方面存在后顾之忧，无法充分发挥其智慧和才干，这极大地限制了吸引外来人口来寿光创新创业。

第二，农业收益水平较低。目前寿光的农业劳动力仍以从事一线生产加工的农民为主体，其收入主要来自生产经营与工资收入，农业比较效益偏低，增产增收难度大。一方面，因为当地农业劳动生产率相对较低，产业链相对较短，农产品的价值链较弱，与龙头企业的利益联结机制不够紧密，难以分享农产品生产加工带来的应得利润，这在一定程度上制约了农民的增收。另一方面，由于农户分散经营，组织化程度低，难以产生规模效应。例如，番茄是当地农民主要种植的水果，但随着近些年草莓市场需求增大，少数农民亦从事草莓种植，但个体种植导致市场需求不稳定、市场开拓成本高，因而当地农民不愿意创新创业，无法开拓新市场和高端市场，难以促成稳定的市场订单。

第三，思想认识存在偏差。当地部分农业劳动力深谙农业劳动辛苦，即使通过农业富裕起来也不希望“子承父业”，“离开农业”“离开农村”的观念加速了农村劳动力流失，更使年轻一代不愿意在农业农村就业创业。以潍坊科技学院为例，近些年选择学习与农业、农村和农民相关专业的大学生越来越少，即使选择了相关专业，许多人在最终的职业选择上也选择去往大城市，从事与农业、农村和农民无关的工作。“辛辛苦苦种一亩田，不如外出打几天工”，是目前寿光当地年轻一代普遍反映的现实状况。这实质上反映了农村劳动力对于改善生活条件和个人发展的渴望，同时也反映了寿光当地在就业机会、收入水平、教育和医疗服务等方面的局限性。

4. 推进寿光乡村人才振兴的对策建议

（1）多渠道引进人才，促进乡村人才回流。

第一，多渠道招聘人才。通过政府、主管部门、行业协会和农村公社等多种渠道，努力与高校和科研机构合作，聘请高端专业人才指导农业生产和经营，深化机构间合作。与潍坊科技学院、山东农业大学、山东省农业科学院等高校合作，从教师队伍中引进农业专业技术人才，通过兼职培训等方式吸引高水平农业人才参与农业和农村管理，重点在农业、水利工程建设等方面，提高农业发展的科学性和专业性。积极参与省市人才“双选会”，充分利用“学生”这一丰富资源，通过“三支一扶”计划、农村特岗教师、大学生志愿服务计划等途径，招募大学生从事农业生产和管理及农村服务管理工作。发挥市场在人才资源配置中的决定性作用，加强与省市人才集团、猎头公司等联动发展，探索建立“平台引才”“以才引才”“活动引才”“资本引才”等一体多元联动的引才机制。

第二，产业带动人才回流。聚焦国家乡村振兴战略，发挥寿光蔬菜产业优势，以实施“贾思勰·新农人”行动为带动，通过产业提供就业创业机会，吸引人才自主创业、带动就业。通过延伸农业产业链和细化产业分工，不仅可以获得更多利润，使产业做大做强，还可以创造更多就业机会，形成吸引人才聚集的产业洼地，充分利用有前景、有“钱”景的项目带回人才。政府应通过金融服务、政策支持和以奖代补等方式支持产业做大做强，依托蔬菜产业集团等龙头企业，重点围绕蔬菜基因育种、分子育种设计等领域，鼓励产业园区以更优惠的条件吸引农民工、农村创业者、大学毕业生、退役军人和大学生返乡创业和就业，引进培育一批高层次专家人才、产业教授。支持发展大户、家庭农场和农民合作社，壮大农村专业人才群体。

第三，畅通人才流动通道。打破城乡壁垒、制度壁垒和区域壁垒，拓宽人才晋升渠道，通过岗位、编制适度分离等方式，鼓励城市教育、医疗、科技、文化等人员下乡服务，加强人才流动。突破农业和农村人才以及党政干部的流通壁垒，鼓励党政人才与农业和农村人才的双向流动；鼓励入职干部投身乡村振兴，对于具有专业技术资格的人员，可在乡镇机构或基层农业岗位上担任更高一级的专业技术职务。加大力度挖掘和使用“候鸟型”人才，完善“候鸟”党支部、“候鸟”基地、“候鸟”人才工作站等平台建设，提高“候鸟”人才的组织化程度与归属感，推动“候鸟”人才与本地人才之间的深度交流，助力本地人才成长，发挥“候鸟”人才在引进产业、资金、技术等方面的辐射带动作用，实现共享发展。

第四，鼓励社会贤达返乡。运用乡村的社会关系网络和人情网络开展精神动员，充分发挥“亲情、乡情、友情”的情感纽带作用和“血缘、地缘、业缘”的社会联结功能，动员有乡土情怀、创业意愿的进城农民工、大学生、外来人口参与寿光当地乡村振兴。要鼓励社会贤达回归家乡，扎根家乡，带着项目、资金、情怀到寿光投资创业，改变人才由农村向城市单向流动的现状。

（2）完善人才培训，提升人才队伍素质。

第一，整合多方培训资源。主管部门应全面梳理并整合农业培训资源，充分发挥各主体的优势，互相学习，协同努力，避免培训资源的浪费。加快农业广播电视学校的建设和完善，以行政学校、农民夜校和网络资源为主体，构建新的职业农民教育培训体系，充分利用现代信息技术手段，开展各种形式的新型职业农民培训，采用“分阶段”“重实践”“参与式”的培训模式，提高培训的针对性、实用性和规范性。寿光目前探索实施的“一生一村”项目，通过远程教育培养农村人才，培训内容包括农村发展、乡村治理等方面的知识和技能，培训结束后，这些大学生被派遣到农村，在当地开展为期一年的实践工作，他们运用所学知识，参与到乡村振兴的各项工作中，为农村注入了新的活力。此外，充分发挥技术专家的作用，将田间地头打造成人才培训基地和本地人才孵化基地。

第二，因人因地因时培训。首先，培训目标应定位于培养新型职业农民，将那些以适度农业规模经营为主体、主要经济收入和社会关系在村庄且收入水平不低于外出务工又可以保持家庭生活完整的留守农民，作为首要培训对象，培养具备丰富农业生产实践经验且会留在农村的“老农”。其次，培训范围应力求全覆盖，重点关注贫困村；在培训中，应根据不同乡镇的产业和人才状况，因地制宜地开展培训；在现代农业产业基础较好的地方，可以充分发挥成熟农村实用人才的作用，通过现场理论教学与田间实践相结合的方式，统一理论与操作；在产业基础薄弱的地方，特别是贫困村，应加大培训力度，基础培训与提高培训相结合，理论培训与技术培训相融合，切实提升培训的整体效果。最后，培训内容应聚焦于农业发展理念、绿色发展和农业文化，重点关注创业、创新和农场管理；培训内容应具有时代性，适应不断变化的市场环境和社会形势的需求，使学员对新的农业发展理念有更全面的认识，培育有良好专业知识与长远发展理念的“新农”。

第三，创新完善培养机制。首先，开展校地合作，共同培养人才，引进专家举办讲座，可以邀请高等院校、研究所等单位的专家学者讲授先进的科学技术；深化地方政府与高校的合作，建立大学培训基地，共同培养人才，例如，每年定期组织农业人才到高校参加专业培训，并每三年进行一次轮训，切实提高团队素质；同时，寿光还可以将具有一定基础的现代农业园区作为大学生实践基地，不仅为学生提供学以致用的平台，也为基地注入新的人才力量。其次，科学设计学制，灵活培训人才；农业生产具有季节性，农民素质参差不齐，因而农业人才的培训必须根据农民的文化素质，结合农业生产的特点，科学设计学制，灵活培训人才。最后，鼓励行业参与，同行培训人才，充分发挥行业协会、专业合作组织和新型农业经营主体作为“行业专家”的作用，学用结合，培训专业人才；组织具有特殊技能的专家通过导师制等形式对农民进行培训，使更多的农民尽快掌握新知识、新技术和新技能；组织考察团进行学习和访问，学习先进技术和经验，围绕项目重点培训人才。

第四，加强农村干部队伍建设。首先，重视村级组织带头人的培养和引进，注重将懂农业爱农村爱农民、想发展会管理能成事的党员充实到村级党组织队伍中去，更好发挥村级党组织对乡村振兴的带动作用。其次，提升村干部的工作积极性，有关部门要多关心常年战斗在第一线的村干部，帮助任务重、条件差的村干部解决工作和生活上的实际困难，协助党委加强村干部的教育和培养。最后，完善乡村人才振兴的输血机制，引导广大农业院校毕业生树立正确的择业观、就业观，到农村去干事创业；建立健全乡镇与村干部队伍“双向流通互动”的工作机制，从市级机关、市属国有企业和各区政府机关、企事业单位中遴选一批优秀年轻干部担任乡镇干部和驻村指导员，更好发挥驻村干部、大学生村官在创新农村经济发展过程中的引领作用。

（3）优化创业环境，鼓励农业创新发展。

第一，补足创新创业要素。首先，提升基础设施建设，改善水、电、交通和互联网等基础设施，提升就业、教育、医疗和养老等公共服务，切实改善农村创新创业所面临的要素短缺问题。其次，完善配套服务体系，积极探索建立全面配套的农业农村人才公共服务体系，把专业服务公司和服务型农民合作社作为社会化服务的骨干力量，推进其专业化、规模化，不断增强服务能力，拓展服务半径，解决农民普遍面临的技术、装备、人才等难题。另外，通过提高生产效率、降低劳动强度来吸引人才投身农业；强化惠农政策扶持作用，出台购买农机补贴政策，鼓励购买农业机械，减轻劳动强度，提高生产效率；推动实用高效型农业机械应用，重点推广实用型、多用途和小型化的农业机械，让更多新技术应用于农业生产一线，让农业成为体面的职业，吸引农业高技能人才创新创业就业。

第二，完善扶持政策体系。首先，充分利用信用保险、税收等政策工具，鼓励、引导和动员个人、企业、社会等各方面力量，加大对农业人才工作的投入，不断拓宽农村人才队伍建设的投资渠道，逐步建立健全多元化的农业人才资助体系。其次，增加政策支持力度，落实国家支持家庭农场、农民合作社、农业企业等新型农业经营主体发展的相关政策，实施农业信贷担保体系建设的金融支持政策，鼓励和支持农业信贷担保机构为新型农业经营主体提供信贷担保服务，建设管理、生产和农村实用人才培养平台。此外，继续加大省、市、区多级财政的投入力度，增加财政资金对农业农村人事经费、工作经费和专项经费的支持力度，逐步提升农业人才福利待遇；在子女教育、医疗保障、养老保障等方面给予相应政策支持，解决农业人才后顾之忧；提高农业人才的社会地位，优先推荐其担任党代表、人大代表、政协委员等。

（4）多样化农村产业，提高农业比较收益。

第一，大力发展现代农业。吸引有知识、爱农业、懂科技的大学生、农业科技人员等加入到新型职业农民队伍中，加快培育一批家庭农场、农村合作社等新型农业经营主体，培养多元化的农业人才队伍，加快推进农业生产、经营方式现代化，利用现代农业装备、互联网、大数据和智能化技术等提高农业科技水平，推动农村产业从单一的农业生产，向集成加工、农业服务、农业科技创新等的现代农业转型，打造特色农产品品牌，提升农产品的知名度和美誉度，拓宽销售渠道。

第二，推动二三产业融合。以提升农产品附加值、提高农村居民收入水平和促进农业转移劳动力实现充分就业为主要目标，大力扶持农产品加工、农业科技服务、农村电商、乡村旅游等业态的发展，培育乡村工匠，加强农村电商人才培育，打造农村创业创新带头人，推动农业一二三产业融合发展，为职业农民创造更多就业机会，提高农村居民就业多元化水平，提高农业比较收益，让扎根农村有前景、有“钱”景。

（三）四雁齐飞，完善乡村振兴人才梯队：临沂“四雁工程”政策体系

1. 临沂乡村振兴人才工作现状

近年来，临沂市把实施乡村振兴战略摆在优先位置，坚持五级书记抓乡村振兴，让乡村振兴成为全市全域的共同行动。其针对乡村人才短缺、产业竞争力弱、乡村发展活力不足等难题，临沂市创新实施“头雁领航、归雁回引、鸿雁丰翼、雁阵飞”四大行动，锻造乡村振兴“主心骨”。自2019年创新实施“四雁工程”以来，通过强头雁、引归雁、育鸿雁、促雁阵，充分发挥基层党组织战斗堡垒在乡村振兴中的引领作用，盘活各类资源要素，不断推动各类人才向乡村集聚，为乡村振兴注入源源不断的动能。其具体举措如下。

（1）坚持精英思维，以头雁引育激活人才振兴。

加强选拔标准。进一步推进“领头雁计划”的实施，在临沂地区“四雁计划”的框架下，“领头雁”特指农村基层组织的领导者。临沂地区持续优化村党组织领导的选拔、培养、管理和使用机制，致力于选拔和强化

乡村振兴的领导力量，重点实施“领头雁计划”。该计划特别关注乡村中的优秀青年、杰出退役军人和回归乡村的大学生，通过内部挖掘、外部吸引和下派干部的方式，根据各村的实际情况和岗位需求来选拔人才。截至2023年，全市已经选拔了765位“退伍军人书记”、538位“企业书记”和178位“青年书记”担任村级职务，通过引入高质量的新成员来促进“领头雁”队伍的更新换代①。

提升培养质量。实施专业培训计划，将政治理论教育作为村干部培训的首要内容，开展针对团队建设、集体经济增长、村级治理等关键领域的专题培训课程。乡镇层面加强对乡村后备人才的管理，采用“实践导向”的培养模式，根据村庄的发展目标和干部成长需求，安排7172名有潜力的后备人才到模范村庄、农业相关部门和项目前线进行实地锻炼和学习。

强化考核机制。县委将对村党组织书记和村级班子进行更高级别的考核管理，建立以党建工作推动乡村振兴的“竞赛平台”机制。通过定期的基础竞赛、专项竞赛、创新竞赛和综合竞赛，激发干部的竞争力和创新力。实施周期性的考核流程，并采取动态调整策略，以确保队伍的流动性和活力，实现“优胜劣汰、持续更新”的目标。

确保有效运用。秉持“以实际成果定英雄”的原则，鼓励村党组织书记积极参与到建设美丽乡村、增加村集体收入和提升乡村治理等关键任务中，成为乡村振兴的先锋和中坚力量。全市先后从杰出的村党组织书记中选拔出9名乡镇领导班子成员、86名公务员和49名事业编制人员，同时有68名在职的村党组织书记被选为市级及以上的“两代表一委员”②。以兰陵县代村为例，该村从负债400万元的贫困落后状态，成功转型为集体经济强大、村民生活富裕的模范村，村民的人均纯收入达到6.9万元，是20年前的30多倍③。

---

① 龚宜超，孟琦，胡志千．“沂蒙四雁”打造乡村振兴乡土人才品牌［J］．中国乡村振兴，2024（6）：60－63．

② 《山东乡村振兴简报》刊发我市“四雁工程”文章：临沂市创新实施“四雁工程”以组织人才振兴引领乡村全面振兴［EB/OL］．临沂农业农村，2023－11－21．

③ 揭秘：从负债400万到人均收入近7万，看临沂这个村如何逆袭！［EB/OL］．大众网临沂，2019－05－25．

（2）坚持有解思维，以引雁归巢开辟共富路径。

营造良好环境，吸引优秀人才。临沂市致力于将人才引进工作项目化，如同招商引资一样重视人才引进，完善人才的柔性引进和管理体系，确保人才从“发现、签约、落地到见效”的全链条发展。

主动伸出合作之手，促进人才回流。专注于吸引在外的杰出企业家、学者和毕业生等，建立人才、资源和需求数据库。每年初举办“归雁兴临共话发展”的高层次人才座谈会，定期开展“三送三访”活动，通过人才、项目和乡情吸引人才，有序引导大学毕业生、农民工和企业家回归乡村。

制定激励政策，激发创业活力。配套推出包括招商引资、创新创业、金融支持等在内的10项助农政策，持续开展“归雁人才”返乡创业宣传，定期举办“归雁兴临”返乡创业大赛，孵化2000余个创业项目，同时提供4000万元的贷款贴息和20亿元的金融资金支持，确保返乡人才有项目可做、有资金可用①。

提供精准服务，确保人才扎根。创新服务专员制度，建立乡土人才服务站，鼓励和支持优秀归雁人才参与村党组织书记、“两代表一委员”的选举；依托临沂人才发展集团，开发1500套“人才公寓”，为人才提供安心的居住环境和充足的工作动力，促进生产要素向农村集聚，为乡村振兴注入新动力。例如，沂水县杨庄镇吴家楼子村的归雁人才吴照京，在文化旅游部门的支持下，传承手工缝制技艺，创立“沂蒙小棉袄”品牌，年产2万余套，实现200余万元的营业收入，为60余名老年人和贫困群众提供就业机会②。如费县的归雁人才翟传龙，虽身在上海但心系家乡，利用家乡资源，打造“丽果丽乡”平台，发展特色果品产业，将优质农产品销往全国，同时在家乡开拓农产品深加工领域，推动水果产业的繁荣发展。

（3）坚持联动思维，以鸿雁争鸣引领乡村发展。

提升农民职业形象，促进乡村振兴。临沂市通过建立有效的激励和引导机制，培养了一大批热爱农业、掌握技术、善于经营的新型职业农民，

---

① 临沂农业农村.《山东乡村振兴简报》刊发我市“四雁工程”文章：临沂市创新实施“四雁工程”以组织人才振兴引领乡村全面振兴［EB/OL］. 临沂农业农村，2023-11-21.

② 杨庄镇吴家楼子丨学员村里有好品—42［EB/OL］. 沂水党旗红，2024-8-11.

使农民成为一个有吸引力、有发展前景、能够带来成就感的职业。

发掘潜力，让乡土人才脱颖而出。对于那些在经营、养殖、种植、销售等方面有独特方法和丰富经验的“土专家”和“田秀才”，进行登记管理，并动态更新信息。通过举办“苹果擂台赛”“大樱桃文化节”“桃花节”“非物质文化遗产月”等活动，为他们提供一个展示才华、交流合作的平台，激发他们的创造力和活力。

加强培训，提升乡土人才素质。利用临沂大学、临沂农科院等教育资源，创新“学院 + 中心 + 基地”的培养模式，累计培养了 20 万名高素质的“土专家”和“田秀才”，带动了 100 万名村民增收致富，推动了农业科技进步率提高了 6 个百分点[①]。

推广应用，发挥乡土人才作用。对于那些实践经验丰富的乡土人才，开展“点对点”“结对子”等活动，让他们在农业技术培训中担任讲师，进行“课程授课”和“现场教学”；在农业课题研究和农业标准制定中，广泛征求和吸收他们的意见和建议。这不仅解决了生产中的难题，也增强了乡土人才的“存在感”和“荣誉感”。例如，莒南县的李子松作为花生种植的专家，带动了 518 家花生种植大户和 5000 余亩的标准化种植，年产值达到 2.6 亿元，实现了“培养一个专家、带动一个产业、壮大一个集群”的效应。[②] 临沭县青云镇于家山村的“鸿雁”人才钱旭东，以“临沭地瓜”这一国家地理标志产品为依托，通过农文旅融合和产学研结合，将该村打造成乡村振兴的核心村，探索了一条以特有文化为基础、以研学产业为先导、实现整村系统性提升的乡村振兴新路径。

（4）坚持改革思维，以四雁齐飞凝聚振兴合力。

临沂市通过组织农业经营主体形成资源共享、风险共担的联合体，有效形成“雁阵效应”。通过引导联合体成员抱团发展、规范提升市场竞争力，促进乡村产业从个体经营向集体合作转变，确保更多收益留在农村，惠及农民。

---

① 《中国乡村振兴》刊发我市“四雁工程”经验做法：沂蒙山上雁齐飞［EB/OL］. 临沂党建，2024 - 03 - 19.

② 任刚. 加快打造乡村振兴样板 创造共同富裕沂蒙好例——山东省临沂市创新实施“四雁工程”［N］. 学习时报，2023 - 10 - 06.

村社合作，共同发展。积极探索多样化的合作社模式，包括生产经营型、土地股份型、服务型和综合型等。党支部牵头创办了2483家合作社，带动全市合作社发展至2.5万家，实现了党组织的政治优势、合作社的经营优势和农村的资源优势的叠加与互促。

双社联合，实现共赢。引导党支部领办的合作社与农民合作社联合，推动耕地集中流转，实现规模化、专业化经营，提升产业竞争力。例如，临沭县与中国农发集团合作，创新实施现代农业发展模式，通过全程托管和规模经营，显著提高了粮食产量和村集体及农户的收入，为农民增收、农业增效开辟了新路径。

金融支持，激发活力。建立常态化的工作机制，定期摸排人才和经营主体的融资需求，搭建政银企对接平台，形成从需求汇总到放贷、再到贴息支持的融资担保闭环。完善风险补偿机制，设立风险补偿资金池，提高担保公司的经营和抗风险能力，减少金融机构的顾虑。通过一系列金融产品和服务创新，为乡村产业发展提供持续的金融支持。截至2024年9月17日，全市已对7531家涉农主体进行摸排，授信2320家，向四类主体发放贷款达88亿元①。

2. 临沂乡村振兴人才工程主要模式

（1）头雁领航模式。

在临沂市的“四雁工程”中，“头雁”主要指的是农村基层党组织书记。临沂市通过不断完善村党组织书记“选育管用”机制，着力选优配强乡村振兴“头雁”队伍，深化实施“头雁工程”，重点面向乡村好青年、优秀退役军人、返乡大学生，通过内挖、外引、下派的方式，因村施策、因岗择人。临沂市通过选拔和培养有能力的乡村带头人，包括致富能手、退役军人、乡村好青年、回乡大学生和机关干部等。对这些带头人进行定期培训和能力提升，确保他们能够及时掌握国家政策、市场趋势和农业技术。通过考核机制和待遇挂钩，激励村干部积极作为，确保优秀人才得到

① 任刚．加快打造乡村振兴样板 创造共同富裕沂蒙好例——山东省临沂市创新实施“四雁工程”［N］．学习时报，2023-10-06.

相应的回报和认可。

（2）归雁反哺模式。

近年来，临沂市积极推进人才兴市战略，致力于构建乡村振兴的典范模式。吸引了众多在外的临沂才俊回归家乡，投身于创新创业的浪潮之中。他们的到来为临沂市注入了新的活力，促进了城市在多个领域的领先地位，提升了竞争力，增强了发展动力，共同编织了人才与城市共生共荣的辉煌篇章。

临沂市通过实施税收优惠、土地使用政策优惠以及金融支持等措施，为返乡人才营造了优越的发展条件，确保他们能够在乡村地区稳定发展，并充分发挥其专业才能。此外，通过项目扶持和补贴政策，激发了这些“归雁”人才的参与热情，鼓励他们积极投身于乡村产业的振兴，为推动地方经济的繁荣发展贡献了重要力量。

（3）鸿雁争鸣模式。

在临沂市的“四雁工程”中，“鸿雁”是指农业农村领域从事种植、养殖、加工、销售、社会化服务、文艺、非物质文化等行业的“土专家”“田秀才”，是当前引领乡村发展的核心力量。临沂市推出了《深化“鸿雁”工程措施10条》，旨在为人才提供为期3年的跟踪管理服务。通过技能培训和实践平台，这些措施旨在提升人才的专业技能和创新能力。此外，通过开展职称评定工作，对“鸿雁”人才的专业技能和社会贡献给予正式认可，从而提高他们的社会地位和影响力。同时，临沂市特别加强了对“鸿雁”人才向“头雁”转变的激励和支持措施。对于积极申请加入党组织的“鸿雁”人才，他们将被视为重点观察对象，并优先进行重点培养。此外，鸿雁人才将被安排到村级岗位进行实践锻炼，作为村“两委”（即村党支部委员会和村民委员会）的后备力量进行考察和培养，这不仅为他们提供了宝贵的工作经验，也为乡村发展注入了新的活力和领导力。

（4）雁阵浩荡模式。

临沂市正致力于激发人才的集群效应，通过促进合作与共享利益，培育出众多致力于乡村发展的联合体。这些联合体共同推动了产业的集聚发展，使得乡村和农民能够更多地享受到产业发展带来的增值收益。以沂南县为例，这里不仅被誉为“智圣故里”和“红嫂家乡”，还特别为“四雁”人才的成长提供了加速器——“乡村振兴合伙人”制度。该制度通过构建信息云平台，一方面详细记录了县域内“四雁”人才的资源和需求优势，另一方面也整合了企业的资源和需求信息。这样的举措，不仅为人才提供了发展的平台，也为乡村的振兴和共同富裕指明了方向。在这一过程中，“雁阵”以其强大的阵容，引领乡村走向繁荣发展的新时代。

3. 提升临沂“四雁工程”实施成效的对策建议

（1）搭建平台，事业聚才。

搭建成长发展平台，激发乡村人才创新活力。关注产业链、创新源等最具吸引力的领域，注重发挥重点产业和龙头企业的承载带动作用，鼓励招募海内外乡村合伙人，通过多种形式合作，推动农业投资和科技成果转化，为“乡村振兴合伙人”提供优惠政策和支持。建设省级乡村振兴专家服务基地，吸引高层次人才，促进资源要素向乡村流动，加快引聚产业专家、博士后等各类创新人才开展科研合作、技术攻关，让各类高端人才有“用武之地”，更好地在乡村振兴的事业舞台上“大展身手”。

（2）制度创新，精准育才。

完善乡村人才振兴政策体系，包括规划引领、政策集成和分类施策，以破除体制机制障碍。通过建立职称制度、选派基层技术骨干进行挂职锻炼、培育创新创业带头人和高素质农民、完善继续教育等措施，提升乡村人才的专业技能和创新能力。同时加强产教融合、校企合作，为乡村振兴培育技艺精湛、素质优良的技能人才。

（3）涵养生态，服务留才。

健全人才服务保障机制，营造爱才敬才良好环境。加大创业担保贷款支持力度，提升乡村人才服务的智能化、数字化水平。通过加强人才资源区域共享、技术服务和创新基层服务模式，充分利用人才资源，提升服务效能。开辟乡村人才服务绿色通道：提供“一对一”代办服务，建立“一站式”服务窗口，解决乡村人才生活工作问题。

（4）因地制宜，合理用才。

建立职业农民职称制度，不受学历、专业限制，重点考察业绩和示范作用。鼓励地方探索奖励措施，为获得职称的职业农民提供支持和优先权。同时开展乡土人才摸底调查，建立信息库，制定培养培训政策，实施百万职业农民技能提升计划，利用多种教学形式进行培训。

五、新时代乡村振兴人才工作的优化路径

乡村振兴战略的推进迫切需要一支结构优化、素质过硬、与乡村发展需求紧密结合的人才队伍。为进一步推动新时代乡村振兴人才队伍建设，需要全力做好人才“引育用留”工作，积极构建乡村“近悦远来”的优质人才生态，以高质量的人才工作赋能乡村全面振兴。

（一）拓宽渠道，构筑乡村人才集聚平台

一方面，农村地区的条件艰苦、资源优势薄弱，对于外来人才的吸附力较弱，开发本土人才尤为重要，要注重乡村人才的学历培训，选拔并培养具有中专以上学历的本土人才，鼓励外流人才回归，加强宣传引导，实现双向对接，提供创业支持和优惠政策，吸引乡村外流人才回归，形成集聚农业科技人才和农村实用人才的比较优势，构筑支撑乡村振兴的人才高地。引导城市人才回馈乡村，通过产业、技术和资金回馈，鼓励城市人才参与乡村建设。另一方面，深化城乡融合发展，实现城乡人才、技术、资金等资源的双向流动和共享。培养造就乡村本土人才，围绕产业链、价值链、创新链布局人才链，培养善于致富带富的乡村本土人才队伍。创新工作方式与机制，改革农业科研人才评价机制，完善农技推广人员评价体系。

（二）深化培养，优化乡村振兴教育体系

整合资源形成培育合力。第一，充分利用各级党校（行政学院）、干部学院的资源渠道，持续提升乡村振兴干部队伍的治理能力；第二，涉农高校应打造实用精品涉农专业课程，培养复合应用型农林人才；第三，推动校地、城乡教师交流，提升基层教师业务水平，培育乡村教育人才；第

四，引导地方企业吸纳乡村人才入企培训，支持涉农职业院校、农技推广机构、农业科研院所等开展职业培训教育，促进乡村人才技能提升和经验积累。同时，依据人才特点分类别、分层次、分内容适配培养高素质新型职业农民、乡村本土专业技术人才、产业发展人才，发挥乡村人才的最大价值。

（三）激励留存，完善乡村人才激励机制

健全干部选拔与财政保障机制。一方面，打通人才流动和晋升通道，建立科学、公平、公正的人才选拔机制。事业留人是乡村留住人才的重要方式，摒弃“关系户”“人情账”，根据综合能力、实际贡献和发展潜力等因素选拔实干型人才。另一方面，合理配置乡村人才队伍建设投入资金，协调各方资金加大对乡村人才支持力度。健全乡村人才奖励激励制度。一是推进乡村人才福利待遇的提升、薪酬体系的改善、优惠政策的倾斜，加强物质激励；二是有效落实乡村人才研修培训、节日慰问等制度，构建精神激励；三是优化乡村人才考核机制，定期组织各类职业技能竞赛、优秀乡村人才评选等活动，强化人才激励。形成多样化的人才激励制度体系，提升各类人才服务乡村振兴的积极性。

（四）精准用才，实现人才与乡村发展共赢

全面激活“人才动能”，让人尽其才、才尽其用，要坚持用当其时，抓住人才成长发挥作用的黄金期，把优秀青年人才、年轻干部及时派到乡村全面振兴的“最前线”，帮助强组织、兴产业、抓治理、优服务，实现人才成长与乡村发展的同频共振。要力求用其所长，充分考虑专业特质、性格特征合理使用人才，着力解决乡村全面振兴中群众的急迫难题。要做到人岗相适，解开论资排辈思想桎梏，打破部门、地域、身份限制，推行“揭榜挂帅”“一线赛马”等用才机制，充分调动人才积极性、创造性，切实把人才“第一资源”转化为乡村全面振兴的“第一动力”。

第八章

希望劳动：新农人网红促进乡村振兴的实践路径

周　敏　李文慧　孙华敏*

一、引言

全面推动乡村振兴，是社会主义现代化强国建设的重要战略任务。党的二十大报告指出，必须坚持把解决好“三农”问题作为全党工作的重中之重，举全党全社会之力推动乡村振兴，加快农业农村现代化。习近平总书记视人才振兴为乡村振兴的基础，他提出，要推动乡村人才振兴，把人力资本开发放在首要位置，强化乡村振兴人才支撑。乡村振兴，关键在人。在乡村振兴实践中，虽然不同乡村发展战略不同，但均离不开“内外动力的联合”。而乡村人才，尤其是“新农人”则是乡村“内外联合”的中介，成为全面实现乡村振兴的重要驱动力量。新农人主要指善于利用互联网服务于“三农”，具有新理念、新思维、新技术，从事农产品生产、

* 周敏，山东大学新闻传播学院副研究员，研究方向为媒介文化、乡村治理；李文慧，山东大学新闻传播学院硕士研究生，研究方向为数字劳动；孙华敏，山东大学新闻传播学院硕士研究生，研究方向为数字乡村。

加工、流通或为农业提供宣传、推广、指导、咨询等服务的人或群体。新农人群体中年轻人占多数，受教育程度普遍较高。这与目前农业劳动力老龄化、文化程度低的现状形成了鲜明对照，为农业农村生产经营注入了新鲜血液。随着短视频直播平台在农村地区的渗透，一批具备互联网思维的新农人网红通过抖音、快手等平台在线呈现生产生活，扩展农产品销路、带动村民增产增收、传播乡村文化，让农业、农村、农民在互联网空间为大众所感所知。

新农人是互联网与“三农”有机融合的产物。随着抖音、快手在人们日常生活中的渗透，数字平台带来了多元的乡村职业可能性，越来越多的农村青年返乡创业，一些村干部也加入短视频生产的行列，逐渐壮大了新农人队伍。依托短视频平台，乡村发展被赋予更多可见性机会，同时短视频平台也吸引更多人才返乡，转变了农业农村生产经营方式，成为数字经济时代乡村振兴的重要手段。抖音、快手等数字平台在此背景下也相继推出“新农人计划”，针对三农创作者提供流量扶持，短视频逐渐成为带给乡村希望的“新农具”。三农短视频创作者呈现出主体多元化的特点，既包括返乡创业的青年群体、在村务农的乡村原住民，也囊括了村党支部书记等乡村治理主体。

抖音与快手三农生态数据报告均显示山东省是三农短视频创作者最多的省份。2021 年快手《三农生态数据报告》显示，在最喜欢分享三农短视频的省份中山东位居第一，济宁嘉祥县是快手上三农创作者最多的县；2021 年抖音三农创作者来源最多的省份亦是山东，从县级维度看山东有三个县（济宁嘉祥县、菏泽郓城县与潍坊寿光市）进入抖音三农创作者数量最多的十个县。2023 年快手《三农生态数据报告》显示，农产品带货前五的城市山东占据两位，分别是临沂（第三）、济南（第五）。山东省新农人网红凭借着短视频平台在线呈现乡村生产生活，让农业农村农民被看见，通过互联网连接城市与乡村，农民与市民，带动农产品销售，促进城乡融合发展。因此本书聚焦于新农人网红通过短视频平台助力乡村振兴的实践，考察山东省新农人网红依托数字平台驱动乡村振兴齐鲁样板提档升级的希望劳动机制。

二、理论分析

习近平总书记强调“人才振兴是乡村振兴的基础，要创新乡村人才工作体制机制，充分激发乡村现有人才活力，把更多城市人才引向乡村创新创业”[①]。人才发展成为乡村振兴题中应有之义。自新农人概念提出以来，越来越多的研究聚焦新农人发展路径及其对乡村振兴的影响与意义。

（一）新农人短视频生产实践研究

学界对此概念的界定最早可以追溯到汪向东（2014）提出的“三新说”，即以农为业的农民“新群体”，在农村活动的“新细胞”，并强调该群体采用新的生产和经营方式，从而带来农业“新业态”[②]。作为数字原住民，新农人具备与生俱来的互联网基因[③]，具有“生态自觉”[④]，能利用移动互联网为三农发展带来新的可能。2015 年阿里研究院发布《中国新农人研究报告（2014）》，作为首份新农人研究报告，其对新农人的概念进行了进一步拓展，提出了广义的新农人的概念，即具备互联网思维，服务于三农领域的人[⑤]。随着“互联网 +”概念的提出，学界对新农人高度关注，但该时期的研究主要聚焦在新农人概念界定、发展困境分析与路径优化等方面。

2016 年短视频平台进入大众视野，用户规模不断增长，截至 2024 年 6 月，我国短视频用户规模达 10.50 亿人，占网民整体的 95.5%[⑥]。短视

① 习近平主持中共中央政治局第八次集体学习并讲话［EB/OL］. 新华社，2018 - 09 - 22.

② 汪向东．“新农人”与新农人现象［J］. 新农业，2014（2）：18 - 20.

③ 陈亮．新农人：中国未来农业的中坚力量［J］. 中国农村科技，2015（3）：68 - 70.

④ 杜志雄．“新农人”引领中国农业转型的功能值得重视［J］. 世界农业，2015（9）：248 - 250.

⑤ 《中国新农人研究报告（2014）》［R/OL］. 阿里研究院，2014.

⑥ 第 54 次中国互联网发展状况统计报告［ER/OL］. 中国互联网络信息中心，2024 - 08 - 29.

频涵化新生活方式的同时，也为新农人参与乡村振兴提供了新的实践模式。2018 年 8 月，快手成立扶贫办公室，探索“短视频、直播 + 扶贫”的新路径，获得积极反响，随后今日头条、网易号、抖音等短视频平台相继出台新农人相关流量扶持计划[①]。短视频平台的“三农”内容，为传统农业注入了新的发展动能，为促进农业高质量发展探索了可行路径[②]。这些三农创作者依托短视频平台，以乡村社会为实践场域，围绕“三农”主题进行内容生产，通过拍摄短视频、直播带货等方式展现与传播乡村生活和乡土文化[③]。本书聚焦于山东省三农短视频创作者群体，并将其归类为依托短视频平台进行内容生产的新农人网红。

借助短视频这一中间景观[④]，农村青年得以弥合空间流动与身份之间的张力，以新农人的身份积极搭建新的城乡交往空间[⑤]。张杰与罗敏（2024）在对返乡青年短视频实践的研究中强调，通过短视频这一底层技术逻辑，新农人得以建构出一个有别于城市世界与乡村世界的中介化生活世界，进而构建新的城乡交往关系，最终实现对现实生活世界的重构[⑥]。此外，也有学者注意到短视频平台作为城乡互动场所的提供者，其背后权力结构所产生的影响。翟翊辰与刘蔚（2024）认为短视频平台通过其全新的回报逻辑、未来奖励想象的投资话语和基于意义感的精神化叙事方式，形成其对创作者的独特控制机制，不断激发创作者的希望劳动[⑦]。借助短视频平台的技术赋能以及内容表达的主体性，三农短视频得以实现主动呈现、主观呈现、主人翁式呈现以及主体性呈现；然而由于平台传播中存在

① 马梅，姜森．乡村振兴视域下新农人短视频带货的身体叙事——以快手五位短视频带货新农人为例［J］．传媒观察，2021（7）：64－71．

② 付森会，晏青．新农人短视频与受众主观幸福感：一个有调节的中介模型［J］．西南民族大学学报（人文社会科学版），2022，43（11）：148－155．

③ 袁宇阳．短视频平台新农人助力乡村振兴的实践探索、现实困境与推进路径［J］．电子政务，2023（10）：71－83．

④ 曹钺，曹刚．作为“中间景观”的农村短视频：数字平台如何形塑城乡新交往［J］．新闻记者，2021（3）：15－26．

⑤ 陈瑞华．“地方再造”：农村青年媒介行为的文化隐喻［J］．中国青年研究，2019（2）：94－101．

⑥ 张杰，罗敏．城乡中介化生活世界的意义建构与交往关系再生产——基于返乡青年短视频实践的考察［J］．新闻大学，2024（2）：14－27，117－118．

⑦ 翟翊辰，刘蔚．希望劳动：短视频平台的劳动机制［J］．探索与争鸣，2024（2）：100－110，179．

着技术、网络声量与网络显现度、资本、用户偏好等因素产生的遮蔽，三农短视频无法实现全景式的现实呈现[①]。这种冷遮蔽让内容创作者看到希望的同时，也忽视了希望的不确定性。在未来导向的话语叙事中机会成为可能，算法的复杂性与收益的不确定性也进一步加深对短视频创作者劳动的异化[②]。

作为数字乡村战略与短视频平台发展交叉影响下诞生的新主体，当下对新农人网红的研究多从新农人个体视角出发，探讨其短视频生产的意义与价值，以及强调新农人网红作为数字劳工所遭遇的劳动剥削。但对于乡村振兴背景下新农人网红对乡村经济社会发展的影响关注相对较少。新农人网红的短视频生产不仅仅是个体的在线自我表达，其背后更涉及平台、乡村等复杂的政治经济关系[③]。而且随着数字平台在乡村日常生活中的渗透，新农人内容生产已不拘泥于乡村图景的再现，而是进一步呈现直播电商、农技知识分享等多样化的内容；一些地方干部也积极加入新农人行列，使得新农人的群体组成多元化；在平台逻辑与乡村情境融合背景下，新农人的平台内容生产在重构乡村经济、社会、文化生产的同时，也影响着乡村治理的转型。因此本书基于传播政治经济学视角，聚焦新农人短视频生产背后复杂的权力利益关系，突破数字劳动个体化表达的研究视角，探讨新农人短视频生产如何嵌入及影响乡村经济社会发展，针对新农人网红短视频实践面临的困境提出优化路径，以促进新农人网红、短视频平台更好融入乡村政治经济社会，成为推动实现乡村振兴的有力主体。

（二）希望、希望劳动与新农人数字劳动研究

抖音、快手等短视频平台在农村拥有庞大的用户基础，加之短视

---

① 栾轶玫，苏悦．“热呈现”与“冷遮蔽”——短视频中的中国新时代“三农”形象［J］．编辑之友，2019（10）：38－48.

② Zhou M. and Liu S. D. Be my boss：Migrant youth and the contradiction of hope labor on Kuaishou［J］. New Media and Society，2022，26（10）：5858－5876.

③ Duan，S.，Lin，J.，& van Dijck，J. Producing new farmers in Chinese rural live E－commerce：platformization，labor，and live E－commerce sellers in Huaiyang［J］. Chinese Journal of Communication，2023，16（3）：250－266.

频具备创作门槛低，创作效率高，作品传播范围广等特征，为新农人利用短视频助力乡村振兴带来新的可能[①]。抖音与快手平台也相继出台扶持三农发展政策，为新农人利用短视频传播乡村文化、扩展农产品销路创造可行路径。从“可能”到“可行”，数字平台逐渐成为农业、农村和农民的希望之源。越来越多农村青年返乡创业，本地农民、村支书等多元主体也积极参与短视频创作，以期通过直播带货带动乡村发展。短视频平台焕发乡村振兴人才活力，从而为乡村振兴带来新的希望路径。

希望是一种未来导向的历时状态，是对未来更好、更具挑战性或更不同的预测[②]。“希望”这一概念最初广泛应用于心理健康领域和教育领域当中，心理学从个体角度探讨希望的意义，认为希望是一种心理资源，能激发个体的内在动力[③]。这种内在动力能够启发和推动个体的劳动实践，引导个体采取策略性行为，朝着未来的目标不断前进。作为一种积极的情绪资源，袁光锋（2022）认为希望是对客观处境的主观性判断，包含两个核心要素，即希望指向的对象和对可能性的感知。具体而言，希望的对象或者是目标越丰富，人们的希望资源就越充足；社会赋予人们的可能性、流动机会越多，希望资源就越多。斯奈德等（Synder et al.）则进一步考察了有希望的人是如何实现目标的，他们认为希望作为一种积极的动机性状态，是以追求成功的路径（指向目标的计划）和动力（指向目标的活力）交互作用为基础的。因此希望的资源不仅仅在于其作为积极情绪的动力，更包含着实现希望目标的路径，二者相互作用，共同促进希望目标的实现。未来导向的希望包含“尚未发生”的不确定性，而希望的动力资源让个体面对这种不确定性时蕴含着目标实现的积极预期。希望的路径则意味着希望包含着实现目标的具体行动，通过不断实践探索达到目标的可行路径，实现最终目的。

---

①② Zhou M. and Liu S. D. Be my boss: Migrant youth and the contradiction of hope labor on Kuaishou [J]. New Media and Society, 2022, 26 (10): 5858 – 5876.

③ 李健，黄孝玲，高稳. Snyder 希望理论在提高乳腺癌患者自我管理水平中的应用研究进展 [J]. 心理月刊，2024，19 (7): 223 – 225.

（三）希望劳动作用于新农人促进乡村振兴的影响机制

本书在既有新农人研究与数字平台研究的基础上，基于希望、希望劳动理论概念，建构了新农人短视频生产促进乡村振兴实践的希望劳动分析框架。首先基于乡村过去与当下的情境，考察快手、抖音等数字平台如何成为农业、农村、农民的希望之源，为实现乡村振兴构筑希望的可能。传统乡村面临人才流失、产业萎缩、内生发展动力不足等问题，希望实现的可能不断窄化，“逃离乡村”成为个人实现发展的唯一出路，而短视频平台将人才、技术资源带回乡村，成为推动乡村发展新的希望生发源。抖音、快手等数字平台乘政策风向推出“新农人计划”，针对三农创作者提供流量扶持，短视频已然成为三农发展的“新农具”，给农业、农村、农民带来新希望。新农人网红短视频生产实践对乡村经济社会发展产生重要影响。袁宇阳（2023）认为新农人积极利用平台经济和数字化技术解构传统小农经济发展逻辑，通过一系列平台实践行为实现乡村印象、农产品销售模式、农民身份和社会关系的再造，为乡村社会获取“破内卷”的机会，创造全面推进乡村振兴的“社会性”条件①。沙垚与李倩楠（2022）的研究发现在乡村建构的“地方政府 + 小资本 + 民间社会”三维团结的乡村直播模式中，新农人网红作为中介因素之一正在参与重建“在地性团结”②。马梅与姜淼（2021）则更直接认为新农人网红带货直播时以身体为载体，通过短视频反复展现与确定农特产品“原真性”，转喻式构建与再现乡村图景，从而提高经济获得，实现乡村振兴③。然而新农人短视频呈现也不可避免地对乡村经济社会发展产生潜在的负效应，如栾轶玫与苏悦（2019）提到新农人主播存在过度迎合受众消费偏好而导致自身创作内容

---

① 袁宇阳．短视频平台新农人助力乡村振兴的实践探索、现实困境与推进路径［J］．电子政务，2023（10）：71－83.

② 沙垚，李倩楠．重建在地团结——基于中部某贫困村乡村直播的田野调查［J］．新闻大学，2022（2）：84－96，120－121.

③ 马梅，姜淼．乡村振兴视域下新农人短视频带货的身体叙事——以快手五位短视频带货新农人为例［J］．传媒观察，2021（7）：64－71.

的异化可能，乡村在这一过程中逐渐沦为表演的工具[①]，袁宇阳（2023）也发现数字平台可能产生消极的示范效应，引起部分村民的非理性模仿乃至竞相争当网红的现象，反而阻碍乡村振兴的正常推进[②]。

其次考察新农人短视频生产实践，考察其在拥有希望的可能性之后是如何转化为乡村振兴的可行路径的。数字平台在给予了农村青年展示自我的机会的同时，也为乡村现代化转型提供了一条具体可行的路径。一方面，三农内容成为短视频平台重要组成部分，吸引越来越多农村青年返乡创业，缓解乡村人才匮乏困境。快手发布的《2023 快手三农生态数据报告》显示，对三农感兴趣用户已经超过 3.3 亿人，三农视频年发布量突破 2.7 亿人，三农直播年度累计观看人次达 1165 亿人[③]。随着用户对三农内容兴趣的激增，越来越多农村青年返乡创业，通过短视频直播连接城乡社会。另一方面，短视频平台成为传统农业数字化转型的“数字工具”，为乡村经济社会发展带来新机会。短视频平台的直播带货有力地改变了乡村农产品的流通模式，打开了推广销售农产品的门路，随之带来了农村产业链的新机遇、农民就业和增收的新机会以及乡村振兴的新气象[④]。《2023 抖音三农生态数据报告》显示，2023 年抖音电商共助销农特产 47.3 亿单，山货商品销售额达到 8.5 亿元[⑤]。数字平台为乡村和新农人创造了更多发展的可能性，短视频成为播撒乡村希望的“云田野”[⑥]。

数字平台的低准入门槛和去中心化内容分发算法为每个人提供了实现希望的可能性；依托平台发展出的多元内容创作方向和三农创作者类型的垂直细分丰富了希望的指向对象。一方面短视频成为返乡创业和创业升级新农人的生产工具，为乡村发展培养更多人才资源，带来新的机遇。另一方面数字平台构建了新农人实现希望的可行路径，无论是日常生活记录、乡村短剧还是农技知识或直播带货，都有机会实现内容变现，依托短视频

---

① 栾轶玫，苏悦．“热呈现”与“冷遮蔽”——短视频中的中国新时代“三农”形象［J］．编辑之友，2019（10）：38－48.

② 袁宇阳．短视频平台新农人助力乡村振兴的实践探索、现实困境与推进路径［J］．电子政务，2023（10）：71－83.

③ 快手：2023 快手三农生态数据报告［ER/OL］．快手，2023－10－27.

④⑥ 伍麟，朱搏雨．希望的“云”田野：新农人数字劳动的过程分析［J］．云南社会科学，2024（4）：163－171.

⑤ 2023 抖音三农生态数据报告［ER/OL］．抖音，2023－12－23.

创业已经成为一条可不断复制的可行路径（见图8－1）。

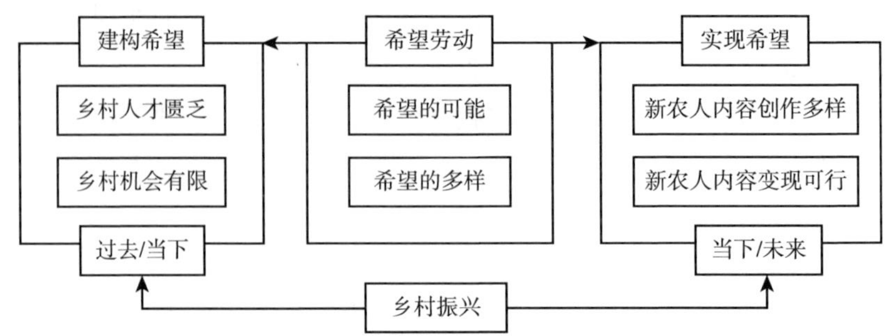

图8－1　希望劳动作用于新农人促进乡村振兴的影响机制

三、新农人网红促进乡村振兴的经验总结

在城乡二元结构差距不断拉大的过程中，农村人才流向城市，农村空心化、老龄化问题逐渐显现，乡村逐渐凋零，面临难以调和的机会与人才困境。山东省第七次全国人口普查数据显示，全省65岁及以上老年人占到乡村总人口的20.65%，而城市中这一数字仅有11.16%[①]。乡村劳动力的流出进一步促使乡村老龄化程度加深，致使乡村发展陷入负循环。创造足以留住人才、吸引人才的乡村经济社会环境是当下乡村发展亟须解决的关键问题。短视频平台的出现为乡村提供了新的发展路径，在为新农人塑造更多可能性的同时，数字平台的嵌入也为乡村的发展带来了新希望，农业农村农民成为平台的注意力资源，平台多渠道商业化模式成为推动乡村全面振兴的重要手段。

（一）建构希望：短视频平台赋能新型人才，激发乡村发展新可能

1. 短视频构筑乡村发展新空间

乡村的发展不同于钢筋水泥的城市机器，是更强调人情关系的熟人网

① 山东人口普查年鉴：2020［ER/OL］. 山东省统计局，2020.

络，人在乡村社会的发展中扮演十分重要的角色。在乡村熟人社会与关系社会的结构中，人与人之间有着较强的情感纽带连接，乡村是农村青年在城市流动过程中的“情感乌托邦”。新农人基因中的乡土情结和乡愁意识是乡村吸引人才返乡创业的情感基础。即使进城务工多年，由于成长背景等差异，农村青年也并不能完全融入城市的社会关系网和文化环境。而落叶归根、为父母养老送终等传统社会规约并未完全在乡村消解，乡村对于他们来说，仍具有强大的情感牵引力。

然而农村青年回到家乡面临着有限的就业选择，乡村社会人才流失的背后是乡村当下存在的机遇困境。山东省临沂市沂水县夏蔚镇的朱家坪村三农网红张小四（快手粉丝量 49.7 万；抖音粉丝量 13.9 万）出于照顾父母身体的需要回到家乡，然而有限的就业机会让其父母十分内疚，多次催促张小四回到城市。这一矛盾情感也正能侧面印证，乡村的机会匮乏致使回村成为一种牺牲而非主动选择。农村青年往往自小便被教育要通过进城实现经济社会的向上流动，“出走乡村”成为农村孩子的正确选择，也成为其追求自身发展的唯一方向。然而由于城市生活习惯及经济文化环境与乡村的截然不同，进城务工的农村群体需要经过痛苦的向上兼并过程。同时城市生活所需的物质与技能积淀往往是进城务工青年所不具备的，进城与经济向上流动之间的逻辑关系被切断，过去对城市的美好憧憬被现实打破，农村青年难以在城市立足。同时通过留在城市而致富的朴素目标也并不必然转变为现实，农民工青年面临着回不去的家乡、留不下的城市的境地。

在难以融入城市社会的情境下，对乡土的独特情感与记忆、自我认同和惯习，使得离乡群体在城市与乡村间反复横跳的过程中呈现出中间化的状态，进城并非出于与农村社会的割席，更可能是一种策略性“逃离”①。对城市生活的失望与返乡机会的匮乏成为迫使离乡群体保持中间化状态的重要原因。外出务工群体往往呈现出季候性特征，即并没有完全切断乡村社会网络，而是在城村往返中构建起一种复合型社会网络②。

---

① 张杰，罗敏．城乡中介化生活世界的意义建构与交往关系再生产——基于返乡青年短视频实践的考察［J］．新闻大学，2024（2）：14－27，117－118．

② 玉玮，黄世威．媒介化回嵌：季候性返乡青年的主体性重建——基于新冠肺炎疫情期间鄂西北王村的民族志研究［J］．福建师范大学学报（哲学社会科学版），2021（2）：118－126．

短视频平台的出现为这一中间状态提供了新的生存空间。利用短视频平台，城市与乡村之间的联通沟得以弥合。一方面，平台为农村群体提供了回村发展新的可选路径。直播带货、短视频推广成为农村青年可行的盈利新模式。《2023 快手三农生态数据报告》显示，三农万粉创作者年人均收入超过 3 万元①。另一方面，短视频平台为看见乡村提供新窗口，城市和乡村通过快手、抖音连接，共享三农信息，传递乡土情感。抖音首份三农数据报告显示，山东是三农短视频创作者来源最多的省份②，在大力发展农业的同时，山东省持续推进数字乡村建设，充分利用短视频平台激发乡村发展新活力。此外乡土情感、乡村生活不单是农村青年的偏好，在城市内卷化压力下，三农短视频受众群体进一步扩大，重庆、北京、上海、广州、成都上榜抖音最爱观看三农内容的城市前五名③。

2. 乡村成为数字平台的注意力资源

2016 年以来，随着快手短视频平台的兴起，三农类视频成为网络热点内容。过去农业、农村、农民往往是“被动”的被媒体呈现的客体，而随着越来越多农民工、农村学生等新农人成为短视频内容创作者，农业、农村与农民得以实现“能动性”的在线呈现，获得广泛的可见性，三农内容成为数字平台重要的注意力资源。根据《第 54 次中国互联网络发展状况统计报告》，截至 2024 年 6 月，我国城镇网民规模达 7.95 亿人，农村网民规模 3.04 亿人④。而《第七次全国人口普查公报》显示，目前我国农村人口 5.1 亿人⑤，仍有较大用户开发空间。快手兴起于二三线城市，下沉用户体量庞大，2023 年快手三农兴趣用户数量达 3.3 亿人。随着城市用户流量逐渐封顶，抖音也同样将目光瞄准农村下沉市场。作为下沉市场的重要领域，三农内容成为平台吸引用户的核心竞争点。以农村生产生活为主题创作的三农短视频让用户发现了有别于城市钢铁森林的独特田园之美，其

---

①③ 2023 快手三农生态数据报告［ER/OL］. 快手，2023－10－27.

② 抖音发布首份三农数据报告：农村视频创作者收入同比增 15 倍［EB/OL］. 界面新闻，2021－06－27.

④ 第 54 次中国互联网络发展状况统计报告［ER/OL］. 中国互联网络信息中心，2024－08－29.

⑤ 第七次全国人口普查公报［ER/OL］. 国家统计局，2021－05－13.

展现出的朴实的乡村人情和浓郁的乡土文化满足了城市用户对乡村和田园生活的美好想象①。

随着三农内容受欢迎程度的增长以及三农创作者数量的增加，数字平台紧跟国家乡村振兴政策步伐，大力支持三农内容与用户发展。2017 年，习近平总书记在党的十九大报告中提出乡村振兴战略，坚持农业农村优先发展和农民主体地位。2018 年 8 月，快手启动“幸福乡村”计划，助力乡村优质特产的宣传和销售。2020 年 8 月，抖音推出新农人计划，从流量扶持、运营培训、变现指导等方面全力扶持三农内容创作。通过入驻礼包、新农人推荐官等方式，给予新农人创作者流量支持，以解决新农人起步困难、曝光不足等问题，让农业、农村、农民被更多人看见。

3. 数字平台为乡村人才带来新希望

短视频带来的数字平台经济新模式，为农业农村农民发展带来新机会，从而缓和乡村人才流失而导致的发展困境。短视频平台的兴起为数字时代发展乡村经济、实现乡村振兴带来了新的可能。作为数字基础设施，快手、抖音等短视频平台为乡村发展开辟了数字空间，给予了农村青年被看见的可能性，让乡村人才看到农业农村发展的希望。短视频平台的去中心化算法为刚刚加入快手、缺少创作经验的新用户提供了开放、包容的创作空间，实现了每一个人都可能被看见的机会平等②。平台推出的针对新农人作品的创作扶持服务计划和向三农内容流量倾斜的政策也在一定程度上降低了新农人的创作和变现门槛，让农村青年看到了“只要坚持创作，就能获得收益”的希望③。

基于新农人短视频生产嵌入乡村身份的不同，我们发现新农人网红主

---

① 伍麟，朱搏雨．希望的“云”田野：新农人数字劳动的过程分析［J］．云南社会科学，2024（4）：163－171.

② Lin J. and de Kloet J. Platformisation of the unlikely creative class：Kuaishou and Chinese digital cultural production［J］. Social Media + Society，2019，5（4）：1－12；Zhou M. and Liu S. D. Becoming precarious playbour：Chinese migrant youth on the Kuaishou video－sharing platform［J］. The Economic and Labour Relations Review，2021，32（3）：322－340.

③ 翟翊辰，刘蔚．希望劳动：短视频平台的劳动机制［J］．探索与争鸣，2024（2）：100－110，179.

要包括“农民网红”与“村支书网红”。首先，农民网红我们称为“创业型网红”，包括“返乡创业型”与“创业升级型”两类。“返乡创业型”的农民网红是曾在城市工作的农村青年，他们返乡后拍摄农村日常生活、农村美食、农村短剧等内容，依托短视频平台积累流量，进而通过自己的网络名气助力农产品销售或获得广告收益。而“创业升级型”则是本地农民或者已经返乡创业的新农人依托短视频平台进行自我商品化，通过平台注意力以获得更广泛的社会或市场认同。来自山东省邹城市尼山镇西余村的抖音平台新农人创作者风清（抖音粉丝量201.7万）曾为偿还巨额债务远赴异国打工，用三年时间偿还了全部债务后，“父母在，不远游”的思想观念让风清选择回到父母身边，并尝试短视频直播带货。短视频平台的出现缓和了陪伴赡养父母与赚取经济收益间的矛盾，为农村青年在乡村奋斗提供了发展平台，加速农村青年人才回流并推动农村青年向新农人的身份转型。农村青年返乡创业出于家庭与经济的考量，也包含着热爱家乡、服务家乡发展的愿望。风清在异国打工期间，积极为国内疫情捐款，展现了农村青年热爱故土的乡土情结。在家乡的热土上，带动乡亲们致富也成为风清的头等大事。根据《2023抖音三农生态数据报告》，2023年抖音三农短视频发布总量为10.2亿，同比增长97%[①]。新农人对平台怀有强烈的创作热情和创作动力，创作农业技术分享、乡村生活记录、农货宣传等内容丰富的短视频作品，在乡村建设中发挥号召带动作用，积极凭借平台资源发展家乡农业，带动农业现代化转型。新农人的出现为乡村注入一汪活水，同时也让乡村文化借助短视频平台得以传播与弘扬。

其次，在短视频巨大流量吸引下，山东省越来越多的村干部也加入到平台短视频创作中，逐渐熟悉平台并通过短视频宣传村庄或销售农产品，出现了一批如“村支部书记-胡大斌”“三个老支书”“乡村领头羊齐书记”“安勤支书（硕士助农）”等特色鲜明的村支书网红群体。与农民网红短视频生产的出发点不同，村支书网红的目的不仅在于谋求个人利益，更是出于乡村经济社会发展的整体利益的考量。因此村支书网红的视频多聚焦于乡村环境改善、和谐村民生活以及乡村农副产品介绍等方面。村支

① 2023抖音三农生态数据报告［ER/OL］. 抖音，2023-12-23.

书作为乡村振兴践行者，在乡村发展中扮演重要角色。过去乡村与城市之间存在着由于交通不便、基础设施差距大等导致的联通障碍，村支书的信息相对闭塞，难以接触到城市政府、企业等组织先进的管理经验，因而在乡村治理过程中难以突破过去传统治理模式的束缚。迈入数字乡村发展的新阶段以来，数字联通替代过去的物理联系，成为乡村了解外界的有力手段。特别是短视频平台的出现，为城乡链接提供了更为开放、透明的窗口。通过短视频平台，村支书得以借鉴学习先进经验，借助平台提升本村注意力以招商引资。山东省济宁市曲阜市胡二东村村书记－胡大斌（抖音粉丝量 31.8 万）通过谷哥徐志新（抖音粉丝量 138.2 万）了解到农产品直播带货这一乡村振兴实践形式后，也开始了其直播助农之路。账号自 2022 年 5 月发布第一条视频至今，围绕乡村日常、村容村貌治理、助农直播带货等发布 202 条视频，成为切实展现乡村发展、推动农产品销售的有利力量。

（二）希望劳动：新农人多样化内容创作凝聚乡村多元可见性

短视频内容体量小、传播速度快，操作方式简单，随手可拍，随处可记录，为新农人记录农村提供了便捷。不论是农民网红还是村支书网红，新农人基于自身与乡村特色，在快手或抖音平台生产不同的内容。丰富多样的乡村生活为新农人内容创作提供了源源不断的素材。新农人利用城市生活中并不常见的乡村事物和民风民俗，制造视觉上的新鲜感；通过屋舍田居、山川河流等乡村景观拍摄别具美感的乡村生活图景，已经形成农村日常生活、农技知识、农村文化、乡村治理等多样的乡村视频内容。

1. 日常生活呈现构筑希望的普遍性

农民网红呈现中最受欢迎的三农内容包括农村生活、农村美食、三农电商、农业机械、种植技术等①，多元的内容创作方向让新农人得以充分

① 2023 抖音三农生态数据报告［ER/OL］. 抖音，2023－12－23.

发挥个人优势与地方特色，在快手或抖音平台生产丰富多元的内容。“记录生活”是三农类短视频最常见的内容。新农人网红用接地气的语言与内容，真实地展现了乡村日常生产生活景观。张小四凭借记录村庄中的“千岁老人”积攒了一定的热度与粉丝，后不断拓展视频内容，将记录农村的人延伸到记录农村的景、物、人，通过镜头记录水果采摘与加工、上山捡板栗、庄稼种植、古法榨油等。正是这种未经雕琢的原生态和真实感，让受众以第一视角了解与观察真实的农村生活和地方风土人情，也成为新农人短视频吸引广泛受众的独特所在。新农人记录生活的同时，也传播了乡村传统文化和民俗，为和美乡村建设提供人文价值支撑。山东省临沂市费县的日常生活博主鑫鑫爱生活（抖音粉丝量381.5万；快手粉丝量271.6万）汲取当地特色民俗，融入短视频创作，如6月6日吃伏羊、闰二月给父母送鱼送鞋等的习俗，让独具特色的乡村文化底蕴被看见。张小四为全村老人拍摄“千岁舞”爆火出圈，弘扬尊老爱老的文化传统，展现乡村村美人和的本真风貌。短视频创作既不要求资金投入，也不需要学历履历，即使没有任何才艺特长也可能成为网红①，操作的简单性与素材的易得性给予每个人“他们可以，我也可以”的希望普遍可能性②，以一种“付出就会有收获”的公平感，让人们看到希望并愿意在初期为之进行无回报的劳动③。

2. 农技知识展演注入农业发展的新希望

短视频直播平台作为农业知识、技能传播的重要方式，已经成为农民的“新农具”。2022年抖音发布《抖音农技知识数据报告》，2021～2022年抖音农技知识相关内容投稿量增长50.4%，相关视频日均播放量突破10亿次④，内容涵盖养殖技术、种植技术、农业机械等细分行业，内容创作

---

① 谌知翼，李璟．“三无直播间”何以维系：抖音平台素人主播的希望实践［J］．新闻记者，2022（11）：56－68．

② Zhou M. and Liu S. D. Be my boss: Migrant youth and the contradiction of hope labor on Kuaishou［J］. New Media and Society，2022，26（10）：5858－5876．

③ 翟翊辰，刘蔚．希望劳动：短视频平台的劳动机制［J］．探索与争鸣，2024（2）：100－110，179．

④ 2022抖音农技知识数据报告［ER/OL］．抖音，2022－12－23．

潜力巨大。新农人网红通过农技知识分享，不仅为农村引进现代农业生产理念，带动农户更新农业生产技术，也改变了大众对农业农民的认知，增进大众对宜居宜业的新型乡村发展情况的了解。抖音平台万粉以上的农技创作者所在城市中，山东省潍坊市位列第二[①]。而作为"中国蔬菜之乡"，潍坊寿光在数字化设施、智能化装备方面已实现广泛应用。当地新建大棚物联网应用率超80%，不少新农人利用短视频平台分享农技知识，推动农业生产数字化转型。寿光本地网红新农人许多（抖音粉丝量34.3万）将短视频作为展现乡村风貌和产业发展的窗口，记录卖彩椒、找种苗、打药等农业生产和销售过程，展示出年轻人从事农业的风貌，带动村民引入水肥一体机、智能喷药设备等智能化农业设施，实现田地高效智能管理，打破大众对农民的刻板印象，让更多市民了解农业从业者的艰辛与从事农业的希望。另外，农技知识分享也带动了农资转化变现。报告显示，过去一年，通过抖音电商实现农资转化的创作者超过十万名[②]。在新农人许多的短视频留言中，不少农业从业者表达了合作意向，如"求购白玉黄瓜种子""收购几十吨大蒜"等。短视频不仅是新农人交流学习农技知识、传播分享农资信息的主要平台，也成为获得收益报偿的重要渠道，加速农业生产技术创新，为农业农村发展带来新的希望。

3. 乡土文化传播带动乡村发展新可能

新农人亦通过短视频，如乡土短剧传播乡村文化，与此同时记录乡村经济社会发展历程，从而促进乡村全面振兴。乡土短剧制作成本低、制作周期短、内容简单朴实，为新农人内容生产创造自由发挥的空间。同时在传播效果方面，乡土短剧一集几分钟，剧情节奏快、冲突性强，也是展示乡村风土人情的重要窗口。《2023—2024年中国微短剧市场研究报告》显示，2023年我国网络微短剧市场规模为373.9亿元，同比增长267.65%[③]。伴随微短剧的兴起，以乡村为题材创作的短剧作品热播出圈。对于农村生活的真实演绎，以及带有鲜明地方特色的语言表达，能够拉近与观众的心

① 2023抖音三农生态数据报告［ER/OL］. 抖音，2023-12-23.

② 2022抖音农技知识数据报告［ER/OL］. 抖音，2023-12-23.

③ 艾媒咨询 | 2023—2024年中国微短剧市场研究报告［ER/OL］. 艾媒网，2023-11-22.

理距离，增加数字亲密。此外，将原生态乡村美景和历史人文融入短剧创作中，娱乐大众的同时能够传播地方特色文化、激活地方文化发展活力。山东省昌乐县庵上湖村的乡村短剧创作者乡村小强（抖音粉丝量10万）将镜头对准乡村街坊邻里的日常生活，从一个个小故事中侧面展现出庵上湖和谐宜居的乡村人文生态，用原汁原味的乡土语言传播家庭和谐、睦邻友好、青年奋进等乡风文明价值，也反映出高价彩礼、邻里矛盾等深刻的现实问题。乡土短剧一方面推动乡村封建观念革除，树立乡村文明新风尚；另一方面也为观众提供了有别于城市的乡村人文景象，打破了观众对乡村的传统认知，描绘出乡村安居乐业的美好画面。同时，依托乡村短视频拍摄吸引的注意力资源，庵上湖村成功扩大了村庄的本地知名度和影响力，撬动各方资源发展乡村旅游和干部教育培训产业，助推乡村振兴，走出一条集农业、旅游业、教育培训业于一身的乡村特色发展道路。

作为乡村治理具体实践者的村支书，其短视频内容可以被看作是了解当下乡村经济社会发展历程的第一手资源，为乡村集体经济发展带来新可能。村支书网红的视频内容直观展现乡村风土人情、村庄环境等乡村社会发展现状，从而侧面展示当下的乡村实际营商环境，为企业、离乡人才等意图寻求乡村合作的主体提供了解乡村的渠道。村党支部书记－胡大斌（抖音粉丝量31.8万）的自述视频中展现其成为村党支部书记后建设村庄的具体实践。在新农村美丽乡村建设的号召中，胡书记带领村民修整河道、修建路灯、加装自来水，以自身行动提升村民主动性，举全村之力实现村容村貌焕然一新。同时胡书记也在借助平台注意力经济滋养村庄发展，助农直播有一定流量后，帮助本地花生油厂直播带货，召集村民打包农产品以增加就业岗位。

多数村支书在其账号中都会更新村容村貌治理以及乡村发展相关的内容，通过这类题材的创作，进一步实现村支书乡村治理场景的平台再现。济宁市任城区李营街道北杨庄村的乡村领头羊齐书记（抖音粉丝量4.7万）将镜头聚焦在村庄产业的发展。在其抖音账号中，齐书记走入乡村产业金蝉种苗基地，介绍农产品金蝉苗，以吸引意向合作群体关注到村庄特色产业。同时齐书记的视频也对焦村庄集体产业。在其账号中先后拍摄多条视频介绍村中网红打卡小院，携多位身着汉服的村民在视频中出镜，形式新颖的同时抓住当下古风热点风向，充分展现当下乡村发展的活力与创作力。乡村要发展，本质在产业的振兴，通过对闲置资源的改造与利用，对新发展模式的不断探索与打造，以实现乡村的可持续性发展，才是乡村振兴、乡村发展的题中应有之义。村支书视频中积极主动地展现乡村资源，成为招商引资的重要参考，线上的注意力资源通过吸引投资、扩大产业等方式正真切地成为推动乡村振兴的切实推动力。

（三）实现希望：新农人依托多样化平台商业模式带动乡村全面振兴

1. 平台多元商业化模式构筑希望的可行性

抖音、快手等短视频平台为新农人带来了多元的乡村职业可能性，为农民尤其是农村青年创造了返乡创业的机会，也为村支书丰富乡村集体收入提供数字化思路，不仅激发乡村发展的人才活力，更为乡村经济发展转型提供具体可行的希望路径。快手《村播助燃乡村经济价值发展报告》显示，2023 年 1 月至 6 月，快手通过线上线下培训村播数量达 10 万次，带动 25 万人就业。村播已覆盖 2 万余个乡镇，覆盖新农人、新非遗匠人、村 BA 记录者、民宿推广师、乡村园艺师等 16 个新职业[①]，为乡村振兴培养更具多元特色的青年人才。

新农人网红通过短视频创作在平台获得可见性，而平台逐渐完善的商业化模式也给予新农人网红将可见性转化为现实收益的渠道。2018 年以来抖音、快手逐渐推出“直播 + 电商”的商业化模式，与之前“直播 + 虚拟礼物”的收益模式相比，“直播电商”为缺乏才艺的新农人提供资本转化的机会[②]。快手、抖音等短视频平台通过平台优惠补贴、新农人计划扶持等帮助更多新农人参与直播带货，为新农人电商直播提供平台支持。来自临沂费县梁邱镇的主播鑫鑫爱生活全网粉丝超过 600 万，从 2022 年中秋节

---

① 村播助燃乡村经济价值发展报告［ER/OL］. 未来源，2023 - 09 - 13.

② Zhou M. and Liu S. D. Be my boss: Migrant youth and the contradiction of hope labor on Kuaishou［J］. New Media and Society，2022，26（10）：5858 - 5876.

开始在快手、抖音等平台直播带动本地小米、花椒、地瓜、炒鸡等农副产品销售。直播带货让沂蒙山区的农产品知名度不断提升，乡亲们不再为销路发愁。此外，新农人的直播实践形成带动和号召效应，为后续的青年返乡创业提供了成功范例，吸引更多年轻人才回到家乡。诸多网红的ID中包含“农民”“乡村小妹”等字眼，这些草根出身成为大网红的成功范例让农村青年找到了实现阶级向上流动的路径，更多掌握互联网思维与新型农业生产销售技术的新农人不断涌入农业生产销售行业中。

新农人通过直播带货、创作短视频等方式将平台流量转化为现实收益，同时也将直播带货转变为乡村经济增长的新动能，助力数字时代乡村经济转型。过去，受到交通物流等基础设施以及信息传播渠道的限制，乡村农产品销售范围局限于本地市场。短视频平台直播带货则突破了农产品销售的地域限制，发展了农产品的线上流通渠道，构建起一张乡村与全国城市相连的销售网，为提高农产品销量、助力农民增收提供了可行之路。如创业升级型网红通过短视频直播平台搭建线上销售网，实现产业转型升级。聊城路庄葫芦村正是从淘宝村时代的零售，到通过直播吸引更多零售商，助推产品规模化销售的例证。

2. 平台注意力资源变现打通希望实现路径

新农人短视频生产吸引大众关注“三农”发展，为三农群体在注意力资源争夺中抢占一席之地，进而将注意力资源转化为经济价值，推动乡村从第一产业向一二三产业融合转型。张小四返乡创业后带动村民拍摄短视频和开展直播带货，将农产品销售渠道扩展至线上平台，并充分吸收平台扶持和流量倾斜等外部资源建立乡村直播基地，发展乡村电商。通过直播讲解扩大村庄低价优质农产品知名度，吸引四十余万粉丝，成功将平台流量与粉丝关注度变现为经济增收。“直播＋电商”的商业模式在扩大村庄及农产品知名度的同时，也推动村庄从单一初级农产品售卖向集大棚种植、电商销售、民宿、农家乐于一体的全链条发展，实现产业转型升级。2023年，张小四通过短视频直播带货在快手平台卖出100万斤桃子、小米、板栗等农产品。在张小四的带领下，朱家坪村发生翻天覆地的变化，经济收入从原来的全镇倒数发展到全镇前三。

村支书网红进行内容生产的过程，实际上也将线上的注意力资源转向线下村庄集体经济发展，在产业融合过程中不断探索乡村振兴的集体实现路径。山东省泰安市宁阳县华丰镇北故城村泰安小吴支书（抖音粉丝量3.6万）的带货视频内容多聚焦于周边农产品，特别是本村集体种植大棚的农副产品。视频中小吴支书走入采摘园中进行采摘、直接品尝，这种从采摘到入口一步到位的清晰流程，一定程度上可以提高观众的安全感和信任度，激发其购买欲，进而为线下产品打通线上销售渠道。同时小吴支书多次在本村集体种植大棚中进行视频拍摄，清晰标注大棚所在地图位置，进行口播“欢迎大家前来采摘”，方便游客线下前往进行体验式消费。作为拓展村集体经济，改善村庄单一收入来源的积极尝试，该集体产业兼顾线上的产品提供与线下的服务拓展，进一步提升村庄农副产品多样性，有效促进集体增收，以产业兴旺带动乡村振兴。

3. 新农人多元身份嵌入凝聚乡村协同治理体系建设

直播电商让新农人通过自身网络文化资本嵌入乡村农业发展，新农人意见领袖能够通过自身在网络上的影响力与关系网络衔接小农户与全国农产品消费者，吸纳更多销售资源，拓宽乡村农产品销售渠道，促进乡村产业转型升级。与此同时新农人嵌入也促进乡村精神文明建设，完善乡村协同治理体系。新农人网红在线自我呈现的实践中，一方面直接或间接地将先进的管理理念与模式带回乡村，另一方面不断吸纳其他青年与社会力量参与到乡村治理体系中来。

青年人才往往文化程度高、思想开放、敢于实践，是革除乡村陈旧制度思想、实现乡村治理现代化的主力军，能够在乡村治理、精神文明建设等方面发挥积极作用。首先，新农人网红的在线呈现，以及其带领乡村产业转型升级的具体实践，不仅带动本地农民就业，也吸引更多农村青年返乡。新农人网红的乡村振兴实践为其他农村青年提供示范。乡村原本的低可见性使得留在村里就意味着机会的匮乏，迫使大量的青壮年劳动力离开家乡，进入城市寻求发展资源。新农人网红则很好地提供了返乡创业发展的范本。新农人网红通过三农视频创作、直播电商等方式实现自身价值变现，吸引城市资源向乡村倾斜，给予农村青年返乡创业的新思路。其次，随着自身价值的提高和工作内容的增加，部分新农人网红会组建团队、创办小微企业，为返乡青年提供直接就业机会。通过不断吸纳农村青年返乡，不断优化乡村治理主体结构，为乡村治理协同体系搭建主体基础。最后，不论农民网红还是村支书网红，其在线呈现让乡村被看见的过程，也是吸引企业、社会等多元组织力量的过程。一方面，新农人在线呈现展现村容村貌与乡村风土人情，这种可见性让一些爱心企业与社会组织倾斜资源予以帮扶。另一方面，新农人网红的视频内容一定程度上打破公众对乡村的刻板印象，让其他社会力量看到乡村发展的机会，吸引外部投资，增加乡村与企业合作的可能。

从增加本地就业到吸引更多年轻人返乡，从获得社会帮扶到吸引投资，新农人网红凭借其个人影响力，为村民带来切实可见的改变，赢得村民信任。人情关系网络复杂的村庄中，情感资本与经济资本在一定程度上就可以转化为政治资本。基于信任，许多新农人网红被村民选为村委委员，新农人的新理念也因此嵌入乡村治理实践中，从而完善乡村协同治理体系。从新农人短视频生产的希望劳动实践中，我们可以看到“新农人”作为乡村内外联结的中介力量，具有新技术、新方式、新理念，通过平台获得可见性的过程中以身份、资本和观念等资本递进式嵌入到乡土社会中，从而为乡村振兴带来希望的可能。在持续嵌入升级中完成从“创业者—引领者—领导者”的身份转变；相应地，在持续的内外合力激发中也重塑乡村文化、经济与社会结构，从而推动和美乡村建设、农村产业转型升级与多元协同共促乡村治理现代化转型，实现了从希望的可能、可行到实现乡村全面振兴的希望路径。

四、新农人引领乡村振兴实践中面临的困境

山东省新农人网红通过其短视频内容呈现，不断激发乡村发展活力，成为推动乡村全面振兴的重要力量。然而新农人网红在引领乡村振兴实践中也面临一系列困境与挑战。首先，地方政府不重视，加之地方产业链与数字基础设施不完善，致使部分新农人网红对本地带动作用有限；其次，

在新农人网红嵌入乡村发展的过程中，部分新农人网红的嵌入引发乡村内部的权力利益矛盾，影响其作用的发挥。

（一）地方政府对新农人与平台利用不足

首先，虽然新农人网红在促进乡村振兴实践中发挥关键性作用，但从调研中发现地方政府对于乡村新农人网红情况并不熟悉，还有些地方虽然政府商务局对此比较熟悉，但农业农村局、宣传部、组织部等重要相关部门不清楚不了解本地新农人网红的情况。这从侧面印证了地方政府没有意识到新农人网红在促进乡村振兴实践中的重要作用，对新农人网红发展中遇到的瓶颈更是无从得知，因而无法给予政策的扶持，进而也影响了其他观望中的农村青年的返乡决心。

其次，由于地方政府对本地新农人网红不熟悉，所以没有利用好网红予以宣传，一些地方政府邀请平台知名网红进行文旅宣传或直播带货，基于商业行为而采取的上述行动带来的效果往往比较有限，没有办法实现长期可持续的增益。而本地新农人网红也基于自身名气服务其他地方三农发展，人力与时间成本的有限，也导致其个体价值向外分散，而对本地乡村经济发展带动不足。山东省在乡村振兴实践中，着力打造乡村旅游景点和发展区域特色农产品。有些地方在宣传本地乡村旅游资源以及为地方农产品直播带货时，会邀请外地网红，而对于本地网红力量重视程度不足。烟台大樱桃节邀请网络达人现场直播比拼带货销量，各大知名电商平台携主播进行线上比拼，成绩亮眼。在依靠网络达人的同时，当地政府也可以将“老金回村啦”“烟台盛果岭－大飞”“孔相魁”等烟台本土新农人网红纳入考虑范围。本地网红在当地具有一定的影响力和号召力，相比外地网红更熟悉本地旅游资源分布情况和发展历史，也对家乡特色农产品有更全面的了解，同时，本地网红生于斯长于斯，对家乡有强烈的归属感，也希望借助自身力量宣传家乡风貌。但在这过程中，一方面，政府对互联网敏锐度不高，仅依靠自身对本地舆论情况了解不够。另一方面，缺乏政府提供的合作平台，即使本土网红宣传旅游资源，影响力也会大打折扣。

最后，地方政府缺乏活力，缺乏与平台对接合作的主动性，怕出事、怕担责的不作为工作作风阻碍了新农人为家乡建设发挥作用，难以形成促进乡村发展的多方合力。在访谈中，多位新农人网红表示，平台公司与其他企业或社会组织想要通过“公益培训”“党建联合”等形式帮助本地发展以提高自身知名度，但地方政府却因为怕出错、怕担责而呈现态度消极，致使其他社会力量难以在乡村振兴中贡献自身力量。

（二）产业发展要素不完善影响新农人作用发挥

乡村产业发展要素包括乡村人才、资金支持、科技创新、基础设施建设、品牌建设等多个因素。新农人网红依托短视频平台连接城市与乡村，为乡村发展带来人力与技术支持，以个体实践努力补齐乡村发展要素。然而乡村产业链与数字基础设施等其他产业发展要素的不完善依然在限制新农人作用的有效发挥。

新农人网红直播带货需要较为持续稳定的货源和较为规律的直播时间以维持粉丝群体黏性和个人收益。一些地区农产品产量有限，没有形成产业规模或合作社，因此新农人网红单纯依靠直播带动本地农副产品，难以维系自身收益。在对部分新农人所在的乡镇干部的访谈中了解到，新农人网红知名度的提高并没能带动本村的发展。尽管线上平台可以拓宽农产品销售渠道，但农产品销售的底层逻辑仍然是优质的农产品。因此受到地区农产品不足的限制，部分地区虽有知名网红，但难以以一己之力反哺家乡产业发展，他们也不得不流转全国多地直播带货维持个人经济收入。此外，由于乡村尚未脱离以血缘和地缘关系为基础的人情社会，熟人关系仍然是新农人网红为家乡带货的行动逻辑，新农人为地方带货往往出于情面而尚未形成一套成熟的佣金奖励机制。这就致使他们的收入难以保障，带货无法可持续发展。

新农人直播带货以农产品为主，水果蔬菜等生鲜产品需要冷库存贮与冷链运输，而新农人所在县乡往往缺乏相应的基础设施保障，仓储与物流费用高。在与邹城市商务局的访谈中，工作人员提到新农人需要自行与快递公司对接，根据自身出货体量和产品规格确定包装价格。张小四在访谈中也提到了直播带货过程中遇到的快递费用高、冷库存储成本高等问题。

虽然新农人网红通过直播带货能够拓宽销路，形成地方品牌化，提高农产品附加值。但过高的物流仓储成本限制新农人对本地发展的带动，许多因平台而知名的本地企业与新农人网红外流，难以持续性反哺家乡农产品销售。

此外新农人直播带货以“低价”“优质”作为产品卖点，带货陷入销售量至上的桎梏，不利于农产品电商的长远发展。新农人凭借其平台影响力和流量优势，往往在农产品定价中掌握主动权，片面追求订单量与观看人数，导致卖得越多亏得越多，损害农户的利益。部分地区发展的农村电商尚未形成贯穿种植、销售、流通、售后的完善产业链，无法提供及时有效的售后服务，影响消费者的消费体验，对当地特色农产品可持续销售产生不良影响。

（三）新农人触发乡村权力利益矛盾

新农人网红，尤其是农民网红从内容创造到直播带货过程中，带动本地就业，吸引更多年轻人返乡，也引起企业与社会组织关注，为乡村发展谋人力与物质资源，因此逐渐获得村民信任。农民网红在为乡村经济社会发展作出贡献、带领村民共同致富的同时也逐渐进入乡村政治经济权力的中心。然而经济权力的嵌入也逐渐引发网红与其他村民、村干部的矛盾。首先，网红直播带货背后依托于地方农产品，这个过程中不可避免地与农户、其他商户产生利益矛盾冲突。一方面，对村民来说，新农人网红进行农产品直播销售的卖点之一就是产品的物美价廉，这一高性价比背后往往存在着成本转嫁的经济矛盾。新农人网红在利用短视频帮助老乡进行农产品销售、打开商品渠道的同时，也拥有了产品的部分决定权，如决定农产品营销策略、产品销售标准等①。新农人销售产品多为农副产品，产品本身具有较大的不确定性和脆弱性，特别是物流仓储设施不完善时，极易受到时间、天气等外部环境的影响从而提高商品亏损率。因此在缺乏规模性

① Duan, S., Lin, J., and van Dijck, J. Producing new farmers in Chinese rural live E－commerce: platformization, labor, and live E－commerce sellers in Huaiyang [J]. Chinese Journal of Communication, 2023, 16 (3): 250－266.

的生产经营中，部分新农人可能采取制定较线下销售更为严苛的产品标准或是利用信息差压低收购价格等措施，以转嫁该部分成本。另一方面，对其他商户来说，部分新农人进行直播带货出于其朴素乡土情感，赚钱之余也希望帮助老乡，因此会部分让渡利益，通过确定较高的收购价让利于村民。但随之而来的是其他市场竞争主体感知到自身权利受损，在同领域从业者间引发矛盾。在访谈中，张小四向我们叙述了遭遇同行竞争的情形，“我 11 块收购，别的批发商 10 块就收不到货，村里人都送到我这里来卖，（其他人）就不愿意了”，情感基础上的价值让渡在熟人社会口口相传中成为隐形的价格寡头，一定程度上损害到其他主体的利益，从而激化与其他市场主体的矛盾。

其次，经济资本通过乡村熟人社会情感逻辑转化成为政治资本，却也在无形之中影响了原有的村庄权力结构。特别是在乡村社会情境中，村支书作为村庄发展的规划者、带头者与领导者，其权威性来自村民信任。然而在农民网红嵌入式影响甚至创造新农村业态的过程中，村干部权力来源的底层逻辑被撕扯，因而极易动摇村民对原村干部的信任基础，进而引发农民网红与其他村干部尤其是村支书之间的矛盾。同时村支书网红在成名后也可能逐渐偏离初心。村支书短视频内容生产的目的是让本村发展被看见，以期通过平台注意力资源带动乡村全面振兴。而在实践中随着名气越来越大，村支书这一身份逐渐成为一个寻求利益转化的符号，部分商业组织挖掘这一群体经济价值，以公益之名开展多地助农带货行动。一些村支书网红逐渐从服务本村到全国各地直播带货，个体线上的生产实践占据过多的时间与人力成本，导致没有时间精力服务本村，以集体利益出发的账号发展，最后却没能最大化增益于本村。村支书作为村务主要负责人，在有限的时间与精力中往往很难兼顾个体与集体利益。在实地调研网红支书所在的村庄时，村委大门紧锁，村民表示，村支书走红后，全国各地直播带货，现在很少在村中露面。在抖音平台的网红账号搜索中，相当体量的知名账号间都存在联动行为，不仅是联动出镜以增加知名度，也同时联合前往多地助农。个体积极参与到乡村振兴大布局的正面努力之下，常常裹挟着作为村务负责人的责任懈怠，线上的内容生产与线下责任实践中往往存在时间成本与人力成本的多方博弈。

五、促进新农人网红引领乡村振兴提档升级的对策建议

基于山东省新农人网红在当下乡村振兴实践中所面临的困境，本书认为县乡政府应该发挥能动性，搭建新合作模式以提高其对新农人网红与数字平台的利用，提供适配新农人发展的基础设施保障以及借助基层党组织的力量帮助新农人更好融入乡村社会等，以期通过这些外部条件的改善推动新农人更好发挥自身优势，依托新农人网红带动乡村全面振兴。

（一）搭建“网红－平台－政府”合作模式

数字平台作为新农人网红的数字化生存场所，地方政府应转变观念，积极利用。加强与平台公司的联系，通过平台公司了解本地新农人网红基本情况，在此基础上对于本地新农人网红多给予帮助、引导与鼓励。一是通过平台公司进行本区域新农人网红资源摸底，完善流量动态监控，积极寻求合作，抓住网红曝光度与流量高峰期，实现农产品推广和乡村文化传播的效益最大化。二是了解新农人网红实践中遇到的困难阻力，通过乡村振兴专项项目予以帮助支持，并定期进行回访监督，最大限度保障项目资源的精准与有效投入。三是积极引导，传递乡村正能量，让新农人网红真心实意服务乡村振兴，促进和美乡村建设。要考虑到新农人网红作为城乡中间群体的群体特点，针对区域内的新农人需求提供培训，同时完善后续持续性的新农人网红动态监督机制，引导与监督新农人规范个体内容生产行为。四是对于积极服务于乡村振兴的新农人网红应予以物质精神奖励，积极宣传报道，增强他们的社会获得感。政府在邀请新农人助农直播的同时，应完善带货佣金分配标准，寻求新农人服务家乡热情与物质奖励间的平衡，增强新农人网红服务家乡、助力乡村振兴的动力。五是地方政府要主动追求与新农人网红合作的效益最大化，鼓励新农人网红建言献策，吸

纳有社会责任感的新农人网红融入村级、镇级政府或基层党组织，在权力限度之内提升新农人网红服务乡村能动性。

此外，地方政府应积极破除发展壁垒，主动释放发展活力，探索政企合作发展路径，利用数字平台已有经验着力挖掘、培育新农人网红。尤其是对于年轻的大学生村官、返乡创业青年等数字化人才给予全方位的扶持。加快新农人人才培养，提升新农人专业技术水平，开展线上线下培训课程，丰富新农人对于线上直播和售后沟通方面的指导。济宁任城区与快手科技公司合作成立快手（济宁）三农红人孵化基地，培育百万粉丝村播，建设共享云仓，实现村村直播全覆盖，全力打造优质农业品牌。通过政府与平台企业合作聚力打造极具地方特色的直播电商产业链，为乡村振兴注入强劲动力。

（二）完善新农人发展多层次保障

新农人网红直播带货带动乡村发展的基础是持续稳定的供货，因此地方应因地制宜发展适合电商销售的特色农业，如甜瓜、花生、小米等，通过党建联合集中片区农副产品，在新农人网红带动下逐渐形成规模化、品牌化产出，增加产品的附加值。在稳定的产品供应基础上需不断完善产业链建设。首先，加强仓储、物流基础设施建设，提升冷链物流和仓储设施现代化水平，政府通过补贴和税收减免，吸引物流公司投资建设先进物流仓储管理系统，为农产品保存运输提供坚实的基础保障。其次，政府加强农村物流建设投资，牵头与多家物流公司合作成立物流信息与车辆、仓储资源共享平台，实现农产品共享配送，减少空车率，降低物流配送成本。整合内部新农人资源与相关需求，变小规模生产为集约化运营。最后，形成可持续性的监督保障制度，搭建仓储物流基础设施大数据与云计算平台，动态掌握区域内农产品分布格局和物流设施分配情况，落实物流资源配给，让物流基础设施真正契合新农人主播的利益、真正为农村电商发展服务。

此外，政府应充分利用新农人网红的电商运营与短视频创作经验，组织数字技能培训班，发挥新农人网红的辐射带动作用，培养更多具备互联网电商思维的新型农业人才，打造新农人网红助力乡村振兴的规模集聚效应。同时对于村支书网红，应充分挖掘自身账号价值。对外积极借助数字平台寻求发展资源，对内利用自身已成型的账号协助其他账号的孵化与养成，多账号形成联动效应，尽最大可能提升村庄集体效益。目前平台中的新农人网络联动多是 MCN 公司牵头，像村支书 - 胡大斌、泰安小吴支书、风清等新农人网红共同参与的全国多地助农活动，很好地提高了所销售地区农产品的短视频信息遍在性，对提升农产品口碑、打通农产品销路提供了切实可行的发展机会。地方政府也应积极利用区域内新农人网红资源，加强区域内新农人网红的联动合作，实现农产品宣传的效益最大化。临沂市费县依托鑫鑫爱生活、小鱼夫妇等网红主播，成立 2000 万粉丝矩阵的“费县电商直播助力乡村振兴服务队”，帮助企业或主播开设、运营、提升在线销售能力。

（三）党建引领规避乡村发展矛盾

新农人嵌入乡村经济社会实践中难免会引发乡村权力利益网络冲突。基层党组织作为推动乡村社会和谐与进步的重要力量，应积极提升组织凝聚力，规避潜在的矛盾冲突。首先，继续深化山东省党建联合乡村治理模式，主动吸纳农民网红加入基层党组织。新农人网红作为农村经济发展的新兴力量，他们不仅在推动农业现代化、带动农村经济增长方面起到了积极作用，还通过数字平台扩大了农村的影响力和知名度。因此，基层党组织应积极吸纳他们入党，这不仅有助于加强党的基层组织建设，保持党的先进性，增强党组织的凝聚力和战斗力；而且还能更加充分发挥他们的示范带头作用，通过新农人网红的影响力，引导更多农村青年、返乡创业者投身农业农村发展。同时也可以利用他们的平台可见性，宣传党的政策和基层党组织的工作成效。

其次，村支书作为基层党组织领导，必须强化自身责任意识，明确自身职责。对于农民网红所在的村庄，基层政府应引导其他村干部尤其是村支书转变思想，通过基层党组织定期开展沟通交流座谈会，增进双方的理解与信任。在有效沟通基础上充分发挥各自的优势，村干部可以帮助网红争取政策支持项目，而农民网红可以利用自身影响力宣传村庄特色和农产品，形成协同效应，带动村集体经济的发展。对于村支书网红，应先明确村支书的第一身份，规范约束自身行为与个人形象。基层政府需加强监管，确保村支书服务乡村职责，防止权力或身份滥用。

第九章

“凝心”与“聚力”：乡村文化振兴的山东路径

王加华 张清美[*]

一、引言

文化是一个国家和民族的灵魂，是其历史积淀、价值观念和精神追求的集中体现。文化兴盛不仅意味着文化产业的繁荣，更代表着社会文明的提升和国民精神的凝聚。文化兴则国运兴，党的十八大以来，习近平总书记多次就中华文化与文化自信的重要性进行阐述，强调：“文化自信，是更基础、更广泛、更深厚的自信，是更基本、更深沉、更持久的力量。坚定文化自信，是事关国运兴衰、事关文化安全、事关民族精神独立性的大问题”。[①] 乡村文化是中华优秀传统文化的重要组成部分，乡村振兴离不开文化振兴，《乡村振兴战略规划（2018－2022年）》中，明确将“乡村优

---

* 王加华，山东大学儒学高等研究院教授，研究方向为区域民俗；张清美，山东大学儒学高等研究院民俗学专业博士研究生，研究方向为民俗文化。

① 习近平．在中国文联十大、中国作协九大开幕式上的讲话［M］．北京：人民出版社，2016：6.

秀传统文化得以传承和发展，农民精神文化生活需求基本得到满足”列为发展目标，强调“乡村振兴，乡风文明是保障”，将文化建设放在了全局性、关键性的重要位置。[①]

乡村振兴战略实施过程中，各地涌现出一大批先进典型与个案，总结出一系列先进经验与道路，如浙江省的“千万工程”与“枫桥经验”中，以乡贤议事、村规民约、家规家训、道德红黑榜等德治手段，有效预防和化解了农村现代化进程中的矛盾与冲突，[②] 在基层社会治理与乡村文化建设层面展现出惊人的实践效果。不仅促进了地方社会的全面发展，对于乡村振兴战略在全国范围内的进一步推进也有着极大的指导与促进意义。在此意义上，总结山东多年来在乡村建设中的经验与教训，不仅是打造乡村振兴齐鲁样板的内在要求，也是开启新的发展阶段的必要基础。具体到文化这一领域，乡村文化既是乡村振兴的重要一环，又与产业振兴、组织振兴等其他层面息息相关。齐鲁大地深沉的文化底蕴与山东人民鲜明的实践精神不仅形成了独具一格的特色乡村文化，也塑造了山东不同于其他任何地区的独特发展路径，对这一路径中文化因素的总结，有助于进一步激发乡村文化活力，促进乡村建设的全面繁荣。

与此同时，激发乡村文化活力，促进乡村文化繁荣并非一时一地之功，需要政府、地方、民众等各个主体的共同努力。当下，城市化与现代化进程加速推进，保护与发展乡村文化的紧迫性不断提升，过度依赖政府主导的乡村文化建设暴露出一系列问题，集中体现在忽视乡民主体性与乡村文化特殊性、片面将乡村文化视作改造对象等，阻碍了乡村文化的全面发展。山东作为经济大省、农业大省、文化大省，既应该在改革与实践中不断学习乡村文化建设的先进经验，也有义务打造乡村文化建设的齐鲁样板。民俗学团队坚持以田野调查为研究导向，坚持学术与现实问题相结合，多年深耕于山东的乡土社会研究，力求呈现中国乡村文化的传承机制，促进国家政策设计和执行层面的合理性，为实现乡村振兴贡献学术力量。

---

① 中共中央 国务院印发《乡村振兴战略规划（2018—2022 年）》［N］. 人民日报，2018－09－27（001）.

② 王斌通. 新时代“枫桥经验”与基层善治体系创新——以新乡贤参与治理为视角［J］. 国家行政学院学报，2018（4）：133－139，152.

二、凝心：乡村文化振兴的"山东精神"

乡村振兴的关键在文化振兴，文化振兴的关键在精神凝聚，只有在强有力的统一意志与文化共识的指引下，乡村振兴实践才能迸发出无穷的力量并始终坚持正确的方向。山东依靠深厚的文化积淀与丰富的奋斗经验，在多年的乡村建设过程中，逐步形成了独特的山东精神。其中既包括深受传统文化影响的长期主义和人文主义精神，也包括红色文化所赋予的敢于牺牲、勇于奉献的爱国主义精神，还包括山东人民在革命与建设实践中积聚的敢为人先的进取精神与真抓实干的务实精神。作为山东乡村建设的基石，这些精神既是乡村文化振兴的重要组成部分，也是乡村振兴各个层面中不可或缺的文化驱动力。

（一）家国一体的爱国主义精神

爱国主义精神塑造了家国一体、忠诚奉献的乡村文化，为乡村振兴提供了价值基础和精神动力。"党群同心、军民情深、水乳交融、生死与共"，这既是"沂蒙精神"的基本内涵，也是山东人民爱国主义精神的集中体现。无论是在革命战争时期，还是在社会主义建设与改革开放新时期，山东人民始终将国家命运与个人命运、将社会责任与个人担当紧密结合在一起。儒家文明对于家国情怀和伦理道德的强调，塑造了山东地区长久以来重集体、重大家、重人伦的社会氛围，奠定了爱国主义精神的基础。儒家主张以己推人、由近及远，认为家是缩小的国，国则是放大的家。[①] 孟子曰："老吾老，以及人之老；幼吾幼，以及人之幼。"[②] 在这种理念的影响下，国家在最基础的人伦层面与个体产生了关联，个人的身份和价值不仅仅体现在自身的成就上，更体现在其对家庭、

① 舒敏华．"家国同构"观念的形成、实质及其影响［J］．北华大学学报（社会科学版），2003（2）：32－35．

② 阮元．十三经注疏·孟子注疏［M］．北京：中华书局，2009：5808．

社会乃至国家的责任与贡献上。这一方面塑造了山东人民强烈的集体主义精神，激发了山东人民在革命与建设中的牺牲与奉献精神，赋予了个体参与国家建设的积极性。另一方面也为国家在基层治理中提供了强大的社会基础，国家的政策能够通过家庭与村庄网络快速落实，形成了从上到下的紧密连接。山东地区爱国主义精神的灵魂在于人民对于党和国家的忠诚信仰，作为革命老区与红色热土，山东有着光荣的革命历史与革命传统，是国内最早建立党组织的六个地区之一，抗日战争与解放战争时期，山东是党在全国最重要的战略基地之一，[①] 开国元帅陈毅曾说："淮海战役的胜利，是人民群众用小车推出来的。"[②] 这正是山东支前民工的真实写照。新中国成立后，山东陆续涌现出"大寨精神""孔繁森精神""泰山挑山工精神"等一系列先进典型，得到了党和国家的高度认可，成为全党全国共同的精神财富，这是山东人民在不同时代背景下对爱国主义精神的具体诠释，是"中国共产党始终代表中国最广大人民的根本利益"这一信念的自然导向。也正是在此基础上，山东人民对于美好生活的向往最终转化成为投身祖国建设与实践的现实力量，指引着全省人民为实现乡村振兴乃至更大的宏伟蓝图不懈奋斗。他们深知，个人的幸福与国家的繁荣息息相关，只有在党和国家的正确领导下，才能实现城乡生活水平的提高与社会进步，只有勇于担负时代赋予的重任，坚持国家利益与集体利益大于个人利益的原则，才能最终实现中华民族的伟大复兴。在此基础上，以"沂蒙精神"为代表的红色文化成为山东优秀乡村文化的重要组成部分，极大地助力了山东乡村红色文旅产业的发展、地方文化品牌的打造以及人才培养与组织建设的开展等。

（二）坚守本位的长期主义精神

长期主义精神培育了着眼长远、稳步推进的乡村文化，为乡村振兴提供了可持续发展的战略定力。超过 9000 万亩的耕地滋养了朴实厚重的人民

① 国家文物局．深厚的滋养：革命文物资源服务党史学习教育大数据分析与案例探究［M］．南京：南京出版社，2022：87.

② 人民日报社评论部．人民日报评论年编·2021［M］．北京：人民日报出版社，2022：137.

性情，跨越7000年的农业历史孕育了勤俭坚韧的地方文化。作为中华文明的发祥地之一，山东始终将文化的根脉深深扎进广袤的土地与绵延的时间中，扎进普通民众的日常生活中。这种精神不仅塑造了人民的性格，也使山东在面对历史变迁和社会发展时保持着独特的文化韧性。从民众角度而言，作为农业大省，山东地区，尤其是广大乡村地区的民众长期以来以农耕为主业，日常生活节奏与自然周期紧密相连，春耕夏耘，秋收冬藏，耕种的过程充满了不确定性，从播种到收获需要经过漫长的等待、精心的照料以及面对自然灾害的挑战。因此，山东人民自古以来就学会了如何以耐心应对艰难环境，他们以勤劳和坚毅为本，以实干和进取为荣，将厚重的历史文化与当代社会的创新发展相结合，传承并弘扬着中华文明的精髓。这种与自然共处的经验也深深融入到山东人民的性情之中，形成了他们稳扎稳打、重视积累、追求长远发展的处事态度。由农耕文化中生发的对土地与自然的敬畏、对稳定与丰收的祈望也渗透了民众日常生活的方方面面，在山东许多地区的民间信仰、节庆仪式、民俗活动中都有体现。例如，鲁西南地区有在立春时节打春牛的风俗，民众在制作的纸扎春牛腹内放置红枣、栗子、核桃、花生等干果面点，象征以春牛所孕育的丰收富足。打春牛后，春牛腹内干果点心撒落一地，任由孩子们哄抢讨吉。[①] 从农村发展战略角度而言，提升粮食和重要农产品自主供应能力，保障粮食和重要农产品有效供给始终是“三农”工作的头等大事，[②] 是乡村振兴的基础也是底线。山东文化中的长期主义锚定的，是对农业可持续发展的追求，对农民利益的长远保障，以及对国家粮食安全战略的稳固支撑。《山东省“十四五”推进农业农村现代化规划》中指出，到2025年，全省农业农村经济高质量发展取得显著成效，现代农业强省建设实现重大突破，粮食等重要农产品供给保障能力持续增强，农业质量效益和竞争力明显提升。农业绿色发展水平稳步提高，乡村建设行动扎实推进，农民生产生活条件大幅改善，脱贫攻坚成果巩固拓展，农民收入持续稳定增加，现代乡

① 张焱．儒风望岳：山东文化创意产品设计策略与案例研究［M］．北京：中国轻工业出版社，2020：121．

② 费威．保障粮食和重要农产品稳定安全供给 把中国人的饭碗牢牢端在自己手中［N］．人民日报，2023－09－28（013）．

村治理体系初步构建，乡村振兴齐鲁样板亮点纷呈。[①] 这既是山东在国家战略中的独特定位与职责所在，也是长期主义精神影响下民众的心愿所托。也正是受益于这种稳扎稳打、高瞻远瞩的长期主义精神，山东的乡村文化振兴始终坚持了长期规划、分阶段推进、在充分保护和传承的基础上进行创新与开发的原则，充分保护了乡村文化资源的稀缺性和不可再生性。

（三）以文化人的人文主义精神

人文主义精神滋养了热情宽厚、严于律己的乡村文化，为乡村振兴注入了社会温情与文化自觉。子贡问曰："有一言而可以终身行之者乎？"子曰："其恕乎！己所不欲，勿施于人。"[②] 两千年前孔子的这一回答，奠定了山东精神中的良善基因与人文关怀，这种思想在山东文化中深深扎根，逐渐演化为山东人民重视人际关系、热情宽厚、以诚相待的精神特质。中国地大物博，不同地区的自然特征与人文特质各不相同，然而，能以热情好客、厚道朴实、重情守信作为一省人民之标签乃至成为公认的口号与品牌的，舍山东而无二。2008 年，山东推出"好客山东"旅游宣传系列广告，在央视一套早间黄金时段播出，这是中国最早的省域文化广告品牌，也是全国唯一一个文旅类品牌，[③] 这一品牌能在全国范围内成功叫响，是亿万山东人的口碑共同造就的。在齐鲁大地上，人民以宽广的胸怀接纳四方来客，真诚、直率的待人之道使得每位来访者都能感受到无比的亲切与温暖。无论是在日常交往中，还是在对外的经济、文化合作中，山东人民始终秉持坦诚相待的原则，不做虚伪的表面文章，注重实质性的沟通与合作。与对外的利他与宽容相对应的，是对内的约束与自省和对礼治与德治传统的长期坚守。从儒家思想的礼仪规范，到地方治理中的道德教化，再

① 山东省人民政府关于印发山东省"十四五"推进农业农村现代化规划的通知［EB/OL］. 山东省人民政府网，2021－12－27.

② 阮元. 十三经注疏·论语注疏［M］. 北京：中华书局，2009：5470.

③ 人民日报又整版安利"好客山东 好品山东"了！热搜常客有何魔力［EB/OL］. "山东教育发布"公众号，2022－08－18.

到民众日常生活中的信仰仪式、节庆习俗等，礼治思想贯穿了山东社会发展的各个层面。无论是个体还是社区，日常习俗还是特殊仪礼，都要受到礼治传统的全方位约束与塑造。[①] 德治传统则强调以德服人、通过道德教化维持社会秩序，追求仁爱、公正、和谐的社会理想，重视个人的道德修养和自律，推崇诚信、友善、孝顺等传统美德。山东的现代治理模式中，注重通过道德教育、文化传承和社会责任感的培养，推进社会文明进步。在家庭、学校和社区中，德治思想体现在尊老爱幼、互助互爱等传统美德的延续上，同时在社会治理中也注重通过道德楷模的树立和榜样的引领来激发社会的正能量。在日常生活中，礼与德往往相辅相成：礼治是外在的行为规范，而德治是内在的道德自律，两者相互作用，共同维持社会秩序与和谐。在乡村文化振兴过程中，这种互敬互爱、和谐共生的氛围极大地激发了村民对文化生活的参与热情，提升了乡村文化的生机与活力。

（四）真抓实干的务实精神

务实精神促成了脚踏实地、追求实效的乡村文化，为乡村振兴提供了可靠的实施路径和现实保障。2023 年，山东省的 GDP 首次突破 9 万亿元，稳居全国第三位，彰显了其作为中国经济中流砥柱的重要地位。[②] 这一成就极大地得益于山东长期以来坚持以实事求是为原则、以现实为参照、以结果为导向、以人民利益为核心的工作理念和作风。实事求是的理念贯穿于全省的经济规划和政策制定中，山东各级政府一直以脚踏实地的态度对待各项工作，避免盲目跟风和追求短期效应，而是通过科学的判断和深入的调研，准确评估每一项政策的可行性。例如，山东的工业转型升级正是在实事求是的基础上稳步推进的。面对传统制造业增速放缓、

---

① 张士闪."借礼行俗"与"以俗入礼"：胶东院夼村谷雨祭海节考察［J］. 开放时代，2019（6）：148－165，175.

② 2023 年山东省国民经济和社会发展统计公报［EB/OL］. 山东省统计局，2024－03－03；腾讯网. 2023 年全国 31 省份 GDP 排名出炉：广东连续 35 年总量第一，黑龙江增速最低［EB/OL］. 腾讯网，2024－01－31.

资源消耗型产业面临衰落的挑战，山东并未急功近利地全盘否定这些行业，而是通过科技创新和产业升级，实现传统产业的绿色化、智能化转型。山东省政府通过制定具体的转型路径。例如，青岛、济南等城市的大规模智能制造试点，以及日照港等地的绿色港口建设，逐步降低了高能耗产业的比例，推动了新旧动能转换。在产业转型过程中，山东也始终坚持以现实为参照，立足自身实际，因地制宜制定经济发展策略。山东是农业大省，农业资源丰富，如何在保障农业生产的基础上提升经济附加值，成为政策制定者面临的重要课题。近年来，山东大力推动农业现代化，积极发展现代农业科技，并通过构建“农业 + 工业 + 服务业”的融合发展模式，提升了农业的整体竞争力。同时，山东还积极推动乡村振兴战略，通过农业与旅游、文化等产业的结合，打造了一批具有地方特色的农产品品牌和旅游路线，为农村经济注入了新的活力。以结果为导向是山东在经济发展中取得成功的关键。在政策执行过程中，山东注重成效评估，并通过不断调整和优化政策，确保目标达成。与此同时，山东始终将人民的利益放在首位，以民生为重心的工作作风贯穿于全省各个领域的发展实践中。近年来，山东在社会保障、教育、医疗等公共服务领域不断加大投入，切实改善了人民生活质量。例如，在教育领域，山东不断加大对农村教育的投入，缩小城乡教育资源差距，推动了义务教育均衡发展。山东还通过发展新兴产业、改善营商环境，为各类市场主体创造了更好的发展条件。通过简政放权、降低企业成本、鼓励创新创业等措施，吸引了大量的外资和国内投资。务实精神也为乡村文化振兴的落地提供了保障，山东各地通过对乡村文化资源的实际评估，合理设计文化振兴项目，制定有针对性的保护和推广方案，确保文化遗产得到有效传承和发展、文化资源得到合理开发与利用。

（五）敢为人先的进取精神

进取精神激发了敢于创新、勇于突破的乡村文化，为乡村振兴注入了持续发展的进步活力与变革动力。2018 年 1 月，国务院正式批复《山东新旧动能转换综合试验区建设总体方案》，同意设立山东新旧动能转换综合试验区，[①] 这是全国第一个以新旧动能转换为主题的区域发展战略综合试验区。2018 年 2 月，山东省委省政府召开会议提出，着力培育现代优势产业集群，力争一年全面起势、三年初见成效、五年取得突破、十年塑成优势，逐步形成新动能主导经济发展的新格局。[②] 这不仅体现出山东在进入新的发展时期之后敢于自我提升与革命的勇气，更体现出山东始终作为改革开放排头兵的坚定决心与进取精神。这种进取精神深植于齐鲁文化的历史传承，并在现代发展中展现出强大的时代生命力。作为文化重镇，山东继承了儒家思想中的仁爱、互信、求实等核心价值，同时也受到了倡导诚信与开放的"齐风"影响，这为山东人民敢于创新、勇于突破奠定了文化基础。在科技创新方面，山东通过在新材料、生物医药、人工智能和海洋经济等领域的前沿探索，积极推动科技成果向生产力的转化，尤其是在海洋科技和海洋资源开发上处于全国领先地位。自改革开放以来，山东始终走在改革的前沿，不断推进制度创新和体制改革，尤其是在国有企业和农村土地改革方面，通过农村土地承包经营权确权登记、土地流转等措施，解放了农村生产力，激发了农业发展的活力。山东通过土地集约化、现代农业技术的推广以及合作社模式的创新，促进了农业生产效率的提高。寿光市的农业产业化模式就是一个典型案例，通过集约化的生产、现代化的管理，推动了蔬菜产业成为全国乃至世界的重要供应基地。同时，山东在绿色发展方面积极探索，尤其在风能和太阳能等可再生能源领域取得了显著成绩，成为绿色发展的典范。在教育领域，山东高校和科研机构在学科建设、科研创新和国际合作中勇于突破，推动人才引进与培养，提升了山东在科技和教育上的竞争力。在乡村文化振兴过程中，进取精神推动乡村文化突破传统模式，适应现代化的需求，推动文化与创意产业、乡村旅游等新兴产业结合，通过创新的文化产品、文化活动，将传统文化转化为新的经济增长点。此外，进取精神还有利于数字化技术的引入，推动利用互联网平台和数字媒介传承和传播乡村文化。

---

① 国务院关于山东新旧动能转换综合试验区建设总体方案的批复［EB/OL］. 中华人民共和国中央人民政府网，2018－01－10.

② 山东"新三样"崛起：轻舟已过万重山［EB/OL］. "网信山东"公众号，2024－01－11.

三、聚力：乡村文化振兴的“山东经验”

山东省作为中国乡村建设的典范地区之一，经过多年的发展与探索，涌现出一系列成功的乡村文化建设案例。这些案例不仅为地方文化的传承与创新提供了鲜活的样本，也为全国范围内的乡村文化振兴提供了宝贵的经验借鉴。在乡村文化建设过程中，山东各地结合自身独特的历史背景和文化资源，因地制宜地采取了多种有效路径。这些路径不仅包括通过传统文化的保护与传承来增强乡村的文化自信，还包括通过文化与旅游、产业的融合发展，提升乡村的经济效益和文化影响力等。对这些成功案例的系统梳理与分析，不仅可以为其他地区提供可借鉴的模式与路径，还能够总结出一套具有普遍适用性的乡村文化建设经验，以此促进中国乡村文化的全面振兴与可持续发展。

（一）“引凤栖梧”——大力培育乡村特色文化产业

1. 山东济宁：借助特色文化区位发展研学产业

山东济宁作为孔孟之乡，拥有深厚的儒家文化底蕴，“一山一水一圣人”是山东最知名的三大景点，也赋予了济宁一张独一无二的文化名片。在此基础上，济宁鲜明地提出了“文化济宁”这一旅游宣传的口号与主题，以文化作为发展旅游产业的引领。鲁源村位于孔子诞生地——曲阜市尼山镇，2018 年，借助尼山圣境项目辐射作用和基础设施建设优势，曲阜市对东西鲁源村整体搬迁，并在尼山圣境游客中心北侧建设鲁源新村安置社区。利用区位优势与文化资源，鲁源村成立了旅游经济合作社，开发文化研学产业与民宿项目，积极融入济宁市文旅产业大布局，目前，全村民宿数量已达 180 余家，直接带动村民就业 300 余人，平均每户民宿年增加村民收入 5 万元以上，2024 年，全村旅游收入预计将达到 1000 万元。[①] 这

① 王粲．山东济宁：文化赋能，鲁源蝶变［N］．济宁日报，2024－07－09（001）．

样一条由文化名片到文化资源再到文化产业的转型路径，也展现出文化发展在乡村振兴中的巨大潜力。

2. 山东胡集：依托当地文艺优势促进产业集群

胡集镇位于山东省惠民县，胡集书会作为由曲艺艺人的竞技活动发展而来的自发性民间曲艺交流活动，依靠附近的集市空间发展而来。每年正月十二至十六，来自全国各地的民间曲艺艺人齐聚胡集，登台"亮书"。2006 年，胡集书会入选第一批国家级非物质文化遗产名录。① 近年来，在政府指导和多方主体参与下，书会表演期间，一系列相关活动开展，包括展销泥塑、面人、木版年画、剪纸等十余种山东手造精品的展销会，展示胡集驴肉、枣花馒头、博兴掐椒等多种美食的美食小吃专区，20 多支民间文艺队伍表演的秧歌、舞龙、舞狮、高跷等，② 促进了当地经济和相关产业的发展。依托曲艺这一民间文化，附近乡镇俨然发展出了一种成规模的、集群性的文化产业，为乡村发展提供了重要抓手和引领性力量。

3. 山东临沂：利用红色文化积淀打造文旅品牌

作为革命老区，临沂拥有丰富的红色文化资源，如沂蒙精神、红嫂故事、孟良崮战役纪念馆等，这些宝贵的历史遗产成为其文旅产业发展的核心驱动力。临沂通过挖掘和保护红色文化遗址，开发红色旅游线路，并结合自然景观与传统文化，吸引了大量游客前来参观学习。同时，临沂积极以红色资源为主题开发相关文化产业，如文创产品、演艺作品等。文创层面，2019 年，包括沂蒙小推车、沂蒙老房子、沂蒙老粗布和折叠花盆在内的临沂 4 件（套）文创产品入围全国优秀红色旅游文创产品。文旅演艺层面，大型实景演艺作品《蒙山沂水》以丰富的文化内容与高端的呈演形式引起市场强烈反响，文旅品牌知名度不断增强。③ 临沂还积极建设沂蒙红色影视基地，打造研学线路，不断丰富文化品牌的功能与内容。同时注重

---

① 王加华，张玉．集市与表演：乡村市集与胡集书会关系探析——兼及胡集书会的保护与传承之道［J］．山东社会科学，2011（9）：68－73.

② "书会说天下 村村有好戏"，2024 年胡集书会精彩开唱［EB/OL］．腾讯网，2024－08－22.

③ 邵明华，刘鹏．红色文化旅游共生发展系统研究——基于对山东沂蒙的考察［J］．山东大学学报（哲学社会科学版），2021（4）：84－94.

创新与品牌化建设，借助现代科技与文化创意产业，开发数字化展览、互动体验等新兴形式，使红色文化更具时代感与吸引力。

（二）“画龙点睛”——为传统工艺填充文化内核

1. 山东手造：打造“有故事”的产品

自2022年起，由山东省委宣传部牵头，山东省着力打造“山东手造”品牌，推广省内特色手工艺产品，发掘并推出了一系列山东特色手造品牌，并评选出“山东手造·优选100”产业名录，在省内外有较高知名度的淄博陶瓷、潍坊风筝、临沭柳编、章丘铁锅等都在其列。[①] 打造手造品牌，讲好手造故事是关键，丰富的民间文化为这些手工艺产品增添了底蕴和深度，也赋予了它们别具一格的市场吸引力。2024年初，淄博龙年生肖文创产品中的20款产品在淄博“冬季黄河大集”启动仪式上进行了现场发布，以十二生肖为原型的陶瓷摆件和作品受到了现场观众及游客的喜爱，尤其是龙元素的陶瓷产品销售火爆。[②] 2014年，“章丘铁匠习俗”入选山东省第二批非物质文化遗产项目，章丘铁锅“十二道工序、十八遍火候，1000℃高温”“锻打三万六千锤，勺底铮明颜色白”的独特制造工艺及其背后展现的山东工匠的智慧与创造力使其迅速“出圈”，畅销全国各地。[③]

2. 潍坊年画：描绘“有温度”的景观

山东潍坊杨家埠村与天津杨柳青、苏州桃花坞并称为中国三大木版年画产地，该地的年画产业自明清时期发展而来，已经有几百年的历史。我国古代的年节具有两层意蕴：一方面，“年”是五谷丰登、庄稼丰收的象征；另一方面，又需要特别防范一种叫“年”的凶恶怪兽。[④] 年画作为在

---

① 李燕．创新提升“山东手造”［N］．大众日报，2024-06-18（007）．

② 创新+国潮，淄博龙年文创持续焕新［EB/OL］．“网信淄博”公众号，2024-03-11．

③ 栾利杰．章丘铁匠，非遗背后的陈年往事［N］．农村大众报，2021-09-01（008）．

④ 张士闪．中国传统木版年画的民俗特性与人文精神［J］．山东社会科学，2006（2）：53-58．

这一特殊时节张贴的装饰画，自然也因应着民众的这两种文化需求，杨家埠年画表现内容丰富多彩，有神像类、门神类、花鸟山水等，而喜庆吉祥则是其最重要的主题，代表性作品如《鹿鹤同春》《榴开百子》《门神图》《打春牛》等，无不传达着广大民众在春节对于新的一年吉祥如意、年年有余、阖家欢乐、五谷丰登的美好愿景。年画作为这种民间吉庆文化的承载，从一种手工艺产品变成了一种文化符号，不仅带动了当地年画和文旅产业的发展，也使传统文化和时代精神能够通过特定的物质形式代代相承。

3. 山东花馍：传递"有香气"的愿望

山东作为我国小麦主产区之一，以面食作为主食的传统十分悠久，山东各地都有制作面塑花馍的传统，花馍形状既包括福袋、寿桃、元宝等传统造型，也有新兴的锦鲤、十二生肖甚至当代家电等创新性造型，花馍应用的场景也十分广泛，会根据逢年过节、婚丧嫁娶、老人过寿、祭奠祖先、走亲访友等不同场合的不同需求，制作相应的不同造型的花馍。例如，山东潍坊在中秋节会制作名为"月儿"的圆形花馍，以嫦娥奔月、石榴花开等中秋图景作为装饰，作为拜月的贡品与节日食品，表达对丰收与团圆的祈愿。2008 年，花馍技艺被评为国家级非物质文化遗产，这一地方特产也开始逐渐走出家庭，走向市场，成为代表当地特色文化的纪念品和艺术品，而在这背后，则是地方民众深厚的情感和中华文化中"民以食为天"这一共同文化内核的支撑。

（三）"上善若水"——将文化作为乡村振兴的精神源泉

1. 明理胡同：以文化涵养个人道德

面对基层群众对党的理论政策的强烈需求与宣讲阵地不足的挑战，山东淄川区积极探索新的宣讲方式，将宣讲活动融入百姓的日常生活场景，以确保理论宣传更加贴近群众生活。在村庄和社区里，淄川区党组织在群众经常聚集的地方设置了便民小马扎，并提供报刊箱，免费发放理论书籍，同时组织专门的村级理论宣讲志愿服务队，定期开展宣讲与交流活动。宣讲员们结合基层群众的生活实际，用贴近百姓的语言解读国家大事、地方事务和农家日常，将党的理论政策与群众的日常生活紧密相连，真正做到把理论讲到百姓心坎里。同时，淄川区还创新性地推出了“明理胡同”项目，开辟了一条理论宣传的新路径，将宣讲从传统的办公大楼引入到社区胡同，结合基层群众思想生活实际，用百姓话讲好“家国事”“地方事”“农家事”。这一创新实践也被收录进《全国宣传思想文化工作案例选编》，为其他地区提供了有力的参考。[①]

2. 仪式表演：以文化凝聚地方社会

对于在乡村中生活的民众来说，乡村文化赋予与塑造了他们独一无二的归属感、对于地方的认同感、在村落生活中的获得感，以及参与乡村建设的责任感。以节日、仪式、民间艺术等为代表的乡村文化，并不仅仅是一种文化现象，更是一种重要的人群聚合与社会交往方式，具有明显的“公共性”特征，有着动员民众、凝聚人心，加强亲情与友情，增强群体、社区与地域认同感的积极价值与作用，是家庭、家族、社区、地域认同的重要体现与载体。[②] 以春节为例，许多省区市的一些村落中，春节期间至今仍然传承着一些独特的仪式活动，如山东的“小章竹马”和“烧大牛”“扮玩”仪式表演，这些仪式往往在特定的时间节点，如正月初八、正月十四、元宵节等，以特定的仪式表演活动如竹马表演、烧大牛仪式、社火表演等为载体，借助信仰与艺术的交织同构，为乡民搭建起情感沟通、文化交流、身份确认的舞台，最终达到滋养乡民精神、凝聚地方社会、涵育地方文化的目的。[③]

---

① 淄川区“明理胡同”：理论大众化“红色通道”［EB/OL］.“淄川发布”公众号，2020－10－19.

② 王加华. 作为人群聚合与社会交往方式的节日——兼论节日对基层社会建构与治理的价值［J］. 东南学术，2020（2）：100－109.

③ 张士闪. 村落语境中的艺术表演与文化认同——以小章竹马活动为例［J］. 民族艺术，2006（3）：24－37；李海云. 信仰与艺术：村落仪式中的公共性诉求及其实现——鲁中东永安村“烧大牛”活动考察［J］. 思想战线，2014（5）：36－41；朱振华. 村落语境中的艺术表演与自治机制——以鲁中地区三德范村春节“扮玩”为例［J］. 民俗研究，2017（2）：138－156，160.

3. 青鸟计划：以文化厚植家国情怀

中华文化中蕴含的"家国一体""家国同构"的精神，是中华儿女心中最为深厚的情感纽带，将个人与家乡、国家的命运紧密联系在一起。这种文化精神，不仅激励着知识人才回报家乡、服务国家，也成为推动地方建设的重要动力。在这种文化的影响下，山东团省委和省人力资源社会保障厅联合开展的"青鸟计划"应运而生。这一计划为在校大学生和优秀青年学子提供了在家乡相关单位实习实践的机会，并为他们创造了优质的就业岗位。[①] 通过"引凤还巢"，一方面解决了大学生的就业问题，另一方面也为地方发展注入了新鲜血液，增强了乡村发展的内生动力。"青鸟计划"不仅为参与者提供了宝贵的实践经验和职业发展机会，也通过青年才俊的回归，为家乡的发展带来了创新理念和先进技术，进一步提升了地方经济文化建设的水平。同时，这一计划还在社会层面产生了积极的影响，树立了以实际行动回馈家乡、建设家乡的良好榜样，进一步激发了更多青年人参与家乡建设的热情，形成了良性循环。

（四）"正本清源"——发挥文化的规范引导作用

1. 扶危济困：文化内涵自治基因

传统社会小农经济高度分散的特点使得中央政府难以对其进行直接管理，"皇权不下县"的现象一直存在，我国乡村因而积累了丰富的自治经验，宗族组织、村规民约、乡贤精英、地方信仰和民俗规范等民间文化都是维持乡村秩序的有效工具，如果能够有效运用和创新，将成为新时期基层治理的有效工具。《关于加强和改进乡村治理的指导意见》中指出，要充分发挥村民委员会、群防群治力量在公共事务和公益事业办理、民间纠纷调解、治安维护协助、社情民意通达等方面的作用，[②] 这些内容也正是

---

① 山东共青团："青鸟计划"深耕细作强服务，做活青年就业大文章［EB/OL］．中国青年网，2020－10－21．

② 中国政府网．中共中央办公厅 国务院办公厅印发《关于加强和改进乡村治理的指导意见》［EB/OL］．新华社，2019－06－23．

乡民自治的主要范畴：我国宋代就出现了地方宗族为赡养族人或贫困者而置的“义田”，其赡助范围从同族内的平均分摊发展到重点赡助贫困节义之人，或投资于家族内以至家族外的各种公共事业；[①] 此外还有专门调解纠纷、缔结契约的“中人”，往往是以乡土社会中有一定社会地位、威望的精英作为中介与见证人，以确保纠纷的解决与民事契约的履行。[②]

2. 移风易俗：文化激发进步基因

风俗作为社会文化的重要组成部分，是人们在长期生活中形成的行为习惯和价值观念的体现，深刻影响着乡村的社会风气和民众的精神面貌。在乡村振兴进程中，风俗的改革与提升对促进乡风文明、实现共同富裕具有关键作用。山东各地高度重视移风易俗工作，通过完善管理机制、制定村规民约、成立“红白理事会”、加强宣传引导等方式，切实遏制了婚丧嫁娶中的铺张浪费和封建迷信等陋习，有效推动移风易俗深入人心。东营市河口区新户镇以年度消夏晚会为契机，通过群众喜闻乐见的戏曲、快书等艺术形式，在潜移默化中教育引导群众；邹平市高新街道开展新一轮村规民约修订计划，鼓励党员、村民代表围绕移风易俗相关事项畅所欲言；高密市注沟社区组织开展“文明祭扫”“孝老爱亲”等志愿服务活动，开展“讲文明、树新风”“文明健康 有你有我”等宣讲活动。[③]

3. 生态保护：文化调动环保基因

乡村生态环境与人居环境的改善离不开乡民生活方式的改善，而生活方式的变化离不开观念的革新。乡村振兴战略强调建设适应现代生活、体现乡土风貌的美丽乡村，大力推行农村垃圾污水治理、厕所革命、农业废弃物资源化利用，这些活动，与其说是环境革命，不如说是生活革命，因为这是对生活方式的变革，是对日常生活的重新塑造，要保证其顺畅进行，离不开文化对乡民思想的宣传和塑造。山东青岛王家台后村积极开展“乡村生态振兴，共享美好生活”宣教活动，推进乡风文明建设，完善村

① 王日根．宋以来义田发展述略［J］．中国经济史研究，1992（4）：150－151．

② 李祝环．中国传统民事契约中的中人现象［J］．法学研究，1997（6）：136－141．

③ 案例来自山东文明网“移风易俗”专栏，具体参见：http：//sd. wenming. cn/yfys/。

规民约，成立红白理事会，编印了《文明村应知道的那些事》等宣传册，引导村民树立乡村生态振兴绿色发展的理念，充分发挥了乡村文化对于生态振兴的思想引领作用。[①] 微山县通过"支部引领+党员带头+群众参与"模式，上下联动、干群齐心，对农村生活垃圾、生活污水、房前屋后乱堆乱放等现象进行全面清理整治，让共建美丽家园成为行动自觉。[②]

（五）"万象归春"——以文化建设滋养乡民生活

1. 基础设施：建设乡村文化阵地

乡村振兴离不开基础设施建设，文化基础设施是其中不可或缺的一部分。文化基础设施不仅是物质建设的体现，更是承载和传播乡村文化、提升村民精神生活水平的重要平台。通过完善文化基础设施，乡村可以实现文化资源的有效整合与利用，从而提升乡村的整体文化水平，增强村民的文化自信心与凝聚力。山东许多乡村通过建设乡村书屋、文化广场、村史馆等设施，为村民提供了便捷的文化服务。2023 年，沂源县图书馆帮助桑家峪村建成乡村书房，作为县图书馆的村级分馆，定期邀请业内名家来讲座，每年还至少开展 4 场阅读推广活动；[③] 临清市把家庭图书馆作为推进全民阅读的新载体，以学生带动家长，用家庭带动群众，在乡村构建起了"学校+图书馆+家庭"的新型文化服务体系。[④] 莘县在推进村史馆建设过程中，以村庄历史沿革、村落文化、民俗风情、乡贤名人、生产生活等内容为切入点，将村史馆作为新时代文明实践活动的一个重要阵地。[⑤]

2. 文化服务：搭建乡村文化桥梁

文化服务是提升乡村文明程度的关键。通过文化活动的开展，如送戏

---

① 渔家乐民俗村王家台后"四美"工程成效高［EB/OL］. 青岛新闻网，2017－11－23.

② 微山县：环境微换装和美大文章［EB/OL］. 山东文明网，2024－07－24.

③ 苏锐. 山东为乡村孩子打造家门口的阅读空间［N］. 中国文化报，2024－04－03（002）.

④ 程源，韩欣，王腾飞. 山东临清：建成 345 个乡村"家庭图书馆"［N］. 农民日报，2022－09－09（003）.

⑤ 李梦，孙亚飞. 莘县八百七十八个行政村及社区建起村史馆"一村一馆"讲好乡村故事［N］. 大众日报，2021－12－20（001）.

下乡、文化讲座、乡村图书馆等，村民们能够接触到更多的文化知识和艺术熏陶，不仅拓宽了他们的视野，也有助于城乡文化的交流与融合，为乡村的长远发展奠定基础。在这一过程中，地方政府、高校、文化工作者等多层面主体的协作至关重要。历城区把“文化两创”与提升城市软实力结合起来，引进学术资源，让学术进入社会、让文化融入生活，大力推进文化两创、弘扬中华传统美德。依托山东大学儒学高等研究院、中华美德教育学院学术资源，在历城区建立合作平台、校外教学基地，在机关、企业（园区）、村居、学校、文化场所设立“中华美德学堂”，推出“传统节日与中华美德”系列课。该活动卓有成效，被济南市委宣传部授予“2022 年度全市宣传思想文化工作创新案例”称号。①

3. 百姓舞台：落实乡村文化效果

群众不仅是文化的享受者，更是文化的创造者，只有深刻参与到新时期的乡村振兴与文化建设中，才能真正激发他们的创造力和积极性，增强切身的幸福感与获得感。从外来式“文化下乡”到内生式“文化在乡”的转变，是激发乡村内生文化活力的关键。山东各地积极组织“百姓大舞台”“乡村春晚”等活动，滨州北海经济开发区马山子镇启动“百姓大舞台”各村专场活动，选出文化团长作为导演，全村发动海选节目，群众自导自演，上演了秧歌、锣鼓、广场舞、京剧、朗诵、歌曲、舞蹈、乐器等各种表演形式；② 癸卯兔年腊月初八至甲辰龙年二月初二期间，山东各地上演千场“村晚”大联欢，其中青岛市崂山区沙子口街道大河东村、潍坊市临朐县城关街道、威海乳山市白沙滩镇焉家村三地“村晚”入选文化和旅游部办公厅公布的 2024 年春节“村晚”示范展示点名单。③

---

① 段婷婷．“美德历城”宣讲工作成效显著［N］．大众日报，2023－10－26（007）．

② 从“文化下乡”到“文化在乡”乡村文化建设引领乡村振兴［EB/OL］．“网信山东”公众号，2023－11－19．

③ 山东三地入选全国春节“村晚”示范，更有千场“村晚”等你来［EB/OL］．澎湃新闻，2024－02－02．

四、存在的问题与发展建议

乡村振兴是一个复杂而系统的工程，既要面对历史积累的深层次问题，也要应对现代化进程中的新挑战，实现乡村全面振兴，要经历一个艰难而漫长的过程。乡村文化的发展同样如此，其植根乡土、与乡民生活深度融合的特质和复杂的表现形态、深厚的历史积淀，都决定了对其进行传承和创新必须在深度的调研与专业的分析中，在真正贴近民众生活、满足群众需求的举措中实现。基于此，本书从专业角度出发，对乡村文化建设中存在的问题进行分析并提出若干意见与建议，旨在为推动乡村文化发展、助力乡村振兴提供指导和参考。

（一）存在的问题

第一，对乡村文化的特殊性认识不足。乡村文化是乡民在长期以来的日常生活中，在村落这一特殊环境下，为了满足他们的社会需要而创造与传承的文化，有着不同于城市文化与精英文化的独特发展路径与存在方式。钟敬文将民俗文化的基本特征概括为"集体性、传承性和扩布性、稳定性与变异性、类型性、规范性和服务性"，指出其有着教化、规范、维系与调节民众生活的社会功能。① 同样地，乡村文化的独特性在于其根植于乡土、服务于乡民，只有尊重和理解这一点，才能制定出真正符合乡村实际的文化振兴策略。然而，一些发展论调将乡村文化与城市文化视作文化发展的不同阶段，认为乡村文化是落后的、终将被取代的、需要改造与扬弃的。这既不符合文化发展的客观规律，也是对乡土本身的傲慢。事实上，在几千年的历史发展过程中，是乡村文化滋养了中华文化的底蕴，奠定了民族精神的基调。部分政策制定者和执行者往往用城市文化发展的标准和模式来推动乡村文化建设，过度强调城乡一致性与同质化，忽视二者

① 钟敬文．民俗学概论［M］．北京：高等教育出版社，2010：10－26.

之间的差异，忽视乡村文化的内在动力和社区基础，导致一些文化项目水土不服，难以取得预期效果。近年来，旅游业发展迅速，一些地方政府在开发旅游资源时，往往采取最省力的复制粘贴模式，不顾本地实际，一味模仿热门景点的建筑风格与商业模式，导致大量的“古镇”“特色小镇”烂尾、亏损。[①] 既导致了资源的浪费，也是对乡村文化的伤害。发展乡村文化，必须在充分认识乡村文化的重要性与特殊性的基础上进行，必须在充分考察乡民需求，充分调研乡村环境的基础上进行，必须针对乡村文化特点，因地制宜地制定有针对性的、可行的发展规划。

第二，乡民在乡村文化建设中的主体性有待进一步强调。归根结底，发展乡村文化是为了满足乡民需求与改善乡民生活，这是乡村文化建设的出发点，也是试金石。党的十八大以来，党中央高度重视解决形式主义、官僚主义问题，着重解决工作不实、脱离群众、做表面文章的问题。如果始终由政府充当乡村文化建设的主体，以政府力量与外部力量作为主导性力量，以政绩考评作为衡量建设成果的标准，就很难杜绝形式主义与官僚主义的歪风邪气，使乡村文化建设流于表面化、形式化。而这归根结底，还是源于对乡村文化的了解与尊重不足，认为乡村与乡民都是需要改造和帮扶的对象，只能以“自上而下”的方式对其进行指导，不承认他们作为建设者的主体身份。事实上，乡民作为乡村文化的创造者和传承者，对文化有着最直接的感知和最深刻的理解，忽视乡民主体性，会导致文化建设难以真正融入乡村生活，乡民缺乏参与感和认同感也会引发其对文化建设的漠视甚至抵触情绪，不利于乡村文化自信的确立。尊重乡民主体性，意味着真正从乡民需求出发，让乡民切实参与到乡村文化建设的规划、决策、实施、评价等各个环节当中，赋予他们话语权和决定权，意味着以“自下而上”的自发性建设与取代“自上而下”的指挥性建设。乡村文化建设的成果不能只出现在橱窗里、展馆里，不能仅仅停留在物表化、文本化、标语化的外在形式，[②] 要关注其现实性与可持续性，要与乡民生活深度融合。乡村文化建设的质量，要让民众来评价，乡村文化建设的成果，

---

① 批量复制的旅游古镇，正在批量沦为“鬼镇”［EB/OL］．澎湃新闻，2024－05－13．

② 防止和反对文化建设中的形式主义［EB/OL］．人民论坛网，2018－04－03．

要让民众来享受。唯有如此，才能真正实现乡村文化建设的初衷。

第三，民众参与乡村文化建设的能动性需要进一步调动。如果说上文所说的忽视乡民主体性是工作态度的问题，那么此处的不能调动乡民能动性就是工作方式上的问题。1935 年，梁漱溟在山东乡村建设研究院的演讲中谈到乡村建设工作中的两大难处：一是高谈社会改造而依附政府；二是号称乡村运动而乡村不动。他指出："本来最理想的乡村运动，是乡下人动，我们帮他呐喊。退一步说，也应当是他想动，而我们领着他动。现在完全不是这样。现在是我们动，他们不动；他们不惟不动，且因为我们动，反来和他们闹得很不合适，几乎让我们作不下去，此足见我们未能代表乡村的要求！"[①] 这种"我们动他们不动"的困境，至今仍未完全克服。而造成这一困境的原因，正是乡村文化建设脱离民众生活实际，民众"事不关已"时，自然选择"视而不见"。武汉大学中国乡村治理研究中心在调研中发现，村级组织行政化造成国家与社会之间的弹性空间消失，国家刚性的权力和规范化的政策，在面对流动的农民、模糊的乡村社会和灵活多变的农村事务时，容易出现"高射炮打蚊子"。[②] 其实，乡民从不缺乏参与文化建设的热情与才干，但过度行政化的动辄谈理论、讲道理，被动接受外来指导的工作方式显然不能调动乡民的积极性，乡村文化建设需要的是切实可行、接地气的方式方法，而不是高高在上的理论说教。要调动乡民热情，必须改进工作方法，以乡民熟悉和喜闻乐见的方式开展文化建设，让他们能够通过实际行动和具体项目参与到文化建设中，真正发挥自身优势。制定工作方案时，应当以乡民为主体，从他们的实际情况，包括文化程度、生活习惯、精神追求等出发，确保乡民能享受并受益于乡村文化建设。

第四，轻视乡村文化在乡村振兴战略中的全局性。文化不是孤立的，它与经济、政治、组织、生态等乡村振兴的各个方面息息相关，乡村振兴的这五个方面不是各自分立的五个部分，而是彼此关联的一个整体。但在

---

① 中国文化书院学术委员会编．梁漱溟全集（第 2 卷）［M］．济南：山东人民出版社，2005：575．

② 武汉大学中国乡村治理研究中心课题组．当前农村基层形式主义的突出表现［R］．田野来风，2022（23）．

具体实施中往往并非如此，一方面，在实践中，由于分工的不同与管辖范畴的限制，不同的事务往往分属不同层级、不同职能的各个部门，使得这五个方面的工作缺乏及时有效的相互沟通与反馈，不利于乡村振兴的协调发展与整体推进。各部门在推进乡村振兴的过程中，往往只关注自身职能范围内的事务，仅从本部门的工作内容出发制定相应的发展目标与实施规划，这会导致执行整体发展战略时缺乏协同性，无法形成合力。例如，经济部门可能主要关注产业发展和经济效益，而忽视了文化资源的保护和利用；生态部门则侧重环境保护和生态修复，却缺乏文化视角和价值观引导。另一方面，过度注重某一方面有时会阻碍其他方面工作的开展。例如，单纯追求经济增长而忽视文化建设，会导致经济活动缺乏文化内涵和吸引力，难以形成独特的经济优势和可持续的产业链。缺乏文化支撑的经济振兴，往往是短期的、动力不足的。组织建设方面，如果只强调秩序维护，忽视文化引领和文化活动的开展，基层治理将缺乏人文关怀和群众认同，难以形成和谐的乡村政治环境，不能有效带动乡民共同参与乡村振兴。同样地，文化建设过程中如果只顾“孤军奋战”，不考虑综合层面的协调，同样不能达到理想的效果。仅靠单一的文化活动或项目，难以调动全局资源，无法形成广泛的社会影响力和持久的文化活力。因此，必须打破部门分工的局限性，建立更加协调的工作机制，促进各部门之间的沟通与合作，将乡村文化振兴与产业振兴、人才振兴、组织振兴、生态振兴有机结合，形成全面协调的乡村振兴格局。

第五，对乡村文化的发展性与流动性认识不够深刻。这是乡村文化在历时与共时两个层面的特性，在历时层面，作为与乡民生活相伴相生的文化，在不同的历史时期与发展阶段，乡村文化往往也有着不同的文化模式与表现形态，会根据乡民的现实需求进行相应的调整，它从来就不是固定的、一成不变的，而是发展的、与时俱进的。尤其是近几十年以来，随着认知能力与技术水平的大幅提升，许多原来只能由乡村文化承担的功能逐渐由更科学的手段代替，相应的文化也逐渐退出民众生活舞台，比如传统的农业耕作方法和节气指导逐渐被现代农业技术和气象预报所取代，使得许多与农耕相关的仪式与信仰逐渐淡出人们的视野，这是由文化发展的客观规律和乡民生活的现实需求决定的。一些发展理论认为传统的就是好的，传统文化才是有价值的文化，要求乡民必须完整保存以往的乡村传统，其本质是脱离现实、本末倒置、形式主义的错误发展理念。不能打着保护传统的旗号强求民众固守老旧的生活方式，文化建设的目的是提升乡民的生活质量和幸福感，必须在传承中发展，在发展中创新。在共时层面，乡村文化的流动性主要体现在其与大的国家文化传统之间的互动与反哺关系，仲尼有言：“礼失而求诸野。”[①] 以民间文化为代表的地方小文化传统对于地方社会生活有着重要的意义，赋予着个体生命以归属感和人生意义，同时不断地对大的国家文化传统进行重新阐释与丰富，二者之间既不是彼此分立的，也不是上下领导的，而是融合的、互动的。民俗学者指出：“中国有‘礼’‘俗’结合的社会传统，以此引导和规范民众的言行举止，而不同于讲究绝对法制的西方社会。民俗文化毕竟贯穿着一方民众的生活智慧与集体意志，承载着民间社会千百年来形成的道德观念、精神需求、价值体系等，构成了一种相对稳定的群体行为规范。民间自我生成的‘规范’力量，与国家权力意志之间既有分立又有合作，既有纷争又有对话，并谋求在对话、合作中从日常规范上升为公共价值。”[②] 发展乡村文化，不能只以一套大的文化传统的话语作指导，要充分考虑这种流动性。

（二）发展建议

坚持发展乡村文化与党的群众路线相结合。可以说，世界上没有哪个政党与国家在“三农”工作中，积累了像我们一样丰硕的经验，也没有哪个政党的发展与广大农村地区的人民有着如此紧密的水乳交融的关系。纵观中国共产党成立以来的农村发展史，可以说就是广大乡村人民在党领导下的奋斗史。在革命时期，党依靠广大农村群众建立了稳固的根据地，并通过土地革命推翻了封建地主阶级的压迫，解放了亿万农民，使他们成为国家和社会的主人。新中国成立后，党继续把农村作为工作的重点，通过土地改革和合作化运动，彻底改变了农村的生产关系和社会结构，为社会

① 班固．汉书［M］．颜师古注，中华书局编辑部点校．北京：中华书局，1962：1746．

② 张士闪．礼俗互动与中国社会研究［J］．民俗研究，2016（6）：14－24，157．

主义建设奠定了坚实的基础。改革开放以来，党深入贯彻农村改革政策，推行家庭联产承包责任制，大大解放了农村生产力，使农民的生活水平显著提高。进入新时代，党进一步提出乡村振兴战略，将乡村振兴作为实现中华民族伟大复兴和现代化的重要任务，推动乡村在经济、文化、生态等各方面全面发展。作为党的根本性路线方针，群众路线在以往农村的经济建设、政治建设、文化建设中起到了决定性的作用，也应当作为新时代乡村振兴与文化建设的指路明灯。乡村文化的发展必须有一个清晰的方向和根本的原则，即坚持党的领导，始终以广大乡村人民的根本利益为重。具体而言，体现在必须强化基层党组织在乡村文化建设中的领导核心作用，建立健全党组织领导下的群众自治机制，确保乡村文化发展与党的方针政策相一致。同时发挥党员的先锋模范作用，鼓励和支持党员干部在乡村文化建设中成为中坚与领军力量，发挥好上传下达的带动与引领作用，做社会主义的“新乡贤”，积极参与乡村公共事务、纠纷调解、文化建设等活动，共同推进乡村文化的传承与创新。要建立党组织领导下的乡村文化服务体系，为乡民提供丰富多样的文化服务和资源，如农家书屋、百姓舞台、文化活动中心等，满足群众的文化需求，提升农村文化生活水平。要结合党的群众路线，大力开展群众喜闻乐见的文化活动，如文艺演出、节庆活动、文化大讲堂等，增强乡村文化的吸引力和感染力，营造浓厚的文化氛围。要落实党的惠民政策，推进文化惠民工程，加大对农村文化基础设施建设和文化项目的投入，确保乡村文化发展成果真正惠及广大农民群众。

坚持乡民在乡村文化建设中的主体地位。乡村文化的生动性和生命力源于乡民的日常实践，脱离了乡民的生活，乡村文化就会失去其根基和活力。因此，文化建设的方向和内容必须紧贴乡民的实际需求和生活情境，不能仅仅依靠外来专家的指挥和设计。在工作态度上，要从俯视变为平视，真正理解和尊重乡民的文化需求和生活习惯，认可乡村文化的特殊性与重要性，突出乡民在乡村文化中所扮演的重要角色，从乡民生活和乡村文化本身的特性出发，制定相应的发展目标与发展规划，而不是把外来标准强加其上，避免以单一指标评价乡村文化发展成果。在工作方式上，要从指挥者变为服务者，传统的自上而下的指挥方式往往忽视了乡民的实际需求和主观能动性，难以激发他们的参与热情和创造力，相反，服务者的角色强调的是支持和帮助，旨在为乡民提供必要的资源和平台，帮助他们更好地开展文化活动和传承文化遗产。通过这种方式，乡民不仅能够主动参与文化建设，还能在过程中提升自我认同感和归属感，真正实现文化与生活的有机融合。具体而言，这需要建立和完善村民参与乡村文化建设的机制和平台，如成立文化理事会、乡村文化协会等，确保村民在文化项目的规划、实施和管理中有充分的话语权和决定权。需要充分鼓励村民的文化传承与创新精神，鼓励他们在传承传统文化的基础上，结合现代生活和新需求，进行文化创新和创造，丰富乡村文化的内涵和形式。需要积极为村民的文化活动提供交流与学习的空间与平台。例如，可以组织村民参加传统技艺培训班、文化管理课程等，提升他们的技能和管理能力，还可以通过媒体宣传、表彰奖励等方式，推广优秀文化项目和文化带头人，激发更多人的参与热情。尊重乡村文化特殊性还意味着从村落具体情况出发，避免过度开发和盲目建设，乡村文化具有不可替代的地方性和多样性，每个村落都有其独特的文化资源和发展潜力。因此，在乡村文化振兴的过程中，必须充分了解并尊重这些独特的文化特征，基于村落现有的文化资源进行合理规划和开发。过度依赖外来模式和盲目进行商业化建设可能会忽视乡村文化的深层次内涵，导致文化的稀释和乡民的反感，要确保文化建设与乡村实际情况相契合，真正发挥乡村文化的潜力，促进其可持续发展。

坚持系统性保护的原则。可以借鉴建设自然生态保护区的经验，建设相应的乡村文化生态保护区，保护区不是真空区，更不是隔离带，而是生活区、实践区。乡村文化也不是遗迹，而是具有内在生命力、不断更新的系统。因此，必须坚持系统性保护的原则，坚持整体保护和活态保护。所谓系统性保护，就是将乡村文化视为一个系统，结合其所处环境、构成要素以及结构、功能的整体性，强调乡村文化传承与发展的一体性和系统性，而非单纯的项目化、局部性保护。乡村文化是与民众生活紧密相关的文化现象，是民众生活的组成部分与重要体现，有其存在的具体而微的自然与社会文化生态语境。基于此，任何一项或任一类别的乡村文化，不能只单纯针对工艺流程或个别项目进行保护，更要对与这一文化项目存续紧密相关的文化生态系统加以强调与关注，这应是乡村文化系统性保护的最核心理念所在。开展乡村文化的系统性保护，要摒弃传统的“遗产”或“名录”思维，即认为只有传统的、被列入文化遗产名录的才是有价值的，才需要加以保护；要破除传统的只对文化要素本身进行保护的理念，更应强调对文化生态的重视与保护；要关注不同类别文化项目的共生共存关系，比如传统节日，本身即文化遗产，更是传说、仪式、表演艺术、传统工艺等文化的重要载体；要加强文化保护的一体化建设，做到政策制定、措施落实多元主体参与的一体推进；要保护与发展相结合，秉持共有、共享、公益理念，将文化保护融入国家发展战略体系，发挥文化发展在当前国家现代化建设与乡村振兴中的积极作用。活态保护则意味着保留乡村文化在现实生活中的实际效用，使其作为一种发展着而非静止的文化而存在，使文化资源在当代环境中继续发挥作用，而不是僵化地保留在过去的状态。正如费孝通所说，乡土社会是安土重迁的，生于斯、长于斯、死于斯的社会。[①] 相应地，乡村文化也是相对稳固的、建立在长期以来的具体的生活情境中的，发展文化绝不意味着将其从民众生活中剥离出来，一旦脱离了鲜活的生活情境，文化就会枯竭。这也决定了博物馆式的保护模式不能适应于乡村文化的发展，不能把文化变成玻璃窗里的景点，更不能以牺牲群众生活便利为代价发展乡村文化。

坚持城乡共建与文化共同繁荣的发展理念。乡村发展的终点不是城市，而是更宜居更现代的乡村，乡村文化发展的终点也不是城市文化与精英文化，而是更符合乡民文化需求、更适宜新时代乡村发展的文化。两条河流虽然最终都会汇入中华文化的汪洋，但是有着截然不同的发展路径，不能强行“合并同类项”。同样地，乡村不应该成为“被抛弃的”故土，城乡之间确实存在经济发展水平的差异，但这并不意味着文化上存在高低贵贱的差别，二者也没有一致的发展模板，乡村文化应在自身的特色和优势中寻求发展，与城市文化互为补充、相互促进，共同构成中华文化的丰富多样性。具体而言，实现城乡共建与文化共同繁荣，首先，应当加强二者之间的交流互鉴，可以定期组织城乡文化交流活动和合作项目，推动城市文化资源下乡，同时促进乡村文化进入城市，促进城乡居民的文化互动

① 费孝通．乡土中国［M］．长沙：湖南人民出版社，2022：63.

和相互理解，增强文化认同感，让二者在彼此刺激、互补共生的关系下互相学习与交流。其次，现代科技手段也应运用于乡村文化的数字化保护和展示，通过互联网和新媒体平台推广乡村文化，提升其影响力。利用数字化技术，可以将乡村的历史文化遗产和传统民俗文化通过虚拟展示、在线互动等形式展现在更广泛的受众面前，打破地域限制，让更多的人了解和欣赏乡村文化。这不仅有助于增强乡民的文化自信，也能吸引更多的外部关注和支持，为乡村文化的传承与创新提供新的动力，真正实现乡村文化的外向流动和共同繁荣。此外，在政策制定与资源分配方面，城乡文化发展战略必须各有侧重，对乡村文化而言，目前需要的是在基础设施、项目开展等方面的支持，应制定专项政策和资源倾斜，优先向乡村提供文化基础设施的建设和支持，设立专项资金，支持乡村文化项目的开展，包括文化设施的建设、文化活动的举办、文化人才的培养等。最后，城乡文化共同繁荣还要依赖中华民族共同体意识和整体文化自信的增强，而这需要全社会的共同努力。只有综合国力和国民素质不断提升、教育水平和文化水平不断进步、创新能力和实践能力不断增长、社会主义核心价值观不断弘扬，才能最终迎来社会主义现代化的实现和城乡文化的全面交融与繁荣。

坚持乡村文化振兴的全局性与整体性推进。乡村振兴是一个多方位、系统性的工程，发展乡村文化一定要放在全面推进乡村振兴这个大的语境下进行，乡村文化振兴必须与产业振兴、生态振兴、人才振兴、组织振兴各个方面结合起来，既不能顾此失彼，也不能因小失大。一方面，乡村振兴离不开其他层面的支持，发展乡村文化，一定要以乡村文化产业建设、乡村文化人才培养、乡村生态环境保护、乡村党组织建设作为重要背景与必需条件；另一方面，其他层面的振兴也需要乡村文化提供的内在动力与精神资源，乡村文化既反映着乡民生活的需求，也引领着乡村发展的方向，它们是彼此依赖、相辅相成的。具体而言，一是要坚持文化振兴与其他层面的均衡发展，在乡村建设过程中，重经济轻文化、重政治轻文化的现象一直存在，相较于产业开发、组织建设这类能够迅速看到成效、体现成绩的发展路径，文化发展、生态保护作为乡村振兴战略中的弱势层面，很容易被放在次要与辅助的位置上，导致乡村发展的不可持续性。因此，必须坚持统筹兼顾，尤其是对文化、生态等弱势层面的注重，确保乡村振兴战略的全面落实和长期有效。二是要坚持文化振兴与其他层面的协调发展，乡村振兴，需要各部门、各层级“心往一处想，劲往一处使”，不能各行其是、各自为政，必须坚持共商共议的原则，充分协调各方面、各部门的需求，在顾全大局的基础上，形成统一的行动方案。要建立健全跨部门的协调机制，确保各部门之间的信息共享和资源统筹，注重政策的协调与配套，也只有这样，才能实现资源的最优配置和效益的最大化。三是坚持文化振兴与其他层面的开放性发展，乡村振兴需要外部资源、技术和市场力量的参与，一方面，乡村的产品、文化、知名度需要走出去；另一方面，外部的技术、经验、资金、人才需要进入乡村。打通双向沟通的渠道，做好两条路径的服务工作，是乡村振兴战略的重要着力点。同时要加强区域合作和上下联动，也只有实现了乡村发展的全面开放，才能实现真正意义上的城乡融合和一体化。坚持文化振兴与其他层面的全面发展、可持续发展，要有整体思维和长期思维，整体思维要求在规划和实施过程中，统筹考虑经济增长、社会进步、生态保护及治理结构，形成相互促进的系统效应，长期思维则需要从长远出发，制定具有前瞻性的策略和目标，以应对可能出现的挑战和变化。

2024 年 5 月 22 日至 24 日，习近平总书记在山东考察时指出：“山东要担负起新时代的文化使命，在推动文化繁荣、建设文化强国、建设中华民族现代文明上积极作为”。[①] 乡村振兴不仅关乎经济和社会的发展，更离不开文化的传承与创新。作为文化大省，山东应充分发挥文化底蕴深厚、文化资源丰富、文化氛围浓重的优势，通过深入挖掘和传承乡村文化精髓，创新乡村文化发展模式，推动乡村文化繁荣与乡村振兴相互融合，在全国范围内起到示范引领作用。这既是时代赋予山东的任务，也是山东应当担负的职责。

但也必须承认，在发展乡村文化、推进乡村振兴的过程中，山东也有许多必须革除的积弊、必须甩掉的包袱，包括传统观念的固守、资源配置的不合理、行政体制的滞后等，在新时代背景下，山东必须进行全面的改

① 习近平在山东考察时强调 以进一步全面深化改革为动力 奋力谱写中国式现代化山东篇章 蔡奇陪同考察［N］. 人民日报，2024－05－25（001）.

革和调整，积极探索乡村文化振兴的新路径，推动城乡文化交流与融合，推动乡村文化实现创造性转化和创新性发展，提升乡村文化设施建设和服务水平，激发乡村文化的内生动力。进而能够为其他地区提供宝贵的经验和借鉴，助力全国乡村振兴战略的实施，为实现中华民族伟大复兴贡献山东力量。

走向共同富裕：乡村治理的典型经验与提升路径

徐凤增　冯立莉　朱利敏*

一、引言

乡村是实现共同富裕的薄弱环节①，扎实推动共同富裕要以乡村全面振兴为实现路径②，实现乡村有效治理是乡村振兴的重要内容。2021 年，中共中央、国务院发布的《关于加强基层治理体系和治理能力现代化建设的意见》强调，乡镇（街道）与城乡社区治理的协同推进是国家治理现代化的基础。通过优化乡村治理，健全基层治理体制，促进政府治理与社会调节、居民自治之间的良性互动，从而提升基层治理的社会化、法治化、

* 徐凤增，山东大学管理学院教授，研究方向为乡村振兴与共同富裕、服务创新与旅游创业；冯立莉，山东大学管理学院博士研究生，研究方向为乡村旅游创业与可持续发展；朱利敏，山东大学管理学院博士研究生，研究方向为乡村文化振兴。

① 卢祥波. 共同富裕进程中的农村集体经济：双重属性与平衡机制——以四川省宝村为例 [J]. 南京农业大学学报（社会科学版），2022，22（5）：23 -32.

② 燕连福，郭世平，牛刚刚. 新时代乡村振兴与共同富裕的内在逻辑 [J]. 西北农林科技大学学报（社会科学版），2023，23（2）：1 -6.

智能化和专业化水平。2024年中央一号文件《中共中央 国务院关于学习运用“千村示范、万村整治”工程经验有力有效推进乡村全面振兴的意见》指出，要通过抓党建、提升基层干部能力解决基层治理问题，通过繁荣发展乡村文化促进农耕文明与现代文明要素的有机融合，通过推进农村移风易俗系列举措推动乡风文明，加强法治建设，建设平安乡村。

乡村治理是国家治理的基石，不仅关系到农村的改革、发展和稳定，更关乎党在农村的执政基础。乡村治理为乡村发展和乡村建设提供坚实的组织保证，乡村善治之路是让农村社会充满活力又和谐有序的保障。首先，乡村治理能够凝心聚力，提高管理效能，调动全要素在乡村建设过程中的作用，为乡村产业发展提供保障。同时，建立村规民约，整治提升农村人居环境，不仅是打造宜居环境的前提，也是坚持绿色发展、实现产业兴旺、推动乡村共同富裕的基础。乡村治理也能完善乡村利益联结及分配机制，助力共同富裕的实现。其次，数字技术与乡村治理的融合有助于推进乡村产业融合，通过借助电子政务扩大村务参与主体，深化村务、乡村医疗、乡村治安、乡村产业、乡村生态等多场景的应用以及实现政府、社会、村民之间的信息互通与融合[①]。最后，坚强的农村基层党组织，以及文明乡风、良好家风、淳朴民风是乡村宜居的重要方面，加强乡村治理，提升乡风文明，能够让农村保持积极向上的文明风尚和安定祥和的社会环境。

打造乡村振兴齐鲁样板，是习近平总书记交给山东的重大政治任务。近年来，山东省积极贯彻总书记关于乡村治理的指示，落实党中央和国务院的决策，强化党建引领，持续完善乡村治理体系，探索自治、法治与德治相结合的路径，树立了系统治理、依法治理、综合治理、源头治理的理念，提升了乡村善治水平，完善了乡村建设决策和激励机制。通过持续完善党组织领导的“三治”相结合的乡村治理体系，并建立健全“自下而上、村民自治、群众参与”的实施体系，促进了乡村治理水平与效能的提升，形成了党支部领办合作社、打造乡村治理共同体、孝善文化润育民心等治理特色，不断推动乡村治理体系和治理能力现代化，推动乡村走向共同富裕。这些举措取得了显著成效，涌现出众多先进典型，成功应对了乡

① 陶斯妍．乡村治理问题研究综述［J］．社会科学动态，2022（12）：70－74.

村治理中的难点和痛点，具有较好的操作性和可复制性。典型引路是农村工作的重要方法，能够发挥示范引领作用，并且在乡村振兴战略实施进程中不断丰富，对这些典型经验的不断挖掘能够为建设充满活力、和谐有序的乡村社会探索新路径，作出新贡献。

乡村要实现振兴和共同富裕的目标，不仅面临着乡村社会经济发展的挑战，更面临着乡村治理方面的挑战①。治理有效下的和美乡村能够有力促进宜居宜业和美乡村建设目标的实现。乡村治理被理解为由治理目标、治理主体、治理客体、治理方式等构成的完整体系，是一项复杂且长期的艰巨任务②。随着我国乡村发展目标的转变，以及乡村内外环境的变化，其具体任务也不断调整，探索乡村的多元价值，提高农村基层组织的乡村治理能力，有助于更好地形成稳定和谐的内部环境，进而服务于农村宜居宜业建设目标的实现③。乡村治理在建设宜居宜业和美乡村、实现乡村共同富裕过程中的重要性逐步凸显出来④。对山东省乡村治理的典型案例进行深入剖析，根据案例地在乡村治理方面的经验，了解乡村治理的动态变化策略，理解通过乡村治理走向共同富裕的路径和机制，对山东省乃至全国具有很强的借鉴及推广意义。

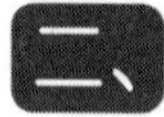

二、乡村治理与共同富裕的内在联系

（一）共同富裕是乡村治理的价值导向

共同富裕是“富裕”和“共同”的有机结合。其中，“富裕”主要是解决发展不充分的问题，强调解放和发展生产力；“共同”主要是解决发

① 韩俊．以习近平总书记“三农”思想为根本遵循实施好乡村振兴战略［J］．管理世界，2018，34（8）：1－10.

② 罗必良．导语：乡村治理研究［J］．农业经济问题，2022（10）：4－5.

③ 吕捷．建设宜居宜业和美乡村正当其时［J］．理论导报，2023（1）：37－38.

④ 魏后凯，崔凯．农业强国的内涵特征、建设基础与推进策略［J］．改革，2022（12）：1－11.

展不平衡的问题，重点在于调整生产关系，使人民公平地享有发展成果①。扎实推动共同富裕，就是要充分化解发展不平衡不充分的主要矛盾。其中，城乡发展的不平衡、农村发展的不充分是制约我国发展平衡性与协调性的最大阻碍②。促进农民农村共同富裕是实现全体人民共同富裕的重要组成部分。实现共同富裕，最艰巨最繁重的任务仍然在农村③。促进农民农村共同富裕，需要准确把握共享发展的价值内涵，着力破解阻碍农民农村共同富裕的因素，在提升乡村治理效能的进程中促进农民农村共同富裕目标的实现④。

党的十九届四中全会提出建设“人人有责、人人尽责、人人享有的社会治理共同体”的治理目标，这为提升乡村治理效能指明了主攻方向，提供了思想指引。乡村治理共同体要求人民能够在参与治理的过程中实现满足需要、全面发展的目标。共同富裕以人民为中心的核心立场与乡村治理共同体建设的前提和要求高度契合，均具有人本性和普惠性的特征。扎实推动共同富裕的过程就是一个不断追求公平正义，不断克服发展的不平衡与不协调，逐步实现共享化的过程。可以说，共同富裕为乡村治理提供了价值导向。然而，当前少有研究将乡村治理放入实现共同富裕远景目标的时代背景下进行讨论。

（二）乡村治理有效是实现共同富裕的重要保障

要扎实推动共同富裕，不仅要把“蛋糕”做大，还要把“蛋糕”分好。乡村治理有效就是要回答如何分“蛋糕”的问题，实现共富共享的目标。构建自治、法治和德治相结合的乡村治理体系，创新乡村治理机制，有助于更好地解决发展不平衡的问题，推动共同富裕的实现。这意味着在乡村振兴战略全面实施的过程中，乡村治理为共同富裕的实现提供了重要

① 刘培林，钱滔，黄先海，等．共同富裕的内涵、实现路径与测度方法［J］．管理世界，2021，37（8）：117－129.

② 杨长福，金帅．共同富裕视域下乡村治理共同体建设的理论逻辑与实现路径［J］．西安交通大学学报（社会科学版），2024，44（2）：168－177.

③ 习近平．扎实推动共同富裕［J］．求是，2021（20）：4－8.

④ 郑瑞强，郭如良．促进农民农村共同富裕：理论逻辑、障碍因子与实现途径［J］．农林经济管理学报，2021，20（6）：780－788.

保障[①]。在城乡发展不平衡、农业现代化水平偏低、农村低收入人口较多的背景下，实施乡村振兴战略是实现全体人民共同富裕的必然选择[②]。高质量的乡村振兴是推动共同富裕的必经之路，乡村的有效治理是乡村振兴的总要求之一[③]。然而，农民的流动、分化与“原子化”，以及村庄分化的加剧给乡村治理带来了新的挑战[④]。在这一背景下，构建与我国乡村社会转型相契合的乡村治理体系，创新乡村治理机制将有助于提升乡村治理水平，最终实现乡村全面振兴和共同富裕的目标。

充分发挥自治、法治和德治相结合的治理优势，构建走向乡村善治的治理体系。当前，我国农村社会在治理体制、机制方面还面临许多挑战。例如，农村基层党组织软弱涣散、农村基层政府组织动员能力差、农村集体经济管理和服务能力弱、农民难以组织等。对此，需要通过创新乡村治理机制，充分利用自治、法治和德治的各项治理优势，发挥党支部的核心统领作用、集体经济组织的纽带作用、农村传统治理资源的优势和数字技术的赋能功能，将农民组织起来。

以制度逻辑融合多元化的乡村治理机制，构建治理张力。我国乡村治理存在多种治理机制并存的局面，主要包括宗族治理[⑤]、村民自治[⑥]、政府行政治理[⑦]、乡村精英治理[⑧]，以及党组织引领[⑨]等。然而，这些治理机制

---

① 杨长福，金帅．共同富裕视域下乡村治理共同体建设的理论逻辑与实现路径［J］．西安交通大学学报（社会科学版），2024，44（2）：168－177.

② 李实，陈基平，滕阳川．共同富裕路上的乡村振兴：问题、挑战与建议［J］．兰州大学学报（社会科学版），2021，49（3）：37－46.

③ 秦中春．乡村振兴背景下乡村治理的目标与实现途径［J］．管理世界，2020，36（2）：1－6，16，213.

④ 韩俊．以习近平总书记“三农”思想为根本遵循实施好乡村振兴战略［J］．管理世界，2018，34（8）：1－10.

⑤ 吕萍，胡元瑞．人情式政策动员：宗族型村庄中的国家基层治理逻辑——基于江西省余江县宅改案例的分析［J］．公共管理学报，2020，17（3）：150－163，176.

⑥ 贺雪峰，董磊明．中国乡村治理：结构与类型［J］．经济社会体制比较，2005（3）：42－50，65.

⑦ 苗树彬，王天意．困惑与出路——“乡村治理与乡镇政府改革”专家调查报告［J］．中国农村观察，2006（5）：68－80.

⑧ 章荣君．从精英主政到协商治理：村民自治转型的路径选择［J］．中国行政管理，2015（5）：74－77.

⑨ 黄晓春．党建引领下的当代中国社会治理创新［J］．中国社会科学，2021（6）：116－135，206－207.

都存在一定的局限性。例如，宗族治理的自利性质给村庄民主治理带来阻碍[①]；村民自治从某种程度上来说还是表现为宗族治理[②]；由于基层乡镇组织的人员素质不高，政府行政治理可能会发生贪污腐败现象[③]；精英治理可能会带来“精英俘获”[④] 问题；党组织治理需要与其他治理方式相结合才能更好地发挥作用[⑤]。要克服不同治理机制的局限性，可以从制度逻辑视角对这些治理机制背后的制度根源展开探究，理解不同的制度逻辑对乡村振兴和共同富裕的作用，并将其治理优势最大化。随着我国经济社会转型，乡村已经越发成为制度逻辑理论发展的典型场景[⑥]。多数学者认为制度逻辑的数量取决于观察的角度，并基于乡村情境下的不同组织场域识别出了不同类型的制度逻辑及其相互关系，认为采用何种类型的制度逻辑与乡村所面临的制度环境、发展困境和发展情境密切相关[⑦]。乡土社会中的宗族逻辑与党组织、国家、市场和公司等各类制度逻辑要素会发生融合共存。由于不同的组织所嵌入的制度关系和适用情境存在差异，在分析组织制度问题时，可以从制度关系视角展开[⑧]。例如，合作社在应对内部“社区-市场”竞争制度逻辑和外部场域多重制度逻辑所带来的制度复杂性时，可以采取多种策略来调整内部制度逻辑关系，以一种“混合的力量”赢得场域内相关利益主体的支持，并获得组织的合法性，从而使得合作社

---

① 仇童伟，罗必良．“好”的代理人抑或“坏”的合谋者：宗族如何影响农地调整?[J]．管理世界，2019，35（8）：97-109，191.

② 房正宏．村民自治的困境与现实路径［J］．华中师范大学学报（人文社会科学版），2011，50（5）：23-28.

③ 周庆智．关于“村官腐败”的制度分析——一个社会自治问题［J］．武汉大学学报（哲学社会科学版），2015，68（3）：20-30.

④ 胡联，汪三贵．我国建档立卡面临精英俘获的挑战吗?[J]．管理世界，2017（1）：89-98.

⑤ 邓大才．走向善治之路：自治、法治与德治的选择与组合——以乡村治理体系为研究对象［J］．社会科学研究，2018（4）：32-38.

⑥ 邓国胜，程一帆．社会企业何以促进乡村产业持续发展：基于混合制度逻辑的视角［J］．经济社会体制比较，2024（1）：36-47.

⑦ 李卓，刘天军，郭占锋，等．乡村走向全面振兴过程中的多元组织机制及其制度逻辑——基于陕西省袁家村的经验研究［J］．农业经济问题，2024（6）：14-27.

⑧ 孟庆国，董玄，孔祥智．嵌入性组织为何存在？供销合作社农业生产托管的案例研究［J］．管理世界，2021，37（2）：165-184，196.

能够调动场域中不同制度逻辑驱动的行动主体，共同实现组织的发展目标[①]。政府、村级组织和农民各自遵循不同的制度逻辑并内在地体现着不同的利益，从而在逻辑互动中产生张力，促进乡村治理共同体的构建[②]。

充分发挥党组织在乡村治理中的核心引领作用。“党建引领”是我国基层治理实践中的一项重要领导策略，是促进乡村有效治理的重要途径[③]。“党支部+合作社”是在发展壮大农村集体经济的过程中实现乡村有效治理的重要探索。农村基层党组织在我国乡村治理体系中居于中心地位[④]。党支部领办合作社是农村集体经济组织与农民专业合作社融合发展的有效载体[⑤]，实现了以集体经济发展激活基层党建[⑥]、助推村社再组织化的目标。这一组织形态在为乡村提供经济支撑、提升治理绩效，进而推动乡村公共服务与治理秩序逐步优化方面发挥着重要作用[⑦]。然而，党建引领下的乡村治理中基层党组织的弱化、功能淡化和边缘化等问题日益凸显[⑧]，这些问题进一步引发了治理主体的流失、动力不足、制度不健全以及价值观念的偏离[⑨]。因此，在共同富裕目标视域下，需要进一步强化基层党组织的治理功能，发挥党组织在促进乡村善治中的核心引领作用。

发展新型农村集体经济，夯实乡村治理的物质基础，为促进农民农村共同富裕提供制度依据。习近平总书记指出，发展集体经济是农民富裕的

① 倪大钊，王浚懿，章文光．混合的力量：合作社参与农业科技服务的多重制度逻辑及行动策略［J］．中国行政管理，2024，40（6）：97－109，135.

② 宋娜娜，徐龙顺，马志远．多重制度逻辑下乡村治理共同体构建的张力及调适——基于S省X村环境专项治理的个案分析［J］．农村经济，2023（11）：85－94.

③ 陈建平．充分发挥农村联合党委在党建引领乡村治理中的作用——以武汉市黄陂区为例［J］．党政干部论坛，2024（2）：17－20.

④ 蔡文成．基层党组织与乡村治理现代化：基于乡村振兴战略的分析［J］．理论与改革，2018（3）：62－71.

⑤ 高海．农村集体经济组织与农民专业合作社融合发展——以党支部领办合作社为例［J］．南京农业大学学报（社会科学版），2021，21（5）：75－85.

⑥ 管珊．党建引领新型农村集体经济发展的实践逻辑与效能优化——基于鲁中典型村的历时性探讨［J］．中国农村观察，2024（1）：146－160.

⑦ 张连刚，陈星宇，谢彦明．农民专业合作社参与和乡村治理绩效提升：作用机制与依存条件——基于4个典型示范社的跨案例分析［J］．中国农村经济，2023（6）：139－160.

⑧ 胡小君．从维持型运作到振兴型建设：乡村振兴战略下农村党组织转型提升研究［J］．河南社会科学，2020，28（1）：52－59.

⑨ 唐兴军，郝宇青．乡村社会治理中的组织再造：价值、困境与进路［J］．中州学刊，2021（9）：15－21.

重要途径[①]。农村集体经济的发展为小农户融入现代农业，并走向共同富裕提供了新思路。农村集体经济兼具经济性和社会性[②]，对农村集体经济的讨论不能仅从经营角度，也需要考虑到其对村庄治理的影响[③]。农村集体经济组织是促进农民治理合作的重要载体，在为乡村提供公共产品和服务、解决公共问题方面具有治理效能[④]。一方面，农民群众是乡村振兴的主体，如何在农民分化、村庄利益诉求多元化的情况下将农民组织起来是乡村振兴的根本问题[⑤]，发展农村集体经济过程中建立起来的利益联结机制正是将农民组织起来的重要途径[⑥]。另一方面，借助村集体的组织力量，国家向农村转移的资源才能够真正地服务于农业农村的发展，促进农民增收致富[⑦]。对那些带来明显治理成效的乡村集体经济实践形态进行分析，探究其与乡村治理之间的逻辑关联，对促进村庄善治具有重要价值[⑧]。然而，当前中国农村集体经济发展存在集体资产存量充足但经营效率低下的现实问题[⑨]。因此，促进农村集体经济高质量、可持续发展是夯实乡村治理物质基础的前提。

文化赋能乡村治理，创新治理机制。中华优秀传统文化中蕴含着深刻的哲学智慧、人文精神、伦理道德和教化思想[⑩]，这些都是乡村治理的宝

① 习近平．论“三农”工作［M］．北京：中央文献出版社，2022.

② 卢祥波．共同富裕进程中的农村集体经济：双重属性与平衡机制——以四川省宝村为例［J］．南京农业大学学报（社会科学版），2022，22（5）：23－32.

③ 陈义媛．农村集体经济发展与村社再组织化———以烟台市“党支部领办合作社”为例［J］．求实，2020（6）：68－81.

④ 王辉，金子健．新型农村集体经济组织的自主治理和社会连带机制——浙江何斯路村草根休闲合作社案例分析［J］．中国农村经济，2022（7）：18－37.

⑤ 贺雪峰．乡村振兴与农村集体经济［J］．武汉大学学报（哲学社会科学版），2019，72（4）：185－192.

⑥ 陈义媛．农村集体经济发展与村社再组织化———以烟台市“党支部领办合作社”为例［J］．求实，2020（6）：68－81.

⑦ 王成军，张旭，李雷．农村集体经济组织公司化运营可以壮大集体经济吗——基于浙江省的实证检验［J］．中国农村经济，2024（8）：68－87.

⑧ 叶娟丽，曾红．乡村治理的集体再造——基于山东烟台X村党支部领办合作社的经验［J］．西北大学学报（哲学社会科学版），2022，52（3）：80－90.

⑨ 靳永广．社区主位、市场化运作与全要素经营——对安吉县经营村庄实践的实证分析［J］．南京农业大学学报（社会科学版），2023，23（4）：82－93.

⑩ 王钱坤．传统文化赋能乡村治理的实践逻辑及推进路径研究——以河南省S村为例［J］．湖北工程学院学报，2024，44（4）：115－123.

贵资源，能够促进乡村人才、产业、组织、生态等要素的深度链接[①]，推动我国乡村治理机制的创新。乡村地区通常是一个以熟人关系为主的社会，受地理和家族联系的影响，村庄内的价值观以一种微妙的方式塑造着村民的行为模式，从而对整个村庄的发展方向产生影响[②]。例如，传统宗族文化的凝聚力在现代农业生产中仍然具有重要的经济功能，通过宗族的力量将农民组织起来，让更多的农民参与到乡村的发展过程中，实现共商共建共享[③]。“面子观”是我国乡村熟人社会中的一种声誉体系，在面子的作用下人们更加注重人与人之间关系的维护[④]，在稳定乡村治理秩序方面发挥着重要作用[⑤]。当前，农村集体经济发展中采用的积分制，巧妙地融合了中国传统文化中的“面子”、“人情”和“关系”等非正式治理智慧，以及村规民约等传统元素，形成了一种声誉经济化的逻辑[⑥]。在我国悠久的历史长河中，乡贤在乡村社会治理中扮演着重要角色，孕育了内涵丰富、功能独特的乡贤文化[⑦]。乡贤文化凝聚了古人治理乡村的深邃智慧和丰富经验，至今仍对乡村治理产生着积极的影响。然而，不容忽视的现实是，乡村文化仍然处于一种悬浮状态，作为乡土社会治理的一个外在要素，尚未真正融入乡村治理的实践中[⑧]。乡村文化在融入乡村治理体系的过程中还面临着诸多挑战，如文化根基的流失、传承主体的空洞化以及文

---

① 王超，陈芷怡．文化何以兴村：在地文化赋能乡村振兴的实现逻辑［J］．中国农村观察，2024（3）：18－38.

② 马荟，庞欣，奚云霄，等．熟人社会、村庄动员与内源式发展——以陕西省袁家村为例［J］．中国农村观察，2020（3）：28－41.

③ 丁从明，樊茜，刘自敏．传统宗族文化提升现代农业生产效率：效应与机理［J］．中国农村经济，2024（8）：88－106.

④ 费孝通．在湘鄂川黔毗邻地区民委协作会第四届年会上的讲话［J］．北京大学学报（哲学社会科学版），2008（5）：33－38.

⑤ 董磊明，郭俊霞．乡土社会中的面子观与乡村治理［J］．中国社会科学，2017（8）：147－160.

⑥ 谭海波，王中正．积分制何以重塑农村集体经济——基于湖南省油溪桥村的案例研究［J］．中国农村经济，2023（8）：84－101.

⑦ 白现军，张长立．乡贤群体参与现代乡村治理的政治逻辑与机制构建［J］．南京社会科学，2016（11）：82－87.

⑧ 王超，陈芷怡．文化何以兴村：在地文化赋能乡村振兴的实现逻辑［J］．中国农村观察，2024（3）：18－38.

化建设的表面化等[①]。因此，探索如何将我国传统文化中的治理智慧转化为治理优势，有助于推动乡村治理机制的创新，促进共同富裕。

创新数字化治理模式，提升乡村治理效能。信息技术的迅猛发展为乡村治理提供了新思路[②]，数字化转型正成为推动乡村治理现代化的关键途径[③]。这一转型通过重塑治理主体、更新治理方式以及构建新的治理共同体，有效促进了乡村治理的转型进程[④]。通过数字技术的应用，乡村治理结构得以优化，农民的参与度得到增强，乡村振兴战略的实施也获得了新动能。数字赋能下的乡村治理呈现出互动参与、情感信任、功能整合的三层实践机制。技术赋能乡村自主性治理存在"数字技术赋能乡村党建型""数字技术赋能乡村生产型""数字技术赋能乡村基建型""数字技术赋能乡村服务型"四种典型模式[⑤]。然而，乡村基层数字治理也存在"数字赋能"浮于表面、村民难以参与、短期嵌入效果与长效发展难对接等困境[⑥]。要发挥数字化赋能乡村治理的作用，需要重点厘清数字技术赋能乡村治理的逻辑理路、现实困境和实现路径[⑦]。例如，通过在个人层面上加强技术赋能以提升自我发展能力，在组织层面上构建多元共治的格局，在社区层面上完善制度结构体系，有效地推进乡村治理，进而推动乡村社会的可持续发展[⑧]。

---

① 张瑜，熊建生．基层党组织引领乡村文化振兴的实践探索［J］．广西社会科学，2023（7）：19－26.

② 徐旭初，朱梅婕，吴彬．互动、信任与整合：乡村基层数字治理的实践机制——杭州市涝湖村案例研究［J］．中国农村观察，2023（2）：16－33.

③ 张坤，潘星．数字技术赋能：乡村自主治理生成路径研究——基于国家数字乡村试点地区典型案例分析［J］．行政与法，2024（8）：78－90.

④ 丁波．数字治理：数字乡村下村庄治理新模式［J］．西北农林科技大学学报（社会科学版），2022，22（2）：9－15.

⑤ 张坤，潘星．数字技术赋能：乡村自主治理生成路径研究——基于国家数字乡村试点地区典型案例分析［J］．行政与法，2024（8）：78－90.

⑥ 徐旭初，朱梅婕，吴彬．互动、信任与整合：乡村基层数字治理的实践机制——杭州市涝湖村案例研究［J］．中国农村观察，2023（2）：16－33.

⑦ 郑永兰，信莹莹．乡村治理"技术赋能"：运作逻辑、行动困境与路径优化——以浙江F镇"四个平台"为例［J］．湖南农业大学学报（社会科学版），2021，22（3）：60－68.

⑧ 沈费伟．乡村技术赋能：实现乡村有效治理的策略选择［J］．南京农业大学学报（社会科学版），2020，20（2）：1－12.

（三）山东乡村治理与农民农村共同富裕

山东省坚持在党委引领下发展农村集体经济，实现乡村治理与促进农民农村共同富裕的有效结合。新型农村集体经济可持续发展是促进乡村治理有效，实现农民农村共同富裕的重要路径①。党建引领乡村治理在山东省已经具有较好的实践形态。党建引领下的农村集体经济以“党支部领办合作社”的模式较为普遍②，即以党建为核心、以集体经济的发展为平台，旨在实现村庄公共性建设和有效治理的目标。促进新型农村集体经济有效治理的主体生成机制需要通过村庄动员形成集体发展共识，通过多方参与整合自主发展资源。通过开展农村集体经济活动，能够调动党员的积极性，撬动宗族势力，完成对村民的组织化，化解村庄内部矛盾，实现“政经合一”的目标。同时，在党建引领乡村治理的实践中，将加强流动党员管理、吸引乡贤回归与乡村治理相结合，有助于解决乡村治理中的人才匮乏、群众参与不够的问题③。由此可见，农村集体经济的发展对促进乡村善治具有重要影响，而党支部领办合作社能够助力乡村治理体系的完善。新型农村集体经济、党支部领办合作社等模式回答了中国乡村治理需要怎样的生产组织形式的问题。因此，从山东乡村治理的典型案例中可以发现，促进乡村善治需要建立党领导下的党建融合机制、培育多元主体共同参与的乡村治理共同体、发挥三治优势、以优秀传统文化筑牢治理文化根基、提升数字治理能力④。

山东在推动农民农村共同富裕的过程中，强调促进不同制度逻辑的融合共生、不同治理主体的相互嵌入，进而实现乡村治理机制的创新。例

---

① 赵黎．发展新型农村集体经济何以促进共同富裕——可持续发展视角下的双案例分析［J］．中国农村经济，2023（8）：60－83.

② 陈义媛．农村集体经济发展与村社再组织化——以烟台市“党支部领办合作社”为例［J］．求实，2020（6）：68－81.

③ 蒯正明．党建引领乡村治理现代化的实践逻辑与推进路径——基于山东省花园镇的考察［J］．探索，2024（4）：54－65.

④ 王庆全．基于“三治融合”推动潍坊市乡村治理体系建设对策研究［J］．农业科技与信息，2024（5）：87－91.

如，山东省中郝峪村从摆脱贫困到实现共同富裕的进程中，党组织逻辑、国家逻辑、市场逻辑和公司逻辑这四种外来逻辑与村庄内部原生的宗族逻辑呈现出融合共生的乡村治理格局。山东省沂源县新康桔梗专业合作社在发展过程中，乡村经济发展目标和公共事务治理目标双向嵌入，村党支部的制度嵌入使得党组织的政治优势和组织优势得以充分发挥，并通过一定的利益共享机制为村集体提供治理资源，强化“村两委”的治理能力[①]。山东省的民宿企业采用认知嵌入、制度嵌入和文化嵌入等方式嵌入乡村场域，在民宿企业发展的不同阶段将关系治理和契约治理的治理优势灵活地结合起来，参与乡村多元协同治理，实现了民宿产业可持续发展与乡村治理有效的协同。由此可见，山东省在农村农民农村共同富裕的过程中，充分考虑了各利益主体的共同参与，并充分利用多元化的制度逻辑、多种嵌入方式构建以“善治”为导向的乡村治理格局。打造了以促进农民农村共同富裕为导向的乡村治理体系。

三、乡村治理齐鲁样板经验总结

（一）案例选择

本次案例选择遵循多案例比较研究原则，以山东省农业农村部公布的乡村治理典型案例为基础素材，遵循科学抽样原则[②]。第一，案例具有相似性，所选择的案例地均在乡村治理领域取得丰硕成果，他们在党建引领、“三治”融合、文化引导等方面具有共性，能够充分展现乡村治理齐鲁样板的实践经验。第二，案例具有典型性，所选择的案例地均在乡村治理领域获得国家级或省市级荣誉，得到村民及上级政府的广泛认可，也是

① 高强，徐莹．从嵌入到融合：党支部领办合作社的乡村治理逻辑——基于山东省沂源县新康桔梗专业合作社的案例分析［J］．南京工业大学学报（社会科学版），2023，22（4）：83－95，110．

② 吴克昌，唐煜金．以事务为中心：智慧社区建设的典型模式和场域适配——基于“空间—制度—技术”框架的多案例分析［J］．求实，2024（4）：51－67，111．

通过治理走向共同富裕的典范。第三，遵循多样化原则，本书选取了来自山东省三个地市不同地区的多个村庄，这些来自不同地区的村庄由于自然环境、风土人情存在一定的差异，在治理方式上的异同能够帮助我们全面地了解乡村治理的各个方面及影响因素，以便形成更加适用的乡村治理的典型经验。

1. 潍坊市

潍坊市是全国农业产业化的发源地，农业一直走在全国前列，在乡村振兴过程中逐步形成了包含“诸城模式”“潍坊模式”“寿光模式”的“三个模式”，得到了习近平总书记的肯定。学习借鉴潍坊市在乡村振兴过程中的典型经验做法，有助于发挥“三个模式”在打造乡村振兴齐鲁样板和推动全国乡村振兴事业中的示范引领作用，为推进农业农村现代化进程中的乡村治理现代化提供有益借鉴。在乡村治理方面，“三个模式”提供了注重体制机制创新，实现有效市场与有为政府的有机结合，缩小城乡差距，努力实现共同富裕的经验。其中选取的寒亭区前阙庄村先后被评为“全国文明村”“全国乡村治理示范村”。村党组织被评为山东省先进基层党组织、全省干事创业好班子。村集体更是充分发挥红色基因的育人作用，实现“文化治理”和红色基因传承的结合。昌乐县庵上湖村先后被评为“全国文明村”“中国美丽休闲乡村”“山东省旅游特色村”，村党支部被评为“全省干事创业好班子”“全省脱贫攻坚先进集体”“山东省乡村振兴突出贡献奖先进集体”。建立支部领治、协商共治、村民自治、教化促治的“四治”治理机制。推行积分制管理模式，实现了“党支部+合作社”引领产业发展。此外，两个村在带动周边村庄发展，实现区域协同方面也具有突出表现。

2. 临沂市

临沂市作为红色革命老区，在实施乡村振兴过程中形成了自身的特色及经验。传承红色基因，树立大抓基层的明确导向，完善在党组织领导下的自治、法治与德治相结合的治理体系，不断推动乡村治理现代化水平的提升。其中选取的沂水县西墙峪村是沂水红色文化和沂蒙精神的重要发源地之一，“90 后兵书记”王成成通过挖掘村内红色资源，并结合产业发展让红色资源“活”起来，目前该村已经建成 12 套民宿，打造了两条“红绿”融合的研学游精品线路，并带动了村内餐饮、民宿、手造等产业的发展，村内人心凝聚，小山村发生了翻天覆地的变化。位于临沂市北部的沂水县在推行美德信用积分制方面效果显著，通过美德信用价值转化机制，村民可以通过文明实践、孝老爱亲等志愿服务活动获取美德信用积分，享受购物、加油、贷款等优惠政策，以此推动“好人践行美德、美德转化信用、信用促进发展”的良好乡风。

3. 济宁市

作为孔孟之乡，济宁市在打造乡村振兴齐鲁样板方面形成了典型经验及做法，逐步形成了片区式推进乡村振兴的济宁特色。济宁市推动“百区千村”建设，从 2023 年起，每年打造 100 个左右片区，辐射带动 1000 个左右村庄，逐步实现全市村庄全覆盖①。同时大力推广党支部领办合作社、乡村振兴合伙人、龙头企业带动等“八条路径”，因地制宜推进齐鲁样板打造，推动共同富裕。其中选取的邹城市后八里沟村作为新时代乡村振兴的典型，通过走党建引领、人才振兴、孝善治村、物质富裕和精神富足有机统一的道路，先后荣获“全国文明村”“中华孝善模范村”“全国民主法治示范村”“全国先进基层群众性自治组织”等三十余项国家级荣誉。曲阜市阮家村则通过践行“幸福是奋斗出来”的理念，带领村民成立“共富联盟”，建设“创业孵化园”，村内建设有图书馆、老年公寓等，并成立了自治的志愿服务团队，实现村民物质和精神文化需求两手抓。

（二）案例调研

本次案例调研获取的数据包括一手数据和二手数据（见表 10 - 1）。一手数据主要通过实地调研和访谈获得，2024 年 7 月和 8 月课题组成员多次

---

① 三年“百区千村”！济宁市召开全市乡村振兴示范片区创建现场推进会议［EB/OL］. 大众网，2023 - 09 - 01.

前往山东省潍坊市寒亭区双杨街道前阙庄村、潍坊市昌乐县庵上湖村、临沂市沂水县西墙峪村、济宁市邹城市后八里沟村、济宁市曲阜市小雪街道阮家村进行参观走访，并对乡村治理和推动共同富裕涉及的主要利益群体，如市政府、乡镇街道、村两委、企业管理者及员工、村民等不同的利益相关者进行了半结构化访谈，了解这些村在扎实推动共同富裕、促进乡村有效治理方面的做法、典型经验、具体问题、困难及建议。在二手数据获取方面，收集了与山东乡村治理和农民农村共同富裕的文献资料、新闻报道资料，以及当地政府部门、村两委提供的部分内部资料。通过将一手和二手资料结合对乡村振兴齐鲁样板的典型案例进行分析，保证典型经验提炼的可信度和实践性。案例数据分析阶段，首先，对访谈所获得的原始录音资料进行整理、分类。其次，课题组对整理后的资料进行归纳式总结和主题分析，提炼总结山东省在打造乡村振兴齐鲁样板过程中，在乡村治理、推动农民农村共同富裕方面的典型经验、面临的问题与挑战，并据此提出相应的对策建议。

表 10－1　　案例数据收集

资料类型	访谈对象	编号	获取时间	数量	字数（万字）
一手资料	潍坊市委组织部	Z01	2024. 08	1 人	0. 8
	邹城市农业农村部	Z02	2024. 07	1 人	1. 1
	五图街道党工委书记	D01	2024. 08	1 人	1. 8
	五图街道党工委副书记	D02	2024. 08	1 人	0. 6
	阮家村党支部书记	C01	2024. 07	1 人	2. 2
	庵上湖村党支部书记	C02	2024. 08	1 人	1. 6
	庵上湖村党支部委员	C03	2024. 08	1 人	2. 6
	前阙庄村党支部书记	C03	2024. 08	1 人	2. 3
	前阙庄村党支部委员	C05－06	2024. 08	2 人	0. 9
	西墙峪村党支部书记	C07	2024. 07	1 人	1. 3
	各村村民	M01－02	2024. 08	2 人	1. 5
	各村企业管理人员	Q01－03	2024. 07 2024. 08	3 人	2. 5
二手资料	宣传资料（宣传册、公众平台推送等）、部分内部资料、新闻报道、公开资料等	S	2024. 07～2024. 08	20 份	5

（三）乡村治理齐鲁样板典型经验

1. 发挥乡村内生动力，实现自治、德治和法治相结合

第一，选好自治带头人是村民自治的关键。在党建引领的作用下，农村涌现了一批优秀的共产党员，贯彻落实党的方针政策，带领乡村走向和谐共治的美好生活。例如，临沂市沂水县西墙峪村的王书记作为一名退伍军人，在扎根基层中奉献青春，坚持用真诚换真心，以实干求发展，将沂蒙山区的落后小山村打造成了乡村振兴齐鲁样板。山东省邹城市后八里沟村作为新时代乡村振兴的典型，村党支部书记正是带领村两委和群众跟随党的政策，率先实施集体产权制度改革，遵循照顾老小、体现公平、激励青年等共同富裕的要求，将股权分配给村民和员工。潍坊市前阙庄村的于书记，在外从事建筑行业生意的他于2004年回村竞选村干部，并把外面所有的房子全卖了，搬回村里住，向村民展示了他一心一意发展前阙庄村的决心，获得全体村民的信任。于书记先后多次通过垫资完成了村内土地流转等工作，并带领村民大力发展乡村产业。

第二，推进全过程人民民主，将其融入乡村治理中。全过程民主旨在增强村民的情感联系和共同价值目标，提升治理主体的凝聚力和参与积极性。典型案例中，普遍存在激活村民会议、代表会议、议事会、理事会和监事会，公开村务并接受监督，鼓励村民参与管理的经验做法。潍坊市前阙庄村党支部书记表示，该村的民主是全民参与的全过程民主，村民积极参与决策，全方位参与村庄事务。并通过完善的网格化管理制度，引导党员服务群众，促进村庄管理和发展。

第三，村规民约在村庄治理中发挥了重要作用。村规民约体现了村民的共同价值观，是村民自治的关键形式。淄博市中郝峪村和潍坊市前阙庄村通过制度化村规民约，实现了村民行为自觉，促进了文明乡风的形成。济宁市后八里沟村通过村规民约建立了奖罚分明的激励机制，把监督覆盖到全体党员和村民，保障了集体经济的可持续发展。庵上湖村基于村规民约建立的积分制，有效推动了环境整治和乡村振兴，激发了群众参与的积极性，探索出符合农村特点的治理新路。

第四，德治是乡村治理现代化的重要道德基础。德治体现了个体对乡村公共生活的价值观和底线原则。要弘扬德治，需关注乡村“软规则”、文化挖掘和道德教育。例如，潍坊市前阙庄村和临沂市尧崖头村定期评选“好婆婆”和“好媳妇”，并奖励获奖家庭，强化孝道并树立榜样。尧崖头村还开设了新时代美德大讲堂，宣讲志愿服务、文明礼仪等，满足群众精神文化需求。通过“美德＋农家”志愿服务，提升家庭文明素养、美化环境，推广健康生活方式，促进乡风文明。后八里沟村将物质富裕和精神富足统一起来，自2007年开办村民夜校，持续开展村民教育，共举办了600余期。建设村民图书馆和电子阅览室，全面提升村民的综合素养。

2. 文化赋能乡村治理，发挥文化的润育功能

将有形的文化资源与无形的文化根脉意识结合，运用潜移默化的文化力量赋能乡村治理，将文化优势转化为治理资源，发挥文化的润育功能。包括红色文化、儒家文化、农耕文化等。

第一，优秀传统文化涵育文明乡风，实现乡村善治。一是要发扬孝善文化。庵上湖村探索创新“子女尽孝、集体兜底、互助养老”的农村新型养老模式。济宁市后八里沟村推行孝善治村，制定了养老公约，并建立了“敬老金缴纳制度”。通过相关规定督促子女履行孝养责任，并定期开展“十大孝星”“好媳妇”“好婆婆”等群众性评选活动。二是传承优秀乡风文化。开展“好婆婆”“好媳妇”“文明家庭”评选活动，树立良好家风，以榜样示范引导村民文明向善；打造文化礼堂、组建文化队伍、举办文化活动，丰富群众精神文化生活。三是诚信文化。潍坊市庵上湖村在品牌建设中实行党员包户、干部包区、社员积分考核制；建立内部信用互助，社员借款不抵押不担保，实行信誉借款。

第二，红色文化传承红色基因，实现铸魂育人。临沂市西墙峪村通过讲好村庄的红色故事并传承革命传统，实施红色记忆工程，建立“西墙峪红色记忆馆”，将村庄打造成党性教育基地。潍坊市前阙庄村传承“忠诚信仰、担当尽责、清廉为民、甘于奉献”的红色精神，于清书、张秀英、于英智历任党支部书记世代传承红色血脉，构筑起村庄发展过程中用之不竭的力量源泉。庵上湖村打造党史文化长廊、举办红色传承活动，激发铸魂育人精神动力。

第三，多彩文化活动教化引领，实现民心凝聚。举办文化活动，丰富群众精神生活。潍坊市前阙庄村建设红色设施，举办文体活动，以红色文化教育人、激励人、感召人。临沂市沂水县通过“五位一体”服务体系，将农家书屋纳入图书馆总分馆、新华书店、城市书房、社区书屋和农家书屋的网络中。建立了以县图书馆为中心的“龙型”网络布局，其中镇文化站图书分馆和城市书房作为核心，社区（村居）农家书屋作为扩展部分，形成了一个全面覆盖的阅读服务网络，有效开展“全民阅读”活动。后八里沟村通过开办村民夜校，进行村民教育，也为村民提供分享和展示技能的舞台。同时建有村民图书馆和电子阅览室，并由村集体出资为每家每户配备书橱，成立读书会，帮助村民养成良好的学习习惯。

3. “党支部+合作社”模式引领乡村治理

党建引领乡村治理，将党的政治优势、组织优势转化为乡村治理优势，构建共建、共治、共享的乡村治理新格局。

第一，发挥党组织的政治引领功能、组织保障功能，形成治理组织共同体。一是健全党的组织运行机制。潍坊市庵上湖村充分发挥党支部的战斗堡垒作用，实行村干部包片责任制，村社干部“双向进入，交叉任职”，村两委班子带头干，党员先锋领着干，发动群众一起干。二是实行网格化管理。潍坊市前阙庄村将全村30名年轻党员按照特长组建网格化管理服务队伍，分别服务于村内的10个党员服务网格责任区。

第二，党支部领办合作社，做活土地文章，激活村集体组织力量。潍坊市前阙庄村通过六步法（土地归位、三权分立、用活经营权、入股分红、土地货币化、动账不动地）实现土地流转，与多家企业签订合同，以规模经营、多业态发展等方式，实现土地增值、村民增收。潍坊市前阙庄村党支部领办“潍坊市东篱乡村生态果蔬专业合作社”发展生态果蔬，实行专销专供，叫响东篱乡村品牌，打造田园综合体。济宁市阮家村党支部领办合作社，盘活乡村闲置资源招商引资，建立阮家村创业孵化园，实现集体分红，村民就业增收。在集体内部建立利益关联机制、收入分配机制，让村民真正参与村庄事务。

第三，支部联建，凝聚乡村治理合力。潍坊庵上湖村发挥党组织引领优势，联合周边党支部，成立产业发展片区党委，构建起“街道党工委－片区产业发展党委－党支部”三级运行体系，片区党委协调解决发展难题，将村级党组织联结为党建共同体，将党组织的政治优势、组织优势转化为发展优势。济宁市阮家村与毗邻村庄搭建共富联盟平台，明确各村股权和收益分配机制，实现片区抱团发展。

4. 数字化赋能乡村治理

第一，“积分制”＋数字化激活乡村善治活力。数字化的出现打破了乡村治理的传统模式，采用数字技术治理乡村已经成为趋势，数字化融入乡村治理的方式呈现出多样化。2022 年 2 月以来，临沂市尧崖头村依托县农村信用信息平台开展信用评价。村信用体系领导小组负责数据采集、活动统计、系统录入，根据正面清单和负面清单自动核算出信用积分。将每个村民的信用积分及评级展示在村里信用长廊里的信用二维码每季度一更新。开展信用体系建设不仅能够提高村民参加志愿服务的热情，还能够节省劳务支出。

第二，数字化治理助力产业兴旺。在乡村数字治理中，积分模式与农村产业管理结合可以实现生产和生活互通，促进产品和服务转型升级。潍坊市庵上湖村为了提升食品安全管理，合作社施行了积分制度，对社员和党员进行积分管理。对于社员，产品药残检测结果被纳入积分考核，每季度评估一次，年底将各季度积分换算成平均分，积分与年度分红挂钩。积分还与资金互助有关，积分高的社员可获得更高额度和更低利息的贷款；合作社也优先收购积分高的社员的瓜菜，并且价格更高。积分制度实施后，社员提高了对瓜菜质量的关注，显著增强了庵上湖村食品安全品牌的基础。经过验证，该积分制也被推广至党员考核和村民管理中，实现了全员积分制管理。村民积分制在村规民约的基础上进行，并根据不同阶段的工作重点调整赋分权重，实现“一户一档”。2022 年，庵上湖村紧跟数字赋能大趋势，搭建起了乡村治理智慧管理平台，将积分管理由线下搬到线上，进行了再一次的创新。每家每户门口都悬挂着一块小木牌，村民只要用手机扫一扫上面的二维码，自己的党员积分情况和村规民约积分情况就一目了然，同时也方便公众监管。

5. 通过乡村治理走向共同富裕

第一，建立利益共同体是促进村民合作与信任的基础。通过组织村民开展合作社、互助组等形式，鼓励他们共同参与生产与经营。例如，潍坊市前阙庄村、庵上湖村、临沂市阮家村的“合作社”模式，成功聚集了当地农民和农村的资源与力量，实现了规模化生产与发展。这不仅提高了农民的议价能力，还促进了产品的市场销售，增强了村民的参与感与归属感。

第二，资源的合理配置是推动乡村经济发展的关键。社会资源和财富分配的不充分与不平等是农民走向共同富裕的主要障碍①。通过引导资金、技术和人力资源向农村倾斜，可以促进农业现代化与产业多元化。例如，潍坊市庵上湖村通过引入现代农业技术和设备，开展农药残留检测等工作，显著提高了农产品质量。同时，鼓励农民发展农产品加工业和乡村旅游，拓宽了收入来源，提升整体经济水平。在政策支撑的条件下，基础设施建设是提升乡村居民生活质量的重要保障。通过改善交通、水利、能源等基础设施，可以大大提高生产效率和生活便利性。

第三，村民综合素质的提升是实现精神共同富裕的重要方面。综合治理措施的实施需要各方协同合作。通过引进项目和专业人才下乡，开展职业技能培训，使村民掌握现代农业技术和其他实用技能，提高就业能力，促进经济发展。济宁市的“乡村振兴合伙人”模式，通过政府引导、社会参与和市场机制的结合，形成了良好的治理体系。政府不仅提供政策支持，还引入社会资本，鼓励企业参与乡村建设。通过这种方式，不仅实现了经济的可持续增长，还增强了村民的自我发展能力，促进了共同富裕目标的实现。

---

① 罗必良，耿鹏鹏．农村集体经济：农民共同富裕的实践逻辑［J］．社会科学战线，2024（6）：54－73，281．

四、共同富裕视域下山东乡村治理面临的问题与挑战

在实现共同富裕的目标背景下，山东乡村治理面临诸多问题与挑战，包括资源配置不均、治理能力不足以及农民参与意识薄弱等。这些问题不仅制约了乡村经济的发展，也影响了农民的生活质量和幸福感。本书将通过探讨山东在乡村治理中所遇到的主要挑战，分析其对共同富裕的影响，并提出相应的对策和建议，以期为实现更为均衡和可持续的乡村发展贡献智慧。

（一）数字化与乡村治理的融合程度有限

数字经济有利于加快生产要素高效流动、推动优质资源共享、推进基本公共服务均等化，是推动实现共同富裕的重要力量。结合目前调研状况来看，山东省在推进“积分制”等与数字化结合方面效果显著。但在数字化与乡村治理融合方面仍存在以下问题：一是数字化覆盖领域窄，数字化在乡村治理中的应用集中在村民和党员积分制管理、政务公开等方面，较少服务于村民的其他生产生活方面。二是城乡之间存在显著的数字鸿沟，部分农村居民可能缺乏数字素养，对数字工具的使用不熟练，导致数字化治理的效能未能完全发挥。三是农村地区缺乏专业的数字化技术人才和数据分析人员，现有的乡村治理人员通常缺乏足够的数字技能和知识，难以充分利用数字工具和数据进行决策和管理。因此乡村数字治理目前存在不深入、不完善、不专业的问题。

（二）文化育人特色存在流失现象

山东省作为孔孟之乡、礼仪之邦，儒家思想的发源地，在文化融入乡村治理方面已经形成了比较鲜明的特色，但是也存在一些问题。现代化进

程中，传统文化和习俗可能被忽视或淡化，年轻一代对传统文化的兴趣减弱，优秀传统文化需要继续传承和弘扬。现代化设施和技术的引入可能对乡村的传统风貌产生影响，例如，建筑风格和生活方式的改变。有些村庄发展乡村旅游业，可能出现过度商业化的现象，导致传统文化的变味，此外由于城乡交流密切，外来人口流入，现代社会价值观的多样化与传统文化的保守性可能产生冲突等。

（三）农民参与程度较低，积极主动性不足

共同富裕是全体人民共同的富裕[①]，农民广泛参与乡村治理与实现共同富裕之间联系密切。当前存在农村参与治理的群体相对有限的问题，导致乡村治理的广泛性和有效性受到制约。返乡创业人员、外来人员等群体未能充分融入乡村治理体系，他们的创新思维和资源优势无法有效发挥。此外，缺乏有效的机制来激励和动员各方参与，也使得治理措施难以得到全面实施。解决这些问题需要建立更具包容性和互动性的治理模式，以提高各类人员的参与度和贡献，进而提升乡村治理的整体效率和效果。

（四）基层治理人才短缺，“空壳村”现象较为普遍

随着乡村治理事务的不断增加和责任的逐步强化，农村基层普遍反映现有的人才储备难以满足各类事务的需求。乡村治理不仅需要具备专业知识的党务工作者、社会工作人才，还需要具备公共管理能力的专家。然而，目前优秀人才在农村的留存率较低，这不仅限制了乡村治理能力的提升，也影响了乡村振兴战略的实施效果。为此，急需采取有效措施，吸引和留住更多高素质人才，以推动乡村治理效能的持续提升。

---

① 曹江秋．深刻把握共同富裕的科学内涵［EB/OL］．人民网，2021－11－05．

（五）乡村治理与共同富裕的关系缺乏清晰认识

促进乡村共同富裕的内涵应包括提升农民收入、缩小城乡及各类群体之间的收入差距，以及推动乡风文明的建设。提升收入不仅意味着增加农民的经济收益，还涉及改善生产条件和拓展就业机会，从而提高整体生活水平。同时，缩小收入差距是实现社会公平的重要一环，有助于构建和谐的社会环境。而乡风文明的促进，则能够提升村民的凝聚力和道德水平，为共同富裕创造良好的文化氛围。在这一背景下，乡村治理体系的创新被视为实现共同富裕的重要可行路径。良好的乡村治理为共同富裕提供了必要的制度保障，通过有效的政策实施和管理机制，能够确保资源的合理配置和公平分配。然而，目前的理论研究与乡村实践往往忽视了共同富裕与乡村治理之间的密切联系，导致了在推动共同富裕过程中缺乏系统性地思考与有效地实施策略。因此，亟须加强二者的结合，从而实现更为全面的乡村发展目标。

五、打造乡村治理齐鲁样板的对策建议

根据前期的文献梳理、实地调研和经验总结，本书提出了打造乡村治理齐鲁样板的对策建议。这些建议旨在整合地方特色与现代治理理念，以共同富裕为目标实现乡村的可持续发展。首先，建议加强基层组织建设，提升村民参与治理的积极性与主动性。其次，推动经济多元化、区域化发展，通过发展特色产业和乡村旅游，增强村庄的经济活力。此外，注重文化传承与教育提升，构建和谐的乡村社会环境，促进居民的共同参与和认同感。最后，积极引入数字化治理元素，利用大数据和信息技术提升治理效率，如建立数字化管理平台，实时收集和分析村庄运行数据，促进决策的科学化与精准化。通过这些综合性的对策，我们希望能够为乡村治理探索出一条可复制、可推广的成功路径（见图 10－1）。

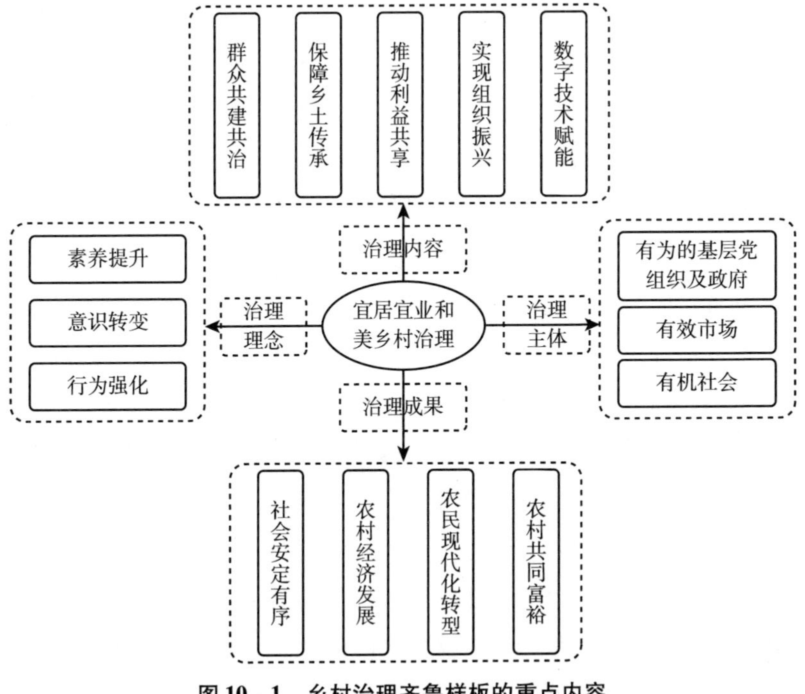

图 10－1　乡村治理齐鲁样板的重点内容

（一）强化乡村治理促进共同富裕意识

通过有效的治理机制，一是可以合理配置资源，促进经济发展，改善民生，提高乡村居民的生活水平。二是强调居民的参与，促进乡村居民共同参与决策和管理，增强他们的归属感和参与感。这种参与不仅能够提升治理效果，还能让居民分享发展成果，从而推动共同富裕。三是通过政策引导，可以优化资源配置，减少贫富差距。科学的乡村治理还可以推动生态文明建设，确保经济、社会和环境的可持续发展。四是通过发展绿色产业，促进农业现代化，实现生态保护与经济发展的双赢，进而推动共同富裕的实现。五是良好的乡村治理能够增强社区的凝聚力和互助精神，促进社会资本的积累。强大的社会资本能够为经济发展提供支持，进一步推动共同富裕。

因此，要让村民、基层管理人员等清晰认识乡村治理与共同富裕的关系，一是通过多媒体平台（如微信公众号、短视频等）开展宣传教育，传播相关知识，增强大家的理解；对相关基层管理人员组织培训或讲座，邀请专家解读乡村治理与共同富裕的相关政策和案例。二是开展培训学习，通过在一些村庄开展试点项目，通过实际案例展示有效治理如何促进经济发展和收入提高。让成功案例的参与者分享经验，增强信任感和认同感。三是建立沟通机制，定期组织村民与基层管理人员的座谈会，鼓励双方交流看法，讨论治理中的问题和解决方案。设立意见箱或在线反馈平台，让村民能够直接向政府反馈需求和建议。四是让村民参与决策过程，鼓励农民参与地方治理决策，让他们在政策制定中发声，从而增强对治理过程的理解与认同。通过民主投票等方式，让村民参与重大项目的决策，提升他们的责任感。五是提供激励措施，村集体可以通过多样化奖励机制等方式，激励农民参与治理活动，提升他们的积极性，以鼓励更多人参与。六是加强信息共享，通过建立信息平台，及时发布有关乡村振兴、共同富裕的政策、资金和项目等信息，让农民了解相关政策及福利。并通过数据分析，向农民展示治理效果与收入变化之间的关系，帮助他们理解参与的重要性。七是建设农村良好氛围，营造积极向上的乡村文化，树立参与治理的典范，引导村民形成共同富裕的价值观。通过文艺活动、乡村集市等方式，增强村民的归属感和参与意识。

（二）持续推进乡村数字治理

数字化治理在现代乡村治理体系建设中扮演着重要角色，它不仅为数字经济的健康发展提供保障，也推动了乡村治理模式的转型。数字化治理变革乡村治理体系，弥补传统治理模式的不足，提升政府治理决策的精准性和效率，实现乡村的精准与高效治理。

第一，传统的乡村监管方式已难以适应新型数字经济的需求，亟须重塑治理结构。数字技术的应用使得治理从单一的权威驱动转向技术驱动，这为多元主体的协同治理提供了基础。在乡村数字治理中，关键要素包括政务数据的开放、各主体之间的协同合作以及高效的治理决策。通过建设统一的城乡政务数据平台，打破数据壁垒，实现政务信息公开、透明、共享，促进多元主体间的合作和信息共享，从而增强村民的参与感与信任感。同时，各种主体的协同合作能够形成合力，共同应对乡村治理中的挑战，确保治理效果的最大化。

第二，在村民参与方面，智能设备的普及和互联网政务服务的推广，进一步扩展了社会组织、企业和农民参与乡村治理的渠道，推动了乡村协同治理格局的形成。为了促进村民的广泛参与，基层政府和村集体应组织针对村民的数字技能培训，帮助他们了解和掌握基本的数字工具和平台使用。政府及相关研究人员应注重开发用户友好的数字应用，确保界面简单易用，降低参与门槛，让村民更容易上手。提供覆盖生活各方面的数字服务，如农业信息、健康咨询等，同时设立激励措施，增强村民的实际需求和使用频率①。

第三，在乡村数字治理的内容方面，应结合各村庄的特色进行应用，改善以往在村务管理中功能设置大同小异的问题。通过数字化思维来解决实际问题，坚持以需求为导向，主动识别乡村治理中的痛点、堵点和难点，从小处着手构建更广泛的应用场景，并因地制宜拓展具有乡村特色的数字化应用。同时，各地在打造这些特色数字应用场景时，要注重综合集成创新，尽量避免低效和不必要的投入，努力形成一批可视、可用、可复制和可推广的跨领域应用场景，同时防止各基层政府机构“各自为政”或“自成体系”，以免造成“数据孤岛”的现象②。

（三）深化推进乡村多元协同治理

推进乡村多元协同治理能够整合各方资源与力量，通过参与式决策和共同管理，提升乡村治理效率与透明度。这种治理模式不仅促进了社区成员之间的合作与信任，还能有效响应居民需求，推动公共服务的均衡发展。通过多元协同，各乡村能够共享发展成果，缩小贫富差距，实现经济可持续发展和社会进步。

---

① 徐旭初，吴彬，金建东，等．我国乡村治理的典型模式及优化路径［J］．农村工作通讯，2022（4）：40－42.

② 王春云，黄妮．“支部引领·村社合一”壮大村级集体经济［EB/OL］．人民网，2020－01－10.

第一，健全多元主体协同参与的长效治理机制。农村发展的核心在于建设一支优秀的班子和带头人。他们不仅要在产业和服务上起到榜样作用，还要在爱党爱国上引领村民共同奋斗。在工商资本下乡和返乡创业的背景下，一是合作社、村办企业与村“两委”班子可以实行“交叉任职、双向进入”模式将党支部的优势与合作社及企业的市场优势结合[①]，推动年轻人才的双轨制发展并提高积极性。二是推动各村级党组织、社会组织、新兴领域党组织成立“联合大党委”，通过签订共建协议、健全日常联系，推动区域内大事难事共商共建、共治共享，健全多元主体协同参与的长效治理机制。

第二，发挥不同治理主体的文化治理优势。通过党组织的党建文化，可以有效实现对组织的引领作用，确保各项工作的顺利推进。同时，新乡贤所倡导的乡贤文化在维护社会秩序方面发挥着重要作用，有效促进和谐社区建设。产业文化则通过促进利益的有效联结，推动经济发展和共同富裕。而家护文化在情感维系上起到至关重要的作用，增强了家庭成员之间的联系和支持。此外，民俗文化的传承与创新，有助于实现价值的再创造，使传统与现代相结合，丰富社会的文化内涵。重塑家风家训不仅是对个人行为的约束，也是对社会风气的积极影响，通过强化道德规范，营造出更加和谐美好的社会环境。

第三，汲取乡村优秀传统文化的治理智慧。通过伦理文化，如儒家文化、孝善文化、诚信文化和乡风文化，可以有效推动人心的凝聚，促进良好风气的形成，营造向善的社会氛围。同时，通过完善制度文化，乡村治理机制得以提升，乡规民约发挥自我约束和道德约束的功能，增强村民的共同责任感。此外，农事节气和节庆活动等农耕文化的参与，不仅丰富了村民的文化生活，还增强了他们对村级事务的参与感，促进社区的团结与发展。

（四）片区抱团发展整合优化配置资源

片区抱团发展通过资源优化配置、经济协同、技术与信息共享、人才

---

① 王春云，黄妮．“支部引领·村社合一”壮大村级集体经济［EB/OL］．人民网，2020－01－10.

集聚、社会资本积累和生态保护等方式，促进要素资源的流动，为乡村实现共同富裕提供了有力支撑。这种合作不仅提升了整体竞争力和发展水平，还增强了社区凝聚力，使乡村能够更有效地应对挑战，推动可持续发展。

第一，推行联促式抱团发展，衍生乡村治理链条。围绕核心任务和重点工作，整合辖区内党建优势资源，积极探索创新党组织的设置方式以及党建工作的嵌入形式，采取“党支部+合作社”“党支部+合作社+企业”“党支部+园区+企业”等形式建立党建联合体，这一联合体不仅通过共同建设组织和协作开展各类活动来增强凝聚力，还通过资源的共享和共同解决实际难题，实现各方的优势互补。通过这种方式，将形成合力，共同推动区域的发展，实现抱团成长的目标。

第二，抓实乡村治理骨干队伍建设，锻造乡村治理主力军。发挥党组织在乡村治理中的头雁作用，拓宽党组织书记选拔范围，建立优秀村党组织书记激励机制，创新村党组织书记的培训方式。推行村集体与股份公司“双轨制”，发挥好优秀带头人的作用，股份公司和合作社主要负责村集体资产的经营和管理，旨在确保资产的保值和增值。而社区居委会则主要负责公益事业和非经营性资产的管理和使用。换句话说，股份公司和合作社专注于“经济发展”职能，而社区居委会则侧重于“日常管理和服务”职能。

加大培养协同治理新型主体力度，发挥新型农业经营主体自治作用，大力培育壮大村民代表议事会、乡贤理事会、村民代表评议会等乡村社会组织，鼓励社会力量、乡贤、在外能人参与治理，实现群众共谋、共建、共管、共评和共享。

第三，强化利益联结，增强共同体意识。强化共同体联结机制，首先，要建立利益共同体，通过构建村民联系网，从村民最关心的直接利益出发，促进利益的有效联结，以提高村民的积极性和主动性①。这一过程不仅能增强村民的凝聚力，还能激发他们参与集体事务的热情。其次，要构建一个良好的产业链格局，使村党组织与产业链紧密结合，党员在产业链中发挥积极作用，形成制度助推产业发展的良性循环。通过这种方式，

---

① 创新乡村振兴群众利益联结机制［EB/OL］. 金羊网，2023-11-10.

不仅能够促进经济增长，还能确保广大群众在产业发展中实现共同富裕，从而进一步巩固共同体的基础。这样的联结机制将有助于构建更加和谐、富有活力的村庄。

（五）实现乡村柔性治理

第一，要在坚持全体村民共有共享的基础上，借取技术的可见性，将人民权力进一步延伸至数字领域，确立数字时代人民的基础性地位①。通过技术手段，增强村民对自身权利的认知和参与意识，为他们在数字环境中的声音和利益提供保障。针对村民老龄化的问题，提供便民代办服务，将乡村治理聚焦于公共服务，通过村干部代跑、志愿者队伍代办等方式，为村民提供多样化的政务服务和民生服务，将服务理念渗透在村民日常生产生活中。这种模式不仅满足了大多数群体的需求，也关注到特殊群体的需求，并逐渐从线下服务转向线上服务②。

第二，村民广泛参与。在自治过程中，一些村规民约存在内容空泛、千规一面、流于形式等问题，这与村民在自治中参与度较低有密切关系。为实现有效自治，需要充分体现村民在村规民约制定和实施过程中的主体地位。制定村规民约时，应从村民最关心、最直接、最现实的利益出发，以补短板、解难题为切入点，广泛收集民意、汇聚民智，提升村民的参与感和认同感③，使他们真正成为治理的主体。

第三，规范弹性制度边界，构建刚柔并济的治理体系。政府应明确，制度的弹性实践旨在满足村民的需求、推动乡村善治，而刚柔并济的特质只是实现目标的策略。在此基础上，借助技术的灵活性，更高效、快捷地满足村民的需求，提高治理效能，从而在动态变化的环境中保持治理的适应性和有效性。

---

① 张志华，王毅杰，武艳华．“以人民为中心”的数字乡村柔性治理：发生逻辑与实践机制——基于“常州第一村”的拓展个案研究［J/OL］．电子政务，1－12［2024－09－29］．

② 徐旭初，吴彬，金建东，等．我国乡村治理的典型模式及优化路径［J］．农村工作通讯，2022（4）：40－42．

③ 孟献丽．健全现代基层社会治理机制 形成务实管用的村规民约［N］．人民日报，2019－04－11．

（六）平衡现代化与传统文化

在乡村振兴中传承传统文化，深入挖掘传统文化的内涵，理解其对于当代社会的启示和指导作用，有助于共同富裕价值观的形成。

第一，通过教育和社区活动，增强传统文化的影响力和吸引力，尤其要鼓励年轻人积极参与到传统节日和习俗中来。例如，可以组织乡村文化节，邀请村民展示传统技艺，如剪纸、刺绣、民间音乐表演等，让参与者亲身体验传统文化的魅力。此外，建设文化礼堂和文化综合体，为村民提供一个学习和交流的空间，定期举办传统文化讲座和工作坊，传递道德正能量，增强大家对传统文化的认同感和自豪感。

第二，在现代化建设中注重与当地文化的融合，在乡村的现代化建设中，注重与当地文化的深度融合，特别是充分挖掘地域文化和历史文化资源。在山东省，可以重点推广儒家文化和孝善文化，这些传统价值观对于建立和谐社会、促进共同富裕有着积极的作用。在制定乡村发展规划时，可以融入传统建筑元素，鼓励融入传统工艺，既保持乡村的独特风貌，又能够传承和发扬地方文化。通过保护和利用这些文化资源，增强乡村的文化底蕴和吸引力。

第三，建立文化产业发展规范，确保产业开发不会对传统文化造成负面影响。应鼓励具有文化深度和内涵的旅游项目，比如以本土故事为基础的文化体验活动或民宿，吸引游客了解和参与乡村文化生活。同时，要推动乡村治理结构的现代化，建立健全文化管理和服务体系，以保障文化资源的可持续利用和有效保护。通过规范产业发展，确保传统文化在经济活动中的重要地位，从而实现文化与经济的双重繁荣。

第四，借助现代科技手段，尤其是数字化平台，来加强文化管理和社区互动。可以构建一个在线文化共享平台，汇集乡村的传统文化资源，让更多的人了解和参与到传统文化的传承中。通过数字化手段，促进文化的包容性和多样性，尊重不同价值观念的存在。在这个平台上，村民可以分享自己的传统文化故事，进行文化交流，寻求传统与现代价值观的融合点。通过这种互动，不仅能够增进社区凝聚力，还能让传统文化在现代社会中焕发新的生机。

第十一章

总揽全局 协调各方：党建引领乡村振兴齐鲁样板经验与提升路径

李 齐 石 峰 陈 阳*

一、引言

党建引领乡村振兴是“中国之治”的生动展现。“中国之治”根源于政党之治。中国共产党领导是中国特色社会主义最本质的特征，是全党全国各族人民共同意志和根本利益的体现，是决胜全面建成小康社会、夺取新时代中国特色社会主义伟大胜利的根本保证。“我国社会主义政治制度优越性的一个突出特点是党总揽全局、协调各方的领导核心作用”[①]。乡村振兴战略，是全面建设社会主义现代化国家的重大历史任

---

* 李齐，山东大学国家治理研究院教授，研究方向为乡村振兴与数字治理；石峰，山东大学国家治理研究院博士研究生，研究方向为乡村治理与数字政府；陈阳，山东大学国家治理研究院博士后，研究方向为土地资源管理、国家治理与自然资源资产监管。

① 习近平．中国共产党领导是中国特色社会主义最本质的特征［J］．求是，2020（14）：4－17.

务，必须毫不动摇地坚持和加强党对“三农”工作的全面领导，充分发挥党建引领乡村振兴发展的作用。党建引领在各个方面全面推进，形成合力，助推乡村全面振兴。党组织在乡村振兴中发挥领导核心作用，确保政治方向正确，保证党的理论和方针政策得以贯彻执行；党组织在乡村振兴中是推动事业发展的坚强战斗堡垒，在推动工作中发挥示范带头作用；党组织通过党建活动，传承和弘扬社会主义核心价值观，塑造积极向上的社会风尚。在党建引领下，各地贯彻执行党的乡村振兴战略，因地制宜推进乡村发展。

山东始终坚持党对乡村振兴的全面领导，明确“党建引领乡村振兴”这一实施原则，确保党的领导贯穿于乡村全面振兴的方方面面。山东省认真贯彻新时代党的组织路线，以抓党建促乡村振兴为总抓手，完善顶层设计、推进“头雁领航”、建设过硬支部、强化驻村力量、壮大集体经济，不断提升农村基层党组织政治功能和组织力，为实现乡村全面振兴提供坚强组织保障。山东省把乡村振兴纳入市县综合考核和省直部门绩效考核，全面夯实五级书记抓乡村振兴的政治责任，切实发挥县委书记“一线总指挥”作用，充分发挥“第一书记”职能作用，持续发挥党把方向、谋大局、定政策、促改革的领导核心作用，把党管农村工作的要求落到实处，确保党在农村工作中始终总揽全局、协调各方的领导核心地位。山东按照地缘相近、乡俗相通、产业相连、资源互补的原则，探索推进党组织联建共建、片区党委建设等新模式。各地各片区各村根据实际发展需要推进建设党建联合体，有力推进了组织协同、资源整合、治理共建、产业融合，发展了集体经济，激活了农业新型组织。

党建引领夯实了乡村振兴的组织保障，凝聚乡村全面振兴主体合力，激发乡村产业发展内生动力，推动社会治理创新，强化了乡村文化建设，有力推动了山东乡村全面振兴。与此同时，在新的历史情势下，党建引领乡村全面振兴依然面临着一些挑战。因此，课题组分析党建引领乡村全面振兴的必要性与实现机制，剖析乡村振兴齐鲁样板的典型案例与实践经验，分析了当前存在的挑战与问题，提出了党建引领乡村振兴齐鲁样板提档升级的路径与建议。

二、党建引领乡村全面振兴的必要性与实现机制

党建引领是乡村全面振兴的“红色引擎”和坚实后盾，它能够为乡村全面振兴提供政治保障、组织保障和动力保障，确保党的路线方针政策在乡村得到贯彻落实、提高党组织的凝聚力和战斗力以及促进乡村治理体系和治理能力现代化，为乡村发展创造良好的社会环境，让乡村焕发出更加蓬勃的生机与活力。

（一）党建引领乡村全面振兴的必要性

1. 党建引领夯实乡村全面振兴政治组织保障

党建引领对于不断提升党组织的执政能力和领导水平，更好地服务于人民群众，巩固党的执政基础具有深远意义。在乡村全面振兴这一国家重大战略中，党组织发挥不可替代的核心引领作用①。从国家宏观战略来看，党的坚强领导是实现中华民族伟大复兴的根本保证，而乡村振兴作为全面建设社会主义现代化国家的重要组成部分，其成功与否直接关系到国家整体发展战略的落实。党的二十大及党的二十届三中全会对乡村振兴均作出了全面部署，强调党在乡村振兴中的核心领导地位，这是基于历史经验和现实需求的深刻洞察。党的全面领导能够确保乡村振兴工作方向正确，政策执行有力，资源调配高效，为乡村振兴提供坚实的政治和组织保障。在乡村层面，党建引领的作用更为直接和具体。乡村作为社会的基本单元，是各种社会矛盾和问题的交汇点。通过加强党建工作，可以增强乡村社会的稳定性和凝聚力，在党组织的引领下，能够汇聚政府、市场、社会等多方资源和力量，让各主体能够更加紧密地团结在一起，共同推进乡村全面振兴。村党委作为党在基层的代表，具有强大的组织力和凝聚力，在村党

---

① 林纲毅．浅析农村基层党组织强化战斗堡垒作用与乡村振兴战略的协同发展［J］．陕西行政学院学报，2022（3）：61－64.

委的领导下，可以建立健全乡村治理体系，提升治理能力，促进自治、法治、德治相融合，提高乡村治理的法治化、科学化、民主化水平。

2. 党建引领激发乡村全面振兴主体内生动力

党建引领激发乡村全面振兴主体内生动力，是推动乡村振兴战略深入实施的关键所在。乡村全面振兴的主体是广大村民，只有充分激发他们的积极性和创造性，才能实现乡村的全面振兴。党建引领，首先，就是引领村民自治，让村民在乡村振兴中真正唱起主角，鼓励和支持村民通过村民会议、村民代表会议等形式，直接参与到乡村振兴的决策过程中来。其次，在党建引领下，乡村振兴的规划和实施就能更加贴近村民的实际需求，更加符合村民的意愿。村民们不再是旁观者，而是成为乡村振兴的积极参与者和推动者，他们的声音被听到，他们的需求被满足，他们的创造力被激发①。党建引领注重培养乡村人才，为乡村振兴提供源源不断的人力支持，通过组织各种培训、指导活动，帮助村民提升技能、增长知识，使他们能够更好地适应乡村振兴的需要，成为乡村振兴的主力军。这些人才不仅能够在农业生产中发挥重要作用，还能够在乡村治理、文化传承等方面发挥积极作用，为乡村振兴注入新动能。最后，党建引领还注重激发村民的创新精神。在党组织的引导和支持下，鼓励村民敢于尝试新事物、新方法，敢于挑战传统观念，敢于走出一条适合自己的乡村振兴之路，带动村民们积极探索适合本村的产业发展模式，发展特色产业，使乡村经济焕发新的活力。

3. 党建引领乡村全面振兴推进实现共同富裕

共同富裕是社会主义的本质要求，也是乡村全面振兴的终极目标。农村基层党组织在乡村全面振兴中带动集体经济组织、新型农业组织发展，对于推动乡村经济发展有着重要作用。党组织充分发挥其组织优势和动员能力，有效汇聚了资源，这些资源涵盖土地、资金、技术、人才和信息等

① 文丰安．全面实施乡村振兴战略：重要性、动力及促进机制［J］．东岳论丛，2022（3）：5－15．

多个方面，都是乡村经济发展过程中不可或缺的要素。土地是乡村发展的根本，资金是乡村产业发展的血液，技术是提升乡村产业竞争力的关键，人才是推动创新发展的核心，而信息则是连接市场与生产的桥梁。在党组织引领和支持下，通过集体经济组织和新型农业组织等整合与优化配置资源，为乡村产业的升级和拓展提供了强有力的支撑[①]。党组织不仅关注资源的汇聚，更注重资源的有效利用，引导乡村产业向特色、绿色的方向发展。党组织具有强大的组织力和动员能力，能够广泛团结和带领乡村各方力量，共同推动乡村振兴。在党组织的引领下，乡村能够形成发展共识，凝聚发展合力，推动乡村经济持续发展，为实现共同富裕奠定坚实基础。通过加强党组织建设，能够完善乡村治理机制，在集体经济组织发展的基础上，提升乡村集体社会保障和福利水平，提升特殊群体生活水平，推进乡村共同富裕。

4. 党建引领乡村全面振兴推动社会治理创新

乡村社会治理是一项复杂的系统工程，需要强有力的领导核心来统筹协调。基层党组织是党的路线方针在乡村的具体执行者，能够确保乡村社会治理方向正确。党组织通过强化组织建设、优化党员队伍、创新治理方式等手段，充分调动乡村社会各方面的积极性，形成共建共治共享的乡村治理格局[②]。党组织引领移风易俗，通过宣传教育、典型示范、村规民约等方式，引导村民树立正确的价值观念，摒弃陈规陋习，倡导文明新风，加强乡村文化建设，丰富村民的精神文化生活，提升村民的文化素养和审美能力，让文明、健康、科学的生活方式成为乡村的新风尚。党组织具有强大的组织力和动员能力，能够整合乡村资源，协调各方力量，共同解决乡村社会治理中的难题。同时，党组织还能够发挥党员的先锋模范作用，带动群众积极参与乡村社会治理，提高治理效能。此外，随着时代的发展，乡村社会治理面临许多新情况、新问题，需要运用现代化的理念和方

---

① 衡霞. 组织同构与治理嵌入：农村集体经济何以促进乡村治理高效能——以四川省彭州市13镇街为例［J］. 社会科学研究，2021，253（2）：137－144.

② 曹海军，曹志立. 新时代村级党建引领乡村治理的实践逻辑［J］. 探索，2020（1）：109－120.

法来解决。党组织作为先进生产力的代表，能够引领乡村社会治理创新，推动乡村社会治理体系和治理能力现代化。

（二）党建引领乡村全面振兴的实现机制

1. 总揽牵引机制：党组织引领乡村全面振兴的政治方向

在党的坚强领导下，党建引领乡村全面振兴的“总揽牵引机制”发挥着至关重要的作用，它确保了乡村全面振兴沿着正确的政治方向稳步前进。这一机制在中央、山东省以及市县乡村各级党委均得到了深入贯彻和生动实践。党中央高度重视乡村振兴工作，将其视为全面建设社会主义现代化国家的重要组成部分。通过一系列战略部署和政策文件，明确了乡村振兴的总体要求、主要目标、重点任务和保障措施。这些战略规划不仅为乡村全面振兴提供了清晰的路线图和时间表，更强调了党在乡村全面振兴中的领导核心作用，确保了乡村全面振兴工作的政治方向正确。山东省委认真贯彻落实中央关于乡村全面振兴的各项决策部署，结合本省实际，对中央战略规划进行细化分解，明晰了山东省乡村全面振兴在“产业兴旺、生态宜居、乡风文明、治理有效、生活富裕”等方面的具体目标、任务和措施。在具体实践中，山东省通过创新党建引领模式，如推行“党建＋乡村振兴”工作模式，将党建工作与乡村全面振兴工作紧密结合；开展“头雁工程”，选拔培养一批优秀农村党组织书记，发挥他们在乡村全面振兴中的示范带动作用；加强农村党员干部教育培训，提高他们的政治素质和业务能力等。这些创新举措不仅加强了党组织在乡村振兴中的引领作用，更激发了广大党员干部投身乡村全面振兴的热情和干劲，为乡村全面振兴提供了更加具体的政策支持和发展方向。市县乡村各级党委充分发挥领导核心作用，通过加强组织建设、完善治理体系、推动经济发展等措施，确保乡村全面振兴工作沿着正确的政治方向前进。

2. 协调联结机制：党组织凝聚乡村全面振兴的多元力量

协调联结机制是党组织在乡村全面振兴中发挥的关键作用之一，其核心在于通过党组织的桥梁和纽带作用，联结政府、市场、社会及乡村内部各方力量，形成共同推动乡村全面振兴的发展合力。党中央通过制定宏观政策和战略规划，为乡村全面振兴提供方向指引和制度保障。这些政策不仅明确了乡村全面振兴发展的目标和路径，还强调了党组织在联结多方主体、形成发展合力中的核心作用。山东省委积极响应中央号召，结合本省实际，细化落实乡村全面振兴的各项政策措施。通过加强与中央部门的沟通协调，争取更多的政策支持和资金投入，为山东省内乡村的发展提供有力保障。同时，山东省委还注重发挥省级平台的桥梁作用，联结省内外的市场、社会等资源，为乡村发展注入新的活力。在此过程中，山东省创新了如“党建＋产业联盟”模式、“党建＋乡村振兴示范片”模式等，通过搭建产业联盟、乡村振兴示范片等平台，将政府与多元参与主体的力量紧密联结起来，共同推动乡村全面振兴。各市县党委作为联结多方力量的关键环节，发挥着承上启下的重要作用。一方面，市县党委加强与上级党组织的沟通联系，确保政策落实不走样、不变形；另一方面，市县党委还积极对接市场和社会资源，通过项目合作、人才引进等方式，推动乡村产业升级和经济发展。在乡村层面，党组织注重激发乡村内部活力，通过加强村民自治组织建设、提升村民参与意识等方式，形成乡村发展的内生动力，更有效地动员和组织各方力量，凝聚起共同推动乡村全面振兴的强大合力。

3. 集聚整合机制：党组织汇聚乡村全面振兴的发展资源

资源的集聚整合，是乡村全面振兴的重要支撑。党中央在整合乡村全面振兴的发展资源方面，主要通过战略部署和资源配置来实现。中央出台一系列关于农业、农村、农民问题的多个“一号文件”和战略规划，明确了乡村全面振兴的战略目标和重点任务，并要求各级党组织加强资源整合，为乡村发展提供有力保障。为此，中央要求各级党组织加强与各部门、金融机构、科研机构等的沟通协调，争取更多的政策、资金和技术支持；同时，还要加强内部资源和市场资源整合，通过优化资源配置、提高资源使用效率等方式，为乡村发展提供有力支撑。在实践中，党中央通过实施一系列重点工程项目，如高标准农田建设、农村人居环境整治、城乡融合发展等，将各类发展资源有效整合起来，共同推动乡村产业的转型升级和高质量发展。山东省各级党委多举措整合各类乡村振兴资源。一是组织培育与扶持资源整合主体。各级党委注重培育和扶持乡村内的各类组织，包括农民专业合作社、家庭农场、乡村企业等。支持各类组织提升自身能力，促进其健康发展，有力整合各类资源。二是资源整合与配置机制。各级党委通过协调政府、企业和社会各界的力量，引入外部资源支持乡村发展，整合和利用乡村内部土地资源、人力资源、文化资源等，为乡村各类组织的发展提供有力支撑。三是信息共享与交流机制。各级党委建立信息共享与交流机制，通过搭建信息交流平台、组织交流活动等方式，让乡村各类组织及时了解市场动态、政策信息和技术进展，为其发展提供资源支持。

4. 赋能增效机制：党组织带动乡村全面振兴的整体建设

党组织通过赋能增效机制，推动乡村政治、经济、社会、文化、生态等各方面的全面发展。党中央通过顶层设计为乡村全面振兴提供了强大的政策支持和制度保障。例如，中央财政设立了乡村振兴专项资金，用于支持乡村基础设施建设、产业发展、生态环境保护等方面。这些资金不仅缓解了乡村资金短缺的问题，还推动了乡村各项事业的快速发展。中央还通过加强人才培养、引进先进技术等方式，为乡村振兴提供智力支持。例如，中央组织部实施了“万名人才下乡”计划，选派优秀干部和人才到乡村工作，为乡村振兴提供人才保障。同时，中央还加强与高校、科研院所等机构的合作，引进先进技术和管理经验，推动乡村产业转型升级。山东省委通过实施“人才强农”战略，选拔培养了一批优秀农业人才，为乡村振兴提供了坚实的人才保障；通过实施“农业科技创新行动计划”，加强农业科技研发和推广，提高农业生产效率和质量；通过实施“四好农村路”建设行动，加强农村公路建设和养护管理，提高乡村交通便捷性和安全性。同时，山东省还加强农村供水、供电、通信等基础设施建设，改善了村民的生产生活条件。各市县党委结合本地实际，制定具体的乡村全面振兴工作计划。通过加强基础设施建设、推进产业转型升级、加强生态环境保护等措施，推动乡村经济社会全面发展。乡村基层党组织通过加强科技赋能、提质增效，推动产业发展。例如，一些村党组织通过发展集体经济、推进农村电商等方式，带动村民增收致富。

5. 责任激励机制：党组织压实乡村全面振兴的担当责任

“五级书记”抓乡村振兴是党中央的明确要求，也是加快建设农业强国的有效机制。中央在推进乡村全面振兴的过程中，强调党组织压实五级党委担当责任，通过强化考核、激励约束等手段，推动各级党委在乡村振兴中担当作为。党中央提出，要加强党对“三农”工作的全面领导，压实五级书记抓乡村全面振兴责任。中央要求各级党委要把乡村全面振兴作为重大政治任务，切实担负起主体责任。党中央还强调，要完善乡村振兴责任体系，构建“省—市—县—乡—村”五级书记抓乡村振兴的责任体系，确保各级党委在乡村振兴中担当作为，明确各级党委在乡村振兴中的职责和任务。同时，中央还加强对各级党委乡村振兴工作的监督和考核，确保各项政策得到有效落实。山东进一步细化党组织压实五级党委担当责任的具体措施。通过建立乡村全面振兴工作考核机制，将乡村全面振兴工作纳入各级党委绩效考核体系，加强对各级党委乡村全面振兴工作的监督和考核。同时，山东省还建立了乡村全面振兴工作激励约束机制，对在乡村全面振兴工作中表现突出的单位和个人进行表彰奖励，对工作不力的单位和个人进行问责处理。市级党委作为乡村全面振兴工作的领导核心，负责制定全市乡村全面振兴工作的总体规划和政策措施，并加强对县级党委的指导和监督。县级党委作为乡村振兴工作的直接责任主体，负责具体落实市级党委和政府的决策部署，制定县级乡村全面振兴工作规划和政策措施，并加强对乡镇党委的指导监督和激励。乡镇党委作为乡村全面振兴工作的基层执行主体，通过建立乡村振兴工作台账、加强项目管理等方式，确保各项任务得到有效落实。村级党组织作为乡村振兴工作的最前沿阵地，负责具体落实乡镇党委和政府的决策部署，组织发动村民参与乡村振兴工作。

三、山东党建引领乡村全面振兴的典型案例与经验

基于调研，课题组总结了多个典型案例，分析其经验做法，说明如何

通过党建引领，推进乡村全面振兴①。

（一）山东党建引领乡村全面振兴典型案例

1. 济南市长清区万德街道马套村：打造乡村振兴党建联合体，推动村庄抱团发展

马套村党支部发挥党建引领作用，带领群众种茶叶、建茶厂，创办合作社、搞旅游，把富民强村的梦想逐步变成了现实。该村先后荣获“全国文明村”“全国乡村旅游重点村”“全国民主法治示范村”“全国乡村全面振兴示范村”“中国美丽休闲乡村”“全国综合减灾示范社区”“国家3A级景区”“山东省先进基层党组织”等荣誉称号。在马套村的带领下，2018年万德街道成立了“齐鲁风情8号路管理区党委”，由马套村党支部书记兼任党委书记，将原本属于两个管理区的一线八村纳入统一领导，打破了原有地域区划、行政壁垒，建立起农村区域化党建联合体，通过党建引领、区域联动，实现优势互补、8村抱团发展，推动区域内乡村振兴全面提质增效，主要做法如下：

一是实现“五个统一”，推动组织共建。把夯实基层基础作为固本之策，实现片区组织共建“五个统一”。统一规划打造“齐鲁8号风情路”党建引领示范路，讲述“红色历史”，宣传“红色精神”，营造党建引领、全民参与的浓厚氛围；统一深化打造农村过硬党支部，推进党支部规范化标准化建设，以马套村党支部为先进典型，梳理总结党支部“三位一体”建设经验，全面落实党的组织生活制度；统一开展党员教育管理，创新落实“学、讲、树、补、做、定”六字工作法，集中开展党委书记讲党课、干漂亮实事、党群结对等活动，激发党员活力，增强凝聚力；统一治理方式，党委实行“圆桌协商”模式，小事“常碰头”，大事“常商量”；统一共享党建资源，利用马套村便民服务大厅和党员活动中心，建立区域性公共服务中心，打造设施过硬、服务扎堆、工作扎实的“一站式”党群活动中心。

① 本章典型案例相关材料和数据来自调研、调研地政府文件资料，以及网站相关的公开资料。

二是打造“一村一产”，推动产业共创。在沿线村推广马套村“党支部+合作社+电商平台”三位一体发展模式。以乡村旅游产业为龙头，发挥各村资源优势，发展特色产业，马套将军山乡村旅游度假区、凤凰岭景区、济南龙凤庄园高山采摘园、农产品深加工、众拾泰山灵芝产业园等一批产业项目纷纷上线；加快发展现代农业经营组织，吸引马套将军山茶叶合作社、济南龙凤庄园种植合作社农业龙头企业、专业大户共同参与，引导农民合作社按产业链、产品、品牌等组建联合社，提高农民群众组织化程度。鼓励有条件的党支部、党员领办创办合作社，形成了“村村有产业、一村一特色”的发展格局。

三是建立“精英智库”，实现人才共育。建立三大人才库，各村党支部按照德才素质好、有培养前途和发展潜力的标准甄选出后备干部人选，建立“8 号路”管理区党委后备干部人才库，组织干部轮流到管理区党委与马套村跟班体验，开阔工作视野、提高工作技能、提升整体素质。接收优秀人才挂职，聘请有经验的能人回村，建立经营管理人才库，打造精英团队。启动人才培养计划，深入挖掘本土能人，联合农广校等开展实用技术和职业技能培训，建立乡土人才库。

四是实施“三大工程”，实现文化共铸。实施“强德铸魂工程”，突出“孝诚爱仁”，加强“四德”建设，弘扬体现万德特色的时代精神和改革精神。实施“乡村记忆工程”，创新发展了文化遗迹、古街旧区、传统民居院落、农耕文化民俗物件等传统文化。实施乡村文化精品产业工程，培育起“茶文化”“石文化”“园艺文化”等乡土文化，推出樱桃节、柿子节、茶文化节等具有本土特色的精品民俗和节庆活动，村村建起文化长廊。

五是打造“绿水青山”，实现生态共治。牢固树立绿水青山就是金山银山理念，推动形成绿色发展方式和生活方式，打造农民安居乐业的美丽家园，让良好生态成为乡村振兴的支撑点。以“8 号路”提升工程为契机，统一构建生态保护体系，集中开展专项治理，实施专项垃圾治理、农村水环境治理、无害化厕改、户通绿化建设、生物多样性保护、“绿满 8 号路”造林绿化等工程，打造起“8 号路”生态带。以马套将军山、济南龙凤庄园等企业为依托，积极开发观光农业、游憩休闲、健康养生、生态教育等服务。建设发展灵芝养殖、林果种植、花卉苗木繁育等标准化生产基地，增加优质绿色生态林产品供给，积极推动一二三产业融合发展。

2. 临沂市沂南县常山庄片区：片区统一推进党建引领，强化特色发展

沂南县常山庄片区是临沂市委确定的沂蒙干部教育基地周边沿线整体提升三个片区之一，涉及马牧池乡、依汶镇6个社区11个村，总面积40.2平方公里，共计5266户、15406人，党员656名，被评为“齐鲁样板省级示范片区”。常山庄片区按照省市要求，坚持党建统领、群众主体、统筹推进、连片提升，聚焦乡村振兴与脱贫攻坚有效衔接，突出要素保障，强化资金整合，着力推进产业发展，主要做法如下。

坚持党建统领，发挥党员群众主体作用。把“党旗红、堡垒坚”作为鲜明导向，将加强村级党的建设、提升组织力放在首位，通过“三集中三推进”“集中攻坚月”“五星达标、六好争创”等载体活动，大力加强基层组织建设。一是打造村党支部坚强战斗堡垒。突出“头雁领航”，通过公开考选、重点培养、平台锻炼等途径，考选1名90后退伍军人担任村党支部书记，调整8名支部班子成员，选优配强农村党组织带头人。创新开展“支部书记讲堂”活动，通过平台锻炼和工作倒逼，推动农村党组织带头人抬头会想、低头能干、开口能讲的综合能力提升。实施党支部书记专业化管理，落实24项配套考评和动态调整制度，农村党支部书记待遇不高、动力不足、心思不专问题得到根本解决。二是创新村庄社会治理体系。以执法力量下沉改革试点为契机，在各村设置社会治理网格员、集体三资管理员、社会事务服务员“三大员”，在11个村划分53个网格，民选“胡同长”365名，建立起无缝隙、全覆盖的网格化管理体系。推动片区8个村参与清廉村居建设，占全县试点村居数量的20%，制定责任、小微权利、负面清单3张清单，聚焦资产、资金、资源3个要素，规范进行党务、村务、财务3个公开，健全“三个三”村级事务运行制度体系。

发挥资源优势，做优特色产业。将产业项目作为富民强村和可持续发展的重要支撑，立足“红色文化+绿色生态”资源优势，在抓产业、促脱贫、保增收上精准发力、精细用力，走出一条连片打造、抱团发展的产业提升路径。一是坚持产业规划先行。按照资源共享、整体提升的思路，打破行政区域界限，规划了红色旅游区、优质林果区等五大功能区，为产业

发展提供遵循。坚持一核集聚，围绕红嫂纪念馆、沂蒙红色影视基地，布局实施沂蒙四季“红嫂剧场”、中小学综合实践营地、拥军支前体验馆等4个文旅项目。二是实施产业发展“三个一批”行动。依托科学的功能区划，通过招引一批、壮大一批、盘活一批“三个一批”措施，推动产业项目落地实施。利用林果基础和优势，两年招引山东躬耕农业、山东阳都建华药业、临沂市城发集团等大企业，来片区实施农业项目17个。坚持“筑巢引凤”和“腾笼换鸟”并重，盘活原山东金池矿业闲置厂区，发展年产45万立方新型装配建材项目；盘活马牧池乡老中学闲置院落，落地山东省新华书店集团投资的中小学综合实践营地项目，促进动能转换，推动产业升级。三是壮大红色文化产业。片区借助国家全域旅游示范县创建的契机，捆绑沂蒙红色影视基地和新立村文化生态园争创5A级景区，围绕食、住、行、研、学、游，瞄准设施标准化、服务精细化，全面推动红色文化旅游提档升级。积极促成山东省新华书店集团向片区投资1.2亿元，建设1200张床位的中小学综合实践营地，2020年12月开工建设，将与沂蒙红色影视基地、新立村等旅游资源共享，丰富红色教育新内涵、创建红色研学新品牌；投资4100万元的泰山产业领军人才“沂蒙四季”文化产业项目，1处大剧场、8个沉浸式情景院落主体工程全部完工，正在加快演员培训、剧目彩排和试演筹备，打造具有全新影响力的拳头旅游产品。四是推动农业“新六产”融合发展。在片区党委统一协调、各村党支部主导下，通过跨村联动、成片流转土地4100亩，两年新发展景观苗木、油用牡丹、优质苹果、迷迭香等4个千亩农业产业基地，吸纳500余名周边群众到园区就近务工，从事灌溉、施肥、修剪、养护和采摘包装等工作，每年人均务工收入近万元。

3. 济宁市曲阜小雪街道阮家村：党建引领振兴，打造“共富联盟”

阮家村位于小雪街道驻地东北5公里，全村共有374户，1524人，5个村民小组。社区东临兖石铁路，西、南两边紧靠蓼河，北街与孔子大道接壤。近年来，阮家村发展迅速，先后获得过“济宁市级卫生村”“济宁市民主法制示范村”等荣誉称号。阮家村强化党组织建设，引领民生和集体经济发展，通过党组织之间协调协同，与邻近各村组建“共富联盟”，推进共同发展，主要做法如下。

党建引领固本强基惠民生。阮家村党支部以“双基”工作为抓手，树立起“做尚德党员、创孝和之村”的招牌。实施“1233 工程”，即建设 1 个班子，发展 2 个阵地（和护家园、创业孵化园），塑造 3 个品牌（守护朝阳、相约黎明、民享资源库），达到 3 个目标（尚德向善、孝和齐家、村民共富）。一是建立健全党组织活动制度，每月 25 日定期开展主题党日，认真完成“三会一课”，带领党员学习党的先进思想和理念。二是全面提升人居环境。率先开启村改社区的更新运动，改善民生事项，进行社区绿化硬化，配套建设党群服务中心、学生接送站、文化广场、文体活动室等设施，建设高标准广场舞演练室、“颐养之家”老年公寓、幸福食堂等惠民设施。

党建引领集体经济发展。2018 年之前，阮家村集体经济收入单一，主要收入来源是土地租用。如何因村施策，壮大集体经济成为村两委班子的头等大事。2020 年 4 月在苏州学习后，村党支部书记孔德广萌生创办党支部领办合作社想法，盘活乡村闲置资源招商引资，建立阮家村创业孵化园。此项目被纳入济宁市乡村振兴项目，获得了 2020 年人大代表创业示范基地等荣誉称号。2021 年 4 月份，阮家村创业孵化园实现收益 75.9 万元，集体分红 18.9 万元。目前，孵化园内共有 146 户村民入股，解决本村 60 余人就业问题，并带动周边 200 余人就业。

党建引领“共富联盟”建设。变“单打独斗”为“抱团发展”，联盟激发共富新动能。在阮家村带头推动下，为更好破解村集体资源单一、思路受限发展难题，2022 年 3 月，小雪街道打破原有各村单打独斗局面，以北兴管区 8 个自然村为试点，按照市场化运营模式组建共富联盟，成立曲阜市百兴联创产业投资发展有限公司，鼓励各村将闲置资金或固定资产等折价入股，明确股权和收益分配机制，按照“联建联营、产权清晰、收益归村”原则，通过自主经营、项目投资、固定回报等模式稳步运营，推动联盟不断发展壮大，让各村均享受到发展红利。有效统筹各村资源、资产、资金等发展要素，以中心村产业发展辐射带动提高薄弱村资源利用效率，形成“发展共谋、事务共商、资源共享、项目共建”良好局面，为实现乡村全面振兴打下坚实基础。

变“被动输血”为“自主造血”，联盟破解共富新密码。2023 年，共富联盟不断发展壮大，成员村从 8 个增加到 12 个，初步实现跨管区、跨镇街合作。积极探索村集体经济多元发展模式，投资 1.2 亿元，建设农文旅融合发展项目“亦乐田园”，占地 600 亩，设置 20 余个文化体验区、100 余个体验项目，2024 年元旦正式开园营业，两个月营业额突破 1200 万元，带动周边 500 余名村民就业。2024 年 2 月，共富联盟连续两年分红，第二次运营分红 1002 万元，激活了乡村振兴内生动力。鼓励村民积极参股，充分调动村民、村集体等内生发展主体力量，推动资源变资产、资金变股金、村民变股东，走出了一条强村富民特色发展道路，“村村成股东、户户有分红”美好愿景得以实现。

（二）山东党建引领乡村全面振兴的经验总结

1. 强化党建引领，筑牢组织基础

加强农村基层党组织建设，强化支部建设，提升村党组织带头人队伍能力，创新片区党委等党建联合体建设，为打造乡村振兴齐鲁样板提供坚强组织保障①。

深入实施农村过硬党支部建设。全面开展村级党组织评星定级，深化党员量化积分管理，常态化整顿软弱涣散村党组织，推动村党支部规范化标准化建设，打造农村过硬支部。印发《关于坚持“四抓两推一提升”以高质量换届深化党史学习教育的通知》，结合村“两委”换届工作，推动村党组织党史学习教育走深走实。持续深化软弱涣散村党组织整顿，2019～2022 年，组织开展两轮集中整顿，着力解决基层党组织软弱涣散的深层次问题。强化村级组织运转经费财政保障力度，县域范围内村均保障标准不低于 11 万元。2021 年，省级财政补助达到 15.5 亿元，带动各级加大投入力度，保障经费落实到村党组织。全省先后 2 批 10 个乡镇、103 个村入选全国乡村治理示范村镇。莱西市“一统领三融合”乡村治理经验入选全国

① 本章数据除专门标注数据来源外，其他引自山东各级政府的各类报告、官方网站，或来自课题组调研。

首批乡村振兴典型案例①。

优化提升村党组织带头人队伍。实施村党组织书记选配改革，2019 年以来从机关干部、退役军人、农村返乡优秀人才等群体中遴选村党组织书记 7008 名，回引 9905 名优秀人才返乡创业任职。省市县三级联动，每年对所有村党组织书记集中轮训一遍。严格落实村党组织书记补贴报酬、考录乡镇公务员、招聘事业编制人员等规定，探索实行村干部集体经济发展创收奖励制度。实施农村后备力量“递进培养计划”，确保每个村都有 3 ~ 4 名后备力量。2021 年新一轮村“两委”换届工作顺利完成后，“两委”成员平均年龄比上届下降 6.6 岁，高中中专以上学历占比提高 19.8 个百分点，总体形成以 36 岁至 55 岁为主体、老中青相结合的年龄结构配备。

创新推进片区党委等党建创新方式。健全选派干部常态化驻村机制，部署开展选派第一书记、“加强农村基层党组织建设”工作队等工作，省市县三级先后选派 5 轮 8 万余名干部到农村一线抓党建促脱贫攻坚、促乡村振兴。健全完善“行政村党组织—网格（村民小组）党支部（党小组）—党员联系户”的村党组织体系。按照地缘相近、乡俗相通、产业相连、资源互补的原则，探索推进党组织联建共建、片区党委建设等新模式。各地区根据实际发展需要推进建设党建联合体，有力推进了组织协同、资源整合、治理共建、产业融合，发展了集体经济，激活了农业新型组织。截至 2023 年底全省已建立党建联合体、党建联盟、片区党委等联合党组织 2200 余个。

2. 组织汇聚各类人才，激发乡村内生活力

党建引领农村人才队伍建设，吸引社会各界投身乡村发展，优化人才发展环境，汇聚各类人才到乡村贡献才智、建功立业，为打造乡村振兴齐鲁样板提供坚强人才支撑。

提升乡土人才培育水平。一是培育高素质农民。实施新型农业经营和服务主体能力提升、种养加能手技能培训、农村创新创业者培养、乡村治

① 本章数据除专门标注数据来源外，其他引自山东各级政府的各类报告、官方网站，或来自课题组调研。

理及社会事业发展带头人培育和农村实用人才带头人示范培训等行动，加速培育壮大适应产业发展、乡村建设急需的高素质农民队伍，2018 年以来累计培训 30 余万人次。持续开展齐鲁乡村之星选拔工作，遴选规模由每年 150 名扩大到 800 名左右。二是推动乡村技能人才培育扎实有效。强化基层文化能人、非遗传承人培养，推荐选拔全国文化和旅游能人，出台“非遗助力脱贫、推动乡村振兴”工程实施方案，举办非遗传承人研培班，直接和延伸培训 3 万多人，其中农村非遗传承人占比超过 71%。引导电子商务人才返乡创业，开展电商培训 20 余万人次。开展“万名村医进课堂”活动，组织骨干乡医集中进校免费培训，选拔“齐鲁基层名医”。三是乡村青年人才培育不断深入。实施“村村都有好青年”选培计划，选树“好青年”17 万余名，1.6 万余名成长为村（社区）后备干部。

加大乡村人才引进力度。一是不断加大农业领域领军人才支持力度。围绕“给农业插上科技的翅膀”，依托泰山系列人才工程等省级人才计划，遴选农业领域泰山学者 90 余人、泰山产业领军人才 100 余人，采取“一事一议”方式引进农业领域顶尖人才。聘请专家，组建 27 个覆盖大宗农产品及优势特色产业的创新团队，实现主要农产品人才与技术支持的全覆盖。二是日益完善人才返乡入乡机制。支持市县两级与海内外企业家、创业者及金融投资业者、专家学者等各类人才，在现代生态农业、乡村旅游、农产品加工流通等方面开展全方位、多形式的合作，打造“人才 + 项目 + 资金”的新型人才引进模式。

3. 组织整合发展资源，促进农民增收共富

通过党建引领集体经济组织、新型农业合作组织，创新推进党建联盟建设，整合乡村各类资源，推进乡村发展，着力促进农民增收致富。

稳步推进农村集体产权制度改革。全面开展农村集体资产清产核资工作，抓好股份合作制改革，圆满完成农村集体产权制度改革整省试点任务，实现改革范围全覆盖、改革时限较全国提前一年、取得一批制度成果三项目标。规范农村集体经济组织管理和资产运营，开展集体经营性资产股份自愿有偿退出试点。规范农村产权流转交易市场，打造农村产权综合性交易服务平台。启动实施农村集体资产股权质押贷款试点工作，确定平

阴、平度、滕州等17个试点单位。印发《关于进一步规范农村集体经济组织运行和管理的通知》，对新时期加强农村集体经济组织建设进行安排部署，推动各级切实强化对集体经济组织的服务与管理。目前全省近100%的村成立了集体经济组织，有力保障和提升了村民的收入与福利。

切实促进农民增收共富。实施抓党建促村级集体经济发展三年行动计划，印发《关于扶持发展村级集体经济的意见》，提出发展壮大集体经济的6种路径和5项扶持措施。推行村党组织领办合作社，在总结推广烟台、德州等地经验的基础上，在全省部署推进村党组织领办合作社。以济南市为例，推进党建联盟助推区域化集体经济协同发展。章丘区文祖街道的“青石山乡村振兴党建联盟”，石子口村整合各村资金200万元，打造4处民宿、建立小吃一条街租赁给企业，不仅增加了村集体收入和村民收入，还辐射周边三槐树村、大寨村受益，仅2020年一年，原本的贫困村就实现了村集体经济收入达50万元以上。文祖街道还在全区“三变”改革基础上，成立街道经济联合总社，开展“三变改革巩固年”行动，推动村企联合抱团经营，全面消除村集体收入不足30万元的经济薄弱村，50万元以上的行政村达到80%。2023年，预计村集体收入30万元的行政村稳定增长15%，50万元以上的行政村达到80%，村集体收入100万元以上的村达到5个。农民收入连年快速增长，2021年全省农村居民人均可支配收入达到20794元，增速不仅高于全省平均水平，更快于同期城镇居民收入增速3.3个百分点，城乡居民收入差距缩小到2.26∶1。

4. 组织嵌入乡村治理，提升社会治理效能

健全党委领导、政府负责、社会协同、公众参与、法治保障的现代乡村社会治理体制，完善乡村自治制度，推动法治乡村建设，提升乡村德治水平，打造共建共治共享的乡村善治格局。

提升优化村民自治机制。全省村民委员会换届工作高质量完成，研究制定全省村（社区）“两委”换届工作意见等相关配套政策文件，积极推行村党组织书记通过法定程序担任村委会主任，严格落实县乡资格联审机制。村级议事协商活动逐步深化，印发《关于深化村级议事协商活动的指导意见》，建立1000个村级议事协商实验点。村务公开更规范更透明，修

正《山东省村务公开条例》，开展监督落实专项行动，推动实施村务公开“阳光工程”，涌现出平原县村事阳光报告会、威海市文登区村级事务阳光工程等典型做法。

扎实有效开展法治乡村建设。开展扫黑除恶斗争，依法打击把持基层政权、横行乡里的黑恶势力和“村霸”，农村社会治安环境得到明显改善。推进“乡村振兴基层法律服务专项行动”，建设“一站式”矛盾纠纷调解中心，打造市县乡三级多元解纷平台。全面落实农村反邪教工作。深入开展农村“一村一法律顾问”工作，组织开展“服务合作发展、助力乡村振兴”行动。加大农村普法宣传力度，开展法治文化工程建设。以县乡两级综治中心为主体，建立健全“一站式服务”和“一平台交办”工作体系，综合服务管理功能进一步增强。建成贯通省、市、县、乡、村、网格六级的社会治理网格化智能工作平台，发挥德治教化作用，倡树新风正气，提升治理效能。

全面提升乡村德治水平。坚持法治和德治有机融合，充分发挥法律的规范作用和道德的教化作用，倡树新风正气，提升治理效能。坚持法治和德治有机融合，充分发挥法律的规范作用和道德的教化作用，涌现出济宁市“和为贵”、烟台市“法德共进”、高密市“道德银行”、莒县“法德一体”等典型经验，营造出见贤思齐、崇德向善的良好风气。持续推进社会心理服务体系建设，积极营造自尊自信、理性平和、积极向上的社会心态。

5. 组织凝聚乡村人心，焕发乡风文明新气象

党建引领培育文明乡风、良好家风、淳朴民风，促进文化兴盛，提振农村精气神，为打造乡村振兴齐鲁样板提供坚强文化支撑。

持续推进思想道德建设和乡村文明行动。党组织坚持不懈用习近平新时代中国特色社会主义思想武装教育农村干部和群众，充分挖掘运用“习语润心”“红色挎包”等一批特色品牌，深入开展“中国梦”系列百姓宣讲活动。广泛开展社科理论普及活动。充分发挥新时代文明实践中心和县级融媒体中心作用，持续加大党的“三农”政策和省委省政府强农惠农举措的宣传解读，组织编写《乡村振兴战略面对面》等理论通俗读本，向农村基层免费赠送。印发《关于深化乡村文明行动的工作方案》，推进省级

文明村镇创建工作，推动全省文明家庭创建工作，以建设文明家庭、传承优良家风为重点，推动形成社会主义家庭文明新风尚。深入推进新时代爱国卫生运动，组织开展爱国卫生专项行动等各类活动。广泛开展移风易俗专项行动，在全省城乡开展抵制恶俗婚闹专项整治，青岛市黄岛区、临沂市沂水县被民政部确定为第二批全国婚俗改革试验区。不断增强红白理事会服务能力，发挥红白理事会、新乡贤对乡村摒弃婚丧陋习、深化移风易俗的积极作用。

扎实推进文化惠民和文化传承。以基层综合性文化服务中心建设工程为基础，夯实基层公共文化服务阵地。广泛推进建设建成综合性文化服务中心、城乡书房、乡镇影院。深入开展“一村一年一场戏”免费送戏工程、农民戏剧展演月活动。实施“乡村儒学”推进计划，建设建成乡村（社区）儒学讲堂；持续推进实施“乡村记忆”工程，建设乡村记忆博物馆，对乡村文化遗产进行保护修缮。启动山东省文化生态名村名镇评选，挖掘民间文化艺术之乡、历史文化名镇名村等非遗资源，涵养文化生态，拓宽乡村文化振兴之路。

四、山东党建引领乡村全面振兴存在的困难

目前，党建引领乡村全面振兴虽然在实践创新和制度落地等方面都取得了显著成效，在一些典型村也形成了先进经验，有助于地方复制推广，但依然面临着一些困难和挑战，需要突破和解决。

（一）高效推进基层党组织队伍建设存在困难

一方面是党员结构老龄化问题凸显，新党员发展面临挑战。近年来，受经济社会变迁影响，农村人口外流加剧，给基层党组织在党员发展上带来了更大难度。在某地方街道的调研中发现，当前，尽管大学生和参军青年中入党者较多，但由于在村庄能够获取的收入难以吸引年轻人留下工作，导致年轻人对村庄集体事务的参与意愿不高。即便是在这些调研街道

所在的相对发达的地区，村庄在发展年轻党员方面仍面临重重困难，各村庄平均常住人口平均年龄高达 62 岁，而 30 岁以下的入党积极分子仅有 1 ~2 名。当前，党组织对入党申请人的要求日益严格，年轻人对入党动机的理解尚不够清晰，加之党组织坚持宁缺毋滥的原则，致力于选拔高素质、有思想的年轻党员，这进一步加剧了村集体发展党员的困难，导致基层组织党员老龄化问题日益严重。在该街道，甚至存在多个连续两年未发展新党员的“空白村”，年轻党员占比很小。

另一方面是党员教育培训面临困境。调查数据显示，不少的农村基层党组织在党员教育培训方面缺乏针对性和时效性，农村党员普遍面临“能力危机”，与新时期乡村全面振兴的需求存在较大差距。主要原因在于农村党组织未能结合本村实际制定切实可行的培训计划，导致党员干部群众参加培训的积极性不高。尽管一些村庄制定了“三会一课”、党员学习教育培训等多项党建制度，但在贯彻执行上却不够到位。此外，一些党员对政治学习的兴趣不够，导致对业务理论的理解仅停留在表面，工作水平和能力有待提升。

（二）充分发挥基层党组织领导核心作用存在困难

充分发挥基层党组织的核心领导作用，一方面的挑战在于不少村干部的工作能力有待提升。党员队伍的老龄化现象，一定程度上导致了作为基层治理中坚力量的党组织在信息获取与更新上显得相对滞后，难以及时把握乡村振兴的全面要求与发展趋势；治理手段陈旧，对村级经济的驾驭能力偏弱。在某地乡镇调研发现部分村级党组织的政治引领作用不突出，班子凝聚力、向心力及战斗力欠缺，在村庄规模优化调整等关键任务上表现被动，影响了整体工作进度；在村庄规模调整后，有的新村党组织尚未形成真正的协同合力。部分党员过于关注个人经济利益，服务意识淡薄，流动党员多选择外出务工，对村内事务知之甚少，回归发展的意愿不强。在针对村民的调研中，约有 1/3 的人认为本村党员综合素质有待提升，先锋模范作用发挥不充分。

另一方面是党建工作在引领和融合乡村全面振兴方面尚显不足。面对新时期如何创新工作思路、改进工作方法，以发挥党建引领作用，将党建工作更紧密地融入各项业务工作中，并建立有效的激励机制，以多样化形式激发基层党建活力。党建工作与业务工作之间仍存在脱节、冲突或顾此失彼的现象。课题组在某地乡镇调研发现“党建+产业”的运行模式尚不成熟，村庄工作与发展方向在融合过程中，存在过度干预或强势主导的情况，对乡村产业的健康发展产生了不利影响。同时，在推动乡村经济与产业繁荣方面，存在“就党建抓党建”的现象较为普遍，未能有效找到二者的契合点，实现党建工作与乡村全面振兴的有机结合。党建引领基层治理的机制也尚待完善，在部分乡村中，村党组织倾向于对村庄事务全面掌控，忽视村庄多元主体的参与和作用，导致多元主体参与治理的积极性低。

（三）全面激发党建引领乡村全面振兴动力存在困难

全面激发党建引领乡村全面振兴的内在驱动力，不仅需要加强组织保障和领导能力，还需要让党组织能够获得资源支持，看到发展的希望，感受到发展的成效，但目前在集体经济发展和相关支持方面仍不够。一方面是引领村集体经济发展存在瓶颈。例如，某地方街道山区村占到行政村总数的一半以上，多数村集体经济发展项目以文化旅游、生态农业为主，建设周期相对较长、投资回报见效较慢、建设用地的需求较大，适合辖区发展特色、投资回报较快的产业项目较少。有的村局限于土地承包的增收形式，不能立足于现有的文化、生态、产业、区位等资源优势，运用土地资源整治、劳务、专业合作社探索壮大村集体经济发展的新办法、新思路；有的村将资产资源一次性流转，导致发展后继无力。党建如何引领集体经济发展，又如何增强引领发展的动力，目前在这些村存在较大困难。

另一方面是资源支撑不到位，党建引领示范扩面存在困难。部分行政村由于集体经济收入匮乏，使得基层党建在引领乡村振兴的工作中面临经费紧张的困境。可调动的财力物力有限，使得新型职业农民的培养、村庄集体项目的帮扶以及行业党委的创新推进等相关制度的调研与实施显得力不从心。因此，导致党建示范点培育带动力不足。有的地方乡镇街道主抓主推党建示范点工作难以推进，现有的党建示范点多为老牌示范村，发展后劲有限。而该乡镇大部分村庄则缺乏具有特色的亮点工作，整个乡镇街道的党建发展合力尚未形成，存在明显的青黄不接现象，导致党建引领示范扩面存在困难。

（四）整体优化完善党建引领联动机制存在困难

尽管各地已成功构建起功能多样的联合党委体系，且在片区党委建设领域取得了瞩目的成就，但片区党建工作的流畅性与深度仍有待提升。具体而言，与驻地单位、新兴“两新”组织及新型农业组织的互动沟通尚缺乏深度，共驻共建的战略规划尚不够周密，这阻碍了片区形成一个真正意义上统筹兼顾、互联互补的生动发展格局。

在资源调配与统筹方面，尽管人才与干部被视为乡村振兴的核心驱动力与宝贵资源，但当前部分村庄尚未建立起有效党建联动机制，以引导这些优势资源扎根乡村。这导致了人力资源的分散与薄弱，未能充分发挥其在乡村振兴中的引领作用。同时，在有的地方农村基础设施建设、产业培育及环境整治等关键项目的资金分配与实施，也未能与党建引领工作实现有机融合。部分项目资金过于集中投放于特定村庄，影响了农村整体的均衡发展态势。

在乡村全面振兴的进程中，多元主体的协同参与机制还不够完善。在实际操作中，实现多主体间的协商共治仍面临诸多挑战。部分基层党员干部仍倾向于传统的管理者角色，对群众自主管理能力的信任不足，使得民主议事制度难以得到有效落实。同时，部分村庄群众参与乡村振兴的积极性不高，这不仅削弱了乡村发展的动力，还进一步导致了群众获得感缺失。党建引领村民参与乡村事务意识，以及引领社会组织协商合作意识，均亟待深化与巩固。

五、山东党建引领乡村全面振兴的提升路径

山东提升推进党建引领乡村全面振兴，还需要从具体工作着手，持续

加强党组织、党员队伍建设，完善考评体系，培育乡村人才，加强技术支撑，形成共治格局，塑造党建引领乡村振兴新局面。

（一）加强基层党组织构建，筑牢党建引领之基

党建引领乡村全面振兴的首要任务，在于坚固党建引领的组织基石。为此，必须致力于推进基层党建，开展形式多样教育培训和能力提升活动，推行多项具体计划，筑牢党建引领之基。

第一，开展“党员干部领航计划”。探索实施党建引领乡村全面振兴的“抓管带”模式，全面推行全域导师帮带制度。通过党委书记对支部书记、示范村对晋位村及软弱村、先锋党员对不合格党员的帮带活动，构建由多方面人才组成的乡村振兴导师“帮带团”。加强村“两委”班子建设，深化“头雁集群锻造行动”，着力培养选拔政治素质高、能带领群众致富、善于治理的村党组织带头人。严格执行发展党员的政治审查工作，并加大从青年农民等重点群体中发展党员的力度。同时，实施农村优秀人才“雏雁计划”，全面建立村级后备力量库，为乡村振兴储备人才。

第二，实施“村干部队伍活化计划”。创新管理机制和方法，为乡村干部队伍注入活力。畅通晋升通道，将优秀的“两委”干部纳入招选乡镇（街道）干部、事业单位人员和政府聘员的范围。加大交流力度，促进村党组织班子成员在村镇之间的交流与互动。健全乡村干部保障体系，探索建立任职满一定年限的乡村干部交流、离任保障机制，以关爱乡村干部，通过建立谈心、年休假、心理关爱等制度，确保他们能够真正深入基层、融入基层、服务基层。

第三，开展“党员服务行动计划”。发挥党组织的统筹协调作用，整合各类服务资源，构建以村党组织服务为引领、村委会服务为主体、乡村服务中心为平台、社会组织服务为补充的多元化乡村公共服务体系。树立强烈的服务意识，重点提升党员服务群众、解决矛盾的能力。通过发挥党员的先锋模范作用，不断加强与群众的联系，全面建立“党代表工作室”，定期开展接待群众活动。全面推行“党员干部民情日记”制度，深入开展入户家访活动，并建立“党员志愿服务队”，广泛开展党员服务群众活动。

同时，创新党员联系群众的方式方法，完善群众意见收集、回复、处理机制。

第四，开展“党员形象提升计划”。创新发展党员的方式方法，建立镇（街道）、村联动的发展党员工作责任制。严把党员入口关，全面实施“竞争性选拔入党积极分子”制度，并推广发展党员的实名推荐、票决、公示等程序。优化党员队伍结构，注重在有公德心、影响力大、群众威信高的社会先进人物中发展党员。同时，创新党员分类管理办法，加强对不同类型党员的教育管理。积极吸引乡村先进人物加入党组织，发挥他们在密切联系群众、反映群众诉求、解决群众问题方面的积极作用，进一步提升党员队伍的整体形象。

第五，推进“党员干部培训计划”。建立地市、县（区）、镇（街道）、村四级联动、四位一体的培训机制，实现培训资源的优化配置和共享。实施分类培训策略，包括“千名书记”培训计划，以培育引领乡村改革、转型、发展的党组织带头人队伍；“万名两委干部”培训计划，以培育服务意识好、执行能力强的乡村干部队伍；以及“十万名党员骨干”培训计划，以提升广大党员的服务群众意识和工作技能。通过这些培训计划的实施，营造“亲民、助民、惠民”的乡村党员文化氛围。

（二）完善考核激励体系，激发党建引领内在活力

在推动党建引领乡村全面振兴的进程中，确保有效性是核心，旨在促进社会发展与实现乡村善治。为此，构建合理的评价体系与激励机制显得尤为重要，它们能有效弥补不足，激发党组织与党员的活力。

首先是建立完善差异化的考核机制，打破传统“一刀切”考核方式的局限性。南京市江宁区的成功案例为此提供了有益的参考：该区根据村庄的类型，如城镇型、过渡型以及农村型，同时考虑其发展潜力与差异化管控的实际需求，对村庄治理考核工作进行了精细化分类。这一分类方式不仅有助于更准确地评估各村庄的治理成效，还促进了考核体系的完善。考核体系应科学融合共性指标与个性指标，既要反映乡村振兴的普遍要求，又要体现各村庄的特殊情况。通过鼓励各个村庄依据自身特色与发展现

状，设定符合实际的优势与劣势指标，可以确保考核结果的客观性和准确性。差异化的考核机制，不仅增强了考核的科学性和针对性，还在追求乡村振兴共同目标的过程中，充分展现出各村庄独特的发展路径和特色，实现了共性与个性的和谐统一，有利于乡村振兴战略的深入实施。

其次是构建一个动态且全面的考核机制。这一机制应当涵盖平时考核、重大任务专项考核以及年终考核，形成一个多维度、全方位的考核体系，确保考核工作既全面覆盖，又能突出重点。考核的结果应当作为干部选拔任用、评优评先以及绩效奖励的重要依据，以此来增强考核的权威性和影响力，激发干部的工作积极性和创造力。同时，为了保持考核机制的时效性和适应性，需要定期对村庄党组织的考核体系进行审视和评估，根据村庄的实际情况和发展需求，灵活调整评价指标和权重，确保考核机制能够真实反映村庄的发展状况。此外，增加村民及合作企业在考核过程中的参与度，是保障考核公正性和全面性的重要环节。通过广泛听取村民和合作企业的意见和建议，可以更加全面了解村庄的实际情况，避免考核过程中的片面性和主观性，有助于形成一个多方参与的考核生态，促进村庄治理的民主化和科学化。

最后是建立健全一个多层次、全方位的考核激励机制。对于那些表现出软弱涣散现象的乡村党组织，必须采取有力措施进行专项整顿，通过教育培训提升其能力素质，同时辅以必要的帮扶手段，以此激发其内在活力与奋斗精神。而对于那些在工作中表现杰出的村干部，则应当在考录乡镇公务员、招聘乡镇事业编制人员等关键环节上，给予他们政策上的倾斜和支持，以此作为对他们辛勤付出的肯定与激励。此外，还需要建立一种机制，使村干部的报酬能够与农民收入同步增长，同时，将村“两委”干部的奖励与集体经济营收挂钩，通过这种方式，形成稳定的报酬奖励与选拔机制，实现优胜劣汰，让那些有能力、有担当、有成效的村党组织和干部能够获得更多晋升机会和稳定财政支持。如此，才能激发乡村党组织和干部的工作热情和积极性。

（三）加大人才培育力度，积蓄乡村振兴持续动能

针对乡村全面振兴的多元化特点与实际需求，着力培养和壮大一支深

谙农业知识、热爱农村生活、关爱农民福祉的“三农”工作队伍，全力打破城乡人才流动壁垒，通过政策引导和市场机制，推动各类人才向农村集聚，积极探索“党建+人才”的融合发展模式，以党建引领人才发展，以人才支撑乡村振兴。

深入挖掘和激发农村人才的潜力，积极探索并建立农村人才等级评定机制。这一机制可以借鉴晋江市在全国范围内的首创经验，即农村治理人才认定机制。通过科学、公正的评定程序，将农村治理人才划分为特级、高级、中级和初级四个等级，并根据等级给予相应的人才待遇。在经济待遇上，不同等级的人才将享受每月不同额度的岗位津贴，以体现其价值和贡献。在政治待遇上，对于连续两次被认定为高级及以上等级，且符合相关规定的人才，应优先推荐他们考录镇（街）公务员和事业单位工作人员专门岗位，甚至可担任本镇（街）党委的兼职副书记或委员，以及选配进入乡镇领导班子。此外，在生活待遇方面也应给予充分关注，对于连续两次被认定为高级及以上等级的人才，其直系亲属可以参照享受人才择校就读政策，从而确保他们能够享受到优质的教育资源。

大力培育适应现代农业发展的“新农人”，借鉴并学习浙江湖州农民学院的成功模式。通过探索建立农民学院等新型职业农民培训机构，构建一套完善的工作机制，旨在全面提升农民的综合素质与专业技能。着重提高农民在安全生产管理、生态循环发展应用、农场经营管理以及农业信息化技术等方面的能力，确保他们掌握至少掌握一门农业产业的专业技术，从而有效提升生产技能。重点培养具有大专及以上学历文凭、持有中级以上职业资格证书的农民大学生。让这类人才不仅应具备扎实的专业知识与技能，还应具备创业精神和良好的文明素养，成为推动现代农业发展的中坚力量。通过大力培育“新农人”，不仅可以为农业农村发展注入新的活力，还能促进农业产业的转型升级，推动乡村振兴战略的深入实施。

进一步完善立体化的人才引育机制，积极主动与高等院校、科研机构等专业机构进行对接，通过建立创新创业基地、社会实践基地等多种方式，搭建人才引进与合作的桥梁。持续推进大学生“乡村振兴工作专员”的递进培养工作，为乡村振兴战略提供源源不断的人才支持。实施“乡贤回归”计划，着力引导和鼓励离退休老干部、老教师等具有丰富经验和威望的群体返乡，发挥他们的智慧和力量，为乡村振兴贡献力量。建设村庄“优秀人才数据库”，将各类优秀人才的信息进行整合和管理。通过乡村振兴促进会、基金会等形式，定期召开联谊会、交流会等活动，为村庄的发展建设提供智力支持和决策参考。这些举措不仅有助于挖掘和培育本土人才，还能吸引更多外部人才关注和支持乡村振兴事业，为乡村振兴战略的深入实施提供坚实的人才保障。

（四）加强技术创新应用，开辟乡村振兴智慧治理新路

人工智能、大数据分析等新一代信息技术，为连接更广泛的社会语境提供了可能，并成为激活强关系的有力机制。因此，需统筹推动智慧社区与数字乡村的建设，不断探索党建引领“互联网+”治理模式，深化大数据、云计算、人工智能等新一代信息技术在乡村振兴中的融合应用，强化并提升数字基础设施的支撑能力，以不断提高乡村振兴的智能化、精细化及专业化程度。

首先，积极塑造乡村全面振兴的技术场景。集约集成建设数字化平台，平台包括乡村党建网络平台，以强化党组织的引领作用；乡村集体资产监督管理综合平台，确保资产的透明与公正；乡村纠纷解决数字平台，提供高效便捷的纠纷处理渠道；以及乡村文化数字资源库，保护和传承乡村文化的精髓。通过这些平台的建立，实现政治、自治、法治、德治、智治在线上线下的深度融合，推动乡村治理体系的现代化。同时，应充分依托移动终端平台，不断拓展“互联网+农村社区”的数字公共领域，倾听和解决农民需求与问题，增强农民的参与感和归属感。同时乡村振兴政策信息，让农民能够及时了解政策的基本内容，并针对他们的困惑提供即时答疑服务。

其次，持续不断地完善农村智慧党建体系。这一体系应综合运用智慧化平台，积极稳妥且依法依规地推动党务、村务、财务等信息的网上公开，确保信息的透明度与公正性。通过将基层党建与乡村全面振兴紧密结合，可以更有效地发挥党建在乡村振兴中的引领作用。同时，应充分利用信息化手段，凝聚乡村基层党员的力量。打造“互联网+”教育新模式，

为党员提供便捷的学习途径，破解农村基层党组织松散、党员流动性大、管理难度大的困境。此外，还需加快推进数字化在网格管理中的深度应用，推动村民在线议事、在线监督，实现村民自治的数字化与智能化。为农民提供更多的自治手段，并畅通民意表达渠道，确保农民的权益得到充分保障，提升乡村治理的效能。

最后，完善智能乡村的运行机制。构建以人、地、物、事、情及组织为核心的综合性数据库，确保各类关乎乡村全面振兴的数据能够实现有机融合与高效利用。在此基础上，以业务应用为明确导向，借助技术创新的强大动力，推动业务改革的不断深化。通过数据的深度融合与挖掘，构建数据全闭环的赋能体系，从而打通智能乡村建设的纵向与横向通道，彻底消除数据壁垒，实现信息数据的上下畅通与数据成果的实时共享，形成一体化的高效运行机制。此外，完善基层职能网格的全覆盖体系，实现上下交叉、条块结合的网格化管理，为乡村居民提供更加便捷、惠民的服务，同时也成为社会综治管理的重要支撑。在平台化运行中，加大对产业振兴的支持力度，让党建引领乡村全面振兴更加贴近群众需求，提升党组织服务发展的可及性与实效性。

（五）深化探索与创新实践，塑造党建引领乡村振兴新局面

持续创新优化党建模式，强化党建在资源整合、产业发展及治理融合中的引领作用，构建以党建为引领的乡村全面振兴新局面。

第一，高质量构建“党建联合体”，如片区党委等创新模式。强化党建在乡村振兴中的引领作用，以联合党委的构建为基石，创新多种形式“乡村振兴党建联合体”。通过推行组织联合建设、要素相互联通、资源共同配置、产业协同联合、人才联合培育及治理联合推进等策略，旨在增强各党组织的整合资源能力、凝聚人心能力与协同发展能力，从而构建一个片区化、联动式的乡村组织振兴新格局。具体而言，将加强示范村与邻近村庄的协作，促进产业融合；深化村庄与企业的合作，实现双方共赢；注重人才的共同培养与交流，为乡村振兴提供智力支撑；同时，强化治理方面的联动，共同维护乡村的和谐与稳定。这些措施的实施，将为乡村全面

振兴注入新的动力。

第二，稳妥实施村庄规模的优化与调整策略。遵循“地缘相近、人文相亲、风俗相同、产业相融”的基本原则，同时全面考量户籍人口、历史渊源及发展水平等多重因素，通过“强村引领弱村、大村带动小村、小村联合共建新村”等多种途径，稳步推动村庄规模的扩大、布局的优化、领导班子的强化以及发展速度的加快。这一系列举措旨在实现村庄资源的有效整合，拓宽发展空间，并逐步提升治理效能。在强化经济基础方面，将积极探索增收新路径。鼓励并支持各区县着力发展壮大其主导产业与特色产业，以构建出特色鲜明、优势互补且错位竞争的县域经济发展新格局。从农村土地的三项制度改革入手，尝试实施组团片区改造、生态景观提升、空心村盘活、产业带动及借地退出等多种模式，以激活乡村的沉睡资源。同时，深化农村集体产权制度改革，推动经营性资产的折股量化与确权到人，让静态资产焕发活力。在项目策划、实施及运营过程中，坚持群众参与和共商共议，探索市场经营、村企合作、资本投资等多元化形式，以推动村集体经济的多元化发展，让集体经济实现真正的富裕与繁荣。

第三，强化党建在城乡融合与农业现代化中的引领作用。通过构建乡村与企业、乡村与社区之间的联合党建机制，旨在打造城乡党建的紧密联合体，以此推动城乡融合发展，实现农业、农村与农民的全面进步与升级。着力健全农村产权交易的运行机制，有效推进土地经营权的流转，同时完善农业社会化服务体系，以促进农业向适度规模经营的方向发展。开展全域土地综合整治的试点工作，并积极探索宅基地“三权分置”的有效实现形式。在此基础上，稳步推进农村集体经营性建设用地入市的试点项目，以拓宽农村的发展空间与经济增长点。确保农村集体资产的安全与有效利用，强化农村集体资产的监管体系，切实防范村集体经营中可能遇到的风险，定期开展村集体的清产核资工作，确保资产的清晰与透明。通过这些举措的实施，推动农业、农村与农民的全面发展，实现城乡之间的良性互动与共同繁荣。

第四，强化党建引领村民与乡村组织参与乡村治理。提升村级自管自治水平，将指导各村居根据自身实际情况，制定并落实村规民约。同时，不断完善民主选举制度，加强民主协商机制的建设，以增强村民在民主决策中的参与能力，并着重对决策事项进行事后评估，确保决策的科学性和有效性。针对乡村自治事项，将积极利用“邻里议事”等信息传达与交流平台，定期组织召开听证会、协商会和评议会，以形成“事前充分沟通、事中利益协调、事后效果评价”的多层次治理体系。此外，不断推广“清单制”“积分制”“红黑榜”等成熟经验，以激发农民在乡村全面振兴中的主体作用。积极培育新型农业合作组织等多元主体参与乡村治理。加强对这些组织在参与乡村事务中的支持、引导和规范，以充分发挥其积极作用。同时，逐步建立新型农业合作组织的孵化扶持、备案管理、组织运行等相关工作机制，支持其参与乡村治理，支持其整合利用乡村资源，推进产业发展和集体经济的壮大，进而构建一个多元共治、协同发展的乡村治理新格局，为乡村全面振兴提供有力保障。

参 考 文 献

［1］2008 年党的十七届三中全会正式提出农村集体经营性建设用地概念，自此将农村集体经营性建设用地从农村建设用地大盘子中剥离出来。

［2］2022 抖音农技知识数据报告［ER/OL］. 抖音，2022 - 12 - 23.

［3］2023 抖音三农生态数据报告［ER/OL］. 抖音，2023 - 12 - 23.

［4］2023 快手三农生态数据报告［ER/OL］. 快手，2023 - 10 - 27.

［5］2023 年金融机构贷款投向统计报告［R/OL］. 中国人民银行，2024 - 01 - 26.

［6］2023 年山东省国民经济和社会发展统计公报［EB/OL］. 山东省统计局，2024 - 03 - 03.

［7］2023 年中国自然资源公报［EB/OL］. 中国政府网，2024 - 09 - 22.

［8］艾媒咨询丨2023—2024 年中国微短剧市场研究报告［ER/OL］. 艾媒网，2023 - 11 - 22.

［9］白现军，张长立. 乡贤群体参与现代乡村治理的政治逻辑与机制构建［J］. 南京社会科学，2016（11）：82 - 87.

［10］班固. 汉书［M］. 颜师古注，中华书局编辑部点校. 北京：中华书局，1962：1746.

［11］蔡文成. 基层党组织与乡村治理现代化：基于乡村振兴战略的分析［J］. 理论与改革，2018（3）：62 - 71.

［12］曹海军，曹志立. 新时代村级党建引领乡村治理的实践逻辑［J］. 探索，2020（1）：109 - 120.

［13］曹江秋. 深刻把握共同富裕的科学内涵［EB/OL］. 人民网，2021 - 11 - 05.

[14] 曹钺，曹刚．作为“中间景观”的农村短视频：数字平台如何形塑城乡新交往 [J]. 新闻记者，2021 (3)：15－26.

[15] 陈佳洁，陈静等．民宿集群对乡村旅游目的地品牌形象构建影响研究——基于浙江省数据 [J]. 农村经济与科技，2017，28 (7)：79－82.

[16] 陈建平．充分发挥农村联合党委在党建引领乡村治理中的作用——以武汉市黄陂区为例 [J]. 党政干部论坛，2024 (2)：17－20.

[17] 陈亮．新农人：中国未来农业的中坚力量 [J]. 中国农村科技，2015 (3)：68－70.

[18] 陈瑞华．“地方再造”：农村青年媒介行为的文化隐喻 [J]. 中国青年研究，2019 (2)：94－101.

[19] 陈文．山东加快塑造乡村振兴齐鲁样板新优势 [N]. 联合日报，2024－03－13 (004).

[20] 陈义媛. 农村集体经济发展与村社再组织化———以烟台市“党支部领办合作社”为例 [J]. 求实，2020 (6)：68－81.

[21] 谌知翼，李璟．“三无直播间”何以维系：抖音平台素人主播的希望实践 [J]. 新闻记者，2022 (11)：56－68.

[22] 程冰，肖悦．民宿游客体验感知对桂林世界级旅游城市建设的影响——以疫情防控常态化为背景 [J]. 社会科学家，2022 (5)：45－52.

[23] 程源，韩欣，王腾飞．山东临清：建成 345 个乡村“家庭图书馆”[N]. 农民日报，2022－09－09 (003).

[24] 仇童伟，罗必良．“好”的代理人抑或“坏”的合谋者：宗族如何影响农地调整? [J]. 管理世界，2019，35 (8)：97－109，191.

[25] 创新＋国潮，淄博龙年文创持续焕新 [EB/OL]. “网信淄博”公众号，2024－03－11.

[26] 创新乡村振兴群众利益联结机制 [EB/OL]. 金羊网，2023－11－10.

[27] 从“文化下乡”到“文化在乡” 乡村文化建设引领乡村振兴 [EB/OL]. “网信山东”公众号，2023－11－19.

[28] 村播助燃乡村经济价值发展报告 [ER/OL]. 未来源，2023－09－13.

[29] 戴其文，代嫣红，张敏巧，等．世界范围内民宿内涵的演变及对我国民宿发展的启示 [J]．中国农业资源与区划，2022，43 (11)：262-269.

[30] 党建引领乡村振兴的齐鲁样板 [EB/OL]．中国共产党新闻网，2023-01-06.

[31] 邓大才．走向善治之路：自治、法治与德治的选择与组合——以乡村治理体系为研究对象 [J]．社会科学研究，2018 (4)：32-38.

[32] 邓国胜，程一帆．社会企业何以促进乡村产业持续发展：基于混合制度逻辑的视角 [J]．经济社会体制比较，2024 (1)：36-47.

[33] 第54次中国互联网发展状况统计报告 [ER/OL]．中国互联网络信息中心，2024-08-29.

[34] 第七次全国人口普查公报 [ER/OL]．国家统计局，2021-05-13.

[35] 丁波．数字治理：数字乡村下村庄治理新模式 [J]．西北农林科技大学学报（社会科学版），2022，22 (2)：9-15.

[36] 丁从明，樊茜，刘自敏．传统宗族文化提升现代农业生产效率：效应与机理 [J]．中国农村经济，2024 (8)：88-106.

[37] 丁发强，张秋玲，王丽萍，等．开展高素质农民培训助力菜乡人才振兴 [J]．农业工程技术，2024 (2)：122-123.

[38] 董磊明，郭俊霞．乡土社会中的面子观与乡村治理 [J]．中国社会科学，2017 (8)：147-160.

[39] 抖音发布首份三农数据报告：农村视频创作者收入同比增15倍 [EB/OL]．界面新闻，2021-06-27.

[40] 杜志雄．"新农人"引领中国农业转型的功能值得重视 [J]．世界农业，2015 (9)：248-250.

[41] 段婷婷．"美德历城"宣讲工作成效显著 [N]．大众日报，2023-10-26 (007).

[42] 防止和反对文化建设中的形式主义 [EB/OL]．人民论坛网，2018-04-03.

[43] 房正宏．村民自治的困境与现实路径 [J]．华中师范大学学报（人文社会科学版），2011，50 (5)：23-28.

[44] 费威. 保障粮食和重要农产品稳定安全供给 把中国人的饭碗牢牢端在自己手中 [N]. 人民日报, 2023-09-28 (013).

[45] 费孝通. 在湘鄂川黔毗邻地区民委协作会第四届年会上的讲话 [J]. 北京大学学报 (哲学社会科学版), 2008 (5): 33-38.

[46] 费孝通. 乡土中国 [M]. 长沙: 湖南人民出版社, 2022: 63.

[47] 付森会, 晏青. 新农人短视频与受众主观幸福感: 一个有调节的中介模型 [J]. 西南民族大学学报 (人文社会科学版), 2022, 43 (11): 148-155.

[48] 高海. 农村集体经济组织与农民专业合作社融合发展——以党支部领办合作社为例 [J]. 南京农业大学学报 (社会科学版), 2021, 21 (5): 75-85.

[49] 高强, 徐莹. 从嵌入到融合: 党支部领办合作社的乡村治理逻辑——基于山东省沂源县新康桔梗专业合作社的案例分析 [J]. 南京工业大学学报 (社会科学版), 2023, 22 (4): 83-95, 110.

[50] 高阳, 沈振, 张中浩, 等. 生态系统服务视角下的社会—生态系统耦合模拟研究进展 [J]. 地理学报, 2024, 79 (1): 134-146.

[51] 龚宜超, 孟琦, 胡志千. "沂蒙四雁" 打造乡村振兴乡土人才品牌 [J]. 中国乡村振兴, 2024 (6): 60-63.

[52] 关于第二批山东省数字乡村试点入选名单的公示 [EB/OL]. 澎湃新闻, 2024-09-02.

[53] 关于对山东省数字乡村试点名单的公示 [EB/OL]. 网信山东, 2024-04-23.

[54] 管珊. 党建引领新型农村集体经济发展的实践逻辑与效能优化——基于鲁中典型村的历时性探讨 [J]. 中国农村观察, 2024 (1): 146-160.

[55] 郭冬梅, 吴雨恒. 新型城镇化与乡村全面振兴有机结合: 内在机理与政策展望 [J]. 中州学刊, 2024 (2): 30-38.

[56] 国家文物局. 深厚的滋养: 革命文物资源服务党史学习教育大数据分析与案例探究 [M]. 南京: 南京出版社, 2022: 87.

[57] 国务院关于山东新旧动能转换综合试验区建设总体方案的批复

[EB/OL]. 中华人民共和国中央人民政府网，2018-01-10.

[58] 韩长赋. 中国农村土地制度改革 [J]. 农业经济问题，2019 (1)：4-16.

[59] 韩俊. 以习近平总书记“三农”思想为根本遵循实施好乡村振兴战略 [J]. 管理世界，2018，34 (8)：1-10.

[60] 何成军，李晓琴. 乡村民宿聚落化发展系统构成及动力机制——以四川省丹巴县甲居藏寨为例 [J]. 地域研究与开发，2021，40 (2)：174-180.

[61] 何成军，赵川. 乡村民宿集群驱动乡村振兴：逻辑、案例与践行路径 [J]. 四川师范大学学报 (社会科学版)，2022，49 (2)：98-105.

[62] 贺雪峰，董磊明. 中国乡村治理：结构与类型 [J]. 经济社会体制比较，2005 (3)：42-50，65.

[63] 贺雪峰. 乡村振兴与农村集体经济 [J]. 武汉大学学报 (哲学社会科学版)，2019，72 (4)：185-192.

[64] 衡霞. 组织同构与治理嵌入：农村集体经济何以促进乡村治理高效能——以四川省彭州市13镇街为例 [J]. 社会科学研究，2021，253 (2)：137-144.

[65] 侯玉霞，胡宏猛. 阳朔县精品民宿空间分布特征及驱动力分析 [J]. 桂林理工大学学报，2023，43 (2)：333-342.

[66] 胡联，汪三贵. 我国建档立卡面临精英俘获的挑战吗？[J]. 管理世界，2017 (1)：89-98.

[67] 胡小君. 从维持型运作到振兴型建设：乡村振兴战略下农村党组织转型提升研究 [J]. 河南社会科学，2020，28 (1)：52-59.

[68] 黄晓春. 党建引领下的当代中国社会治理创新 [J]. 中国社会科学，2021 (6)：116-135，206-207.

[69] 黄宇驰，姚明秀，王卿，等. 生态产品价值实现的理论研究与实践进展 [J]. 中国环境管理，2022，14 (3)：48-53.

[70] 济南长清：马套村旅游成为“将军”的妙招 [EB/OL]. 澎湃网，2018-08-23.

[71] 坚持因地制宜 突出分类施策—龙家圈街道南黄家庄村盘活闲置宅基地典型经验做法 [EB/OL]. 沂水县人民政府, 2023-05-26.

[72] 揭秘：从负债400万到人均收入近7万，看临沂这个村如何逆袭！[EB/OL]. 大众网临沂, 2019-05-25.

[73] 靳永广. 社区主位、市场化运作与全要素经营——对安吉县经营村庄实践的实证分析 [J]. 南京农业大学学报（社会科学版），2023, 23 (4): 82-93.

[74] 开发盐碱地等耕地后备资源 山东近5年新增耕地24.36万亩 [N]. 大众日报, 2024-06-28.

[75] 孔雪松，王静，金志丰，等. 面向乡村振兴的农村土地整治转型与创新思考 [J]. 中国土地科学, 2019, 33 (5): 95-102.

[76] 蒯正明. 党建引领乡村治理现代化的实践逻辑与推进路径——基于山东省花园镇的考察 [J]. 探索, 2024 (4): 54-65.

[77] 快手: 2023快手三农生态数据报告 [ER/OL]. 快手, 2023-10-27.

[78] 莱西市：盘活"沉睡资源"释放农村活力——多元化利用农村闲置宅基地打造增收新"样板" [EB/OL]. 山东省农业农村厅, 2022-04-14.

[79] 李冬阳. 亚健康人群的身体观和身体实践——基于四川南充市一家养生院的田野调查 [J]. 民族学刊, 2022, 13 (1): 122-130, 144.

[80] 李健，黄孝玲，高稳. Snyder希望理论在提高乳腺癌患者自我管理水平中的应用研究进展 [J]. 心理月刊, 2024, 19 (7): 223-225.

[81] 李梦，孙亚飞. 莘县八百七十八个行政村及社区建起村史馆"一村一馆"讲好乡村故事 [N]. 大众日报, 2021-12-20 (001).

[82] 李实，陈基平，滕阳川. 共同富裕路上的乡村振兴：问题、挑战与建议 [J]. 兰州大学学报（社会科学版），2021, 49 (3): 37-46.

[83] 李涛，朱鹤，王钊，等. 苏南乡村旅游空间集聚特征与结构研究 [J]. 地理研究, 2020, 39 (10): 2281-2294.

[84] 李燕. 创新提升"山东手造" [N]. 大众日报, 2024-06-18 (007).

[85] 李玉华，张晓曼，刘建芳，等．聚焦高素质农民培训，助力乡村人才振兴 [J]. 长江蔬菜，2022 (24)：1-3.

[86] 李祝环．中国传统民事契约中的中人现象 [J]. 法学研究，1997 (6)：136-141.

[87] 李卓，刘天军，郭占锋，等．乡村走向全面振兴过程中的多元组织机制及其制度逻辑——基于陕西省袁家村的经验研究 [J]. 农业经济问题，2024 (6)：14-27.

[88] 林纲毅．浅析农村基层党组织强化战斗堡垒作用与乡村振兴战略的协同发展 [J]. 陕西行政学院学报，2022 (3)：61-64.

[89] 临沂农业农村．《山东乡村振兴简报》刊发我市“四雁工程”文章：临沂市创新实施“四雁工程”以组织人才振兴引领乡村全面振兴 [EB/OL]. 临沂农业农村，2023-11-21.

[90] 临沂市12个区县GDP最新排名：沂水远超罗庄，河东第7，蒙阴县最后 [EB/OL]. 搜狐网，2023-12-20.

[91] 刘美新，蔡晓梅，麻国庆．乡村民宿“家”的生产过程与权力博弈：广东惠州上良村案例 [J]. 地理科学，2019，39 (12)：1884-1893.

[92] 刘培林，钱滔，黄先海，等．共同富裕的内涵、实现路径与测度方法 [J]. 管理世界，2021，37 (8)：117-129.

[93] 刘世明，徐光增，刘国峰，等．农村土地承包经营权抵押贷款：信贷供给与机制构建 [J]. 金融监管研究，2016 (1)：74-89.

[94] 刘守英，熊雪锋．我国乡村振兴战略的实施与制度供给 [J]. 政治经济学评论，2018，9 (4)：80-96.

[95] 刘守英．中国土地制度改革：上半程及下半程 [J]. 国际经济评论，2017 (5)：29-56，4.

[96] 刘彦随．中国新时代城乡融合与乡村振兴 [J]. 地理学报，2018，73 (4)：637-650.

[97] 龙飞，戴学锋，张书颖．基于L-R-D视角下长三角地区民宿旅游集聚区的发展模式 [J]. 自然资源学报，2021，36 (5)：1302-1315.

[98] 龙飞，刘家明，朱鹤，等．长三角地区民宿的空间分布及影响

因素 [J]. 地理研究, 2019, 38 (4): 950-960.

[99] 卢祥波. 共同富裕进程中的农村集体经济: 双重属性与平衡机制——以四川省宝村为例 [J]. 南京农业大学学报 (社会科学版), 2022, 22 (5): 23-32.

[100] 吕捷. 建设宜居宜业和美乡村正当其时 [J]. 理论导报, 2023 (1): 37-38.

[101] 吕萍, 胡元瑞. 人情式政策动员: 宗族型村庄中的国家基层治理逻辑——基于江西省余江县宅改案例的分析 [J]. 公共管理学报, 2020, 17 (3): 150-163, 176.

[102] 栾利杰. 章丘铁匠, 非遗背后的陈年往事 [N]. 农村大众报, 2021-09-01 (008).

[103] 栾轶玫, 苏悦. "热呈现"与"冷遮蔽"——短视频中的中国新时代"三农"形象 [J]. 编辑之友, 2019 (10): 38-48.

[104] 罗必良, 耿鹏鹏. 农村集体经济: 农民共同富裕的实践逻辑 [J]. 社会科学战线, 2024 (6): 54-73, 281.

[105] 罗必良. 导语: 乡村治理研究 [J]. 农业经济问题, 2022 (10): 4-5.

[106] 马翠萍, 刘文霞. 农村集体经营性建设用地形成及入市制度变迁 [J]. 重庆社会科学, 2023 (12): 34-48.

[107] 马荟, 庞欣, 奚云霄, 等. 熟人社会、村庄动员与内源式发展——以陕西省袁家村为例 [J]. 中国农村观察, 2020 (3): 28-41.

[108] 马梅, 姜淼. 乡村振兴视域下新农人短视频带货的身体叙事——以快手五位短视频带货新农人为例 [J]. 传媒观察, 2021 (7): 64-71.

[109] 毛润泽, 刘源, 刘震. 长三角地区间文旅产业发展差距的动态演变与影响因素研究 [J/OL]. 世界地理研究, 2024 (6): 1-16.

[110] 孟庆国, 董玄, 孔祥智. 嵌入性组织为何存在? 供销合作社农业生产托管的案例研究 [J]. 管理世界, 2021, 37 (2): 165-184, 196.

[111] 孟献丽. 健全现代基层社会治理机制 形成务实管用的村规民约 [N]. 人民日报, 2019-04-11.

[112] 苗树彬，王天意．困惑与出路——“乡村治理与乡镇政府改革”专家调查报告［J］．中国农村观察，2006（5）：68－80．

[113] 倪大钊，王浚懿，章文光．混合的力量：合作社参与农业科技服务的多重制度逻辑及行动策略［J］．中国行政管理，2024，40（6）：97－109，135．

[114] 年产蔬菜450万吨！寿光80%的农户进入产业化经营体系［EB/OL］．齐鲁晚报·齐鲁壹点官方账号，2020－10－23．

[115] 年轻人比例低于30%！乡村“空心化”困境如何化解?［EB/OL］．上观新闻，2023－09－21．

[116] 农业强 农村美 农民富——建设有“淄”有“味”的乡村振兴齐鲁样板［EB/OL］．淄博市人民政府网，2023－10－13．

[117] 农业实现跨越式发展 乡村振兴战略全面推进［EB/OL］．山东省统计局，2023－01－06．

[118] 批量复制的旅游古镇，正在批量沦为“鬼镇”［EB/OL］．澎湃新闻，2024－05－13．

[119] 钱忠好，牟燕．乡村振兴与农村土地制度改革［J］．农业经济问题，2020（4）：28－36．

[120] 秦立公，胡娇等．民宿服务供应链集成对民宿集群动态能力的影响机理——价值共创的中介和资源互动的调节作用［J］．企业经济，2018（6）：107－113．

[121] 秦中春．乡村振兴背景下乡村治理的目标与实现途径［J］．管理世界，2020，36（2）：1－6，16，213．

[122] 青岛莱西：盘活闲置宅基地 释放农村新活力［EB/OL］．经济日报新闻客户端，2022－04－13．

[123] 人民日报社评论部．人民日报评论年编·2021［M］．北京：人民日报出版社，2022：137．

[124] 人民日报又整版安利“好客山东 好品山东”了！热搜常客有何魔力［EB/OL］．“山东教育发布”公众号，2022－08－18．

[125] 任刚．加快打造乡村振兴样板 创造共同富裕沂蒙好例——山东省临沂市创新实施“四雁工程”［N］．学习时报，2023－10－06．

[126] 阮元. 十三经注疏·论语注疏 [M]. 北京: 中华书局, 2009: 5470-5808.

[127] 三年"百区千村"! 济宁市召开全市乡村振兴示范片区创建现场推进会议 [EB/OL]. 大众网, 2023-09-01.

[128] 沙垚, 李倩楠. 重建在地团结——基于中部某贫困村乡村直播的田野调查 [J]. 新闻大学, 2022 (2): 84-96, 120-121.

[129] 山东1.74万家旅游民宿的春天来了 [EB/OL]. 齐鲁网, 2022-04-12.

[130] 山东: 片区为"媒"推进乡村振兴 [EB/OL]. 新华社, 2024-08-10.

[131] 山东"新三样"崛起: 轻舟已过万重山 [EB/OL]. "网信山东"公众号, 2024-01-11.

[132] 山东费县点绿成金 [N]. 经济日报, 2023-07-30.

[133] 山东共青团: "青鸟计划"深耕细作强服务, 做活青年就业大文章 [EB/OL]. 中国青年网, 2020-10-21.

[134] 山东举行省十四届人大二次会议取得的主要成果、代表议案建议等情况新闻发布会 [EB/OL]. 山东省人民政府新闻办公室, 2024-01-26.

[135] 山东农产品出口总额连续25年稳居全国第一位 [EB/OL]. 海报新闻, 2024-05-10.

[136] 山东人口普查年鉴: 2020 [ER/OL]. 山东省统计局, 2020.

[137] 山东三地入选全国春节"村晚"示范, 更有千场"村晚"等你来 [EB/OL]. 澎湃新闻, 2024-02-02.

[138] 山东省财政厅 山东省地方金融监督管理局 中国人民银行济南分行 中国银行保险监督管理委员会山东监管局关于印发《山东省财政金融政策融合支持乡村振兴战略制度试点实施意见》的通知鲁财金〔2020〕16号 [EB/OL]. 山东省财政厅, 2022-10-21.

[139] 山东省菏泽市曹县: 示范片区一盘棋, 绘就乡村振兴新画卷 [EB/OL]. 共产党员网, 2022-04-17.

[140] 山东省人民政府关于印发山东省"十四五"推进农业农村现代

化规划的通知 [EB/OL]. 山东省人民政府网, 2021-12-27.

[141] 山东省人民政府新闻办公室. 山东推进盐碱地综合利用, 到2035年实现新增耕地24万亩 [EB/OL]. 山东省发展和改革委员会, 2024-07-07.

[142] 山东省乡村振兴战略规划 (2018-2022年) [EB/OL]. 山东省政府网, 2024-09-22.

[143]《山东乡村振兴简报》刊发我市"四雁工程"文章: 临沂市创新实施"四雁工程"以组织人才振兴引领乡村全面振兴 [EB/OL]. 临沂农业农村, 2023-11-21.

[144] 山东银行业公布支持乡村振兴成绩单 [EB/OL]. 山东省农业农村厅, 2019-03-07.

[145] 邵明华, 刘鹏. 红色文化旅游共生发展系统研究——基于对山东沂蒙的考察 [J]. 山东大学学报 (哲学社会科学版), 2021 (4): 84-94.

[146] 沈费伟. 乡村技术赋能: 实现乡村有效治理的策略选择 [J]. 南京农业大学学报 (社会科学版), 2020, 20 (2): 1-12.

[147] 沈杰, 周继洋, 王雯莹. 国内外民宿发展路径及上海郊区民宿发展策略 [J]. 科学发展, 2017 (5): 43-51.

[148] 省财政出台"农业保险贷"支持政策助力金融服务乡村振兴 [EB/OL]. 山东省财政厅, 2021-12-07.

[149] 省政府新闻办举行新闻发布会, 介绍山东着力打造最优数字生态, 推动数字经济高质量发展情况 [EB/OL]. 山东省工业和信息化厅, 2024-02-28.

[150] 寿光科技进步对农业增长贡献率达70% [EB/OL]. 新鲜寿光, 2022-11-23.

[151] 寿光统计年鉴2020 [R/OL]. 寿光市人民政府网, 2021-11-01.

[152] "书会说天下 村村有好戏", 2024年胡集书会精彩开唱 [EB/OL]. 腾讯网, 2024-08-22.

[153] 舒敏华. "家国同构"观念的形成、实质及其影响 [J]. 北华大学学报 (社会科学版), 2003 (2): 32-35.

[154] 数字农业让乡村振兴有"智"更有"质" [N/OL]. 大众日

报，2024－09－30.

［155］宋娜娜，徐龙顺，马志远．多重制度逻辑下乡村治理共同体构建的张力及调适——基于S省X村环境专项治理的个案分析［J］．农村经济，2023（11）：85－94.

［156］苏锐．山东为乡村孩子打造家门口的阅读空间［N］．中国文化报，2024－04－03（002）.

［157］苏毅清，邱亚彪，方平．“外部激活＋内部重塑”下的公共事物供给：关于激活乡村内生动力的机制解释［J］．中国农村观察，2023（2）：72－89.

［158］泰安市岱岳区：奋楫争先立潮头，“强富美优”迈新程［EB/OL］．鲁网，2024－02－01.

［159］泰州市片区化全要素统筹推进乡村振兴［EB/OL］．泰州市政府办公室，2024－04－15.

［160］谭海波，王中正．积分制何以重塑农村集体经济——基于湖南省油溪桥村的案例研究［J］．中国农村经济，2023（8）：84－101.

［161］唐兴军，郝宇青．乡村社会治理中的组织再造：价值、困境与进路［J］．中州学刊，2021（9）：15－21.

［162］陶斯妍．乡村治理问题研究综述［J］．社会科学动态，2022（12）：70－74.

［163］“特色乡村振兴之路”主题系列新闻发布会汶上专场举行［EB/OL］．济宁新闻网，2024－09－12.

［164］通过农村闲置宅基地和闲置住宅盘活利用，这个村——谋振兴有门道［N/OL］．舜网－济南日报，2021－11－09.

［165］推动城乡融合促进县域经济高质量发展会议召开［EB/OL］．大众日报，2024－09－30.

［166］汪三贵，周园翔，刘明月．乡村产业振兴与农民增收路径研究［J］．贵州社会科学，2023（4）：147－153.

［167］汪向东．“新农人”与新农人现象［J］．新农业，2014（2）：18－20.

［168］王斌通．新时代“枫桥经验”与基层善治体系创新——以新乡

贤参与治理为视角［J］．国家行政学院学报，2018（4）：133－139，152.

［169］王粲．山东济宁：文化赋能，鲁源蝶变［N］．济宁日报，2024－07－09（001）.

［170］王超，陈芷怡．文化何以兴村：在地文化赋能乡村振兴的实现逻辑［J］．中国农村观察，2024（3）：18－38.

［171］王成军，张旭，李雷．农村集体经济组织公司化运营可以壮大集体经济吗——基于浙江省的实证检验［J］．中国农村经济，2024（8）：68－87.

［172］王础．切实发挥乡村振兴典型引领作用——山东省推出首批七种乡村振兴可复制可推广典型经验［J］．农业知识，2020（19）：3.

［173］王春云，黄妮．“支部引领·村社合一”壮大村级集体经济［EB/OL］．人民网，2020－01－10.

［174］王辉，金子健．新型农村集体经济组织的自主治理和社会连带机制——浙江何斯路村草根休闲合作社案例分析［J］．中国农村经济，2022（7）：18－37.

［175］王加华，张玉．集市与表演：乡村市集与胡集书会关系探析——兼及胡集书会的保护与传承之道［J］．山东社会科学，2011（9）：68－73.

［176］王加华．作为人群聚合与社会交往方式的节日——兼论节日对基层社会建构与治理的价值［J］．东南学术，2020（2）：100－109.

［177］王珺颖，谢德体，王三，等．基于POI提取的山地丘陵区乡村旅游空间分布研究——以重庆市农家乐为例［J］．中国农业资源与区划，2020，41（5）：257－267.

［178］王钱坤．传统文化赋能乡村治理的实践逻辑及推进路径研究——以河南省S村为例［J］．湖北工程学院学报，2024，44（4）：115－123.

［179］王庆全．基于“三治融合”推动潍坊市乡村治理体系建设对策研究［J］．农业科技与信息，2024（5）：87－91.

［180］王日根．宋以来义田发展述略［J］．中国经济史研究，1992（4）：150－151.

［181］王文荟，苏振，郑应宏，等．基于POI数据的桂林民宿空间分

布及影响机制研究［J］. 地域研究与开发，2023，42（4）：95－99，105.

［182］王亚楠，李才林. 科技翅膀助力农业腾飞［N］. 大众日报，2019－01－07.

［183］王兆峰，刘庆芳. 长江经济带旅游生态效率时空演变及其与旅游经济互动响应［J］. 自然资源学报，2019，34（9）：1945－1961.

［184］微山县：环境微换装和美大文章［EB/OL］. 山东文明网，2024－07－24.

［185］魏后凯，崔凯. 农业强国的内涵特征、建设基础与推进策略［J］. 改革，2022（12）：1－11.

［186］文丰安. 全面实施乡村振兴战略：重要性、动力及促进机制［J］. 东岳论丛，2022（3）：5－15.

［187］汶上：抓实农宅"治、用、管"实现乡村"美、富、安"［N］. 济宁日报，2022－09－21.

［188］我省11县入选全国农村电商典型案例［EB/OL］. 山东省商务厅，2024－09－29.

［189］我省累计建成开通5G基站22.4万个［N/OL］. 大众日报，2024－06－16.

［190］我省淘宝村、淘宝镇数量持续稳步增长［EB/OL］. 山东省商务厅，2022－11－02.

［191］吴佳佳，陈秋萍，陈金华. 基于多尺度的福建省民宿时空分布及其影响因素［J］. 资源开发与市场，2020，36（6）：647－653.

［192］吴克昌，唐煜金. 以事务为中心：智慧社区建设的典型模式和场域适配——基于"空间—制度—技术"框架的多案例分析［J］. 求实，2024（4）：51－67，111.

［193］吴利学，魏后凯. 产业集群研究的最新进展及理论前沿［J］. 上海行政学院学报，2004，5（3）：51－60.

［194］伍麟，朱搏雨. 希望的"云"田野：新农人数字劳动的过程分析［J］. 云南社会科学，2024（4）：163－171.

［195］武汉大学中国乡村治理研究中心课题组. 当前农村基层形式主义的突出表现［R］. 田野来风，2022（23）.

[196] 习近平. 中国共产党领导是中国特色社会主义最本质的特征[J]. 求是, 2020 (14): 4-17.

[197] 习近平. 论“三农”工作[M]. 北京: 中央文献出版社, 2022.

[198] 习近平. 在中国文联十大、中国作协九大开幕式上的讲话[M]. 北京: 人民出版社, 2016: 6.

[199] 习近平. 扎实推动共同富裕[J]. 求是, 2021 (20): 4-8.

[200] 习近平在山东考察时强调 以进一步全面深化改革为动力 奋力谱写中国式现代化山东篇章 蔡奇陪同考察[N]. 人民日报, 2024-05-25 (001).

[201] 习近平主持中共中央政治局第八次集体学习并讲话[EB/OL]. 新华社, 2018-09-22.

[202] 向雁, 侯艳林, 李福夺. 乡村民宿分布热点探测、空间格局及影响因素——以贵州省为例[J/OL]. 中国农业资源与区划, 2024-06-28.

[203] “新村民”带来“新希望”——文登大水泊镇“耕读小镇”模式探寻[EB/OL]. 威海新闻网, 2021-01-05.

[204] 信仰与艺术: 村落仪式中的公共性诉求及其实现——鲁中东永安村“烧大牛”活动考察[J]. 思想战线, 2014 (5): 36-41.

[205] 熊国路, 供应链视角下对民宿集群发展的思考[J]. 物流技术, 2016, 35 (1): 146.

[206] 徐贺睿. 乡村振兴背景下山东省农业金融发展现状及对策[J]. 乡村科技, 2021, 12 (4).

[207] 徐旭初, 吴彬, 金建东, 等. 我国乡村治理的典型模式及优化路径[J]. 农村工作通讯, 2022 (4): 40-42.

[208] 徐旭初, 朱梅婕, 吴彬. 互动、信任与整合: 乡村基层数字治理的实践机制——杭州市涝湖村案例研究[J]. 中国农村观察, 2023 (2): 16-33.

[209] 许金川. “股田制”改革为沂蒙老区乡村振兴注入活力[J]. 中国税务, 2023 (2): 41-42.

[210] 严金明, 郭栋林, 夏方舟. 中国共产党百年土地制度变迁的“历史逻辑、理论逻辑和实践逻辑”[J]. 管理世界, 2021, 37 (7): 19-

31，33.

［211］燕连福，郭世平，牛刚刚．新时代乡村振兴与共同富裕的内在逻辑［J］．西北农林科技大学学报（社会科学版），2023，23（2）：1-6.

［212］杨长福，金帅．共同富裕视域下乡村治理共同体建设的理论逻辑与实现路径［J］．西安交通大学学报（社会科学版），2024，44（2）：168-177.

［213］杨庄镇吴家楼子丨学员村里有好品—42［EB/OL］．沂水党旗红，2024-8-11.

［214］叶娟丽，曾红．乡村治理的集体再造——基于山东烟台X村党支部领办合作社的经验［J］．西北大学学报（哲学社会科学版），2022，52（3）：80-90.

［215］叶兴庆．在畅通国内大循环中推进城乡双向开放［J］．中国农村经济，2020（11）：2-12.

［216］叶中华．山东省德州市庆云县尚堂镇：全域土地综合整治 重塑美丽乡村格局［N］．中国城市报，2022-11-14（8）.

［217］游俊，李晓冰．生计响应视域下的产业扶贫益贫机制研究——以贵州省瓮安县为例［J］．西南民族大学学报（人文社科版），2019（10）.

［218］渔家乐民俗村王家台后“四美”工程成效高［EB/OL］．青岛新闻网，2017-11-23.

［219］玉玮，黄世威．媒介化回嵌：季候性返乡青年的主体性重建——基于新冠肺炎疫情期间鄂西北王村的民族志研究［J］．福建师范大学学报（哲学社会科学版），2021（2）：118-126.

［220］袁红英．论统筹新型城镇化和乡村全面振兴［J］．中共中央党校（国家行政学院）学报，2024，28（1）：33-40.

［221］袁泰喆．农村金融赋能乡村振兴路径研究［J］．山西农经，2024（16）：206-208.

［222］袁学哲．发展红色旅游助力乡村振兴［N］．经济日报，2021-04-14.

［223］袁宇阳．短视频平台新农人助力乡村振兴的实践探索、现实困境与推进路径［J］．电子政务，2023（10）：71-83.

[224] 翟翊辰，刘蔚．希望劳动：短视频平台的劳动机制［J］．探索与争鸣，2024（2）：100－110，179.

[225] 张海洲，虞虎，徐雨晨，等．台湾地区民宿研究特点分析——兼论中国大陆民宿研究框架［J］．旅游学刊，2019，34（1）：95－111.

[226] 张杰，罗敏．城乡中介化生活世界的意义建构与交往关系再生产——基于返乡青年短视频实践的考察［J］．新闻大学，2024（2）：14－27，117－118.

[227] 张坤，潘星．数字技术赋能：乡村自主治理生成路径研究——基于国家数字乡村试点地区典型案例分析［J］．行政与法，2024（8）：78－90.

[228] 张连刚，陈星宇，谢彦明．农民专业合作社参与和乡村治理绩效提升：作用机制与依存条件——基于4个典型示范社的跨案例分析［J］．中国农村经济，2023（6）：139－160.

[229] 张明海．推进城乡精神文明建设融合发展开［N］．光明日报，2023－02－08.

[230] 张盛，李宏伟，吕永龙，等．可持续生态学视角下生态产品价值实现的思路［J］．中国人口·资源与环境，2024（6）：151－160.

[231] 张士闪．“借礼行俗”与“以俗入礼”：胶东院夼村谷雨祭海节考察［J］．开放时代，2019（6）：148－165，175.

[232] 张士闪．村落语境中的艺术表演与文化认同——以小章竹马活动为例［J］．民族艺术，2006（3）：24－37.

[233] 张士闪．中国传统木版年画的民俗特性与人文精神［J］．山东社会科学，2006（2）：53－58.

[234] 张士闪．礼俗互动与中国社会研究［J］．民俗研究，2016（6）：14－24，157.

[235] 张焱．儒风望岳：山东文化创意产品设计策略与案例研究［M］．北京：中国轻工业出版社，2020：121.

[236] 张瑜，熊建生．基层党组织引领乡村文化振兴的实践探索［J］．广西社会科学，2023（7）：19－26.

[237] 张振楠．大地上书写的乡村振兴看德州禹城农村集体经营性建

设用地如何入市 [EB/OL]. 大众网, 2023-09-27.

[238] 张志华, 王毅杰, 武艳华. "以人民为中心"的数字乡村柔性治理: 发生逻辑与实践机制——基于"常州第一村"的拓展个案研究 [J/OL]. 电子政务, 2024-09-29.

[239] 章荣君. 从精英主政到协商治理: 村民自治转型的路径选择 [J]. 中国行政管理, 2015 (5): 74-77.

[240] 赵黎. 发展新型农村集体经济何以促进共同富裕——可持续发展视角下的双案例分析 [J]. 中国农村经济, 2023 (8): 60-83.

[241] 赵培, 郭俊华. 产业振兴促进农民农村共同富裕: 时代挑战、内在机理与实现路径 [J]. 经济问题探索, 2022 (9).

[242] 赵士洞, 张永民. 生态系统与人类福祉——千年生态系统评估的成就、贡献和展望 [J]. 地球科学进展, 2006 (9): 895-902.

[243] 赵淑莉. 变"权"为利点"土"成金——山东武城县农村承包土地经营权抵押贷款的探索 [J]. 农村经营管理, 2020 (3): 42-43.

[244] 郑瑞强, 郭如良. 促进农民农村共同富裕: 理论逻辑、障碍因子与实现途径 [J]. 农林经济管理学报, 2021, 20 (6): 780-788.

[245] 郑永兰, 信莹莹. 乡村治理"技术赋能": 运作逻辑、行动困境与路径优化——以浙江F镇"四个平台"为例 [J]. 湖南农业大学学报 (社会科学版), 2021, 22 (3): 60-68.

[246]【直通人社 (333期)】第二届全国博士后创新创业大赛获奖者风采——黄海滨: 直面未知科研领域的"探路者" [EB/OL]. 威海人社发布, 2023-11-18.

[247] 智慧文旅苍山街道——盘活山村资源, 激活发展引擎 精准扶贫与乡村振兴融合共促临沂 [EB/OL]. 兰陵县农业农村局, 2021-01-05.

[248] 中共中央党史和文献研究院. 习近平新时代中国特色社会主义思想学习论丛 (第5辑) [M]. 北京: 中央文献出版社, 2020: 8.

[249] 中共中央关于全面深化改革若干重大问题的决定 [EB/OL]. 新华社, 2013-11-15.

[250] 中共中央 国务院关于2009年促进农业稳定发展农民持续增收的若干意见 [EB/OL]. 新华网, 2009-02-15.

［251］中共中央 国务院关于坚持农业农村优先发展做好“三农”工作的若干意见［EB/OL］．新华社，2019－02－19．

［252］中共中央 国务院关于深入推进农业供给侧结构性改革 加快培育农业农村发展新动能的若干意见（2016年12月31日）［EB/OL］．中华人民共和国中央人民政府网，2017．

［253］中共中央 国务院关于推进社会主义新农村建设的若干意见（2005年12月31日）［EB/OL］．中华人民共和国中央人民政府网，2016．

［254］中共中央 国务院关于稳步推进农村集体产权制度改革的意见［EB/OL］．新华社，2016－12－29．

［255］中共中央 国务院印发《乡村振兴战略规划（2018－2022年）》［EB/OL］．新华社，2018－09－26．

［256］中共中央 国务院印发《乡村振兴战略规划（2018－2022年）》［N］．人民日报，2018－09－27（001）．

［257］中国文化书院学术委员会编．梁漱溟全集（第2卷）［M］．济南：山东人民出版社，2005：575．

［258］《中国乡村振兴》刊发我市“四雁工程”经验做法：沂蒙山上雁齐飞［EB/OL］．临沂党建，2024－03－19．

［259］《中国新农人研究报告（2014）》［R/OL］．阿里研究院，2014．

［260］中国政府网．融合“三生三美”打造乡村振兴齐鲁样板——山东落实习近平总书记全国两会重要讲话精神纪实［EB/OL］．新华社，2019－02－27．

［261］中国政府网．中共中央办公厅 国务院办公厅印发《关于加强和改进乡村治理的指导意见》［EB/OL］．新华社，2019－06－23．

［262］中华人民共和国农村土地承包法［EB/OL］．中国人大网，2019－01－07．

［263］钟敬文．民俗学概论［M］．北京：高等教育出版社，2010：10－26．

［264］周庆智．关于“村官腐败”的制度分析——一个社会自治问题［J］．武汉大学学报（哲学社会科学版），2015，68（3）：20－30．

［265］朱家林田园综合体［EB/OL］．沂南县人民政府网，2019－07－01．

［266］朱明芬. 浙江民宿产业杂群发展的实证研究［J］. 浙江农业科学，2018，59（3）：354－355.

［267］朱振华. 村落语境中的艺术表演与自治机制——以鲁中地区三德范村春节“扮玩”为例［J］. 民俗研究，2017（2）：138－156，160.

［268］淄川区“明理胡同”：理论大众化“红色通道”［EB/OL］. “淄川发布”公众号，2020－10－19.

［269］Birendrak C. Ecotourism for wildlife conservation and sustainable livehood via community－based homestay：A formula to success or a quagmi re?［J］. Current Issues in tourism，2020.

［270］Dallen T，Teye V. Tourism and the lodging sector［J］. Massachusetts，United State of America：Elsevier Inc，2009.

［271］Duan，S.，Lin，J.，and van Dijck，J. Producing new farmers in Chinese rural live E－commerce：platformization，labor，and live E－commerce sellers in Huaiyang［J］. Chinese Journal of Communication，2023，16（3）：250－266.

［272］Gutierrez J，Garcia－Palomares C. Romanillos G，et al. The eruption of Airbnb in tourist cities：Comparing spatial patterns of hotels and peer－to－peer accommodation in Barcelona［J］. Tourism Management，2017（62）：278－291.

［273］Kunjuraman V，Hussin R. Challenges of community－based homest tay programme in Sabah，Malaysia：Hopeful or hopeless?［J］. Tourism Management Perspectives，2017（21）：1－9.

［274］Lin J. and de Kloet J. Platformisation of the unlikely creative class：Kuaishou and Chinese digital cultural production［J］. Social Media＋Society，2019，5（4）：1－12.

［275］Rizal H，Yussof S，Amin H，et al. EWOM towards homestays lodg ing：Extending the information system success model［J］. Journal of Hospitality and Tourism Technology，2018，9（1）：94－108.

［276］Stringer P. Hosts and guests：the bed and breakfast phenomenon［J］. Annals of Tourism Research，1981（3）.

[277] Zhou M. and Liu S. D. Be my boss: Migrant youth and the contradiction of hope labor on Kuaishou [J]. New Media and Society, 2022, 26 (10): 5858 – 5876.

[278] Zhou M. and Liu S. D. Becoming precarious playbour: Chinese migrant youth on the Kuaishou video – sharing platform [J]. The Economic and Labour Relations Review, 2021, 32 (3): 322 – 340.